HISTOIRE

Collection dirigée

par

Michel Desgranges, Pierre Vidal-Naquet (†) et Alain Boureau

DE VAGUES INDIVIDUS

DU MÊME AUTEUR

CHEZ LE MÊME ÉDITEUR

Alter-Histoire. Essais d'histoire expérimentale (direction d'ouvrage avec Daniel Milo), 1991.

L'Événement sans fin. Récit et christianisme au Moyen Âge, 1993.

La Loi du royaume. Les moines, le droit et la construction de la nation anglaise (XIe-XIIIe siècles), 2001.

La Religion de l'État. La construction de la République étatique dans le discours théologique de l'Occident médiéval (1250-1350). La Raison scolastique I, 2006.

L'Empire du Livre. Pour une histoire du savoir scolastique (1200-1380), La Raison scolastique II, 2007.

Théologie, science et censure au XIIIe siècle. Le cas de Jean Peckham (coll. L'âne d'or, 1999), coll. Histoire, 2008.

CHEZ D'AUTRES ÉDITEURS

La Légende dorée. Le système narratif de Jacques de Voragine († 1298). Préface de Jacques le Goff, Paris, Éditions du Cerf, 1984.

L'Aigle. Chronique politique d'un emblème, Paris, Éditions du Cerf, 1985. Traduction japonaise.

Le Simple corps du roi. L'impossible sacralité des souverains français, XVe-XVIIIe siècles, Paris, Les Éditions de Paris, 1988 et 2000.

La Papesse Jeanne, Paris, Aubier (Collection historique), 1988. Réédition Flammarion (« Champs »), 1993. Traductions espagnole, italienne et anglaise.

Histoires d'un historien. Kantorowicz, Paris, Gallimard, 1990 et 2000. Traductions allemande, japonaise et anglaise.

Le Droit de cuissage. Histoire de la fabrication d'un mythe (XIIIe-XXe siècles), Paris, Albin Michel, « L'Évolution de l'humanité », 1995 et 2001. Traductions allemande et anglaise.

Pierre de Jean Olivi. Pensée scolastique, dissidence franciscaine et société (direction d'ouvrage avec Sylvain Piron), Paris, Vrin, 1999.

Satan hérétique. La naissance de la démonologie dans l'Occident médiéval (1280-1330), Paris, Odile Jacob, 2004. Traductions anglaise et italienne.

La *Légende dorée* de Jacques de Voragine (direction d'ouvrage avec Monique Goullet), Paris, Gallimard, « Bibliothèque de la Pléiade », 2004.

Le Pape et les sorciers. Une consultation de Jean XXII sur la magie en 1320 (manuscrit B.A.V. Borghese 348), Rome, École Française de Rome, 2004.

ALAIN BOUREAU

DE VAGUES INDIVIDUS

La condition humaine dans la pensée scolastique

PARIS

LES BELLES LETTRES

2008

www.lesbelleslettres.com

Pour consulter notre catalogue
et être informé de nos nouveautés
par courrier électronique

ISBN : 978-2-251-38093-3

Pour Catherine König-Pralong

Remerciements

Je suis fort redevable, pour leur aide, à Irène Rosier-Catach, à Fanny Cosandey, à Michel Desgranges, à Michel et Michela Gribinski, à Ruedi Imbach, à Elsa Marmursztejn, à Piroska Nagy, à Sylvain Piron, à Andrea Robiglio. Tous mes étudiants m'ont été d'un grand secours. Même si les erreurs éventuelles sont miennes, Catherine König-Pralong et Luc Ferrier ont suivi ce travail, armés d'une patience continue, d'une science grande et d'une attention délicate. À tous un grand merci.

Introduction

Encore le sujet et son émergence médiévale, dira-t-on ! Toujours l'individu ! Toujours la personne ! Très peu de temps après les riches études d'Alain de Libera, d'Olivier Boulnois et de son équipe, ou de Jean-Baptiste Brenet[1], comment espérer apporter du neuf dans l'histoire de la pensée médiévale du sujet ? Je renverse la question : comment peut-on parler d'autre chose que de la condition de sujet ? Des milliers d'années de littérature, d'histoire ou de philosophie n'ont jamais épuisé l'insondable. Il ne le sera jamais. J'offre une variation avec l'espoir de frôler, dans mon errance singulière, quelque noyau lourd de sens.

Je revendique trois spécificités pour ce livre. En premier lieu, il traite d'un aspect de la vie du sujet, l'écart ou la séparation entre des instances divergentes. À la différence des études évoquées, ce travail porte principalement sur le sujet éprouvant, sur le moi affectif plus que sur l'instance de la connaissance. Comment être un quand on se vit double ? La recherche éperdue d'un troisième niveau en l'être humain, qui dépasse ou articule les divisions binaires éprouvées, unifie les fort diverses doctrines que je présente. Quand il y parvient mal, l'individu part en quête de moyens externes de substitution à soi d'une instance autre espérée, rêvée ou construite. On trouverait là une origine du mythe populaire et semi-scientifique de la *personnalité*, cette conformation et cette immobilisation de l'instabilité de l'individu, en fonction de modèles. Le mot ne prit ce sens que bien après l'époque scolastique, mais le vocable lourd de *personne* exerça une fonction un peu équivalente. Je voudrais donc œuvrer à l'histoire médiévale du sentiment de l'aliénation, perçue et fuie, espérée et recherchée, en décrivant le sens des dualités humaines et la construction des défenses singulières ou le recours à des remèdes traditionnels qu'elle convoqua. L'importance du cadre historique choisi tient à deux facteurs : d'une part, les avancées d'une théologie trinitaire ont pu aider des saisies alternativement duelles et ternaires de l'être humain, des recompositions d'un tout dispersé. Une véritable arithmétique de l'anthropologie devenait possible

D'autre part, l'écart entre une pensée naturaliste de l'individu corporel et une doctrine de la séparation spirituelle du sujet s'est exacerbé. Si l'on veut se garder de toute mythification de l'épisode scolastique, de toute invocation du *génie* de certains grands auteurs, l'exception de la situation de ce savoir peut se rapporter à un contexte historique. J'en ai déjà esquissé le contour dans les deux volumes précédents. Au début du XIIIe siècle, les êtres humains se sont trouvés, pour la première fois, face à deux systèmes de pensée complets et irréductibles. La chose est claire pour le christianisme qui achève, au cours du siècle, ses déterminations essentielles, en s'occupant des sacrements, après avoir réglé les questions trinitaires et christologiques. Le programme fixé par les *Sentences* de Pierre Lombard semble proche de l'achèvement.

Il peut paraître déraisonnable d'évoquer, en regard, le système alternatif de la pensée antique revisitée. Aucune unité ne s'impose et on voit mal comment la pensée antique, connue fort partiellement et parfois fort mal, aurait pu se présenter en rivale. En fait, je ne considère pas la réalité d'une restauration et d'une unification, mais la confection, sensible dès le XIIe siècle, d'un modèle de pensée, fait de fragments dispersés d'Aristote, de Platon, des stoïciens, mêlés d'emprunts aux mondes arabe et juif, renforcés par l'importation de savoirs nouveaux, comme l'alchimie ou la physiognomonie. Là aussi, le naturalisme s'avançait et disait : « C'est comme cela. » Ce qui importe ici, c'est la coexistence de deux perceptions de la condition humaine, éprouvées tantôt dans leur convergence, tantôt dans leur incompatibilité. La divergence ou l'unité de l'offre a donc incité les penseurs à adresser des interrogations pressantes et fortes. La contradiction a engendré le rêve d'une unification, d'une totalisation.

En deuxième lieu, je privilégie une époque peu fréquentée dans l'histoire du sujet, les débuts de l'enseignement scolastique (1225-1255). Certes, j'en repère les développements plus tardifs, mais le poids de la démonstration porte sur ces débuts. Je ne cherche pas à combler un manque, ni à préfacer les études signalées, mais à tenter de repérer une émergence avant de fortes consolidations. C'est l'entreprise même d'une *anthropologie scolastique*, ancrée dans le souci de l'unité de l'homme qui me paraît importante. Le souci que je décris fut-il une source, une occasion ou un effet de la constitution de ce savoir ? Je ne sais et mon sous-titre reste volontairement ambigu. L'anthropologie scolastique se forma comme quasi discipline, sans aucun statut, mais avec une transmission soutenue ; elle devint une plate-forme de savoir et de réflexion. Divers problèmes classiques, parfois anciens, furent arrimés à cette plate-forme. C'est en raison de cet intérêt pour le souci de l'homme, précisément dit, que je tente de convertir des questions philosophiques en moments d'une histoire.

Pourquoi la raison scolastique nous parle-t-elle toujours, en dépit de son exclusion de l'histoire du savoir, des moqueries et des rejets, du désintérêt progressif et continu pour les questions théologiques ? Ce ne sont pas les amateurs d'exotisme spirituel, d'étrangetés religieuses qui assurent sa survie chez ses lecteurs : ils ont d'autres pâtures. Non, ce sont plutôt les passionnés de logique, de linguistique, de métaphysique, de politique qui y cherchent matière, car le savoir scolastique a largement débridé les curiosités et poussé les enquêtes, bien au-delà de ce que des savoirs désormais domestiqués et bien délimités, depuis la Renaissance, peuvent offrir.

Ce qui manque dans notre univers de connaissances, c'est une audace ou une ingénuité qui puissent oser parler sans retenue des problèmes violents et insolubles de l'être humain, tout en usant d'une formalisation qui fasse passer d'un langage de savoir à l'autre. On veut connaître avec certitude l'incertitude. Les sciences humaines actuelles ont spécialisé, fragmenté et rendu techniques les interrogations essentielles. Mais il ne s'agit pas de traiter le passé scolastique en âge d'or de la conscience humaine ; les savoirs se répartissent historiquement. Dans l'histoire contemporaine, c'est une littérature et une psychanalyse qui se chargent de l'interrogation radicale ; en disant cela, je ne fais pas allégeance : on peut évaluer comme on voudra les acquis littéraires et analytiques, en discuter les principes et les moyens, il n'en reste pas moins que les questions sur les conduites humaines, dans leur variabilité inquiète, passent actuellement par ces champs. L'histoire de la Grèce antique offre un autre panorama : Pierre Vidal-Naquet ou Martha Nussbaum ont su nous montrer que les tragiques grecs ont planté, eux aussi, certes en des termes différents, des questions vastes et aiguës sur l'être humain, ce qui expliquerait l'inusabilité de leur lecture ou de leur représentation.

Enfin, en troisième lieu, la méthode suivie a ses particularités. En tant qu'historien, je me suis attaché aux circonstances de vies particulières, surtout celles de Jean de La Rochelle et de Thomas d'Aquin. C'est pourquoi les cinq premiers chapitres présentent un récit chronologique. En revanche, les quatre derniers chapitres construisent un récit thématique, à l'écart d'une chronologie stricte, ou plutôt avec un enchaînerment temporel propre à chaque chapitre. Bien entendu, les données manquent et cela me conduit à un travail subjectif, en ce qu'il procède, dans sa thématique, de la perception d'un sujet, l'auteur du présent ouvrage. Mais le livre entend conserver, en garde-fou, une objectivité historienne, en décrivant la saisie de l'expérience humaine à partir de problématiques réellement discutées et disputées dans la pensée scolastique. Le pari est évidemment incertain. Je dois préciser mon propos : ce volume, plus que les précédents, empiète sur le territoire des historiens de la philosophie. Il ne prétend ni redoubler, ni concurrencer les livres récents que j'ai évoqués. Le sujet constitue, pour moi, l'horizon de la précarité existentielle, non une notion à définir et expliquer. On peut me reprocher une lecture naïve, directe et littérale des problèmes philosophiques, alors qu'ils ont leur propre histoire autonome, qui requiert la connaissance d'une tradition longue et complexe. En bien des cas, sans suivre les routes sinueuses et jalonnées, je prends des chemins de traverse : je prétends le faire ni par ignorance, ni par suffisance, ni par simplification, mais afin de suivre mon parcours propre, autour de la dualité et du double.

Nos frères scolastiques ont éprouvé l'amour, à la fois vivant et nostalgique, d'un savoir égaré dans l'immensité confuse des univers terrestres et mentaux. Je vais tenter de suivre les alternances de ce sentiment mêlé. J'ai entrepris la chronique d'un débat central, sur les facultés de l'homme intérieur. Je commence par la mise en œuvre du thème des puissances de l'âme au XIIe siècle (chapitre 1). Puis je m'arrête à la théorie de l'action produite par cette thématique au début de l'enseignement universitaire et face à l'influence forte d'Aristote (chapitre 2). J'examine ensuite la tournure donnée à la question de la dualité de l'âme chez Jean de La Rochelle, qui, dès les années 1230, livra une cartographie puissante de la fragmentation de l'homme, en privilégiant la nouveauté que constitua la notion de *passion de l'âme* (chapitre 3). Puis j'achève le récit des avatars de la question des facultés de l'âme en me focalisant sur la question de l'autonomie de ces puissances (chapitre 4), ou de leur encadrement par l'*habitus* ou qualification du sujet (chapitre 5). Enfin, je présente, dans les trois chapitres suivants, la quête de la substitution d'un double du sujet, du côté de l'image divine présente et absente et de l'ange, compagnon et successeur possible de l'individu humain (chapitre 6). Le chapitre suivant (7) examine les possibilités de rêverie sur le double à l'intérieur même de l'espèce humaine, en la femme. Enfin, je restreins encore ma focale en analysant une autre fiction du double, propre à l'individu, en observant un remède clérical, bien incertain, celui de la personne humaine, soumis à des oscillations sans fin (chapitre 8). Je clos cette enquête en évoquant rapidement une alternative qui s'attache à la persistance mobile de l'individu ; par une lucide et difficile acceptation de la dualité de l'homme (chapitre 9).

Il me reste à justifier le titre de ce volume. Malgré les apparences, je n'utilise pas ici les sens précis donnés à l'expression *individu vague* par Albert le Grand et Thomas d'Aquin. Je veux simplement manifester que la détermination de l'individu précis demeure impossible dans la pensée scolastique, tout en reposant sur la certitude que cet individu non repérable, approché par certaines catégories, existe bien et fortement dans sa singularité, que le vague ne tient qu'à nos limites de connaissance. Pour moi, le vague persistant et mobile de l'individu s'oppose à la fixité trompeuse de la personnalité.

Comme dans les volumes précédents, j'essaie d'allier des considérations générales et des monographies, dans l'espoir d'être concret et dans la crainte d'être arbitraire. Je privilégie quelques auteurs entre lesquels je vois une interaction forte. Les quatre penseurs principaux de ce volume sont Hugues de Saint-Victor, Jean de La Rochelle, Thomas d'Aquin et Pierre de Jean Olivi, avec quelques appoints. D'autres choix auraient sans doute modifié mes résultats et je dois reconnaître que mes goûts et mes intérêts l'ont souvent emporté. En suivant des parcours différents dans la pensée de la dispersion du sujet, je tente de repérer les tentatives, difficiles et contradictoires, les essais périlleux, face aux limites de la condition humaine, dans la souffrance et la joie. C'est une aventure existentielle et historique que je vais tenter de suivre.

I

Les puissances de l'âme

L'invention de l'anthropologie au XIIe siècle

La toute-puissance des enfants[1] explose dans le film anglais de Wolf Rilla, *Le Village des damnés* (1960), tiré d'un roman de John Wyndham (1957)[2]. Les choses commencent ainsi : dans une petite communauté campagnarde, une profusion de naissances attendues et exactement contemporaines étonne les habitants : l'ordinaire de la croissance démographique est mystérieusement bouleversé, et cela en dépit de la stérilité de certains couples ou de la virginité proclamée de certaines futures mères. On tente de repousser le mystère par des soupçons amusés ou scandalisés : les mères seraient des épouses adultères ou des filles volages. Ou bien la paix du village peut privilégier, contre la stérilité, les incertitudes de la médecine ou la force de la nature, plus puissante que le diagnostic humain. Un seul des futurs pères, le docteur Chaffee, s'interroge déjà sur une mutation possible du genre humain.

Une surchauffe de puissance

La naissance et le développement de ces enfants, jusqu'à l'âge de sept ans environ, accentuent les angoisses et les interrogations. Le petit groupe des enfants, parfois colérique, trouve les moyens sanglants de sa vengeance. Les accidents, les suicides et les meurtres pullulent dans le village, jadis paisible. Le groupe, soupçonné, choisit une vie collective et indépendante, un peu à l'écart du village ; il devient alors une puissance externe, dangereuse et rejetée de l'humanité. Dès lors, les villageois veulent leur destruction totale. Une tentative d'incendie de leur demeure propre par les habitants se solde par un échec.

Les raisons de cette puissance apparaissent. Les enfants ne disposent pas de pouvoirs externes (la force physique, des armes sophistiquées), mais de leur seule puissance mentale. D'apparence semblable, ils manifestent une précocité intellectuelle stupéfiante. Le jeu de leurs prunelles luminescentes signale leur puissance : ils captent et manipulent les pensées d'autrui. Ils savent, et peuvent ainsi exercer leur vouloir, en déplaçant celui des autres. Un villageois a retourné contre lui l'arme et la violence qu'il destinait aux enfants.

Le docteur Chaffee, père d'un des enfants, parvient seul à dépasser l'affrontement entre les villageois obscurs et les enfants luminescents. Seul parmi les villageois, il jouit de la confiance des enfants, en partie parce que sa science acquise peut se transmettre et s'ajouter à la science innée des enfants. Et c'est cette confiance, élément hétérogène à leur puissance mentale, qui les détruit. Chaffee se fait admettre dans la demeure des enfants sous le prétexte de son enseignement. Mais il y arrive secrètement muni d'un explosif, qu'il a relié à un réveil à fonction de détonateur. Il réussit par un effort de la volonté à ne rien donner à lire de ses pensées destructrices en concentrant l'arrière-pensée qui accompagne son discours pédagogique sur le pur et formel écoulement du temps qui déclenchera l'explosion. Chaffee meurt avec la communauté des enfants, en un kamikaze qui implique à la fois la destruction des victimes et une sympathie réelle pour elles.

Les facultés mentales forment une pyramide cohérente et efficace : un savoir bien mené ne peut que transformer les désirs en instruments de la volonté, source de l'action. Rien ne se perd dans l'énergie mentale. Le film a la richesse de son ambiguïté : cette puissance est-elle bonne et incomprise, ou mauvaise et condamnable ? La densité des contextes interdit de trancher. L'auteur, d'origine juive et allemande, émigré en 1934, pensait forcément à la Shoah ; et la guerre froide donnait aussi le thème des violences préventives et le rêve de super-*puissances*. Dans la richesse de ces interprétations, la question de la maîtrise des facultés mentales me semble primordiale. Les enfants connaissent les désirs pour mieux les orienter, les utiliser. Le film exprimerait une interrogation sur l'unité dangereuse d'une parfaite convergence homogène des qualités mentales.

Histoire de la puissance

La situation du docteur Chaffee me fait penser à celle de Thomas d'Aquin, cinq siècles auparavant. En 1270, Thomas mène une entreprise de destruction contre un groupe de jeunes philosophes, représentant ce qu'on appelé l'« averroïsme latin ». L'altercation porte sur la doctrine étrange de l'intellect unique de l'espèce humaine, qui aurait assuré une immortalité à l'individu ou une perpétuité à l'esprit humain, tout en maintenant la mortalité de son corps. En effet, les scolastiques, amis ou ennemis des philosophes, attribuaient au philosophe arabe Averroès, commentateur vénérable d'Aristote, la thèse du caractère séparé de l'intellect humain qui, unique pour tous les hommes[3], n'était nullement un élément attaché aux corps individuels. Ainsi se réalisait une proposition exactement symétrique et inverse de la définition du péché originel: un trait semblant conquis par la personne individuelle relevait en fait de son appartenance à l'espèce humaine. Dès lors, les différences singulières devenaient secondaires et le labeur individuel prenait sens. Le rêve d'une universalité fonctionnelle de l'esprit n'a cessé de travailler les imaginations humaines, comme l'illustre l'obsession de la gloire littéraire ou artistique, au-delà de la mort, et comme en témoigne le triomphe bref, mais fulgurant, du structuralisme dans les années 1960, en dehors de toute préoccupation religieuse ou éthique, même si la vigueur polémique lui a injustement dénié une dimension humaniste, qui était pourtant importante[4]. Le fait que le structuralisme ait coïncidé avec la fin de la guerre froide et de la décolonisation est important. On oublie trop souvent qu'il est lié à la disparition d'une théorie marxiste de l'aliénation, qui mettait en doute la possibilité d'une pensée autonome de l'homme et constituait l'équivalent laïc d'une doctrine du péché originel, mal inscrit dans la nature humaine qui ne pouvait être chassé que par un rachat, la Révolution.

Or Thomas d'Aquin, en réagissant vigoureusement contre les averroïstes s'en prenaient à des penseurs fort proches de lui, en partie inspirés par lui, comme Siger de Brabant[5]. Autre Chaffee, il aimait l'immense confiance de ces philosophes en l'intellect, tout en s'en effrayant. Et les enjeux dépassaient celui d'une querelle intellectuelle : l'épisode de 1270 annonça la grande condamnation de 1277, qui éloigna ces jeunes philosophes du village des théologiens et conduisit à leur marginalisation ou à leur destruction : on disait, à l'époque[6], que Siger de Brabant avait été assassiné vers 1284, à Orvieto, par son clerc, nommé Goswin de Chapelle, devenu fou.

Que s'est-il passé entre Thomas d'Aquin et Wolf Rilla ? Bien des choses, dont l'affaire monumentale de l'abandon d'une doctrine des facultés mentales, cadre de mon propos. L'adhésion à cette unicité forte du moi, à la transcendance du sujet a été marquée par le tournant kantien qui critiqua radicalement une conception antérieure et longue, qui affirmait l'existence de facultés différentes, inégales, de vitesse et de portée changeantes. Toute une modernité s'est engouffrée dans cette ouverture du sujet à la souveraineté. Les villageois reprenaient la maîtrise du Kant-à-soi.

Une troisième voie s'ouvrit avec Freud un siècle plus tard avec la notion d'« économie psychique », qui impliquait une diversité concurrentielle des instances internes et qui visait une métapsychologie. Le for intérieur de l'être humain est un champ de bataille, où les alliances et les trahisons se succèdent. Mais ces instances ne pouvaient en aucun cas se réduire aux trois puissances mentales classiques et stables : mémoire, volonté et intelligence. Contre la fin du film, on peut imaginer une réussite des docteurs Chaffee et Thomas d'Aquin, grâce au docteur Freud.

Puissances, droit et politique

Cette voie difficile a parfois donné un prétexte erroné pour un retour à la bonne vieille théorie des trois puissances mentales. En effet, si l'entrain de ce désir de trouver (à bon Kant) l'unité de l'homme a été effectif en histoire de la philosophie, il a été entravé par les enjeux idéologiques et judiciaires de ce débat. Si l'on privilégie les facultés ou les puissances comme moteurs autonomes et suffisants de l'action humaine, la responsabilité cesse d'être unitaire et se disperse entre des éléments distincts, entre les instruments internes d'une action. Une certaine continuité de ces deux thèmes (structure du for intérieur et responsabilité juridique) se repère dans la concomitance, au XVIIIe siècle, d'une mise en place explicite de la notion de responsabilité et de la critique de la notion de facultés à partir de Kant. Dans une doctrine des facultés, le for intérieur comprend plusieurs instances qui peuvent être séparées, désolidarisées et connaître des évaluations différentes. Ainsi, la volonté et l'intelligence occupent différemment le sujet. Toutes deux ne défaillent pas forcément ensemble.

Le coureur cycliste Richard Virenque fut un des derniers pré-kantiens cohérents quand il affirma avoir été dopé « à l'insu de son plein gré » : il disait que la totalité de son moi, séparable formellement entre sa faculté d'intelligence (*à l'insu*) et celle de sa volonté (*plein gré*), avait été rassemblée par son innocence. Il aurait pu savoir et donner son consentement (culpabilité : « je veux me doper, parce que j'en connais les avantages »), savoir et refuser (innocence, mais tolérance complice : « le dopage se pratique dans l'équipe, mais, sans le dénoncer, je le refuse pour moi ») ; ou il pouvait ne pas savoir et donner son consentement sous forme d'obéissance aveugle (faute excusable : « Mon soigneur me donne des produits ; je lui fais confiance globalement »). Ou il pouvait ni savoir ni consentir (innocence revendiquée : « j'ai été dopé à l'insu de mon plein gré. ») Plus récemment, la justice retrouve la même situation en attribuant à sa puissance cognitive les agissements de Jérôme Kerviel, qui a engagé et perdu des sommes énormes de sa banque dans des spéculations boursières. Les juges ont dû changer d'incrimination en motivant les actes par une hypertrophie du savoir informatique et boursier et non par une volonté d'enrichissement. On ne peut plus parler d'escroquerie là où la puissance de volonté reste muette. La volonté de l'accusé, bien distincte du savoir ou du savoir-faire, bénéficie d'un non-lieu. Par ailleurs, dans une autre actualité, la mémoire, troisième puissance mentale, dotée d'un devoir, prenait aussi son essor.

La vie politique actuelle vit aussi de cette persistance de l'image des facultés diverses, en un syncrétisme idéologique qui privilégie la volonté rectrice ou le savoir inducteur, mais sous l'égide sereine du sujet. Le gouvernement français ne cesse de marteler le rôle de la volonté : il suffit de se lever tôt pour éviter le chômage. Il suffit de travailler plus *pour* gagner plus. La cause et l'effet s'enchaînent sans intermédiaire. À son tour, la faculté de savoir vaut pour la volonté : chaque problème suscite sa commission d'experts et la volonté politique ne pourra que s'incliner devant la connaissance produite. La position du moi englobant, arbitre des facultés, ne peut être jouée que par le Président de la République ou par l'idée abstraite de citoyen digne, au-dessus des partis.

Les scolastiques et la puissance

Par le biais des enfants-prodiges ou des jeunes philosophes, se proclame une puissance innée et principielle de l'être humain. Toute une mythologie de l'enfance en découle : l'enfant qui n'a pas encore mis l'eau de l'habitude dans le vin de sa pure potentialité fait rêver à une origine transcendante de l'être humain, envers et contre tout. L'enfant sait ce qu'il dit et dit ce qu'il sait (on en connaît les conséquences dans l'affaire d'Outreau). *Le Village des damnés* place en regard deux représentations mêlées, alors que l'histoire scolastique de la notion de puissance nous aide à explorer un débat qui reste confus et difficile, bien illustré par les contradictions du docteur Chaffee. Je privilégie cette époque parce qu'elle a pris le temps long de disputer et d'élaborer des concepts, dans une progression cumulative.

La théologie explore les extrêmes en mettant Dieu dans le coup. La puissance innée pourrait se légitimer par le modèle divin. Comme trois personnes sont un seul Dieu, trois puissances mentales sont une seule âme ou un seul sujet. Ce couplage de l'âme et de Dieu construit la possibilité d'un *Village des Élus*. L'identité possible de l'âme (ou du sujet) et de ses puissances est devenue une question, minutieusement examinée pendant deux siècles, ce qui offre plus de matériau que les 90 minutes fulgurantes de Rilla ou que les 10 secondes, moins fulgurantes, d'une formule dans les discours de Sarkozy.

La pensée scolastique se déploie pleinement dans l'histoire. La théologie contemporaine a trop tendance à supprimer l'historicité des notions: les puissances seraient depuis toujours trois éléments mentaux qui ont une correspondance dans les propriétés des personnes divines. Les puissances seraient les capacités humaines constituées en lui par l'image de la Trinité. Il suffirait d'épousseter un peu la psychologie des facultés ou des puissances pour entrer dans l'agenda contemporain de la souveraineté du sujet. Cette vision me semble inexacte: certes, depuis longtemps, au moins depuis Augustin, on se plaît à retrouver l'écho de la trinité divine dans l'esprit humain, mais on se contente d'un vague rapport, sans atteindre une constitution interne. Le mot et la notion de puissances naissent vers 1140; la diversité des applications se rassemble en une synthèse pendant le XIIe siècle. L'analyse critique s'esquisse dans les années 1220, avant que Bonaventure et Thomas, vers 1255, ne l'approfondissent. Enfin, commencent les mises en cause des facultés ou des puissances vers 1340. En deux siècles, le tour de la question a été parcouru dans le détail.

Une autre circonstance sert la période scolastique: la présence toujours plus insistante de la pensée antique, qui devient autre et proche. La poursuite des énigmes de l'âme, haletante dans l'Antiquité tardive, contribua largement à la diffusion du christianisme qui voulut l'oublier. En effet, au cours du premier millénaire, en Occident, on ne posa guère d'interrogation spécifique ni ample sur le sujet. Les anciennes considérations d'Augustin avaient perdu de leur acuité ou avaient été laissées de côté, peut-être à cause de leur insertion précise dans un contexte intellectuel lointain. L'évidence ne souffrait ni ne suscitait d'élaboration: l'âme, c'était l'homme intérieur, principe immortel, insufflé par Dieu, qui permettait la résurrection. La religion avait toujours été ainsi et devait se poursuivre. Les grands débats des premiers siècles du christianisme avaient porté sur l'essence divine, sur le Christ et son engendrement, sur le sacrement d'eucharistie, sur quelques questions liturgiques ou disciplinaires, non sur l'âme humaine, quelle que soit sa désignation. Certes, au cours du premier millénaire chrétien, de nombreux traités ou parties de traités portent sur l'âme, mais de façon apologétique et non engagée dans des débats ni des urgences. La question de l'âme était moins oubliée que soumise à des préalables longs, matières à d'amples débats.

Or l'antiquité, qui faisait retour au XIIe siècle, avait connu des divisions ternaires de l'âme. J'en retiens deux qui se manifestent dans le débat scolastique. La plus ancienne, celle de Platon, mentionne ce que j'appellerai, avec anachronisme mais sans référence plus précise, les trois *pulsions* de l'esprit, qu'on a désignées en latin comme les éléments rationnel, concupiscible et irascible. Pour éviter l'aridité de ce vocabulaire, on peut penser à la *raison*, au *désir* et à l'*emportement*, à condition de conserver une large latitude de vocabulaire : chaque génération et chaque auteur interprètent ces mots de façons diverses. Je parle de pulsions pour nommer ces trois courants, ces trois lignes d'énergie qui passent par l'âme, sans y déposer de cloisons, sans s'arrêter à des fonctions, sans se loger dans des organes. On trouve aussi une ternarité répandue par Aristote entre trois *fonctions* de l'âme, tour à tour végétative, sensitive et intellective (distinction à la fois phylogénétique et ontogénétique, puisqu'elle décrit le passage de la plante à l'homme comme les trois modes simultanés de la vie humaine). Bien entendu, la ternarité des personnes divines et des modèles mentaux qu'elle offrait ne pouvait que rencontrer ces ternarités païennes. La ternarité, pour moi, n'a aucun sens magique, mais note, en des cultures fort diverses, le désir de dépasser l'accablante dualité (vie/mort, esprit/matière, etc.).

Les enjeux d'un système de l'âme

Le premier enjeu concerne les rapports de l'âme et de Dieu : depuis Augustin (et avant lui dans la patristique orientale), l'image de Dieu se retrouve ou se recueille dans les puissances de l'âme. La trinité divine correspond à la ternarité des éléments de l'âme. Les puissances sont les reflets issus du miroir suprême, distincts des *vestiges*, traces inertes de la création ou de l'incarnation.

Un deuxième enjeu concerne l'anthropologie, la science de l'homme : les éléments du for intérieur forment-ils un ensemble homogène ou une collection hétérogène ? Les éléments de l'âme sont-ils autonomes, indépendants ou solidaires ? Une image politique parlerait de fédération, de confédération ou d'état central. Il me semble que la période 1200-1350 a vu le développement d'une parenthèse, d'une conception fédérale, qui posait sa différence avec les doctrines qui précédaient (du côté des cisterciens au XIIe siècle) et qui suivaient ce moment (une dualité des pensées naturalistes et religieuses à partir du XIVe siècle). On put concevoir et légitimer un aspect fédéral du moi. L'intérêt de la scolastique est de rendre ces thèmes riches et complexes. Les raisons de cette parenthèse demeurent incertaines. Mon hypothèse la plus chère, exprimée en d'autres domaines, s'attache au choc violent et enthousiasmant entre le christianisme et Aristote. En outre, le Moyen Âge, à la différence des anthropologies antiques, s'est attaché pour des raisons religieuses au caractère spécifique de la volonté, ce qui impliquait de la distinguer d'autres énergies de l'être humain.

L'examen du débat sur les puissances permet d'illustrer et d'explorer la dispute sur l'intelligence et la volonté, trop souvent pris comme de simples amulettes franciscaines et dominicaines. Dans le même ordre d'idées, la revendication et l'usage d'Augustin s'éclairent, car, on le verra, son De *Trinitate* mais aussi ses revirements sur la question cristallisent le débat. Les notions et les paires de notions reçoivent des définitions nécessairement pertinentes à des questions précises. Autrement dit, le débat sur les puissances constitue un laboratoire à la fois historique et historiographique. Les concepts servent à un usage concret.

Enfin, la forme même de la question oblige à réfléchir sur le sens du verbe *être* ; des applications diverses dérivent du verbe *être* comme copule logique (simple mise en équivalence d'un prédicat et d'un sujet), comme un verbe d'appartenance ou comme un verbe plein qui désigne un processus.

En troisième lieu, les enjeux politiques de ce débat sont importants. La très forte densification autour du mot *potentia* me conduit à viser aussi la notion de *puissance publique*. Celle-ci entretient les mêmes rapports mystérieux avec l'État que les puissances avec l'âme. L'État se sert de la force publique, mais ne se confond pas avec elle. Celle-ci constitue une réserve d'actions possibles. La puissance publique est inséparable de l'État, qu'on ne peut imaginer sans puissance (de gestion, d'exécution), mais elle ne contribue pas à sa définition, à son essence. Elle est tour à tour moyen et fin. Je ne me contente pas ici d'une métaphore, car je suis persuadé que la structure de raisonnement a été commune.

Sur un point précis (mais il y en a beaucoup d'autres), apparaît le caractère commun des deux domaines de débat sur les puissances : Gilles de Rome, au début de son traité sur le pouvoir de l'Église (vers 1301), oppose deux types de puissance spirituelle, la puissance personnelle, dérivée des actes et des pensées, et la puissance « statutaire », issue d'une désignation qui peut être distincte des mérites individuels. En effet, cette rationalité non individuelle ne peut être brandie pour défendre des positions personnelles. Ce saut considérable, de la singularité des choses et des humains vers la communauté des structures, fonde solidement le principe de l'impersonnalité de l'État. Une fois encore, la racine en provient probablement du discours théologique. Bien entendu, l'auteur se réfère aux nombreuses situations, bien connues dans l'histoire de l'Église, d'erreurs ou de fautes individuelles de dignitaires incontestés. L'État, jusqu'à nos jours, vit cette contradiction permanente entre la compétence individuelle et la nécessaire éminence de la fonction, quel que soit son titulaire. Je vais donc suivre quelques étapes dans la construction des trois puissances.

Un pouvoir à partager

Avant le XIIe siècle, *potentia* et *potestas* s'équivalaient pour désigner le pouvoir éminent. La toute-puissance (*omnipotentia*) appartenait à Dieu exclusivement. Ne revenait à l'être humain que l'obéissance à ce pouvoir, valeur primordiale du monachisme bénédictin. Au XIIe siècle, on se mit à réclamer une participation à ce pouvoir, à ses *retombées*, à son rejaillissement. Le pouvoir devait se déléguer, par une participation, qui rétribuait la soumission et reflétait son ampleur. On peut deviner le contexte de cette orientation, contemporaine de la mise en ordre et en hiérarchie du féodalisme ; il est possible aussi que la concurrence du Talmud, dont la connaissance s'élargit notamment avec l'œuvre de Pierre Alfonse (vers 1106) ait joué sa partie, en suggérant le rôle de l'autonomie humaine. Une tendance profonde du Moyen Âge central serait de modifier graduellement le sens de *subjectum*, le soumis devenant le sujet. Mais l'ambiguïté du sujet (le sujet d'un royaume et le sujet comme individu autonome) demeura. Le contexte intellectuel importa lui aussi : en ce même début du siècle, le travail sur les modalités prit de l'ampleur. Pour

Anselme de Cantorbéry, attentif au lexique philosophique, la puissance ou pouvoir se conjuguait avec la volonté, ou bien faisait partie d'un paradigme qui associait pouvoir, vouloir, nécessité et leurs contraires. La notion de *puissance* comme trait fondamental de l'âme a surgi au XIIe siècle, sans que son sens soit unique : c'est ce qui va avec l'âme, au plus près d'elle, c'est le développement premier de son essence.

Je vais donc suivre pas à pas l'émergence des puissances de l'âme, prises comme indices de multiplication, d'un développement (P1), appuyées sur des forces créées et disponibles, ou bien comme traces laissées par une origine, qui font de l'âme une capacité, interprétée à la fois en possibilité et en contenance des récipients du pouvoir (P2).

Hugues de Saint-Victor : l'âme comme montée en puissance (vers 1140)

Toute l'histoire des puissances de l'âme commence avec Hugues de Saint-Victor (vers 1080-1141), qui, le premier, mit la notion de puissance de l'âme au centre des débats, en un sens contre lequel la pensée scolastique allait réagir à partir des années 1220. Originaire de Flandre, éduqué en partie en Allemagne, Hugues fut un personnage central de l'abbaye de chanoines réguliers de Saint-Victor, noyau institutionnel d'une confédération de penseurs influents (André, Achard, Richard, Adam, Gautier, Garnier, Godefroid, tous désignés par cette appartenance éponyme). L'homogénéité intellectuelle des victorins n'a rien d'évident, mais l'institution, fondée en 1113 par Guillaume de Champeaux, du fait de son implantation urbaine (la rive gauche de la Seine qui ouvrait un nouvel espace, hors de la cathédrale Notre-Dame et des ses écoles) et de son souci de l'enseignement, préfigure et prépare en partie la fondation de l'université de Paris.

La notion forte de *puissance* de l'âme émerge chez Hugues par le biais de l'arithmétique philosophique. La puissance élève un nombre en le multipliant par lui-même ; elle constitue l'exposant, le coefficient qui donne à l'âme une expansion indéfinie. La suite ordonnée des nombres en progression suggère la virtualité infinie ou indéfinie de l'esprit. Les puissances devenaient la *figure* de la réalité, son *symbole* (au sens restreint de symbole mathématique). On *se figure* qu'on est une essence.

Un automatisme d'historien attribue cette admiration des nombres à une simple influence « néo-platonicienne », transmise par Plotin et le pseudo-Denys. Certes, le vocabulaire le signale, mais on peut se demander s'il ne faut pas y repérer aussi un certain kabbalisme chrétien, exactement contemporain de l'influence du Talmud et de l'écart qui aboutit, quelques décennies plus tard, au Zohar. Dans les disputes avec Dieu, il s'agissait d'offrir un front de résistance à sa toute-puissance en se portant sur son terrain, la Création par la Parole, en revendiquant un pouvoir de création par la pensée : le mythe de la création humaine était celui du *génie*, qui fut esquissée avec l'*ingenium,* du don fait anonymement, *ex nemine* (de personne) à défaut d'être fait *ex nihilo* (de rien). Le modèle de l'*inspiration* (l'Esprit souffle vers l'humain, simple acteur en panne de mémoire) allait s'y opposer.

L'hypothèse mériterait d'être vérifiée plus amplement, mais je me limiterai à deux textes pris dans l'ouvrage majeur et influent d'Hugues de Saint-Victor, le *Didascalicon*[7], qui renoue avec une certaine formalisation ancienne du savoir par le biais d'une fascination pour le nombre. Il transmet et légitime la connaissance sous la forme ancienne et rénovée des sept arts, divisés en *quadrivium* et *trivium,* selon le schéma de Martianus Capella et de Cassiodore (Vᵉ et VIᵉ siècles). La forme dialoguée, qui met aux prises un maître et son disciple, combine les formes grecque, romaine et talmudique.

La réflexion part du savoir et de l'instance de connaissance, sans aucune référence religieuse. On est proche de ce que le père Chenu nomma l'athéisme méthodologique de Thomas d'Aquin. Le chapitre[8] sur le quaternaire de l'âme place le thème dans un discours sur le nombre, objet des mathématiques. « Le nombre nous apprend [*docet*] le modèle du cycle [*progressionis regressionisque rationem*]. » Hugues demande d'abord à son interlocuteur de réciter sa table de multiplication : « Récite (*dic*) : *trois fois un font trois* ; récite *trois fois trois font neuf* ; récite *trois fois neuf font vingt-sept* ; récite *trois fois vingt-sept font quatre-vingt-un.* » On pense bien sûr au petit esclave de Ménon, chez Platon, qui retrouve en lui les vérités mathématiques : ici, la formule arithmétique est dictée par la mémoire et par les clercs. Le sens arithmétique de puissance, pris comme exposant, comme coefficient, sensible encore aujourd'hui dans un des emplois du mot, ne semble pas se trouver dans le mot latin de *potentia*, mais bien dans le grec *dunamis*. L'influence grecque se confirme.

Dans cette suite qui constitue une progression géométrique, on multiplie par trois un chiffre de départ (*un*), puis les trois produits successifs de ces multiplications (1 x 3 = 3 ; 3 x 3 = 9 ; 9 x 3 = 27 ; 27 x 3 = 81). Le premier stade multiplie l'unité, manifestation de la simplicité indivisible de l'essence de l'âme, de la *monade* (notons le vocabulaire plotinien). On a donc à la fois un ternaire (le multiplicateur) et un quaternaire (les multipliés), en un total qui évoque les formes complémentaires du savoir (*quadrivium* et *trivium*). Le nombre impair (3), qui ne comporte qu'un chiffre médian (*medium*), convient à l'âme ; le nombre pair de 4, avec ses deux médiations, s'adapte au corps.

Ces quatre nombres dessinent un parcours de l'âme, de la non-existence à la mort corporelle. En effet, le premier stade fait passer de l'unité de la monade à une ternarité qui est dite *virtuelle*, sans doute parce qu'elle préexiste, comme essence créée, à l'infusion de l'âme dans un corps. Dans cet état virtuel, elle contient les trois pulsions platoniciennes (les éléments rationnel, concupiscible et irascible ou la raison, le désir et l'emportement). Cette structure de l'âme procède d'une figuration, transposition arithmétique et symbolique : « La première progression de l'âme est celle par laquelle elle se développe en un ternaire virtuel, en partant de son essence simple, qui est figurée par la monade. » La *triade* émane (*profluere*) de la monade, de l'essence unique, « parce que toute essence est par nature antérieure à ses *puissances* ». Le mot désigne ici les trois éléments (raison, désir et emportement) qui agitent la monade mais aussi il intervient pour désigner le coefficient de multiplication, de sortie vers l'extérieur. À ce premier stade, l'âme ne s'est pas encore mêlée au corps. Les puissances sont donc fort proches de l'essence de l'âme, à l'écart du monde. La puissance est unaire (3^1), ce qui explique l'âme *soit* ses puissances (« elle consiste tout entière en ses puissances singulières »), avant les stades ultérieurs (3^2, 3^3 et 3^4). Hugues de Saint-Victor réussit à articuler les deux ternarités antiques : la ternarité des pulsions s'applique à l'essence de l'âme en son aspect accessible. L'essence pure demeure inconnue ; elle reste mystérieuse en ses trois pulsions qui ne se manifestent pas directement dans l'existence. La puissance unaire (3^1)

indique que l'unité multiplicatrice reproduit le chiffre et donne 3 ; en ce sens, 1 est égal à 3 et 3 à 1. Une fois passé à l'existence, le chiffre initial se multiplie et l'appel à la ternarité des fonctions signifie les trois moments de l'existence individuelle (naissance, mort, existence éternelle).

Le deuxième stade (celui du $3^2 = 9$) marque l'accès de l'âme au corps, évoqué par les neuf trous (*foramina*) « de la musique du corps humain » et des instruments à vent. Hugues ne le précise pas, mais les 9 orifices du corps sont les deux yeux, les deux fosses nasales, les deux conduits auriculaires, l'ombilic, le méat urinaire ou urino-sexuel et l'anus. Le schéma numérique se complique, car les trois stades du neuf, du vingt-sept et du quatre-vingt-un correspondent aux fonctions végétative, sensible et intellective du vivant. Une nouvelle ternarité affecte les puissances de l'âme quand elles font exister l'âme dans le monde.

Le nombre 27 (9^3) n'est guère commenté ; il signifie simplement la diversité des actions (*infinitas actiones*) menées par l'énergie sensitive (*in tertia progressione per sensus*). Il importe comme étape d'une progression : il est un chiffre *solide*, c'est-à-dire cubique[9].

En revanche, le nombre 81 (3^4) désigne, selon Hugues, le moment de dépassement de la quantité des années normales de vie (80 ans, selon les Psaumes) et désigne donc le terme de cette vie, retour à l'unité spirituelle (80 + 1). C'est sans doute la sortie de l'âme hors de son corps qui place cette étape du côté de la fonction intellective, par une neutralisation des fonctions corporelles, végétative et sensible. La graphie médiévale qui isolait 80 sous la forme de *quatuor XX* précédant le chiffre *I* rendait visible[10] cet aspect particulier de l'unité finale. La série infinie des puissances s'achevait sur la fin de l'existence du support de la triade, qui dégageait la seule unité première. C'est le seul passage du chapitre où l'auteur utilise l'Écriture, dans un passage assez banal des Psaumes, qui ne sert qu'à donner une attestation sur la durée de la vie humaine.

Les puissances balisaient le parcours de l'âme en montrant son expansion virtuellement infinie. La limite externe des puissances par la mort du corps fournissait un ourlet au déploiement indéfini de l'esprit, qui arrêtait la course à la triade, reconduite à la monade. Le schéma appelait des ternarités, qui donnèrent un contenu à ces mouvements de l'âme. Dans le troisième livre du *Disdascalicon*, Hugues traite des qualités à développer chez le jeune clerc, le talent, l'exercice et la discipline de vie. Or, en analysant le talent, Hugues pose dans l'âme une dualité entre le talent et la mémoire (*ingenium* et *memoria*)[11]. Il s'agissait de savoir utiliser et cultiver les dons naturels du jeune clerc. Sans pertinence directe avec la divinité, les deux catégories opposent la nature et la culture.

Hugues part du latin classique qui désignait par *ingenium* le talent, la facilité naturelle à apprendre. Les deux qualités de talent et de mémoire s'inscrivent assez facilement dans une tradition antique de l'art oratoire. La nouveauté d'Hugues fut d'introduire la volonté dans ce couple de notions. En effet, il oppose deux types (*genera*) d'hommes. Dans les deux catégories, la volonté joue un rôle essentiel ; le premier genre d'hommes, peu doué, compense cette faiblesse par une volonté tendue : « En effet, certains hommes, bien qu'ils n'ignorent pas leur atonie intellectuelle [*hebetudinem*], aspirent au savoir par leur effort, autant qu'ils le peuvent ; et s'affairant sans cesse à l'étude, ce qu'ils ont en moins par l'effet de l'œuvre [*effectu operis*], ils semblent l'obtenir par l'affect de leur volonté [*affectu voluntatis*]. Il est bien différent de ne pas savoir et de ne pas vouloir savoir. » Les résultats du second groupe, de talent adapté, dépendent aussi de la volonté : « chez eux, bien que la santé du talent soit la même pour tous, pourtant n'y est pas identique la force [*virtus*] ou la volonté de développer le sens naturel par des exercices ou un enseignement...). Il est bien différent de pouvoir et de ne pas vouloir savoir »[12]. En somme, l'inégalité des dons naturels peut produire une égalité des résultats par l'effet d'un coefficient plus élevé de volonté. Le *je pense* et le *je veux* commençaient la vie difficile de leur couple, qui avait besoin d'un tiers, *je me souviens*.

La mémoire eut du mal, chez Hugues, à occuper ce rôle, non par insuffisance, mais au contraire par excès. Les études capitales de Mary Carruthers[13] ont montré que la mémoire, dans la pensée victorine, avait largement dépassé son assignation temporelle et avait pris le rôle d'une instance de puissance d'invention (au sens de la rhétorique classique) : elle permettait de rechercher et de classer les matériaux à organiser dans l'esprit. La mémoire disputait sa fonction d'instance créatrice.

Malgré ces difficultés, trois modalités lestent le schéma des puissances de l'âme : le savoir, le pouvoir et le vouloir. Le talent et la mémoire doivent s'épauler et se compléter, en trouvant et en conservant. Et la volonté unit les deux facultés en les activant particulièrement. Le talent et la mémoire sont désignés dans le texte comme facultés (*facultates*), comme forces (*virtutes*). Mais la volonté aussi est glosée comme force. On a trois éléments de l'âme, dont deux sont naturels, d'origine externe, et le troisième volontaire, d'origine interne. Là encore, les références à l'Écriture sont presque nulles, mais le cadre de la ternarité-trinité de la volonté, de la raison et de la mémoire, qui deviendra courante en théologie, est disponible sur des bases physiologiques. La puissance de l'âme devenait possible. L'ensemble *potentiae-virtutes-facultates* s'établissait.

Constitué en élément de tête d'une ternarité exhaustive, le mot *ingenium* dépasse le sens classique de talent, et, chez Hugues, il en vient à désigner une *énergie mentale*, au départ de toute vie du savoir: « L'*ingenium* trouve la sagesse et la mémoire la conserve. » Il est donné par la nature: « L'énergie mentale est une force naturellement implantée dans l'esprit, valant par elle-même [*Ingenium est vis quaedam naturaliter animo insita per se valens*]. » Or, vers 1160, le canoniste Rufin définit ainsi le droit naturel de façon radicalement neuve; Brian Tierney[14] y a trouvé la première expression occidentale des droits naturels subjectifs, inscrits dans le sujet: « Le droit naturel est une force implantée par la nature dans la créature humaine [*Est itaque naturale jus vis quaedam humane creature a natura insita*] », disait Rufin. Le parallélisme étroit manifeste que, vers le milieu du siècle, on voulait trouver une force naturelle et initiale, une *vis insita* dans l'esprit humain. Le droit naturel permet à chacun d'agir selon le bien; l'énergie mentale permet de bien penser. Un rapprochement anachronique suggère le sens revendicatif de cette *vis insita*. Le quatrième des *Principes* de Newton (1686), repris ensuite par Leibniz, se sert de l'expression *vis insita* pour désigner la force d'inertie, définie comme résistance de la matière. L'inertie permet de limiter la force divine, d'accorder une place au créé.

Hugues présentait donc une vision numérique des puissances de l'âme, appliquée à l'unité d'essence de l'âme, puis à une ternarité physiologique de la vie humaine. Cette tendance que j'ai appelé kabbaliste occupa et fascina longuement la pensée du XIIe siècle. La scolastique elle-même en tira leçon en usant de la force heuristique de la division et notamment de la division des puissances de l'âme. « Le pape, combien de divisions ? » se gaussait Staline. Les scolastiques auraient pu répondre à la façon du Christ devant les deux glaives tendus par Pierre : « la pensée chrétienne en compte trois et cela suffit. »

Hugues de Saint-Victor avait établi que le for intérieur se compose d'un nombre limité et exhaustif d'éléments dynamiques (virtuels) et n'est rien d'autre qu'eux : « La raison n'est ni autre ni moindre que l'âme ; le désir n'est ni autre ni moindre que l'âme ; la colère n'est ni autre ni moindre que l'âme. » Il situait les puissances au plus près de l'essence ou de la substance de l'âme. Sans être encore formulée comme telle, la question de l'identité de l'âme et de ses puissances devenait fondamentale. La ternarité pouvait suggérer un rapport avec la trinité divine.

À plus long terme, la représentation arithmétique des éléments de l'âme conduisait aux *mathèmes* de Lacan, par le biais du calcul, dont les virtualités apparaissaient au même moment dans le triomphe inattendu de l'informatique. La pensée, subie comme occupation permanente et obsédante, pouvait se convertir vers le monde et le dominer. La formule mathématique se lestait de l'espoir de relier l'intérieur et l'extérieur de l'homme.

Le passage en force de la puissance : Guillaume de Conches (vers 1148)

La notion de puissance du génie ou de l'énergie mentale fut reprise quelques années après dans une description naturaliste de Guillaume de Conches (vers 1080-vers 1155). On sait peu de chose sur ce maître influent, qui fut pendant deux ans, en Normandie, le tuteur du futur roi d'Angleterre Henri II. On ne sait même pas s'il enseigna auparavant dans les écoles de Chartres ou de Paris.

Dans le *Dragmaticon* (vers 1147-1148), encyclopédie de philosophie naturelle[15], la sixième partie traite de l'âme. Cette partie manque dans la première version de l'œuvre de Guillaume, la *Philosophia mundi*, écrite une vingtaine d'années plus tôt. Le chapitre 26[16] considère les actions (*actiones*) de l'âme. Guillaume énumère cinq modalités d'actions : l'*ingenium*, l'opinion, la raison, l'intelligence et la mémoire. Il s'agit de cinq étapes vers l'abstraction, vers l'absence du référent sensible. Une première formalisation se produit avec l'opinion et se développe avec la raison, qui fait rechercher des causes. Dans les deux cas, l'esprit traite de choses corporelles. L'intelligence, en revanche, quitte le domaine corporel et permet de « monter vers le créateur ». La mémoire conserve le résultat de ces actes.

Pour qualifier l'énergie mentale, l'auteur reprend la définition d'Hugues de Saint-Victor en la précisant : « L'énergie mentale est une force implantée dans l'esprit, prévalant sur ses propres forces [*Ingenium est vis quaedam animo insita suis viribus praevalens*]. » Les mots « valant par soi » sont devenus « prévalant sur ses propres forces », ce qui donne un rôle de direction et de contrôle à l'énergie mentale. Le mot de puissances semble s'effacer devant celui de forces : l'*ingenium* se trouve à la tête d'un nombre indéfini de forces. L'âme est un moteur. En revanche, la suppression de la référence à la nature ne me paraît pas significative, car la phrase suivante la réintroduit : « C'est une force [*vis*] naturelle de l'âme pour percevoir rapidement [*cito*] quelque chose. » Dans cette dernière phrase, l'*ingenium* qualifie la perception quand elle est assumée par l'esprit. Autrement dit, l'énergie mentale effectue une opération sur le donné brut. L'idée de vitesse intellectuelle aura une importance particulière, y compris dans des textes spiritualistes.

Guillaume reprend textuellement une formulation de ses *Gloses sur Juvénal*[17] où il avait déjà défini l'*ingenium* comme une « force naturelle pour percevoir rapidement [*cito*] quelque chose », ce qui suscitait chez Guillaume le jeu paronymique qui rattachait *ingenium* à la chose « engendrée intérieurement » (**in***tus* **genitum**). Cette fausse étymologie a un double intérêt : en premier lieu, elle replie la naturalité de l'énergie mentale sur le for intérieur. Le sujet capte la nature en la voyant éclore en lui-même. Nous n'avons jamais été aussi loin d'une production divine des puissances de l'âme. Ensuite, il est peut-être possible d'avancer dans la chronologie fine des textes, utile pour mon récit des aventures de la puissance et pour l'attribution à Guillaume ou à Hugues de la formule *vis insita*, si décisive. La question n'est pas futile : dans un cas, la promotion de l'énergie mentale proviendrait de la philosophie naturelle ; dans l'autre, elle procéderait de l'orientation « kabbalistique ». Or, les *Gloses sur Juvénal* ont été datées par leur éditeur contemporain de 1130-1147, période assez large pour les situer avant ou après le *Didascalicon*. L'absence de la notion dans la *Philosophia mundi* et dans les *Moralium philosophorum dogmata*, autre œuvre théorique de Guillaume, sans doute assez précoce, plaide pour la découverte assez tardive de l'intérêt de la notion d'*ingenium*. Certes, le mot est employé de façon classique par Juvénal, mais l'exercice paronymique des *Gloses*, non repris dans le vaste *Dragmaticon*, ferait alors penser à une acculturation individuelle, à la tentative d'acclimatation ou d'appropriation personnelle d'une notion surprenante.

Le discours de la méthode de Jean de Salisbury (vers 1159)

La théorie des facultés selon Hugues poursuivit son cours, à ceci près qu'elle évitait l'expression *puissance de l'âme*, sans doute rendue délicate après le rapprochement entre la Trinité divine et la ternarité, tout récemment actualisé par Pierre Lombard. La tripartition entre *ingenium*, *ratio*, *memoria* se trouve vers 1159, peu après les *Sentences*, dans le roman des aventures intellectuelles du XIIe siècle qu'est le *Metalogicon* de Jean de Salisbury (vers 1115-1180)[18].

Né à Salisbury, Jean vint suivre en France, à partir de 1136, l'enseignement des maîtres prestigieux du temps : Pierre Abélard, Robert de Melun, Guillaume de Conches, Adam du Petit-Pont, Thierry de Chartres, Pierre Élias, Gilbert de la Porrée, Robert Pullen et Simon de Poissy. Ensuite, il enseigna les arts libéraux. En 1147, ordonné prêtre, il passa au service de l'abbé Pierre de Celle. Recommandé par Bernard de Clairvaux, il se rendit à la cour de l'archevêque Théobald de Canterbury. Entre 1148 et 1152, il servit plusieurs fois d'envoyé à Rome et devint, en 1154, secrétaire et conseiller en droit de l'archevêque. Il composa de 1156 à 1159 son *Policraticus*, important traité de politique. En 1159, il rédigea le *Metalogicon*. En 1162, il entra au service du nouvel archevêque de Canterbury et chancelier d'Angleterre, Thomas Becket, dont il devint l'ami. Partisan de la liberté de l'Église, il fut banni en 1163, lors du conflit entre Becket et le roi. Rentré en 1170 à Canterbury après la réconciliation de Becket et d'Henri II, il se trouva auprès de l'archevêque quand celui-ci fut assassiné dans la cathédrale, le 29 décembre. Au service de divers prélats anglais, il fut élu ensuite évêque de Chartres en 1176, grâce à l'archevêque Guillaume de Sens et au roi Louis VII.

Le *Metalogicon* a été rédigé en défense de l'étude de la logique, de la grammaire et de la rhétorique contre les attaques d'un adversaire nommé Cornificius, qui personnifiait l'hostilité aux arts libéraux. Le *Metalogicon* constitue la première tentative occidentale pour donner un cadre à l'intégration de la totalité de l'*organum* d'Aristote dans l'enseignement.

Le chapitre I, 11[19], du *Metalogicon* vise la notion d'*ingenium* dès son titre: « La technique intellectuelle [*ars*] et les genres d'énergies mentales [*ingeniorum*]. La nécessité de les développer par les techniques. » La visée première est pédagogique; comme dans le *Didascalicon*, il s'agit de montrer l'association nécessaire entre le talent, l'exercice et la mémoire. La diversité des talents justifie précisément l'exercice de la philosophie: il évoque « le vieux Bernard de Chartres [qui] avait l'habitude, fréquemment, d'indiquer à ses auditeurs trois genres de talents ». Le premier genre groupait les énergies mentales « planantes » (*advolans*), qui captent tout sans jamais s'arrêter. Le genre le plus bas ne peut s'élever, tandis que le genre moyen (*mediocre*), « parce qu'il a un lieu où se poser, parce qu'il peut s'élever et ne désespère pas de son progrès, est très approprié à l'exercice du philosophe. »

Cette fois, la ternarité des facultés (*ingenium*, *ratio*, *memoria*), explicite, rend compte des trois moments du passage des données brutes de la nature vers l'élaboration de la technique intellectuelle: « En effet, elle éveille d'abord l'énergie créatrice [*ingenium*] pour percevoir des choses; et quand elle les a perçues, elle les dépose comme en garde et en trésor à la mémoire; puis la raison examine avec un soin diligent les choses perçues, recommandables et recommandées et, par la nature des singuliers et à partir des singuliers (si toutefois on ne glisse pas sur quelque chose), mène au jugement vrai et pur. Ces trois choses qui sont comme les fondements et les instruments des arts sont fournis par la nature. » L'histoire de cette ternarité des puissances, formée par *ingenium*, *ratio*, *memoria*, a une origine lexicale et culturelle curieuse: dans les *Philippiques* (II, 45), Cicéron, en dialoguant sur César, lui concède des qualités, avant de le juger sévèrement : il avait « du talent, de la raison, de la mémoire, de la culture, de l'attention, de la réflexion, de la diligence ». Le trio (*ingenium*, *ratio*, *memoria*), situé en début de la phrase et découpé en une unité, faisait partie d'une liste de sept qualités appréciés chez l'orateur et l'homme politique, mais bien distinctes des qualités morales.

Jean de Salisbury brouille les pistes en affirmant que « l'énergie créatrice, comme se plaît à le dire Isidore, est une force naturellement située dans l'esprit valant par elle-même » [20]. Or Jean copiait littéralement Hugues de Saint-Victor dans sa formulation[21]. En effet, malgré la référence donnée par Jean, la définition de l'*ingenium* ne venait pas d'Isidore, qui, dans l'immense lexique du chapitre 10 de ses *Étymologies*, n'avait fourni qu'une rapide définition d'*ingeniosus,* défini comme celui qui « a la force interne de produire toute technique intellectuelle » [22]. C'était un des sens du latin classique. Jean s'approprie en fait la citation d'Hugues de Saint-Victor et lui donne un sens fort : l'expression « forte par elle-même » (*valens per se*), appliquée à l'*ingenium*, faisait de l'acte de recherche (*investigatio*) une action première, sans aucune œuvre précédente. C'était bien une création humaine.

L'énergie mentale semble proche de la réception du donné naturel qui doit être trié et canalisé par la raison organisatrice, qualifiée ici de *méthode*. Le mot *méthode*, rarement employé dans l'Antiquité tardive latine, a sans doute été choisi dans la traduction du premier livre de la *Métaphysique*, tout récemment connu par Jacques de Venise. Le titre *Metalogicon* tirerait son sens de cette lecture précoce des *Métaphysiques*. L'éloge de la méthode, comprise en son sens étymologique supposé de raccourci dans un chemin sinueux, justifie celui de la synthèse, du résumé bref et organisé, dont le souci domine le Moyen Âge central. Dans la masse des essences possibles et impossibles, la raison fait le choix des possibles, dont l'existence est proche. La nature offre un chemin qui passe partout ; le raccourci rationnel supprime les détours de l'impossible : « La technique intellectuelle, la raison, c'est ce qui, grâce à un raccourci, libère naturellement la faculté des possibles. Car la raison ne fournit pas d'impossibles, ni n'en permet l'effet, mais elle porte sur les possibles qui peuvent avoir lieu, comme si elle offrait un chemin raccourci pour un voyage fastidieux de la nature et en engendrait une faculté des choses difficiles. » Le raccourci est escarpé et traite d'objets difficiles. Seule la technique intellectuelle aplanit le chemin et rend les choses faciles, au prix d'un apprentissage : « C'est pourquoi les Grecs appellent méthode cette raison pour ainsi dire abréviatrice [*compendariam*], qui évite la lenteur de la nature et oriente son voyage minutieux, en sorte qu'elle accélère l'action et la rend plus droite et plus facile. Car la nature, bien que vivace, ne parvient pas à la facilité que donne la technique intellectuelle si elle n'est pas éduquée. Pourtant, mère de toutes les techniques intellectuelles[23], elle leur donne la raison pour nourriture, afin qu'ils en profitent et s'en perfectionnent. »

Le prestige et l'influence de cette lignée aurait fixé cette ternarité des puissances de l'âme, si elle n'avait trouvé la théologie sur son chemin.

Pierre Lombard et la possibilité d'une image (1155)

Pierre Lombard, dans ses *Sentences*[24], semble peu innover : environ 80 % de la distinction troisième du premier livre, qui va nous occuper, cite textuellement Augustin (essentiellement le *De Trinitate*), mais en fragmentant le foisonnement et les variations d'Augustin et en recomposant l'ensemble. Le matériau est emprunté, mais la composition est sienne et n'a pas de parallèle dans les œuvres usuellement voisines. Je le traiterai donc comme un texte de Pierre Lombard.

Dans cette distinction, il rapporta la division des éléments de l'âme à l'image divine. Ce passage de la structuration de l'âme par l'*image* imprimée et non plus par la *figure* algorithmique représentait une christianisation de la notion. Pierre Lombard s'attacha lui aussi, sur un terrain différent, au statut exceptionnel de l'âme humaine. Le début des *Sentences* traite des principes mêmes de la connaissance théologique. La troisième distinction du premier livre porte sur la connaissance de Dieu par les hommes et constituera la base textuelle de la discussion sur les puissances pendant des décennies. Le mot *puissance* n'y est pas prononcé. Le rôle essentiel de Pierre Lombard fut pourtant de focaliser une analogie ancienne entre l'être humain et la trinité divine sur les pouvoirs mentaux de l'âme. Il posa que la vérité divine se connaît par trois éléments mentaux liés aux trois personnes. Il s'efforça donc de réduire à une stricte ternarité les forces internes à l'homme, selon un autre modèle. Cette phase demeurait encore incertaine, en suggérant au moins deux types de classement ternaire des forces intérieures, qu'il évitait de qualifier et de nommer.

Le propos général de la distinction consiste à « montrer comment le créateur a pu être connu par la créature ». Pierre Lombard part de la fameuse citation de Paul (Romains, I, 20) qui pose, pour utiliser les mots d'une traduction contemporaine[25], que « depuis la création du monde, les perfections invisibles de Dieu, éternelle puissance et divinité, sont visibles dans ses œuvres pour l'intelligence[26] » Le contexte de la position de Paul est assez clair : les philosophes antiques ont pu avoir une certaine intuition de la Trinité ; *a fortiori*, les juifs auraient dû la saisir. Dans ce texte, le grec comporte *ktiseos* (génitif de *ktisis*), qui désigne l'acte de la création ; or Jérôme traduit par créature (*per creaturam mundi*), qui ne peut se comprendre au Moyen Âge central que comme une chose créée. Pourtant, la Vulgate avait usé du terme *creatura* pour désigner aussi, sans ambiguïté, l'acte de création : « *Ab initio autem creaturae masculum et feminam fecit eos* » (Mc, 10, 6). L'Occident médiéval tenait à saisir la divinité par sa production.

Pierre Lombard limite et spécifie immédiatement le terme de *créature* : « Par créature du monde, on comprend l'homme, en raison de l'excellence par laquelle il l'emporte sur les autres créatures, ou en raison de l'accord qu'il entretient avec toute créature. L'homme peut donc considérer, ou même a considéré, les choses invisibles en une saisie de l'esprit [*intellectu mentis*] par ce qui a été fait, c'est-à-dire par les créatures visibles ou invisibles. » La connaissance des perfections invisibles de Dieu peut donc passer par l'invisible humain. Pierre Lombard, qui n'est guère intéressé par la polémique de Paul, donne quatre modes de connaissance de Dieu. Le premier fait connaître Dieu comme seul créateur : « Qu'arrive en créature une quelconque force [*vis*], qu'elle fasse le ciel et la terre, et je dirai que c'est un Dieu. Mais comme aucune créature ne peut le faire, il est sûr que celui qui l'a fait est au-dessus de toute créature et ainsi l'esprit humain a pu savoir que Dieu existe.[27] » Le deuxième mode se fonde sur le caractère immuable de Dieu. Le troisième établit la hiérarchie des substances (corps, âme, fabricateur de l'âme). Enfin l'esprit, espèce intelligible, l'emporte en qualité sur l'espèce sensible qu'est le corps et désigne une espèce plus haute, la divinité. Nous sommes donc dans une théologie naturelle. La connaissance issue de la réflexion sur la création porte sur l'essence divine, vue comme perpétuité, comme omnipotence, comme sagesse et comme bonté.

Pierre Lombard avait retrouvé alors la notion augustinienne de *vestige*, trace ou indice d'une présence. « Car il était aidé [à la connaissance de Dieu] par deux facteurs, par sa nature qui était rationnelle et par les œuvres réalisées par Dieu, afin que la vérité se manifeste à l'homme. » Le Lombard joue sur les deux sens de *per invisibilia*, qui désigne pour lui à la fois l'objet de la connaissance (*per* = à partir de…) et son instrument (*per* = par le biais de…). La distinction entre la nature rationnelle et les œuvres divines appuie immédiatement la différence entre le vestige et l'image. Le vestige, indice laissé par la création divine, se trouve dans l'ensemble des créatures et livre une structure commune qui associe l'unité d'existence, la manifestation de l'apparence (*species*) et l'ordre dans les choses. Les corps matériels donnent cette structure ternaire, en manifestant l'unicité d'existence par leur nature, leur façon d'apparaître (*species*) par leurs figures ou qualités, leur association à l'ordre par leur poids ou leur situation. De même, les âmes remplissent cette structure en disant l'unité d'existence par leurs énergies mentales (*ingenia*), en livrant leur manifestation par leurs savoirs ou techniques (*doctrinae vel artes*), en exprimant leur participation à l'ordre par leurs attachements affectifs (*amores*) ou leurs plaisirs (*delectationes*). Le mot *ingenia* ne vient pas par hasard ; il est dévalué par l'usage du pluriel. Il exprime non pas le contenu d'une puissance, mais une simple occurrence de l'origine, correspondant à la nature des vestiges.

Une série de ternarités s'applique alors à la Trinité, au modèle divin de l'image (chap. 1, 8) : l'origine, la beauté et la bonté s'associent respectivement au Père, au Fils et à l'Esprit, différenciés aussi comme celui à partir de qui (*a quo*), celui par qui (*per quem*) et celui en qui (*in quo*) tout se réalise ; d'autres ternarités donnent le principe, la forme et la grâce, ou la création, la reformation et la paix, ou encore la parole qui dit, le Verbe qui proclame et le langage qui clarifie. Autrement dit, les variations ternaires du reflet deviennent possibles.

L'image divine, dans les âmes, met en œuvre une certaine activité, qui prétend rompre avec le schéma passif du reflet émané, implicitement imputé à Hugues de Saint-Victor. Peu à peu, le Lombard approche d'une correspondance entre les activités de l'âme et les trois personnes. L'image appartient à l'esprit humain qui donne un analogue de la divinité, parce que le meilleur possible doit « se chercher et se trouver dans le meilleur de notre nature, l'esprit », selon Augustin, qui annonce ici le célèbre argument d'Anselme de Cantorbéry, comme si l'existence de Dieu était solidaire de celle de l'âme humaine.

Deux schèmes trinitaires

La première ternarité mentale est celle de la mémoire, de l'intelligence et de l'amour (chap. 2, 1). Pierre Lombard se donne une objection (2, 6) : la totalité (la *mens*) ne saurait se confondre avec trois propriétés ou forces (*vires*) naturelles. Il repousse l'objection en notant l'existence relationnelle des trois éléments qui forment une totalité substantielle ; ils ne résident pas dans cette substance à la façon d'accidents dans un suppôt-sujet. Par cette différence, se réduit la distinction entre la totalité et les parties, supérieure et antérieure à l'existence. À Augustin, repris sur ce point par Hugues de Saint-Victor, il emprunte l'idée d'une essence de l'esprit, déjà porteuse de son double (l'image), avant même son infusion : « Dans l'esprit, avant qu'il ne participe de Dieu, se trouve son image » [28]. L'image est plus forte que son actualisation par la participation à l'œuvre divine.

La démonstration introduit un schéma décisif en histoire sociale, associée à cette ternarité, qui place la *mens* à la fois au sommet d'une pyramide des trois puissances et comme enveloppe globale du tout : « L'esprit n'est pas ainsi compris comme l'ensemble de l'âme, mais pour ce qu'il y a de plus excellent dans l'âme. » Une partie éminente est aussi le tout, puisque le sens global de *mens* ne saurait être évacué. On reconnaît là une saisie du modèle féodal : la souveraineté est alors une supériorité. Le roi ou le duc est un *primus inter pares*[29].

Sans doute pour rendre plus contraignante cette structure du tout-partie, Pierre Lombard, qui appuie sa liberté de recherche sur le caractère nominal (*aliisque nominibus*) de la description de la trinité *ineffable*, trouve dans Augustin un autre ensemble ternaire de correspondance entre l'âme et Dieu : l'esprit, sa connaissance et l'amour (*mens, et notitia ejus, et amor*). Cette ternarité alternative, qui donne deux statuts simultanés à la *mens*, confirmait la hiérarchie interne/externe. Mais elle visait aussi, sans doute, à réduire une limite posée au chapitre 3. Les deux ternarités sont dissemblables : la trinité divine *est* ces trois instances, alors que la ternarité humaine les *possède* (*habet*). Le possesseur des trois choses mentales est une seule personne, alors les trois traits divins s'appliquent à trois personnes. La nouvelle ternarité (*men, et notitia ejus, et amor*), qui se constitue en fait de deux dualités (l'esprit et la connaissance qu'il a de lui ; l'esprit et l'amour qu'il ressent pour lui) : dès lors, c'est cette dualité qui réunit l'humanité et la trinité, évoquée dans ses fonctions de parente (*parens*), de progéniture (*proles*) et de lien (*complexus*) entre les deux. La structure introduit un tiers dans la dualité, en permettant aux trois instances de considérer Dieu et non seulement soi-même. La théologie prenait la place de la philosophie naturelle comme discipline du regard vers autre chose que soi.

Pierre Lombard privilégia donc l'esprit comme objet méthodique, circonscrit par trois éléments permanents et universels de l'esprit humain. Il suggérait, sans l'exprimer, la notion de *puissance*, dérivée ici de son sens modal : l'homme *peut* connaître la Trinité par ces trois choses de l'esprit, s'il le veut. Il en a la capacité, au double sens du mot *capax*. Son âme a le pouvoir ou la possibilité de comprendre Dieu et elle est le réservoir qui contient son image. La notion de puissance se dessinait en creux.

Les acquis avaient été importants, avec la définition explicite d'une question (l'âme est-elle les trois choses mentales), avec l'opposition entre l'être et l'avoir, la place du Père en personne/essence ; sa définition par l'origine (*a quo*) incitait à une autre opposition entre l'essence et l'existence (*a quo*/*quod est*). Une autre et importante paire d'oppositions binaires (accidents/suppôt *vs* xxx [*haec tria*]/ substance) appelait la désignation anonyme des trois choses mentales. Pierre Lombard avait exclu les *propriétés*, trop naturelles ou, au contraire, trop proches du principe distinctif des personnes divines. Il fallait donc trouver une notion qui puisse marquer la différence globale de l'esprit humain.

Isaac de l'Étoile et la captation des puissances (vers 1162)

La puissance, illustrée par la ternarité de l'énergie mentale, de la mémoire et de la raison, manifestation directe et première de l'autonomie humaine, fut rapatriée et neutralisée dans le monde religieux par ces nouveaux spécialistes de l'âme qu'étaient les moines cisterciens, et notamment par Isaac de l'Étoile et Alcher de Clairvaux, auteur d'un petit livre à grand succès, le *De spiritus et anima*. L'âme ne se comprenait plus comme *figure* première, mais comme focalisation d'une *similitude*, au centre d'une constellation analogique qui allait aboutir au statut d'*image*. C'est le modèle puis l'origine qui gouvernèrent désormais le for intérieur.

Isaac de l'Étoile (vers 1110-vers 1178), cistercien d'origine anglaise, moine, puis abbé de l'Étoile, en Poitou, ami de Thomas Becket, vécut ensuite avec quelques moines dans l'île de Ré ; il avait adressé, en 1162, une longue lettre-traité sur l'âme à Alcher de Clairvaux, qui, selon certaines sources, lui succéda comme abbé de l'Étoile en 1167. La préface donne bien l'impression qu'Alcher, songeant à son *De spiritu et anima*[30], avait consulté Isaac, après l'avoir entendu dans sa *collation*, terme qui évoque les sermons monastiques à l'intention des frères : « Car tu veux recevoir de nous un enseignement sur l'âme, non pas sur ce que nous avons appris dans l'Écriture divine, sur ce qu'elle fut avant le péché, ou pendant le péché, ou sur ce qu'elle devint après le péché, mais sur son essence et ses forces [*viribus*], comment elle se trouve dans le corps, comment elle en sort et autres choses que nous ignorons.[31] » Nous avons là le programme du *De spiritu*. Une autre préface, adressée par le moine bénédictin Pierre de Celle (vers 1115-1183) pour présenter son traité *De conscientia* au même Alcher vers 1170, sans aucune allusion au *De spiritu*, achève de fixer Alcher en spécialiste de l'anthropologie. Son œuvre daterait donc des années 1170.

Isaac, tout en déclarant, au début de sa lettre, que la similitude de l'âme avec la nature divine est fondatrice d'un savoir possible, donne l'apparence de se situer dans la continuité du courant « kabbalo-naturaliste » que j'ai relevé. Dès la première page de son traité, il donne à la ternarité de l'âme un contenu dérivé de cette tradition. En effet, la structure mentale décrite par Isaac (*ingenium*, *ratio*, *memoria*) en relève. Mais, en fait, il se réfère surtout aux trois pulsions platoniciennes. On comprend alors que, dans la lettre sur l'âme d'Isaac, comme chez Hugues de Saint-Victor, ce soient les trois pulsions platoniciennes qui constituent la totalité de l'âme et se confondent avec elle, au point que l'auteur use du mot *trinité* (et non *ternarité*) pour désigner cette structure d'ensemble : « L'âme rationnelle, concupiscible, irascible, est comme une certaine trinité qui lui est propre ; et elle est ce tout et rien de plus vaste, ni de moindre ; elle est cette trinité, une certaine unité de l'âme et l'âme elle-même. L'âme a donc des éléments qui relèvent de sa nature, et elle est tous ces éléments. En raison de cela, elle est simple. Elle a des éléments accidentels, et elle n'est pas ces éléments, qui font qu'elle n'est pas totalement simple. Car elle n'est pas sa prudence, sa tempérance, son courage, sa justice. Elle est ses forces [*vires*] et n'est pas ses vertus.[32] » Isaac peut, dans ces conditions, user du mot *propriété*, dans un sens dérivé de la philosophie naturelle, sans se soucier apparemment de l'emploi trinitaire[33].

Au travers d'une nouvelle définition de la puissance, il renverse complément les positions qu'il paraît défendre. Ainsi, il évacue le sens donné par Hugues de Saint-Victor, en introduisant le mot *puissance* par le biais de la relation entre les parties et le tout : « L'âme n'a pas de quantité, parce qu'elle n'est pas un corps et elle n'est pas dépourvue de qualité, parce qu'elle n'est pas Dieu. Pourtant, il faut comprendre qu'elle a, si l'on peut dire, une quantité, ou des parties, selon une analogie plus que suivant la réalité vraie de la composition, car elle a des énergies [*vires*] ou *puissances* naturelles, selon lesquelles on dit qu'elle a des parties virtuelles ou potentielles, comme le sont l'énergie créative [*ingenium*], la raison et la mémoire. » Isaac de l'Étoile, refusant de considérer des quantités, doit évoquer des parties non réelles ni actuelles, mais des parties antérieures à l'acte, à l'existence, à l'incarnation future de cette âme. Ces parties possibles qui doivent, plus tard, diriger des actes, ne sont que virtuelles ou potentielles. L'adjectif entraîne le substantif : les trois « choses » deviennent des êtres potentiels et donc des *puissances*. La *partie*, dans sa relation avec le tout, s'impose dans ce jeu : Isaac aurait pu se contenter d'évoquer les qualités de l'âme, mais la notion de parties appelle nécessairement une quantité, même spirituelle ou métaphorique. La partie non quantitative, mais spirituelle ou métaphorique, permettra de mettre en regard les personnes de la divinité et l'âme, telle qu'elle existe en trois instances.

Les descriptions naturalistes, attachées aux différents éléments d'une description empirique, abondent dans ce court texte, qui les détourne de leur sens. Cette apparente et paradoxale alliance entre les philosophies naturalistes et la théologie la plus spiritualiste me paraît être un trait du christianisme médiéval. Un sermon d'Isaac, de date incertaine[34], mais sans doute de date assez voisine du traité, avait clairement joint la philosophie naturelle et la théologie : l'auteur commente la parabole de l'ouvrier de la onzième heure, qui reçoit le même salaire que ceux qui travaillent respectivement depuis la première, la troisième, la sixième et la neuvième heure. Les différentes heures de début du travail sont associées aux activités de l'âme, selon le principe algorithmique d'Hugues de Saint-Victor. Le premier travailleur, « sortant des ténèbres et de l'ombre de la mort », est la conscience qui s'accuse. La première heure signale la grâce du pénitent, marquée par le travail de la mémoire dans l'âme. Plus généralement, le sens rationnel est à l'œuvre, en suscitant successivement, « de l'occiput au front [*tanquam de occipiti ad ancipitem*], la mémoire des maux passés, la crainte des événements futurs, l'ennui des choses accomplies et la terreur des épreuves à subir ». Cette métaphore renvoie à une localisation précise des fonctions mentales dans le cerveau, qui doit sans doute beaucoup à Avicenne et qui donne une assise physiologique aux trois éléments ternaires de l'âme.

Avicenne avait inséré nombre de ses enseignements médicaux dans son vaste traité *De anima*, qui passait pour un commentaire sur le traité homonyme d'Aristote, et qui fut traduit à Tolède au milieu du douzième siècle avant que le texte d'Aristote ne fût diffusé en Occident. Isaac précisait en effet : « Le sens rationnel est connu pour exister en trois choses : l'énergie créatrice [*ingenio*], la raison et la mémoire. Ces trois [mécanismes], on pense qu'ils fonctionnent et exercent leur charge propre dans la tête des êtres animés par des cellules distinctes et ordonnées, le front, le cerveau médian et l'occiput [*ancipite, sincipite, occipite*]. » Curieusement, saint Paul fournit une caution à ce passage de l'arrière vers l'avant du cerveau : « Oubliant ce qui est en arrière, je me suis porté [*extendens me*] vers ce qui est en avant.[35] » Cette ternarité ne concerne que le sens rationnel de l'âme, car le front offre un relais vers le cœur, siège de l'affect (*affectus*), lui-même divisé en deux organes (*bicameratum*), comme le cerveau connaissait une triple division (*tricameratum*). On rejoint là les trois pulsions platoniciennes, puisque l'irascibilité et la concupiscibilité occupent les deux cellules du cœur. L'ouvrier de la troisième heure s'occupe de la pulsion irascible, c'est-à-dire de la componction qui suit l'examen de conscience. Enfin, vient l'ouvrier de la sixième heure, la pulsion d'amour ouvre la voie à la bonne intention. Cette collusion ou collision pouvait se produire parce que les pulsions classiques avaient perdu chez Isaac leur caractère brut, naturel ; elles étaient rendues compatibles avec le christianisme, en s'adaptant à l'activité spirituelle. Malgré le sens littéral (concupiscibilité et irascibilité), il en montre l'occurrence chez le Christ quand il « réprouve le mal et choisit le bien », selon les mots d'Isaïe.

Le système s'achève sur un développement des deux modes de l'affect, celui de l'amour et de l'emportement, variés par la temporalité, en quatre affections, la joie et l'espoir, dérivés de l'amour, la peur et la douleur, issues de la haine. Ces quatre affections sont « les fondements et le matériau commun de toutes les vertus et de tousles vices ». On retrouve ici les quatre passions selon Aristote, domestiquées par un vocabulaire chrétien. Le retour sur soi conduit de l'affect amer à la douceur, en passant par la rationalité, centrée sur la mémoire.

Le tableau devient clair : la ternarité (*ingenium*, *ratio*, *memoria*) ne concerne que la pulsion rationnelle et ne saurait rendre compte de la totalité de l'âme. Les puissances, en ce sens restreint, ne sont pas toute l'âme, soumise aussi aux affects. La trinité de l'âme ne se connaît vraiment que dans sa partie rationnelle et cérébrale. C'est pourquoi Isaac leur réserve la notion de *puissance*, qui se saisit précisément par le mécanisme de la virtualité. Le sens aristotélicien de la puissance comme antécédent de l'acte, qui le vérifie, peut s'annoncer. Les deux pulsions de l'affect, en revanche, ne se connaissent que par les quatre passions, sources des vertus et des vices, qui viennent de l'âme mais ne coïncident pas avec elle. Les vertus et les vices sont accidentels à l'âme, alors que les puissances lui sont substantielles, *connaturelles* : elles relèvent de la nature rationnelle, commune à la divinité et à l'humanité.

Isaac, avec les trois forces issues de l'*ingenium*, réduit la connaissance de l'âme à sa rationalité. Cette ternarité constitutive, qui définit l'âme rationnelle, ne saisit aucune caution trinitaire : la ternarité *ingenium*, *ratio*, *memoria* ne correspond pas aux trois personnes divines. Isaac, comme Hugues de Saint-Victor, considère l'âme humaine sans référence immédiate à la Trinité, mais pour des raisons inverses : le thème religieux intervient immédiatement chez Isaac. En effet, le point de départ de l'exploration est donné par la situation intermédiaire de l'âme entre Dieu (comme essence divine) et les corps : « Assurément, dans l'âme, apparaît son image. Mais, dans le corps, on ne trouve à peine qu'un vestige de lui. Dieu seul est vraiment simple, le corps est vraiment composé. L'âme peut être dite avoir ces deux traits par rapport à l'un et l'autre. » La séparation entre le vestige et l'image oppose nettement le corps et l'âme. La ternarité des pulsions a été réduite en dualité.

La division des forces de l'âme devient alors quintuple, par la substitution d'un naturalisme chrétien à celui des philosophes : la liste des cinq forces vient de Jean Damascène, inspiré de Némésius, avec l'apparence d'une scientificité empirique. Le *De fide orthodoxa* de Jean a été traduit en 1153 par Burgundio de Pise et a été immédiatement utilisé par Pierre Lombard. Cette nouvelle traduction réactualisa sans doute celle d'une source essentielle de Jean, pour son livre second, le *De natura hominis* de Némésius d'Émèse, médecin et philosophe chrétien syrien de la fin du IVe siècle. Alfanus de Salerne (vers 1015-1085), moine au Mont Cassin, puis évêque de Salerne, avait déjà traduit Némésius. Le succès de cette traduction tenait en partie à la fausse attribution de l'original à Grégoire de Nysse. Le cistercien Guillaume de Saint-Thierry (vers 1085-1148) avait déjà utilisée ce texte entre 1138 et 1145, dans le premier livre de dans son *De natura corporis et animae* (*La Nature du corps et de l'âme*)[36].

La liste de Jean Damascène, dans la traduction de Burgondio, énumère cinq forces (*virtutes*) de la fonction cognitive de l'âme : les sens, l'imagination, l'opinion, la *mens* et l'intellect. Isaac transcrit ainsi : les sens, l'imagination, la raison, l'intellect et l'intelligence. Les listes diffèrent : chez Isaac, l'imagination et l'opinion (qu'on peut comprendre comme la faculté sensible d'attraction et de fuite, l'*estimative*) sont sans doute réunies sous l'imagination, tandis que la force la plus spirituelle, l'intelligence, est ajoutée. La *mens*, qui est liée chez Jean à la fonction excogitative, doit équivaloir à la *ratio*. Isaac fixe les objets de ces cinq forces : les corps, les similitudes des corps, leurs dimensions, l'esprit muable et l'esprit immuable (Dieu). Le jeu des analogies peut se développer : ces cinq forces se comparent respectivement à la terre, à l'eau, à l'air, au firmament et au ciel des cieux, ou encore aux animaux (sens et imagination), aux hommes (raison), aux anges (intellect) et à Dieu (intelligence). La gradation remplace l'analyse distinctive : la perception des corps est complète par les sens, à peine (*fere*) complète par l'imagination. La saisie de l'incorporel est esquissée par la raison, vraie (*vere*) par l'intellect et pure par l'intelligence. Cette échelle est parcourue en deux sens de haut en bas par les poètes et de bas en haut par les prophètes.

Dès lors, Isaac redistribue les savoirs qui, de Hugues à Jean de Salisbury, donnaient le cadre ou l'occasion de parler de l'âme. Le savoir religieux, sans pertinence propre dans la tradition d'Hugues, s'invite comme hôte nécessaire, au banquet du cistercien. En effet, les choses perceptibles dans l'âme, le sens, l'imagination et la raison relèvent de deux approches, qui traitent des choses mêmes ou bien de leur saisie mentale. Ces deux saisies sont naturelles (*naturales* : comprendre naturalistes) ou bien abstraites (*doctrinales*), et se constituent en disciplines naturelle et mathématique. La mathématique traite de la raison ; son abstraction va au-delà du savoir des sens et de l'opinion de l'imagination. La totalité de l'âme réside plus dans la raison et l'abstraction que dans l'acte (qui se mêle aux choses). Seule la raison permet de monter dans la connaissance, car, seule, elle permet d'atteindre les formes incorporelles des choses corporelles. Une troisième discipline prend le relais pour les choses incorporelles : « C'est ce qu'on nomme la *théologie*. » Une proportion assure la continuité entre la philosophie naturelle, la mathématique et la théologie ; elle indique la direction à suivre, sans franchir certaines limites (*metas*). Plus loin, la répartition se précise : « Les sens et l'imagination sont pertinents dans les savoirs naturels, la raison dans les savoirs mathématiques, l'intelligence dans les savoirs théologiques ; mais l'intellect ne constitue pas sa discipline propre. » Or la science de l'intellect ne pourrait concerner que les âmes humaines ou angéliques ; Isaac note clairement son ambivalence :

« L'intellect relève en partie de la discipline naturelle, en partie de la discipline théologique. »

Le poids de la trinité divine s'accentuait, avec une innovation qui fut capitale, car elle esquissa la future ternarité des puissances au siècle suivant : l'âme, en son image, se manifeste comme « puissance [ou pouvoir : *potentia*] tirant toutes les choses du non-être à l'être, la sagesse disposant tout par l'être et la bonté retenant toutes les choses afin qu'elles ne retournent pas au non-être ». La puissance retrouvait cette position au sommet interne que j'ai exposée plus haut. La ternarité des puissances issues de l'*ingenium* a été en fait remplacée par les trois pulsions, elles-mêmes réduites à une dualité entre le corps et l'esprit et complétées par les cinq forces (*vires*) de la connaissance, entraînée par la théologie. L'algorithme séculier de l'âme avait vécu.

Alcher de Clairvaux et la jonction de la puissance et de l'image (vers 1175)

Le traité *De spiritu et anima* répandit largement les orientations d'Isaac. L'attribution à Augustin d'un ouvrage assez bref, de grande commodité, avec ses 65 chapitres bien rubriqués, avec une cohérence rare chez ce Père, explique sans doute l'ampleur de la diffusion. Le traité d'Alcher a longtemps été sous-estimé : on l'a traité en simple assemblage de textes, comme si ce n'était pas le propre de la culture médiévale que de donner une élaboration neuve à des matériaux préexistants. L'auteur médiéval se compare volontiers au potier, qui, à la différence du créateur, travaille un matériau donné, la glaise.

En fait, cette œuvre apparaissait à un moment favorable : elle participait de la vogue des traités et commentaires sur l'âme. En quelque sorte, elle offrait un pendant chrétien au *De anima* d'Aristote, qu'il soit connu directement ou indirectement, sans la longueur considérable d'Avicenne, ni les embarras qui pouvaient être suscités par une culture islamique et médicale. Le *De spiritu et anima* n'en fournissait que de brèves citations et pouvait apparaître comme un certificat d'orthodoxie.

Alcher donnait l'apparence de concilier les traditions. Il reprenait Hugues de Saint-Victor : l'âme se développe par les puissances (*se extendit*), qui se confondent avec elle (*nec aliud, nec minus sit in substantia ratio quam anima*, chez Hugues, *hoc totum, et nihil amplius, aut minus* chez Isaac, *nec aliud, nec minus est ratio in substantia quam anima* chez Alcher). Pour les deux auteurs, les puissances adhèrent à l'âme antérieurement à son infusion dans le corps (*quia prius naturaliter anima potentias suas habet quam corpori commisceatu*r chez Hugues, *has potentias habet antequam corpori misceatur* chez Alcher).

Mais, en fait, Alcher se situa dans la continuité d'Isaac de l'Étoile, dont il reprit la quasi totalité du traité sur l'âme dans ses chapitres IV à XV, en élargissant sa visée aux considérations sur l'histoire de l'âme (avant et après la chute, dans le présent et le futur) qu'avait écartées son confrère, du moins en apparence. Il se constituait même en exégète d'Isaac : son chapitre V est le développement d'une remarque de ce dernier, qui avait esquissé sans détail la comparaison entre neuf forces (quatre de l'affect et cinq de la connaissance) avec les neuf hiérarchies d'anges.

Un certain dualisme chrétien structurait le *De spiritu et anima* – l'opposition entre le savoir et l'affect (*affectus*) désigne bien deux processus de l'âme –, mais il dirige vers une dualité simple. Ainsi, la fameuse tripartition des facultés de l'âme selon Platon est appliquée à la bipartition : les facultés concupiscible et irascible sont rattachées à l'affect. Là encore, le *De spiritu et anima,* selon un extrait d'Isaac de l'Étoile[37], distinguait « les puissances de l'âme et les vertus [qui] croissent par un long exercice et par la succession des temps, [de] l'âme elle-même qui ne croît ni ne décroît ». Ce platonisme arrachait les puissances à l'emprise naturaliste : « Les puissances de l'âme sont la rationalité, la concuspicibilité et l'irascibilité. Les forces en sont les sens, l'imagination, la raison, la mémoire, l'intellect et l'intelligence. » L'âme demeurait une substance indépendante.

Au sens (P1) qu'Hugues donnait à la puissance vue comme *dunamis*, comme puissance essentielle, comme multiplication de soi par soi, Alcher préfère les textes de Pierre Lombard, qui avait apporté une contribution majeure en insérant la question de l'image et de la similitude entre Dieu et l'âme. Alcher emprunte à Pierre Lombard le thème de l'image. La puissance, chez Pierre Lombard (P2), consiste en la capacité de réception de l'image divine, thème qui se retrouve dans l'adjectif *capax* employé par Alcher. Il reprend aussi à Isaac la domination réductrice de la science naturaliste et traite des puissances en simples forces naturelles (*vires*)[38].

Alcher écarte la notion d'*ingenium* en quittant le monde naturaliste. Il remplace les termes descriptifs d'une action concrète de l'âme en multipliant les noms affectés à la qualité de l'âme. Alcher élargit la description à huit marques de statut. Cette liste fait penser à la gradation cistercienne des vocables de l'âme : 1) *anima,* 2) *spiritus,* 3) *animus,* 4) *sensus,* 5) *mens,* 6) *ratio,* 7) *memoria,* 8) *voluntas.* Cette liste comprend des structurations partielles : celle des trois fonctions de l'être vivant (végétative, sensitive et intellective, représentées par les termes 1, 3 et 5 et leur commentaire), les trois pratiques mentales (raison, mémoire et volonté, représentées par les termes 6, 7 et 8) et les trois divisions de l'âme dans son rapport avec le corps (l'âme est principe d'animation corporelle : *anima* ; l'âme, comme esprit, *spiritus,* est incorporelle ; l'âme est la rencontre du corps et de l'esprit : *animus*).

Le foisonnement des termes possibles incite Alcher à rechercher une ternarité centrale dans l'activité de l'âme, orientée soit vers Dieu, soit vers la chair. La structure des trois pulsions platoniciennes (*ratio*, *concupiscentia*, *ira*), prises comme puissances, s'impose alors comme vraie dualité psychique, en reléguant ces pulsions au rang de forces (*vires*).

Le traité cistercien considère d'abord et essentiellement une dualité qui englobe et dépasse l'individu, sa participation au bien ou au mal. L'âme, quelle que soit sa définition, ne fait que manifester un accord ou un désaccord avec la justice divine. Elle ne constitue que l'instrument d'une volonté. Le cistercien décrit bien cet instrument et divise les forces, les facultés et les fonctions de l'âme, mais ces distinctions, qui ne concernent que des aspects de l'âme, qui peut être quadripartite ou quinquapartite sans perdre son unité, ne font que manifester une montée ou une descente ; les échelons pourraient être multipliés ou rassemblés sans inconvénient. De fait, une bonne partie des diverses méditations cisterciennes porta sur le raffinement de cette gradation. L'aspect simplement numérologique et symbolique des divisions de l'âme l'emportait. Ainsi, au chapitre 9 du *De spiritu et anima*, emprunté à Isaac de l'Étoile, neuf forces de l'âme sont associées aux neuf classes des anges, sans que ces neuf catégories représentent un ensemble exhaustif et total. Seule la correspondance importe.

Pour finir, la puissance avait pris deux sens : tantôt c'était un coefficient interne de l'activité mentale (P1), tantôt c'était une *contenance*, faculté de réception, en creux du plein divin (P2). Selon le premier sens, les puissances ou facultés de l'âme, mobiles et temporelles, peuvent faire l'objet d'un savoir. L'anthropologie scolastique se construit en extériorisant les facultés de l'âme, en renonçant méthodiquement à la pure contemplation de la substance du moi. Contrairement à ce que l'on dit souvent, c'est la suspension de la conscience de soi, de la pure confession, dans le style augustinien, qui fonda l'anthropologie scolastique. L'autre sens, encore implicite chez Pierre Lombard, était passé dans l'école cistercienne et lui avait permis de neutraliser le modèle victorin et naturaliste. L'expulsion de la tentation victorine hors du système des puissances, déjà esquissée par Isaac et Alcher, se produisit à la génération suivante, qui abandonna aussi l'évocation des trois pulsions qui bloquait l'analogie de l'âme humaine et de la trinité des personnes divines. Freud pouvait attendre…

II

Le passage à l'acte

Les puissances de l'âme, le pouvoir et la liberté (1220-1230)

Les théologiens de la période 1220-1230 transformèrent radicalement et durablement la conception de la ternarité mentale et installèrent solidement la notion de puissance. Elle constitua désormais une région centrale de la théologie et de l'anthropologie, et elle prit en charge la réflexion politique, en décrivant les fondements d'une doctrine nouvelle de la souveraineté et de l'obéissance.

Politiques de la puissance

Cet écho politique put retentir parce que le savoir universitaire et scolastique cherchait ses fondements. On ne dira jamais assez l'aspect révolutionnaire de la fondation de l'université : on détournait une part non négligeable des tâches ecclésiastiques et des taxations des sujets, religieuses et civiles, vers une organisation et une transmission des spéculations intellectuelles. La réflexion sur les puissances de l'âme joua le rôle d'une auto-affirmation de la puissance de la pensée. L'université ne pouvait exister qu'autonome, protégée contre les empiétements de l'Église et du royaume. La grève parisienne de 1229-1231, qui réclamait cette autonomie, allait de pair avec l'essor d'une pensée de la puissance de la volonté ou de la liberté dans l'âme. Ces visées devaient cependant concéder une place éminente aux pouvoirs protecteurs ; la première place des trois puissances, elle-même nommée puissance, pouvait y pourvoir.

Cette inflexion nette se repère dans la personnalité même des cinq grands penseurs que je vais analyser et qui ont rédigé l'ensemble des textes disponibles, au cours de cette période, sur les puissances. Malheureusement, je ne peux les disposer chronologiquement, et je les regroupe, un peu conventionnellement, vers 1225. On trouve en effet l'évêque de Paris, Guillaume d'Auvergne, qui, entre 1228 et 1249, après une carrière de maître en théologie, affronta la grève, introduisit, ou laissa introduire, les ordres mendiants, organisa la condamnation du Talmud et lança la première censure d'opinions universitaires. On lira aussi les textes de Philippe le Chancelier, qui exerça cette fonction majeure dans l'université et fut ensuite favorable à la grève. On considérera aussi Guillaume d'Auxerre, maître de l'université, qui mourut en 1231, à Rome, où le pape l'avait chargé, au sein d'une petite commission, d'expurger les œuvres d'Aristote pour l'enseignement universitaire. Alexandre de Halès fut le premier maître séculier à endosser l'habit franciscain et, donc, à faire pénétrer l'ordre à l'université en 1236. Or la présence mendiante, en creusant l'écart de l'université dans l'Église institutionnelle, passa pour assurer le pouvoir pontifical. Seul notre cinquième et dernier personnage, l'auteur anonyme de la *Summa Duacensis*, échappe à cette connexion de l'université et du pouvoir, mais on le juge parfois proche de Philippe le Chancelier. Pourtant, la pluralité probable des auteurs rend l'hypothèse incertaine.

Cette décennie prodigieuse inaugura des genres universitaires neufs : Guillaume d'Auxerre fut le fondateur des sommes de théologie, Alexandre de Halès, le premier commentateur des *Sentences* de Pierre Lombard et Philippe le Chancelier et/ou l'anonyme auteur de la *Summa Duacensis* créèrent un genre nouveau, les *Sommes sur le Bien* (traités de la conduite humaine), qui ont peut-être leur origine dans le *Magisterium* de Guillaume d'Auvergne. Une vision traditionnelle de l'histoire fait des premiers maîtres universitaires les continuateurs de

Pierre Lombard. Les choses sont plus complexes : le concile de Latran, en 1215, avait imposé les *Sentences* du Lombard comme texte de base de l'enseignement universitaire. Or l'université marqua sa différence en se rebellant contre la doctrine de Pierre Lombard. Les commentaires et les lectures, loin de sacraliser le Lombard, le passèrent au crible d'une véhémente analyse. On l'a vu, l'auteur des *Sentences* se refusait à employer le mot *puissance*. Or, précisément, mes cinq auteurs, avec des moyens différents, installèrent le vocable. La *Summa aurea* de Guillaume d'Auxerre n'hésitait pas à recommencer la tâche du Lombard, même si elle suivait un plan en partie analogue. La création même des *Summae de bono* visait implicitement à les substituer aux *Sentences*. Il s'agit en partie d'un marquage de territoire : Pierre Lombard et saint Bernard prétendaient clore un savoir, désormais suffisant pour la religion et pour la formation des prêtres. L'existence même de l'université impliquait le contraire : le savoir de synthèse du XIIe siècle n'était qu'une première et grossière ébauche, non exempte d'erreurs. Cette position relevait ainsi d'un défi au pontificat, qui, après avoir condamné certaines positions du Lombard, l'avait imposé par l'initiative d'Innocent III au concile de Latran. La réaction corporative se mêlait à une différence dans les orientations doctrinales.

En outre, ces cinq œuvres réalisèrent un changement décisif pour la méthode : l'usage de l'œuvre d'Aristote et sa captation chrétienne immédiate, ce qui noua des liens étroits avec la pensée naturaliste orientale, arabe et juive.

L'entrée d'Aristote dans le débat

Jusqu'à présent, la présence d'Aristote était restée discrète dans la réflexion sur les puissances de l'âme : elle ne se manifestait guère que par des allusions à l'opposition entre puissance et acte, qui ne s'intégraient que d'assez loin aux divers systèmes des puissances de l'âme et demeuraient un simple outil. Une étape décisive fut franchie avec les premiers commentaires du *De anima*, qui permettaient de situer le thème des puissances dans une représentation totalisante de l'âme. Ces premières tentatives sont généralement datées des années 1240, avec les textes de Pierre d'Espagne et de l'anonyme[1] publié par le père

Gauthier, qui a assigné cette dernière œuvre aux années 1246-1247. Je désigne cet auteur comme *Galterianus*, pour éviter de lourdes périphrases, ou des indications trompeuses : le manuscrit de base se trouvant à Rome, le père Gauthier nomme parfois son auteur l'Anonyme de Rome, alors même qu'il dissocie de cet auteur la localisation du manuscrit de référence. Galterianus pourrait avoir enseigné plus tôt, dans les années 1230. Ce déplacement ne contredirait pas les estimations du père Gauthier. La première traduction latine du traité aristotélicien *De l'âme*, celle de Jacques de Venise[2], date du milieu du XIIe siècle et fut rapidement utilisée par les philosophes et médecins. Une autre traduction, faite de l'arabe par Michel Scot, accompagnée du commentaire correspondant d'Averroès, est assignée aux années 1220-1230. La richesse de la matière suscita le désir de rédiger des traités sur l'âme d'un point de vue latin et chrétien. Le recours aux descriptions d'Aristote, complétées par Avicenne et Averroès, relançait la question de l'activité mentale comme phénomène naturel : pouvait-on mettre entre parenthèses la spécificité humaine ?

L'interdiction d'enseigner à l'université de Paris les traités naturalistes d'Aristote prononcée au synode de Paris en 1210 et confirmée dans les statuts de Robert de Courçon en 1215 incluait bien le *De anima*, et l'application de cette prohibition dura une vingtaine d'années, jusqu'au début des années 1230. Cependant, n'étaient nullement proscrits le recours à ce texte ni sa citation dans des œuvres personnelles. L'exclusion portait sur une pratique pédagogique, non sur un texte. On peut même y voir l'un des facteurs qui contribuèrent au développement de la rédaction des *Summa*, instruments d'une diffusion en dehors des formes de l'enseignement.

Cette interdiction se limitait à l'université de Paris. Bernard Dod a relevé dans le *Chartularium* de l'université un prospectus de promotion émis par l'université de Toulouse en 1229, proclamant qu'au nom de la « liberté scolastique » on y enseignait « tous les livres de philosophie naturelle interdits à Paris »[3]. Or, précisément, le père Gauthier assigne l'enseignement de Pierre d'Espagne à Toulouse vers 1230. On peut fort bien imaginer que Galterianus aussi ait professé à Toulouse. Je vais donc suivre la rupture, institutionnelle et intellectuelle, provoquée par un recours au *De anima* d'Aristote, qui mettait entre parenthèses le lien nécessaire entre les puissances de l'âme et la ressemblance divine, avant de repérer la réintégration de cette question dans le débat. La question des puissances de l'âme entrait dans un savoir organisé, qui allait interroger d'autres modes d'existence du for intérieur. Je choisis donc d'examiner cette organisation chez Galterianus, qui est fort explicite sur la question.

Galterianus et la situation d'une science de l'âme

La première *lectio* du commentaire livre un long schéma arborescent des sciences, en commentaire du bref passage d'Aristote qui, en une phrase, pose la nécessité et le bienfait de ses considérations sur l'âme. Galterianus divise les sciences selon le réel visé, qui implique des causes naturelles et d'autres causes, qu'ils désignent comme la fortune ou le hasard ou bien la volonté. Il précise immédiatement qu'il prend la nature comme principe d'ordre général. Implicitement, la fortune et le hasard ne donnent pas lieu à un savoir et il traite rapidement des sciences qui manifestent la volonté humaine, qu'il relie à un double manque en l'homme : le manque corporel dirige vers les arts mécaniques, le manque mental, vers les arts libéraux. Mine de rien, l'auteur distingue, cinquante ans avant les revendications de Boèce de Dacie ou de Siger de Brabant, la propédeutique traditionnelle des facultés des arts d'une philosophie naturelle, qui y doit prendre place, puisqu'elles ne sauraient se développer dans les trois facultés supérieures (théologie, droit et médecine). En outre, un savoir révélé n'a pas sa place dans ce schéma.

Le savoir se répartit essentiellement selon la disposition des ouvrages d'Aristote ; ainsi, la connaissance de la nature se divise en trois branches, selon qu'il porte sur des êtres sans mouvement (métaphysique), des êtres abstraits de leur mouvement (mathématiques) ou sur des êtres mobiles (philosophie naturelle). La philosophie naturelle considère soit des choses pris dans l'absolu (c'est le domaine de la *Physique*), soit des choses perçues dans leur engagement dans le réel, articulées à lui (*compacta*) ; parmi ces dernières, on distingue les êtres perpétuels (dont traite l'astronomie) des êtres caducs (*corruptibilia*), eux-mêmes divisés en simples et en composés, à leur tour distingués entre inanimés (étudiés dans les sciences météorologiques) et animés, dont s'occupe le traité *De anima,* qui traite globalement des trois types d'âme, dont chacun bénéficie d'une science particulière, botanique pour l'âme végétative, zoologique pour l'âme animale. Mais, dans ce schéma plein, un vide se ressent, celui d'une science de l'âme rationnelle. Curieusement, l'auteur en fait le lot d'un traité de médecine d'Aristote, dont disposeraient les Grecs et qui ferait défaut aux Latins. La mention d'un traité médical d'Aristote sert à accorder un contenu au savoir limité à l'âme rationnelle en elle-même, ce qui permet de donner plus d'ambition au traité *De anima* en le liant à un savoir plus général.

Nous nous trouvons en effet devant l'un des lieux qui déterminent le sens et la portée d'une science de l'âme. Galterianus donne à la matière du *De anima* une portée d'ensemble, préalable à la division en trois savoirs qui traitent de l'âme végétative, de l'âme sensible et de l'âme rationnelle. Il s'agirait du principe même de vie, d'animation, qui ne se focalise sur une des trois âmes en particulier qu'au fil du discours (*per accidens*). L'auteur récuse un autre classement, habituel (*solent*), qui ignore un savoir général de l'âme et attribue directement le *De anima* à la seule âme rationnelle. Pierre d'Espagne[4] se livre à des considérations analogues, beaucoup moins élaborées, ce qui manifeste sans doute un souci d'intégration du *De anima* dans une culture chrétienne : l'incarnation imposait de traiter l'âme comme un tout et de mieux repérer son articulation au corps.

La solution propre à Galterianus, qui se proposait implicitement de reconstruire ou de remplacer un traité perdu de médecine aristotélicienne, suggérait de considérer l'homme en soi. En notant que les Grecs l'avaient conservée, l'auteur laissait une place libre aux médecins chrétiens, Némésius ou Jean Damascène, qui faisaient pièce à Avicenne. En effet, au XIIe siècle, la coexistence entre la religion et la médecine s'était établie assez harmonieusement : l'âme désignait le principe interne, l'organisation vitale qui faisait de l'être humain une totalité organique. En ce sens, les traités sur l'âme relevaient du savoir médical. Avicenne avait inséré nombre de ses enseignements médicaux dans son vaste traité qui passait pour un commentaire sur le *De anima* d'Aristote, et qui fut traduit à Tolède au milieu du siècle, avant que le texte d'Aristote ne fût diffusé en Occident. L'influence médicale des cultures arabes et juives fut essentielle parce qu'elle était passée par une acculturation monastique. Constantin l'Africain, traducteur de l'*Isagoge ad artem Galeni* et du *Pantegni*, fut moine au Mont-Cassin dans les vingt dernières années du XIe siècle. Alfanus de Salerne, traducteur de Némésius d'Émèse, lui aussi moine au Mont-Cassin, devint évêque de Salerne (1058-1085). Cette vague médicale, soutenue par la connaissance et le prestige immense d'Avicenne, fut un lit de Procuste pour l'introduction, en Occident médiéval, de la philosophie naturelle d'Aristote, dont la lecture était, par ailleurs, fortement restreinte par l'Église, avant de s'imposer graduellement.

La convergence de la médecine et de la doctrine (j'entends par là le mélange de ce qui devint théologie et philosophie) renouait avec une tendance de l'Antiquité tardive et expliquait le succès de l'œuvre de Jean Damascène, conforté par l'image du Christ médecin. La prolifération de ces textes doit aussi se comprendre en termes d'histoire culturelle. Une offre de savoirs, due à une circulation nouvelle en Europe occidentale, soutenait l'idée que la constitution de l'homme relevait de l'étude de la médecine. Une norme de santé impliquait une description générale qui permette de désigner l'écart pathologique et pouvait donc légitimement répondre à des interrogations religieuses. En effet, il se trouve que l'art de la médecine fut sans doute le premier à recevoir, assez tôt au Moyen Âge, une nette empreinte interculturelle, où confluaient, précisément en raison d'un souci d'efficacité et d'une apparente neutralité des théories et des pratiques, les savants d'origine arabe, juive ou chrétienne. Socialement, on connaît bien le fait que de nombreux rois et nobles embauchèrent des médecins non chrétiens, sans aucune difficulté idéologique. La santé prévalait. Or il se trouve que nombre des médecins arabes ou juifs avaient utilisé vigoureusement le fonds antique des sciences naturelles, et notamment les textes d'Aristote. Le cheval de Troie de la médecine importait des textes et des savoirs, promis à de grands débats. Dans ce cadre, les puissances de l'âme prenaient un tout autre sens.

Quand on se livre à un examen des textes de cette période, trois nouveautés essentielles transparaissent : la marginalisation du souvenir, la recherche d'une puissance éminente et la promotion de la faculté de volonté.

Je suivrai donc ces cinq auteurs de 1220-1230, en les considérant comme contemporains les uns des autres, faute de certitude. Je détaille leurs analyses de la puissance, parce que chaque conception, dans le cadre commun que je viens d'évoquer, appartient à des systèmes de pensée bien distincts, usant de méthodes diverses. Je commence par celui qui fut le vrai maître de l'université pendant plus de vingt ans.

La toute-puissance chez Guillaume d'Auvergne

Guillaume d'Auvergne (vers 1180/1190-1249), natif d'Aurillac, obtint une prébende parisienne en 1223 et reçut la maîtrise en théologie en 1225, avant d'être élu évêque de Paris en 1228, charge exercée jusqu'à sa mort, en 1249. J'ai déjà mentionné quelques faits majeurs de son épiscopat. Son œuvre majeure, le *Magisterium divinale et sapientiale*, se compose de sept volumineux traités, dont le premier porte *sur la Trinité*[5], et a pu être entreprise dès son enseignement parisien en 1223 ou 1225. Les références internes montrent que l'auteur visait bien une synthèse cohérente et ne se contentait pas d'accumuler des traités. Il est peu vraisemblable qu'une œuvre aussi touffue ait pu commencer pendant un épiscopat dense en voyages et en commissions[6].

Les traités n'ont pas une forme scolastique usuelle; ils font plutôt penser aux traités d'Anselme ou de Bernard, en ce sens qu'ils poursuivent une doctrine, sans la soumettre au jeu serré des objections et des réfutations, en donnant une argumentation directe, qui se continue en boucles, par englobements successifs de la matière traitée précédemment. Guillaume commence nombre de chapitres en disant *revenons à notre objet* (*redeamus*) et désigne sa démarche comme *narratio*, comme itinéraire de discours. Il s'adresse à un auditeur qui n'est pas un interlocuteur. C'est peut-être cette forme rhapsodique qui a souvent empêché les historiens de le mettre en rapport avec les autres scolastiques, alors que les thèmes abordés et que le souci démonstratif sont bien de leur temps.

Un autre trait, non scolastique, le singularise: la minceur extrême des références à d'autres penseurs. On trouve très peu d'appuis sur la pensée antérieure, même si certains échos se laissent entendre. Dans l'ensemble du traité sur la *Trinité*[7] (240 pages assez serrées dans l'édition de Switalski), on ne trouve que sept mentions d'Aristote, sept d'Augustin et sept de Boèce et encore ne conduisent-elles presque jamais à une citation, rarement à la désignation d'une œuvre. La seule référence précise, mais non nominale (« le plus noble des philosophes »), extérieure à ces trois auteurs concerne le penseur juif Avicebron, repérable aux mentions répétées du Premier comme « source de vie » (*fons vitae*). Cette élision correspond à la volonté de Guillaume de fonder tout son raisonnement sur la raison naturelle et la logique, loin des autorités[8].

Ce traité sur la *Trinité* inaugure le *Magisterium* d'une façon radicalement originale: les sept premiers chapitres partent d'un point de vue métaphysique, en vue de montrer l'existence d'un étant essentiel et premier, qui n'est nommé Dieu qu'à la fin de ce long préliminaire. La toute première phrase du traité pose d'emblée la différence entre l'étant et l'être: « Sache que *étant* et *être* ont de multiples portées [*intentiones*] et qu'il n'en existe pas de modèle explicatif [*ratio*] ni de définition, comme tu l'apprendras dans les chapitres suivants. Ces termes semblent avoir des portées similaires qu'on assigne à ce qui est bon. » Moment capital, qui va fonder, je crois, le genre alternatif des *Sommes sur le bien*, qui se développent quelques années après: on prend comme base d'une doctrine d'ensemble non plus, comme chez Pierre Lombard, le donné des créatures, mais une notion qui traverse les univers et donc demeure accessible. Moment capital, car le matériau de la théologie quitte le domaine naturel et empirique pour celui de l'éthique et de la métaphysique. Une page après, survient une citation de Boèce (et l'on a vu que les citations sont fort rares dans le traité): « Tout être simple détient en unité son être et le fait qu'il est.[9] » Cette opposition en varie une autre, également trouvée chez Boèce et commentée par Gilbert de la Porrée.

Guillaume montre patiemment qu'il faut supposer un être essentiel et singulier. Au chapitre 8, il en vient aux productions de cet être essentiel et premier: « De quelle façon les choses sortent [*exeunt*] de lui, choses qui viennent de lui: est-ce par nature, comme la lumière vient d'un corps lumineux, ou est-ce par sagesse et volonté, qui est nommée bienveillance [*benignitas*] en lui? Convient-il de dire de lui qu'il est l'artisan de l'univers et seulement son créateur? Est-il puissant sur tout? » La puissance intervient donc pour parler de Dieu et de la Trinité. La direction de l'univers soulève la question de la totalité unique du pouvoir, du vouloir et du savoir.

Guillaume commence donc par considérer longuement la puissance, nécessaire pour parler de cette essence. L'originalité du texte est de partir directement de la divinité pour y situer des puissances, sans aucun souci anthropologique. Par ce biais, Guillaume semble revenir à une désignation traditionnelle du monothéisme, qui considérait avant tout la *toute-puissance* de Dieu. La notion de puissance est là ; il faut donc l'explorer. Guillaume parle fréquemment de Dieu comme du *primum potens*, le Premier qui peut tout, ou le Puissant originel. L'omnipotence se décline en puissance, intelligence et amour, par le jeu propre de son essence.

Rompant avec l'analogisme, Guillaume, en vrai scolastique, mais sans appareil formel, explore d'abord les sens du mot, accumulés dans un vocable, sans s'arrêter à des correspondances partielles. Les mots sont des symptômes, non des symboles. Le chapitre 8 énumère cinq sens de *potentia* : elle est d'abord principe d'activité (*principium operativum*), équivalent de l'énergie (*virtus*) ou de la puissance agente ou active, qui se caractérise par son exubérance (*exuberantia*), sa fécondité. L'exemple donné est celui du feu. En un deuxième sens, la puissance, appelée aussi *potestas*, désigne la souveraineté (*superioritas*) ou la domination. Guillaume évoque la puissance des rois, fondée sur l'obéissance, le consentement des sujets. Ensuite, elle nomme une qualité, par laquelle un être résiste aux passions. Le mot *passion* s'entend ici uniquement des lésions qui affectent le corps ou l'âme. L'auteur parle de la puissance de la pierre, qui résiste aux chocs. En quatrième lieu, il évoque les puissances rationnelles, que la délibération et la volonté accompagnent. La puissance est alors commandée. Elle se distingue des puissances irrationnelles, sans doute en rappel du premier sens, avec le même exemple du feu. Enfin, Guillaume mentionne la possibilité (*possibilitas*) désignée elle aussi comme *potentia*. Mais, ce qui l'intéresse, c'est le pur possible, l'indéterminé, la possibilité d'être, ou de ne pas être, cet ensemble sans être ni essence, qui a comme substrat la matière informe, ce qu'on nommerait la matière première, mais à qui Guillaume refuse ce qualificatif, pour réserver la primauté à Dieu. La pure possibilité initiale a la matière comme support : elle est son accident, en deçà de la détermination. Guillaume en fait l'opposé de l'essence pure, suprêmement indéterminée, au-delà de la détermination.

Ces cinq significations forment implicitement un tableau, qui laisse une sixième case libre. La puissance est active (sens 1 : l'énergie naturelle et sens 2 : le pouvoir) ou passive (sens 3 : la puissance rationnelle et sens 4 : la qualité de résistance) ou neutre, indéterminée (sens 5 : la possibilité). Chaque détermination (actif, passif et neutre) a une forme inférieure et une forme supérieure, c'est-à-dire dans la nature et dans la rationalité. La cinquième signification, de rang inférieur, laisse inoccupée la case d'un neutre supérieur. C'est là où se situe la puissance divine, indétermination essentielle.

Le chapitre 9 met en regard la possibilité inférieure, initiale, et la possibilité supérieure, première : ces deux puissances sont plus fortes que les puissances déjà engagées dans l'être, orientées vers une seule réalisation, un seul être. Le feu peut brûler et ne peut pas ne pas brûler. Dieu et la matière primitive partagent la même liberté, la même convergence de l'être et de l'essence, dans la nudité ou bien dans la plénitude. La question de la matière première s'invite donc durablement dans les débats sur les puissances.

Une autre notion s'installe et va semer le trouble, celle du libre arbitre. Le mot n'est pas prononcé dans le traité de Guillaume, mais la principale caractéristique de la puissance première est la non détermination comme liberté pure : « La puissance première, la plus achevée et la plus forte, est la puissance qui peut tout par soi sur chacun des opposés et qui émane [*fluit*] toute son activité de soi seule et par soi seule, qui, par son énergie, ne peut être ni contrainte, ni empêchée.[10] » Le problème épineux de la relation entre volonté et libre arbitre se posera. Nous en verrons le développement particulier chez Guillaume d'Auxerre et Philippe le Chancelier.

Sans le dire, Guillaume renverse donc la doctrine de Pierre Lombard. Ce dernier, à vouloir l'essence divine inconnaissable et inaccessible, reportait toute connaissance du divin sur les personnes, ce qui explique le fameux reproche de Joachim de Fiore sur la quaternité en Dieu : les personnes rapprochées de l'homme par l'analogie perdaient leur communication avec l'essence divine. Les trois « choses », traitées en fait comme puissances (raison, volonté et mémoire), prenaient ainsi une allure distincte à qui il manquait la totalité.

La ternarité des puissances humaines découle bien de cette trinité des puissances divines, mais le traitement en est sommaire. Le principe de l'image de Dieu impose de trouver dans l'âme rationnelle des traces de la ternarité, désignées comme la vie, l'intellect et l'affect. Certes, le dernier traité de Guillaume, le *De anima*, apporte bien des précisions, mais à une date fort tardive (vers 1240). Guillaume réagit-il aux tentatives précédentes pour définir les puissances de l'âme ? On a vu que son chemin s'écartait de celui de Pierre Lombard. Un détail curieux semble signaler qu'il pensait aussi à la multiplication des puissances chez Hugues de Saint-Victor ; sans guère de pertinence, il dit à la fin du chapitre 8 : « Que la puissance de la ligne soit appelée son carré chez les géomètres est une métaphore parce que le carré du développement [*fluxus*] ou le mouvement de la ligne est seulement égal à soi et égal par soi. » Le sens de puissance comme coefficient de multiplication est bien relevé, alors qu'il n'appartenait pas à la liste du chapitre, qui détaillait cinq ou six significations du mot. La combinaison des valeurs arithmétiques et géométriques du carré (figure et chiffre) paraît s'inscrire dans la ligne du victorin. Le refus de cette position se marque par le fait que Guillaume ne considère pas le cube (lui aussi figure et chiffre), ce qui renforcerait la position d'Hugues. Fondamentalement, l'erreur de Hugues, pour Guillaume, avait dû être d'accorder trop d'indépendance à un mécanisme purement naturel ; il achève son chapitre, immédiatement après la notation sur le carré, par une autre attaque contre le jeu du langage qui isole des domaines : « Pourtant, certains ont assigné la puissance dans les choses naturelles, le pouvoir dans les choses morales, la possibilité dans les choses rationnelles, davantage par euphonie que par analogie.[11] »

La question du pouvoir, et du pouvoir politique, se manifeste dans les implications de l'omnipotence. L'exemple de la royauté terrestre intervient à trois reprises dans les chapitres 8 et 9. Elle fournit l'exemple même de la puissance créée et active, que Guillaume avait nommée souveraineté ou domination. Il relevait que ce type de puissance ne pouvait fonctionner que par l'obéissance et le consentement des sujets. Cette remarque servait alors à classer la puissance comme avers d'un envers nécessaire (la sujétion) ; elle écartait ainsi toute confusion analogique entre la souveraineté humaine et celle du Premier puissant. Puis le cas du roi revenait, lorsque Guillaume parlait de la puissance comme possibilité. La possibilité de devenir roi, pour un homme, illustrait la dépendance, le caractère accidentel de ce type de puissance, qui ne développait aucune essence première. Il en arrivait même à une conception statistique du choix politique : il doit y avoir un roi parmi les hommes ; l'élection peut échoir, sans nécessité, à tel ou tel individu. Dans le chapitre suivant,

Guillaume parle de l'ubiquité du Premier, qui est sa puissance là où il est, partout, « comme, si un roi était puissant par sa seule essence, sans aucun doute, il serait puissant et serait nécessaire partout. Mais il n'est pas interdit au roi d'avoir quelque puissance là où il n'est pas en personne, puisque sa puissance est l'obéissance des sujets. Il est donc puissant là où les sujets sont obéissants, mais sans aucun doute, il n'exerce sa puissance par son essence que là où il est »[12]. Texte vertigineux, où l'étendue du pouvoir royal, du pouvoir à distance, intervient comme preuve de sa non-essentialité ! Ce problème de l'efficacité immédiate de la présence du souverain importait grandement au moment où les monarchies tentaient de se répandre dans un espace plus large que celui que l'emploi de la force armée permettait. Plus tard, on trouve, chez Pierre de Jean Olivi[13], l'idée que la royauté peut s'exercer sans la présence du roi, à la suite du pacte qu'elle met en œuvre. Il serait imprudent d'en tirer une doctrine politique de Guillaume, mais il importe davantage qu'il ait doté des questions de la pratique d'un fort bagage théorique.

Il faut aussi remarquer qu'on trouve chez Guillaume d'Auvergne une mise en place du couple puissance absolue/puissance liée (*alligata*), qui aura le succès que l'on connaît en philosophie politique. J'ai longtemps cherché l'origine de ce couple, attribuée à Hugues de Saint-Cher et que je fixais plutôt chez Guillaume d'Auxerre, mais la priorité de Guillaume d'Auvergne me semble probable, en raison de la force qu'il donne au terme *absolu* (libre de toute détermination).

La première puissance de la Trinité s'était donc lestée d'un contenu lourd chez Guillaume d'Auvergne. La ternarité humaine demeurait assez vague, en contraste avec la précision de la théorie trinitaire. Il y avait donc de la place pour d'autres descriptions des puissances de l'âme au cours de la décennie 1220-1230. D'autres penseurs investissaient autrement cette trinité/ternarité, mais, cette fois, en reprenant l'héritage du Lombard et de ses deux formules ternaires.

La puissance fait question : Alexandre de Halès

Alexandre de Halès, maître parisien d'origine anglaise, a rédigé le plus ancien commentaire connu de Pierre Lombard, vers 1225, une dizaine d'années avant son entrée dans l'ordre franciscain. En effet, il a composé une *Glose* des *Sentences*, état intermédiaire entre la glose du bachelier et les questions magistrales. Sur la distinction de Pierre Lombard qui esquissait la question du rapprochement entre les personnes divines et les facultés qui permettent de les connaître, Alexandre présente une petite question[14] qui semble viser surtout une précision plus grande dans le vocabulaire interprétatif. Immédiatement, cette question de vocabulaire apparaît pourtant comme un lieu de désaccord avec le Lombard, et la question se porte sur la valeur du verbe *être* : « Certains disent que l'âme est ces trois puissances en substance et en essence, d'autres que non. » De façon implicite, Alexandre remet en cause l'ensemble de la phrase, traitée en proposition mal formée. Le sujet (*l'âme*) est l'inconnue qu'il faut analyser ou encore le terme qu'on définit. Le prédicat (*est ces trois puissances*) est flou : le verbe *être* a plus d'une pertinence. La puissance offre une deuxième inconnue. On produit une définition ou on porte une opinion en reliant dans un prédicat deux inconnues. La phrase ajoute *en substance et en essence*, sans qu'on puisse savoir s'il s'agit d'une circonstance ou du développement du prédicat *puissances* (*quand elles sont en substance et en essence*) ou bien d'une détermination du mot *puissance* qui les inclut. La notion de *substance*, après toutes ses aventures de traduction aux temps patristiques, ne saurait rien dire. Équivaut-elle à *essence* ou non ? La volonté d'affirmer la ressemblance entre l'âme et Dieu suspendait toute rigueur. Ce premier commentaire relève plus du correctoire que de la glose. En outre, il introduit Alcher de Clairvaux, Boèce et Aristote dans le monde clos de Pierre Lombard.

En quelques lignes denses, Alexandre prend donc en charge la phrase. Le jugement de l'opinion proférée importe moins que l'analyse précise de la phrase, qu'il examine en tous ses termes.

– Le sujet (*l'âme*) apparaît moins comme une inconnue que comme une chose indéterminée. En ce sens, le message de Guillaume d'Auvergne est passé.

– Le verbe *être* est présenté en deux sens concurrents : soit il suit le verbe *avoir* – on est quelque chose parce qu'on a, ou a eu, une puissance –, soit il signifie *représenter* (tel ou tel acteur *est* Hamlet).

– La notion de substance est définie par l'analyse elle-même, sans s'encombrer de tradition, comme on le verra.

Alexandre produit une rupture radicale, car il ignore la question de l'image et de l'origine qui sous-tendait la phrase de Pierre Lombard. Il passe de l'analogie des qualités à la comparaison des actes, en partant de la comparaison entre les choses corporelles ou matérielles et les choses spirituelles, au sens rigoureux de non matérielles. Pour comprendre les relations du tout et des parties, Alexandre prend en compte une série de composantes matérielles. La considération de la divinité peut alors prendre sens.

Le premier paragraphe, destiné à soutenir l'opinion attribuée à Pierre Lombard, consiste presque exclusivement en une longue citation littérale du traité *De spiritu et anima* d'Alcher de Clairvaux[15]. L'argument est clair : l'âme est simple et incorporelle. Elle ne peut donc être composée de parties, comme les corps. Les trois choses, les trois éléments de l'âme, ne peuvent se différencier que selon une analogie et non en réalité : elles se distinguent pour évoquer Dieu. Alexandre se livre à une coupure unique et brève dans le texte d'Alcher, qui assimilait ces trois éléments aux trois pulsions platoniciennes (les pulsions rationnelle, concupiscible et irascible), ce qui pouvait nuire à l'analogie avec Dieu : les pulsions ne pouvaient entrer dans les éléments des traits partagés avec la Trinité divine[16], nécessairement étrangère à la colère et au désir. La décision de soustraire les puissances de l'âme à l'affect, pour les réserver à la raison, radicalisait une position d'Alcher, plus qu'elle n'en prenait le contre-pied. L'âme se confond avec la rationalité. La *ratio*, conservée seule parmi les trois pulsions, devint le schème de définition de l'âme ou de son existence avant l'infusion dans les corps humains.

À une substance correspondaient trois noms (*vocabula*) de puissances. Elles appartiennent à la nature de l'âme et s'opposent à des éléments *accidentels*, venus du monde C'est pour cela qu'elles avaient été qualifiées par Alcher de *naturelles*. L'essence divine ne comprend que ses éléments propres, alors que l'âme humaine inclut à la fois des éléments propres et des éléments adventices : « Dieu est tous ses éléments et l'âme certains d'entre eux. » La nature, en ce cas, est une variante de l'essence : c'est l'essence dans le monde avant l'infusion (« L'âme a ces puissances avant qu'elle ne s'unisse au corps »). La notion de *substance* n'avait pas de sens rigoureux et ne servait sans doute qu'à éviter le mot essence, trop directement lié à la divinité. Une courte phrase d'Alexandre de Halès conclut la citation d'Alcher : « Si l'analogie d'Augustin est exacte [*congrua*], l'âme sera ses puissances. » Ce bref jugement donne un nouveau sens à l'opposition de la vérité et de l'analogie dans ce passage d'Alcher. Et, en quelques mots, est lancée l'immense dispute sur la correspondance des parties et des propriétés, toutes deux participant à un tout. Tout se passe donc comme si Alcher, sous le nom d'Augustin, avait pris le relais de Pierre Lombard ; trente ans s'écoulèrent avant que Thomas d'Aquin ne retire l'attribution à Augustin, mais déjà le *De spiritu et anima* paraît singulier.

L'argument opposé, très bref (trois lignes), utilise une citation de Boèce, déjà épinglée par Gilbert de la Porrée, mais dans un autre contexte. Elle l'étend par homothétie (par développement formel, par transitivité d'un rapport) : « *En tout qui est en-deçà du Premier, ce qui est et l'être diffèrent.* Donc diffèrent ce par quoi une chose peut être et le fait qu'elle puisse être, et donc l'âme et sa puissance. » On l'a vu, c'est sans doute Guillaume d'Auvergne qui avait introduit dans le débat sur l'âme la distinction de l'essence et de l'existence, selon une citation différente de celle qu'utilise Alexandre, qui reprend une distinction de Boèce, entre le fait d'être (*quod est*) et la source de l'être (*quo est*).

Ce que j'ai appelé homothétie étend cette distinction au possible. Le fait que la chose puisse être (*quod potest*) se distingue, sur le modèle de la formule boécienne, du principe par lequel une chose a la possibilité d'être (*quo potest*), et manifeste sa condition de possibilité. Lexicalement, les deux pôles de l'opposition *quod potest* / *quo potest* donnent deux sens à *potentia*, ce qui enrichit le débat. La puissance devient dans un cas (*quo potest*) très proche de l'essence, auprès de qui elle offre une structure essentielle de virtualité, une source de capacités, une agence de l'âme, ce qui prépare la nouvelle définition de la premières des trois puissances. Par ailleurs, comme *quod potest*, elle constitue un instrument de l'âme, une disponibilité lui permettant d'agir. Dans les deux cas, Alexandre rejette l'identité de l'âme et des puissances, présente chez Pierre Lombard et Alcher de Clairvaux. L'analogie avec les personnes divines ou leurs propriétés cesse d'être simple : la séparation de l'essence et de l'existence en toute créature empêche toute assimilation de ressemblance ou d'écho.

La détermination d'Alexandre, selon la rupture déjà mentionnée, part de la relation entre les éléments et le tout dans les domaines matériel et spirituel. Elle est axée sur la distribution des éléments d'une collection. Alexandre de Halès pose un parallèle de deux quantités, celle, matérielle, des corps composés de *parties* et celle des choses spirituelles, fondée sur des énergies (*vires*). Ces énergies se distinguent et se font connaître par des *actes*, qui, seuls, les extériorisent et jouent le rôle de partie. Le couple puissance/acte, centre de la philosophie d'Aristote, confirme sa venue dans la question. L'acte présuppose la puissance. Une quantité totale donne lieu à une série, qui sépare et fait connaître les éléments. Dans le domaine matériel, ces éléments sont des *parties*. La série se nomme *situs*, ou agencement. Dans le domaine spirituel, il s'agit des *actes* (actus), c'est-à-dire du comportement. Mais la relation n'est pas réciproque : les éléments ne font pas connaître la série. La série regroupe et manifeste les éléments sans les transformer. Elle n'est pas un facteur de développement matériel (*multiplicatio*), ni de projet spirituel (*potentiae*), qui adviennent ou peuvent advenir en plus.

Muni de cette grille d'analyse, Alexandre peut comparer trois totalités, divine, spirituelle et matérielle. Et le tout, dans les trois domaines, privilégie trois modes d'articulation totalisante : l'essence, la substance et le suppôt (*subjectum*). Les trois personnes divines coïncident (*conveniunt*) avec l'*essence* de Dieu. Les trois choses de l'âme, mentionnées ici comme étant la mémoire, l'intelligence et la volonté, se rassemblent dans une *substance*, mais ne partagent pas une identité d'essence. Trois éléments ou parties du corps matériel comme la quantité, la couleur et la chaleur se réunissent dans un suppôt, qui ne peut être une substance, parce que ces trois parties ne communiquent pas et peuvent exister de façon indépendante.

Une collection comme celle des personnes divines se rassemble donc dans une essence. Or l'essence ne se limite pas au domaine divin : l'essence est *ce par quoi* une chose qui est existe, comme l'humanité pour l'homme. Mais cette essence, sans réalisation dans l'existence, n'est que de mots : il n'y a qu'une trace d'essence. Trois paires de concepts complémentaires sont donc articulées fermement, sans que les termes soient tous explicites. Alexandre désigne trois notions centrales par la négation d'un terme de même rang. L'*essence* s'oppose à l'*existence* (nommée comme *quod est*, le fait d'être, c'est-à-dire d'exister). La *substance* se place en regard de l'absence de continuité ou de perpétuité inséparable ; cet état non nommé est sans doute celui du manque (*privatio*). Le *suppôt* se distingue des *accidents* qui se déposent en lui, mais ne sont pas lui.

Les puissances de la substance humaine sont donc étroitement articulées sans former de totalité stable. L'ensemble est nécessaire, mais ses divisions fluctuent. En des termes empruntés à la patristique, il s'agit de *circumincession*, de chevauchement mutuel et mobile des puissances, dans un véritable jeu de la main chaude : ma volonté l'emporte sur ma raison, qui domine ma volonté, sans fin. Ce jeu présente la substance comme une instance sans cesse remise en cause par elle-même, où les rôles des puissances varient. Il annonce une évocation du moi comme champ de bataille, en lutte et/ou en trêve. Freud se rapproche.

Les trois éléments de l'âme se réunissent comme substance et non comme essence, « parce que la chose en tant qu'elle est durable [*substans*] ou demeure [*subsistit*] de façon non séparée », alors que la quantité, la chaleur et la couleur se greffent sur un suppôt (*subjectum*), qui est « ce à quoi adviennent des éléments qui ne sont pas indispensables à son être ». Les éléments du suppôt sont nettement séparés entre eux. Alexandre se livre à une description fort originale de la substance en la décomposant en *sub* et *stare*. La substance évoque d'un côté le dessous, la base. Variante du suppôt, elle est le socle des puissances : elle leur est soumise (*supponitur*). Elle évoque aussi dans *stare*, « ester » (comme *ester* en justice), l'être-là immédiat, au-dessus des puissances. Elle n'est plus plombée par les puissances, elle les surplombe. La substance en ce sens est acte : elle opère (*operatur*) et désigne une dualité en quête d'une zone de rassemblement.

Alexandre a donc établi que l'âme et les puissances s'établissent en deux niveaux complémentaires dont la structure peut s'inverser. Les trois puissances sont alors désignées comme *propriétés* : « L'âme est dite suppôt quant aux accidents, substance quant aux propriétés, essence quant aux choses essentielles. » Le terme de *propriété* n'avait pas été employé dans cette question par Alexandre, mais, lexicalement, il sépare les puissances sur le modèle des propriétés des personnes divines. Le franciscain a réussi le tour de force de partir d'une lecture ontologique de Pierre Lombard (question de tout et de la partie, de la potentialité et de l'acte) pour arriver, *in fine*, à distinguer le problème théologique de la construction anthropologique. Et Alexandre de Halès a trouvé un des passages possibles entre Aristote et la démonstration scolastique, en se lestant d'un programme métaphysique. Il a donné une dignité métaphysique à l'insuffisance de l'être humain, qui cesse de mendier sa ressemblance avec la divinité

On ne perçoit pas d'enjeux politiques à cette question, parce qu'elle porte uniquement sur la structure qui unit la substance et les puissances. Notons seulement une parfaite compatibilité avec la doctrine de Guillaume d'Auvergne. Alexandre n'entend pas réserver de place au pouvoir dans un monde aussi mobile.

Dans mon itinéraire, le paragraphe suivant envisage un texte anonyme, de date incertaine, qui se trouve compléter la description d'Alexandre de Halès, en précisant et nommant la *circumincession* des puissances (ce que j'ai appelé le jeu de la main chaude) et en poursuivant la notion centrale et renouvelée de *substance*. En prime, le texte discute la présence de la mémoire dans la ternarité divine et humaine. Bien entendu, j'amalgame une pièce rapportée à un ensemble cohérent. Je ne procède que par un rapprochement thématique, qui démontre l'existence globale d'un changement de perception, au-delà des cas singuliers de Guillaume d'Auvergne et d'Alexandre de Halès.

La *Summa duacensis*: le souvenir s'efface et la puissance s'affirme

En effet, la *Summa Duacensis,* la *Somme de Douai*, nommée ainsi en raison de la localisation actuelle du manuscrit, et datée de 1230 environ par son éditeur, Palémon Glorieux, forme un assemblage étonnant et bigarré de textes, certainement antérieur à cette date, sans qu'on puisse établir d'ordre chronologique par rapport à Guillaume ou Alexandre. Conventionnellement, j'appellerai l'auteur de mon fragment du nom de Douai (1) pour procéder à une répartition graduelle des différents auteurs. La forme semble être celle d'une *Summa de bono*. Mais la reconstruction d'un plan d'ensemble par P. Glorieux a peut-être imposé cet aspect. De même, il est très imprudent de prendre le texte comme un tout. Il se peut qu'il s'agisse en fait d'un rassemblement de notules diverses. Et si la diversité semble l'emporter, le travail immense et aléatoire d'un examen des unités textuelles serait indispensable. Je me contenterai de lire un texte court (quatre pages) qui forme un tout, selon les signes qu'en donnent les reprises et les annonces. Un second texte, utilisé ponctuellement, illustre les difficultés signalées.

A. Ce texte, chapitre ou fragment[17], consacré au « rattachement des propriétés aux personnes [divines] », tente de donner une structure et un contenu précis aux analogies qu'établit Pierre Lombard. Il installe la notion de *circumincession*, écho de la *périchorèse* de la patristique pour signifier, au-delà du mot savant, que tout est dans tout. Les trois propriétés fonctionnent de façon mutuellement inclusive. Mais Douai (1) reste sceptique sur le parallèle. On admet aisément la circularité des personnes, alors qu'une psychologie simple montre que l'intelligence, portée vers le vrai et le faux, ne se laisse pas remplacer par la volonté qui considère le bien et le mal.

Le problème de la *circumincession* des actes des trois puissances, qui s'impliquent mutuellement, se résout en considérant trois *conversions*, c'est-à-dire, selon le sens d'Augustin, trois mouvements de l'âme : « L'âme s'oriente soit en direction de soi ou de ce qu'elle est [*ad id quod est*], soit en direction de ce vers quoi elle est [*ad id ad quod est*], soit en direction de ce par quoi elle est [*id a quo est*]. » Autrement dit, nous assistons à un montage nouveau de l'opposition entre l'essence et l'existence, tirée par Guillaume d'Auvergne et par Alexandre de Halès du vocabulaire métaphysique de Boèce (*a quo/quod est*), réactualisé par Gilbert de la Porrée au XIIe siècle. Sans façon, Douai (1) ajoute un troisième terme (*id ad quod est*) : l'essence, dédoublée, touche à la fois l'origine et la finalité.

Douai (1) considère ces trois modes de conversion, d'orientation de l'âme, quand elle procède aux actes des puissances. Selon le mode *ad id ad quod est*, l'âme se tourne vers sa finalité. Elle se focalise sur la béatitude, dont elle participe, s'élève donc au-dessus du bien créé. En se souvenant, en aimant et en comprenant soi-même et son bonheur participé, « elle commémore et représente l'image du créateur ». Quand l'âme se tourne directement vers ce par quoi elle est, vers son essence (*id a quo est*), elle se rappelle, aime et comprend l'image du créateur, sans passer par le créé. Dans les deux cas, il y a bien *circumincession*, c'est-à-dire circulation et équivalence des trois actes (*circulatio et paritas*).

En revanche, « selon le mode physique ou naturel », les trois actes issus des puissances se font concurrence, ils se dépassent (*excedentes*) mutuellement, sans circumincession. Implicitement, le théologien considère une application singulière et religieuse des verbes signifiant l'acte, tandis que le physicien se limite à une pratique commune, qui doit concerner non l'âme elle-même, mais son insertion dans un corps. L'existence de l'âme manifeste son statut de créature participant du divin, alors que son essence tend vers la divinité. Le reste de son activité et donc son existence relèvent des naturalistes, remis ici à leur place, et les théologiens sont laissésseuls aux prises avec l'essence de l'âme. Selon l'auteur, une psychologie commune articule ces trois actes qui s'*excèdent*, c'est-à-dire qui sont dans un rapport d'englobement ou de suite, et non pas de circumincession. On veut parce qu'on comprend, etc.

Plus loin, un autre fragment de la même collection aborde plus frontalement l'opposition entre le *id quod est* et le *id quo est*[18]. L'auteur, Douai (2), s'interroge sur le mode d'unité entre l'âme et le corps. La réponse du maître détaille trois modes d'union, dont chacun se trouve aussi appliqué dans le reste du monde. Ils sont qualifiés de très, de moyennement et de peu solides (*firmus*) ; le premier type se décrit ainsi : « Par exemple, nous trouvons la composition entre matière et forme avec ce qui est proportionné à la matière et à la forme, comme les physiciens supposent dans l'âme l'existence [*id quod est*] et l'essence [*id quo est*]. » La solidité de l'assemblage est telle que l'un ne peut exister sans l'autre. La deuxième composition, moins solide, se trouve dans les corps supercélestes et dans les éléments ; elle repose exclusivement sur le rapport entre forme et matière, sans participation. Sa moindre solidité tient au fait que seul ce rapport entre forme et matière la constitue. La forme ne rencontre pas de contraire et reste attachée à sa matière, mais celle-ci est susceptible (*possibilis*) d'être assumée par une autre forme. Le troisième assemblage, encore moins solide, se trouve dans tout corps formé d'éléments (*elementatum*). La matière reçoit en permanence (*tota die*) une autre forme, qui plane au-dessus d'elle et n'a donc pas de rapport nécessaire avec sa forme première. De même, la forme rencontre son contraire qui parfois la détruit. C'est pourquoi, « elle est obligée de chasser et de détruire sa matière ».

L'auteur de la *Somme* applique cette distinction aux rapports entre l'âme et le corps : l'union très solide vaut pour l'âme elle-même, l'assemblage moins solide est celui du corps et l'assemblage peu solide concerne la conjonction de l'âme et du corps. Le rapport entre l'essence et l'existence n'affecte donc que l'âme (qu'il faut sans doute comprendre comme *spiritus*, l'âme comme pur esprit).

Un détail suggère un autre auteur que celui de mon fragment de départ : l'auteur attribue aux *physiciens* (médecins ou naturalistes) la distinction du *quod est* et du *quo est,* alors que, même si l'on pouvait, à la rigueur, traiter Gilbert de la Porrée de philosophe, la tradition théologienne s'était imposée avec Guillaume d'Auvergne et Alexandre de Halès. Douai (2) semble donc être un théologien qui trouvait appui dans le savoir naturaliste, contre Pierre Lombard. Malheureusement, on ne peut en savoir plus, car les fragments conservés ne mentionnent aucun philosophe, ni arabe, ni antique. La question de la culture propre des naturalistes s'épaissit[19]. Mais cela confirme l'intérêt pour le couple *quod est/quo est*, cadre peu rempli par l'anonyme. Cette notion était sans doute dans l'air du temps.

B. Une autre interrogation porte, dans notre fragment de départ, sur l'identité de l'âme et des puissances. Affirmer que l'âme *est* ses puissances équivaut, selon l'auteur, à dire que le corps lourd *est* sa lourdeur. En résumé, on retrouve la question formulée par Alexandre de Halès en critique de Pierre Lombard : le corps lourd est l'acte produit par la puissance *lourdeur*. Aristote a donc bien occupé le terrain avec son couple puissance/acte.

La réponse de Douai (1) distingue trois sens de *potentia*, associés à trois désignations de la totalité. D'abord, la puissance d'une chose peut désigner un simple contenu, une présence non nécessaire, mais accidentelle. La force mentale se trouve dans l'âme et pourrait ne pas s'y trouver. La totalité qui l'enveloppe fonctionne comme *subjectum*, comme suppôt-support. L'auteur donne l'exemple de la puissance qui permet à la pupille de l'œil de recevoir des stimulations (*species*) extérieures. Cette puissance peut s'affaiblir ou disparaître, lors de la vieillesse humaine, sans que disparaisse l'existence de l'œil.

En un deuxième sens, la puissance, sans renvoyer à l'essence d'une chose, appartient au développement (*de consequentibus*) même de l'essence de l'âme. La puissance est la compagne proche de l'âme. Douai (1) en donne un exemple, naturel : la chaleur du feu accompagne son essence. Le feu ne peut s'imaginer sans elle, mais ne se réduit pas à elle. Autrement dit, sa définition ou sa nature comporte d'autres puissances.

Enfin, la puissance peut s'expliquer comme *substance*, indifférente à la chose dont elle est puissance. La substance se contente de donner un cadre permanent, à partir duquel se composent les formes de la chose. La puissance est alors la *matière première* de la chose. On choisit de nommer la matière première puissance, parce qu'elle prépare l'acte, toujours selon le couple aristotélicien puissance/acte. Alors on peut dire que la matière première, prise comme substance, peut être dite identique, en son origine, à la puissance. La fonction formatrice de cette puissance-matière est bien plus ample en l'âme que celle de la volonté ou de l'intelligence.

En quelque sorte, le modèle de Guillaume d'Auvergne se diffuse : la matière première fournit à la chose, et, ici, à l'âme, un neutre inférieur, qui fait écho au neutre supérieur de la *mens-memoria*. « L'âme n'est rien d'autre, en substance, que sa puissance, bien plus que ses deux puissances. » Une « super-substance » (matière primordiale chez l'homme et *mens-memoria* en Dieu) s'accompagne des deux puissances (de raison et de volonté). Cette identité substantielle et essentielle exclut quatre modes d'interaction entre les puissances et l'âme. En premier lieu, les puissances ne sont pas *accidentelles*. Aucun jeu avec le support (*subjectum*) n'est possible. Ensuite, elles ne sont pas des *parties intégrantes*, c'est-à-dire complémentaires, de l'âme. Les forces de l'âme sont tour à tour sa totalité. Troisièmement, elles ne suivent pas le mode des mélanges (*miscibilum*) ; elles demeurent entières, sans confusion. Enfin, elles ne se prêtent pas au statut, qui relie un élément à un autre par relation : alors qu'en la Trinité divine on peut rencontrer la substance d'une personne sans l'autre, cela est impossible pour les forces de l'âme. La ternarité anthropologique est donc bien plus complexe que la Trinité divine.

Cette orientation eut des lendemains durables ; l'âme reste une *substance* pour toute une tradition franciscaine, alors que, chez Thomas et les thomistes, elle est une *forme*. Or la substance est la notion la plus proche de celle d'individu distinct. Une longue continuité s'affirme ainsi à partir de Guillaume d'Auvergne. La construction de l'âme en singularité indéterminée allait renforcer celle de la première puissance en tant que puissance directrice, arbitre des deux autres puissances.

C. Un dernier problème se pose dans le texte de Douai (1), celui du contenu anthropologique de la puissance de mémoire, élément qui devient difficile à loger dans la nouvelle ternarité. La tradition, dans son ensemble, a suivi Augustin pour associer l'intelligence au Fils, « à qui revient la sagesse ; la volonté, directement orientée vers la bonté, convient à l'Esprit. C'est pourquoi il reste [par différence] à rattacher la mémoire au Père ». Ce choix par défaut ne reçoit guère de justification. L'auteur y voit un inconvénient : « L'intelligence et la volonté dénotent les puissances par lesquelles nous pouvons comprendre et vouloir. Mais la mémoire désigne un acte, qui n'est donc pas rattachable en propre au Père quand on lui attribue une puissance. » La réflexion, encore une fois, est tributaire de la connotation aristotélicienne : l'intelligence et la volonté permettent l'acte, alors que la mémoire est déjà en acte. Les trois propriétés ne sont pas de même rang ontologique. En outre, l'auteur carolingien Hraban Maur en demeure à l'analogie structurelle : A et B donnent C : la mémoire procède de l'intelligence et de la volonté, comme l'Esprit procède du Père et du Fils. La mémoire revient donc à l'Esprit. Augustin, avec ses flottements habituels, attribue la mémoire à l'Esprit dans certains traités et au Père dans le *De Trinitate*.

La réponse de Douai (1) élabore la notion de mémoire. Il distingue trois sens du mot, les deux premiers relevant de la théologie, le troisième de la physique. Au premier sens, la troisième place de la mémoire se confirme : elle est la continuité, le lien (*copula*) entre le géniteur et l'engendré. On revient au schéma structurel de la Trinité sans considération neuve en anthropologie. Ici, l'auteur parle des *dignités* de l'âme, comme si la noblesse de la force mentale ne pouvait provenir que du modèle trinitaire. La postériorité temporelle de la mémoire illustre la postérité non temporelle de la production de l'esprit.

En un deuxième sens, la mémoire est « la conservation de l'image de Dieu dans l'âme elle-même, par laquelle elle est naturellement conduite vers ce qu'elle doit naturellement comprendre et aimer ». La nature s'entend comme conformation avec l'essence de l'âme. Dès lors, les deux propriétés régies correspondent à la connaissance et à l'affect. La mémoire, instance de contrôle et de répartition, de direction (*ductio*), bénéficie de l'antériorité (*prius*) et de la préséance. Elle revient donc au Père. Là non plus, on ne trouve pas de justifications anthropologiques, mais on peut subodorer la persistance de l'idée victorine de mémoire organisatrice.

Le troisième sens du mot, physique, ne permet pas l'analogie : alors que, dans les deux premiers sens, la mémoire apparaissait comme naturelle, indélébile et antérieure à tout processus, dans cette troisième acception, strictement naturaliste, elle parvient à l'homme de façon accidentelle, délébile et n'agit qu'en dernier ressort comme récupération des actions des autres forces mentales.

La mémoire-souvenir s'efface donc devant la mémoire rectrice, qui absorbe le nom de puissance : le Père est une fois encore le tout et la partie, la puissance des puissances. Douai (1) est conscient de son innovation, car il récapitule ses conclusions en un lexique : « La *mens* signifie l'âme elle-même comme substance, mais en relation avec son acte. Mais la mémoire signifie la gestion [*habitudinem*] de l'âme, ou le principe de direction, ou cette direction même, telle que nous l'avons établie. » La mémoire divine constitue la puissance exécutrice de la *mens*. Ensuite, selon le même rapport, la pensée (*cogitatio*), travail d'une chose par un objet ou une similitude, est distinguée de la connaissance (*notitia*), qui, placée sur le même plan que la *mens*, dans la liste d'Augustin, est la saisie sans intermédiaire de cette chose. La mémoire et la pensée exécutent les principes dictés par la *mens* et la *notitia*.

En résumé, Douai (1) manifeste l'influence, mal documentée, de Guillaume d'Auvergne. Contre Pierre Lombard, il a distendu les termes de l'analogie entre Dieu et l'âme humaine, en faisant de la mémoire deux termes bien différents en divinité et en humanité. Il a capté dans Guillaume d'Auvergne la question de la matière première comme puissance. Il a distingué soigneusement l'essence, centre inaccessible de l'âme, de la substance, qui note la perpétuité de l'âme et la fragilité du support (*subjectum*). Aristote est désormais bien intégré dans la pensée scolastique. Douai (1) annonce de futurs affrontements.

Enfin, il faut noter que, pour l'auteur, l'âme est à la fois forme, acte et substance, ce qui prépare les options de Jean de La Rochelle et de Thomas d'Aquin. La *Summa Duacensis*, de façon tâtonnante et laconique, aux limites de la cohérence, ouvrait des voies à la pensée scolastique. Nous n'avons aucune trace probante d'influence, malgré les parallèles de structure, en un domaine neuf, qui dénotent soit une connaissance cachée, soit une commune appartenance intellectuelle au monde de la philosophie naturelle.

La définition de la puissance, à la fois globale et singulière, dotée d'une fonction de direction, va prendre en charge, chez Guillaume d'Auxerre, le libre arbitre, à la suite d'un nouvel examen critique de la ternarité humaine selon la formule de Pierre Lombard, cette fois orienté davantage vers l'anthropologie.

Guillaume d'Auxerre, observateur critique des deux ternarités de l'âme

La vie de Guillaume d'Auxerre (vers 1150-1231) reste presque inconnue, alors qu'il fut l'une des figures les plus importantes de la scolastique de la première génération. On sait seulement qu'il était natif d'Auxerre, archidiacre de Beauvais, maître de théologie à l'université de Paris. Il se rendit deux fois à Rome, sous Honorius III (mort en 1227) et en 1230-1231 comme membre d'une délégation de l'Université auprès de Grégoire IX, qui le chargea de la mission, en compagnie des théologiens Simon d'Authie et Étienne de Provins, d'examiner les œuvres d'Aristote, dont l'enseignement avait été suspendu par un synode provincial en 1210. Mais Guillaume mourut à Rome peu après.

Il rédigea un long traité de liturgie (la *Summa de officiis ecclesiasticis*), largement utilisé, plus tard dans le siècle, par Guillaume Durand, dont l'autorité fut prééminente en la matière. Mais c'est surtout sa *Somme de théologie* (vers 1215-vers 1220) qui l'illustra. Copieuse (2 900 pages dans l'édition de Jean Ribaillier[20]), elle fut fort lue par les générations suivantes, qui qualifièrent cette *Summa* d'*aurea* (qui vaut de l'or) ; Jean Ribaillier en a repéré plus de 120 manuscrits, et plusieurs abrégés. Cette *Somme* constitua une synthèse ample et originale, trop souvent négligée par l'historiographie actuelle, du moins jusqu'à son édition récente.

Guillaume suit l'ordre des matières de Pierre Lombard et pas plus que lui ne consacre de division particulière à la question des puissances de l'âme. Pourtant, à l'occasion d'autres thèmes, il approfondit la question. Au traité IX de la seconde partie de la *Somme*, il passe au crible, en deux questions (5 et 6), les deux ternarités mentales que Pierre Lombard avait extraites d'Augustin. Il demande d'abord « comment l'homme s'assimile à la Trinité incréée en ses trois instances, la mémoire, l'intellect et la volonté ». Et il cerne précisément la notion dans un chapitre ultérieur, quand il examine la volonté.

En fait, sa réponse examine non pas *comment* mais *pourquoi* cette assimilation a pu être proposée. Il tire cinq raisons d'Augustin. En premier lieu, l'assimilation vise à purifier notre vision de Dieu des modes de pensées (*cogitationes*) engagées dans la chair. L'homme projette sur Dieu l'envers des défauts mentaux qui l'affectent. Ces perfections se trouvent différentiellement dans les personnes divines. L'oubli sénile atteint les pères charnels ; on attribue donc au Père divin la mémoire, pour écarter ce trait mental lié à des causes corporelles, que pointe l'adjectif *fantastica.* Il faut comprendre que la sénescence du corps entraîne une dégradation de l'activité mentale. De même, les fils par la chair ont tendance à l'ignorance ; on attribue au Fils divin l'intellect. Enfin, les humains transforment le souffle de l'esprit (*spiritus*) en *outrance* (*inflatio*) : l'Esprit saint reçoit donc l'attribution d'un bon gonflement ou d'un bon souffle, celui de la bienveillance (*benignitas*), ou de la volonté et de l'amour. Clairement, cette assimilation résulte, pour Guillaume, d'un discours de l'homme, en quête d'une compensation divine.

La deuxième raison, empruntée à Augustin, considère l'analogie de développement des facultés avec les personnes divines : comme du Père est issu le Fils et des deux l'Esprit, de même, l'intellect procède de la mémoire et des deux instances mentales provient la volonté. Il se donne une opposition qui conteste l'ordre de fonctionnement des instances ; la mémoire ne peut porter que sur un matériau compris par l'intellect. Guillaume accepte l'objection (l'intellect est bien premier), mais il lui oppose un fonctionnement global qui fait que les formes des choses sont stockées en mémoire et permettent l'activité de l'intellect.

La troisième raison tient à une analogie de structure ontologique entre Dieu et l'esprit humain : tous deux sont un et triple. L'essence divine, unique, constitue aussi une Trinité, où les personnes se distinguent par leur seule origine, par leur structure de production, nommée *relation* : le Père engendre sans être engendré, le Fils est engendré et l'esprit procède des deux. L'auteur recueille les avancées de l'autre Guillaume sur l'*essence* divine et les trois modes d'*existence*. Mais Dieu ne saurait être affecté par cette distinction : il est tout entier essence et existence. La production des personnes se fait hors du temps, hors de notre réel. Pour user d'une comparaison triviale et contemporaine, l'essence fait penser à un Ruby's Cube qui produit sur chaque face une figure différente (une personne) par le mouvement qui doit créer solidairement d'autres figures sur les autres faces.

Guillaume prend au sérieux l'analogie entre la Trinité et les énergies mentales en faisant correspondre les traits des personnes divines avec les trois instances mentales. Ainsi, de même que l'essence divine, une par essence, conduit à une Trinité par la relation, de même la force mentale de l'homme est une comme support (*subjectum*) et triple par la relation des trois instances mentales, qui s'impliquent mutuellement en agissant chacune sur les contenus d'une autre instance. L'acception moderne de *sujet* se profile. L'âme ne peut se comprendre comme l'essence divine : elle n'est que ce support, constitué comme essence, avec des puissances qui en fournissent les *formes substantielles*. L'usage de cette expression vise sans doute à promouvoir les puissances, au-dessus du statut médiocre d'accidents. L'histoire de la scolastique saisira cette expression, en opposant, dans un grand débat avec Thomas d'Aquin, l'âme comme *forme substantielle* unique ou multiple.

Guillaume se donne une objection tirée d'Augustin, qui, bien sûr, aurait pu fournir nombre d'arguments sur l'intrication des instances mentales. Les trois forces mentales fonctionnent en circuit fermé : la mémoire se souvient d'elle-même, la pensée se pense, etc. Augustin louait cette autonomie de l'esprit, qui évoquait vaguement la divinité. Mais les trois instances portent sur elles-mêmes et agissent de façon séparée, sans relation fondatrice. Nous retrouvons ici le conflit des facultés, qui nuit à l'unité du sujet. Une partie de moi pense, une autre se souvient, une troisième veut.

La réfutation de Guillaume est encore plus étonnante : les actes mentaux sont relatifs l'un à l'autre parce que l'acte d'une instance se définit non par son contenu mais par un autre acte de la même instance. Je me souviens non d'une chose mais d'un autre acte de souvenir. Je me souviens que je me suis souvenu. Ce décalage permanent entre la réalité de l'acte et ce qu'on croit être son contenu renvoie au sujet comme instance de déplacement. Chaque nouvel acte renvoie à un autre acte, donc à la totalité (mémoire, raison et volonté) qui le compose.

La quatrième raison se fonde sur l'égalité qui règne entre les personnes divines et entre les trois puissances. Elle est illustrée par trois phrases: 1) « tout ce que je me remémore, [c'est ce que] je comprends et veux », 2) « tout ce que je comprends, [c'est ce que] je me remémore et veux » et 3) « tout ce que je veux, [c'est ce que] je comprends et me remémore ». Chaque puissance est issue des autres. La première phrase suscite un problème: je peux comprendre à nouveaux frais (*de novo*), sans faire appel à la mémoire, qui ne fournit pas d'antécédent. La réponse du maître distingue dans le verbe *se souvenir* l'acte et l'*habitus*, comme préparation à l'acte. Cette mince remarque introduit à petit bruit la théorie de l'action d'Aristote, qui fait succéder la puissance, l'*habitus* et l'acte. Ma mémoire offre une facilité de méthode et non un contenu. Nous avons là un des thèmes majeurs de Thomas d'Aquin. La deuxième phrase profite de cet élan, mais la troisième rencontre une autre objection: je peux comprendre et me remémorer avoir péché et, pourtant, je ne le voulais pas. Guillaume justifie sa formulation en montrant que le « tout ce que je… » se réfère, dans ces phrases, à des contenus qui conviennent à l'essence de l'âme. Si la référence est étendue à des actes ou *habitus* qui ne se trouvent pas dans mon essence, je ne saurais le vouloir, ni le comprendre. L'équivalence cesse. En fait, c'est le sens même de *je veux* qui diffère: soit il concerne, comme dans notre phrase, une volonté bonne, d'assentiment, soit il concerne un choix total qui pourrait se porter sur le mal. Le problème classique de la distinction entre le libre arbitre et la liberté d'assentiment, la « bonne volonté », émerge ici. La doctrine de Guillaume, nécessaire, pour garder les trois puissances, dégage un nouveau problème: où loger le libre arbitre dans la structure de l'âme? Le traité suivant de la *Summa aurea* s'y emploie.

Mais, avant d'analyser ce traité, il faut faire un sort au chapitre suivant (VI), qui répète la question du traité V, mais en l'appliquant, cette fois, à la ternarité *mens/notitia/amor*. La tripartition est justifiée dans le détail, mais la description s'achève sur la mention des dangers de la coïncidence entre l'âme et les puissances, comme si la considération des *productions* de l'âme, et non plus des *organes* mentaux, comme c'était le cas dans la ternarité précédente (mémoire, intellect et volonté), offrait plus de dangers, impliquant une erreur contre Dieu et contre la philosophie. Contre la religion, la mise en équivalence de l'âme et des puissances pourrait arracher à Dieu son monopole de l'identité entre le possible et l'être. En niant la réalité indépendante de la substance de l'âme, elle empêcherait toute communication de l'âme avec les anges, toute participation à un même genre, alors que la distinction entre l'âme et les puissances permet de séparer des espèces (l'ange et l'âme), contenues dans un même genre (les créatures rationnelles et séparées). Il faut relever cette arrivée des anges dans le débat sur les puissances.

En sens inverse, l'absence de dénivellation pourrait segmenter le réel, car cette théorie serait contrainte de séparer la sensibilité animale et la sensibilité humaine en deux sortes, puisque les opérations issues de la puissance sensible seraient seules chargées de distinguer l'homme de l'animal faute de pouvoir se fonder sur une différence de substance accompagnée de différences dans les puissances.

On peut se demander si l'absence de la mémoire dans cette ternarité ne provoque pas ces dangers, en privant les puissances d'un contrôle qui autorise les communications avec d'autres êtres, surnaturels ou naturels. La *mens* suggère bien un contrôle, puisque Guillaume la fait équivaloir à la *syndérèse*, comprise ici comme conscience de l'esprit, à l'œuvre chez Philippe le Chancelier. Mais son écho divin reste incertain. Le souvenir est trop humain pour trouver sa place dans la Trinité, sauf si on le promeut en toute-puissance.

Guillaume d'Auxerre et la puissance conditionnelle de l'âme

Chez Guillaume, une puissance majeure entra sans façon ni ordre dans le débat : le *libre arbitre*. La notion apparaît dans le latin chrétien de Tertullien et d'Augustin, et c'est ce dernier qui en fit un enjeu majeur de la pensée chrétienne, avec son traité *De libero arbitrio*. Contre Evodius, il place Dieu hors de la question du mal : Dieu a délégué (*deputare*) à sa créature le *libre arbitre* et, donc, la capacité de mal agir, qui cause la volonté du péché. Les interrogations et les contradictions d'Augustin entraînèrent un flot de littérature, qui aboutit, à l'orée de notre période, au traité d'Anselme de Cantorbéry sur l'*Accord de la prescience, de la prédestination et de la grâce de Dieu, avec le libre arbitre*[21] (1107-1108).

Guillaume ne paraît pas s'intéresser directement aux puissances de l'âme. Selon le plan de Pierre Lombard, il cherche, au livre deuxième, à comprendre le péché, entre le péché originel et le péché actuel. L'étape du libre arbitre lui apparaît nécessaire, afin de relier les deux types de péchés. Il lui consacre son traité X (36 pages de l'édition Ribaillier).

La pertinence du thème par rapport à celui des puissances de l'âme provient sans doute de la définition initiale du traité, empruntée à Pierre Lombard, toujours dans le contexte des interrogations sur le mal : « Le libre arbitre est la faculté [*facultas*] de la volonté et de la raison par laquelle on choisit le bien, avec l'assistance de la grâce. » Cette définition, qui passait pour augustinienne, provenait apparemment du cercle d'Anselme de Laon et avait transité par Hugues de Saint-Victor et la *Summa sententiarum*. L'attribution à Augustin a contribué à l'enrôler dans un débat qui n'était pas le sien. En effet, cette définition plaçait côte à côte la raison et la volonté comme sources de libre arbitre et ouvrait donc la voie à une controverse fondamentale de la scolastique. La tradition historiographique n'a souvent retenu de ce passage de Guillaume d'Auxerre qu'un élément doctrinal, qui situe le libre arbitre du côté de la raison plus que de celui de la volonté, position qui semble annoncer et préparer celle de Thomas d'Aquin. Il serait pourtant anachronique de situer Guillaume dans un débat bien plus tardif sur le primat en l'âme de la volonté ou de la raison, précisément parce que la place de la volonté n'est pas encore fixée.

En fait, dans la définition, était privilégié le choix du bien comme résultat de la faculté donnée plus que la fragilité issue du choix humain et Guillaume, dans le chapitre initial de son traité, avait repris des arguments qui, dans une tradition anselmienne, donnaient un rôle essentiel au libre arbitre et considérait le mal comme un défaut, le mauvais résultat d'un bon instrument.

Dans la définition, le mot *facultas* renvoyait alors, chez le pseudo-Augustin allégué, à une simple capacité et non à une instance ou une force de l'âme : c'est ce qui permet à la volonté et à la raison de produire un bon choix, avec l'assistance de Dieu. Guillaume modifie la signification, en appliquant à la notion de faculté le couple aristotélicien de la puissance et de l'acte : la diversité des actes mentionnés (vouloir et distinguer) doit logiquement renvoyer à des *puissances* correspondantes et distinctes. L'originalité de Guillaume consiste à vouloir examiner la transformation de la faculté en une puissance, en une instance, qu'elle soit autonome, commune ou dépendante.

En effet, il saisit toutes les solutions possibles d'assignation du libre arbitre : soit il s'agit d'une puissance mixte (*potentia mixta*)[22], ou d'une quatrième puissance (certainement en supplément de la mémoire, de la raison et de la volonté) nommée puissance du choix (*potentia eligendi*), soit elle appartient à une seule et même puissance, la puissance de l'essence, soit elle est une occurrence de la puissance de raison et, dès lors, peut se placer dans le schéma des trois pulsions, comme instrument de contrôle des pulsions concupiscible et irascible.

Guillaume d'Auxerre achève de construire un troisième modèle des puissances de l'âme (P3), qui se définirait comme une *instance de direction ou de contrôle* des autres puissances. Tout se passe comme s'il cherchait un équivalent humain à l'omnipotence de Guillaume d'Auvergne, au nom de la même *indétermination déterminable*, du neutre supérieur. Cette décision sema le trouble en réduisant la portée de la volonté, réduite à l'assentiment du bien et à l'obéissance, revers du pouvoir. Une tendance cléricale pouvait se fonder sur cette limitation de la volonté.

Le chapitre suivant du traité (chapitre 3), consacré au mouvement du libre arbitre, oppose à la première définition une seconde, issue de Boèce : « Le libre arbitre est l'examen [*judicium*] libre de la volonté. » L'opposant se sert de la formule pour creuser la différence entre la volonté et le libre arbitre, considéré comme instance de jugement ultérieur et, donc, soustrait au mérite ou au démérite. Cet opposant accentue, à partir de la définition, la part du discernement (*discretio*) qui l'exclut du mérite ou du démérite. Le libre arbitre cesse d'être une vertu pour devenir le cocher (*auriga*) des vertus, selon l'expression de Bernard de Clairvaux. Il est surmonté par la force de *syndérèse*, qui puise à la vérité première. Il est donc commandé (*habet aliquod impe-*

rans super se), ce qui va à l'encontre des considérations précédentes sur le caractère absolu du libre arbitre. La notion de syndérèse, empruntée à la patristique grecque, désignait une faculté des premiers principes moraux ; elle avait pris place dans la panoplie cistercienne. Pour l'heure, elle servait à donner une substitution chrétienne à la force intérieure (*vis insita*) qui déterminait en chaque humain le droit naturel. Elle eut alors pour effet de domestiquer le libre arbitre.

La réponse de Philippe le Chancelier opère un retournement spectaculaire. Il distingue deux sens du mot *judicium*. Le pur discernement exclut de fait le mérite ou le démérite. Il passe par le « chemin du droit naturel », opposé au « chemin du don de foi ou d'intellection qui peut bien être méritoire[23] ». Sans le proclamer, Guillaume range le jugement ou l'examen du côté de l'*ingenium*, parallèle, chez Hugues de Saint-Victor, au droit naturel. Le second type de jugement, qui suppose la délibération et le rassemblement (*collatio*), « définit, décide et commande ». Il constitue un acte de la vertu. Seul, il peut revendiquer le statut de *puissance du choix* (*potestas eligendi*). L'auteur creuse son opposition en l'adossant à celle du moraliste (*ethicus*) et du théologien (*theologus*) : le premier traite de *vertus politiques*, issues d'un élan (*appetitus*) intérieur, l'autre inclut dans les actes une dimension externe, sans doute celle du don. La nature ne fournit que des élans internes. La part extérieure et transcendante de l'acte de choix n'est pas impérative, mais conseillère. Ce second type de jugement mérite seul le nom de libre arbitre et occupe dans l'âme toute la place qui ne revient pas aux pulsions concupiscible et irascible. Le libre arbitre se confond donc avec la raison, comme élan rationnel.

Cette position est parfois jugée préfigurer celle de Thomas d'Aquin dans les grands débats avec les franciscains sur le primat de la raison. Mais Guillaume d'Auxerre a son propre objectif, qui est de marginaliser la force autonome exprimée dans le jugement de droit naturel. Dès lors, le libre arbitre se charge de la totalité de l'homme intérieur et de la grâce, mais, en même temps, son identification au consentement le situe en proximité de la volonté. La doctrine de Guillaume d'Auvergne en sort amoindrie et le contenu de la première des puissances devient confus.

La conséquence de cette conception, qui assimile la puissance première de l'âme à la rationalité, serait de donner à la puissance une éminence telle qu'elle serait identique à l'âme, et l'on lit la sempiternelle citation d'Augustin affirmant que les trois choses de l'âme sont une seule vie, une seule essence. On retrouve, dans un autre contexte, le problème isolé par Alexandre de Halès. La puissance serait la substance de l'âme, puisqu'elle ne pourrait être abaissée au rang de qualité, ni à celui d'accident. Sinon, les âmes rationnelles et irrationnelles seraient d'une même espèce, variée secondairement par les ajouts des puissances. Augustin est sauvé si on lui fait dire que les trois choses apportent à une essence unique son achèvement (*complementum*), facteur de sa perfection. La puissance appartient aux *substantalia*, aux choses substantielles, qui, à l'inverse des choses essentielles, connaissent une composition qui, en physique, oppose la matière et la forme, en logique, le genre et les différences substantielles. Les puissances sont donc exclues de la catégorie de substance, dont relève l'âme, et se classent dans les autres catégories d'Aristote.

Cet écart entre l'âme et ses puissances rend compte de l'insuffisance relative de la puissance de direction. La puissance rectrice rassemble la syndérèse, connaissance immédiate mais impuissante, et la décision du choix. La possession du libre arbitre est assurée à chaque créature rationnelle, mais la maîtrise (*habilitas*) en est fort variable : le diable, Adam avant ou après la chute, les saints en ce monde ou dans l'Au-Delà en offrent des versions bien différentes.

Guillaume d'Auxerre semble avoir reculé en découvrant la possibilité d'une analogie humaine de la toute-puissance divine qui réside dans le libre arbitre et qui, structurellement, aurait pris la place de la mémoire ou de la *mens*. L'idée de transformer la puissance mémorielle apparaissait déjà dans la *Summa duacensis*. Cette tentative avait ses dangers : si la troisième puissance, la volonté, était réduite à la docilité par une évolution qui pouvait convenir à l'Église, le sujet individuel, porteur du libre arbitre, première puissance, prenait une forte singularité qui risquait de marginaliser l'Église. Le bien se commandait en chaque individu, singulièrement bénéficiaire de la grâce. Guillaume d'Auxerre trouva une parade en reconstruisant la notion de bien déterminé (*bonum ex genere*), distincte du bien naturel et du bien méritoire. Ces deux derniers biens faisaient appel à l'extérieur de l'âme (nature ou grâce divine), alors que le bien *ex genere* pouvait conjuguer, en des proportions variables, la singularité et l'institution.

En somme, Guillaume d'Auxerre avait bien séparé l'âme de ses puissances, et donné à la puissance de direction un pouvoir modeste : s'ouvraient les conditions pour un véritable conflit des facultés, mal arbitré par le sujet, bien défaillant. Le dernier auteur de cette série aiguisa encore le débat possible en s'attachant particulièrement à la volonté, dans ses rapports difficiles avec le libre arbitre.

Philippe le Chancelier et la liberté

Une inflexion des années 1220 créa un genre nouveau de savoir global, les *summa de bono*, les « sommes sur le bien », vogue peut-être initiée par Guillaume d'Auvergne, revendiquée par Philippe le Chancelier, poursuivie par Albert le Grand, Ulrich de Strasbourg, Boèce de Dacie et bien d'autres. Le genre innovait vers 1220 : ces sommes se voulaient théologiques et totalisantes, bien loin du modèle de Pierre Lombard, en se centrant sur l'homme et non sur Dieu, sur l'action humaine et non plus sur le savoir de Dieu et sur Dieu. Sans doute s'agissait-il de trouver une réponse chrétienne, de faire pièce à toute une littérature éthique et politique.

Philippe (vers 1165-1236), fils illégitime de Philippe de Grève, archidiacre de Paris, devint lui-même archidiacre de Noyon en 1206, puis chancelier de Notre-Dame en 1218. Il fut donc responsable de l'enseignement à l'Université. Dans un premier temps, il lutta contre l'autonomie de ses élèves et des maîtres vis-à-vis du clergé, mais se rangea au côté de ces derniers lors de la grève de l'Université de Paris en 1229. Il aurait rédigé sa *Somme* vers 1225-1228, selon son éditeur récent, Nikolaus Wicki[24].

Philippe se consacre longuement aux puissances dans la quatrième partie de sa *Summa de bono*, portant sur « le bien de la nature intellectuelle de la créature quand elle est jointe à sa nature corporelle ». En fait, cette longue partie traite essentiellement des puissances de l'âme. La question de la ternarité de ces puissances n'intéresse pas Philippe, qui laisse de côté la mémoire. Le genre de l'œuvre axe les réflexions sur l'action morale de l'homme : quelles sont les puissances de l'âme qui donnent à l'homme la faculté d'agir bien ou mal ? L'apport de Philippe le Chancelier fut considérable, car il a sans doute été le premier à scruter la puissance de volonté en l'individu, en y logeant la liberté. C'est une racine essentielle du problème majeur qui opposera plus tard les franciscains et les dominicains moins sur la primauté de la volonté que sur son autonomie radicale par rapport à la raison. Par ailleurs, il articula assez précisément la puissance de volonté avec celle de connaissance, qui, par son orientation vers l'action morale, devint la sagesse, plus facile à diriger vers la personne du Christ que le savoir.

Philippe part de la description de l'âme par Jean Damascène, selon la coutume instaurée par les cisterciens et parce qu'il avait choisi de définir d'abord l'âme en elle-même. Il reprend d'abord la description du Damascène, qui, on l'a vu, distinguait deux tendances en l'âme, les forces cognitives et les forces motrices (celles qui poussent à l'action). Le Damascène se livrait, selon Philippe, à un développement et non à une division ; c'est dire qu'il décrivait sans s'attacher à l'articulation des puissances : de fait, il suivait cinq étapes de la connaissance, des sens à l'intellect ; son évocation des forces motrices, réduites au conseil et au choix, était bien plus sommaire.

Philippe, prestement, mais minutieusement, commence par distinguer la volonté naturelle, orientée vers la finalité (*thelisis*), de la volonté rationnelle, dirigée vers le choix (*bulisis*). La volonté en soi prend une éminence particulière, notée par une formule du Damascène, qui évoque l'*ingenium* et le droit naturel : « La vertu appétitive a été insérée naturellement. » C'est dans ce cadre qu'il peut alors placer la description du processus rationnel (*bulisis*), orientée vers un objet : les sujets mènent une enquête (*inquisitio*), prennent conseil (*consiliatio*), forment un jugement, disposent leurs affects, formulent un avis (*sententia*) et en font un choix (*electio*) qui conduit à l'acte, préliminaire à l'usage de la décision, qui fait cesser le recours au volontaire. La volonté rationnelle est une application de la puissance naturelle de volonté.

Dans un deuxième temps, Philippe construit une opposition propre à la puissance motrice, entre deux visées, exprimées dans la volonté ou bien dans le désir (*desiderium*), rassemblés par une même structure différenciée par la considération du bien en soi ou du bien immédiat (*ut nunc*) : dans les deux visées, le bien apparaît à l'esprit, selon une sensation ou bien une croyance, qui conduisent à l'acte de désirer ou bien de vouloir, puis à celui de se porter (*appetere*) vers quelque chose ou de le fuir, selon une double force qui vise le bien (force concupiscible) ou se fixe une tâche difficile (force irascible) ; cette double force agit dans le vouloir et dans le désir, donc sous le commandement de la raison ou en dehors d'elle. Dès lors, l'intellect ou bien la représentation sensible (*phantasia*) jouent leur rôle. La ternarité des pulsions ne remplit plus qu'une fonction indifférente et désigne des régimes d'activité. Ma présentation rassemble les résultats atteints par Philippe, qui englobaient une série de questions qui mettent en regard les philosophes et l'Écriture, les moralistes et les théologiens. Un ensemble disparate et contradictoire de notions et de vocables accumulés sont triés et articulés. Le schéma de Philippe permet de maintenir l'opposition religieuse et dualiste entre la sensualité et la raison en intégrant la ternarité des pulsions. La théologie triomphe de la philosophie naturelle et morale.

En un troisième temps, il reste à situer le péché dans la puissance de volonté. En effet, le mal semble exclu de la puissance motrice de l'âme par le haut et par le bas. Vers le haut, la syndérèse, conscience constante et irréductible du bien en soi, ne peut entraîner l'action mauvaise. Vers le bas, la naturalité du désir exclut le choix du péché. Philippe privilégie alors un stade moyen et naturellement ambivalent, le libre arbitre. La syndérèse prend le statut d'un *habitus*, d'une mise à disposition par la nature, que le sujet peut donc ignorer. Le libre arbitre, comme puissance (au sens de potentialité), résulte en un acte, préparé ou non par l'*habitus* de syndérèse. Il prétendait à la dignité de puissance de l'âme. Mais d'autres candidatures s'annonçaient.

III

Les natures de l'âme

Jean de La Rochelle
et la construction d'une économie psychique
(1230-1240)

La lente élaboration d'une doctrine des puissances de l'âme connut une inflexion majeure dans les années 1230. Le christianisme avait constamment voulu les mettre au service du divin. D'abord conçues, chez les victorins, comme facteurs d'un développement naturel de l'homme, elles avaient reçu un baptême chrétien chez les cisterciens en manifestant une analogie avec les personnes divines, selon les suggestions de Pierre Lombard. Elles y avaient perdu de leur activité mais, au début du XIIIe siècle, une deuxième vague, portée sur les flots aristotéliciens de la complémentarité entre la puissance et l'acte, leur avait accordé la fonction active d'un contrôle des actes, qui liait l'idée de puissance au libre arbitre. Exaltées comme principes éminents de l'activité humaine, elles exerçaient une domination qui mettait en cause l'existence indépendante de l'âme elle-même. Celle-ci risquait de se réduire à un simple support des puissances.

Au moment où la lecture du *De anima* d'Aristote, affrontée à celle d'Avicenne, devenait plus systématique et suggérait la nécessité d'une réflexion de fond sur la situation de l'âme, il importait de revenir au principe premier des puissances et de penser plus solidement la structure qui reliait l'âme et ses puissances, non plus dans leur origine ou leur finalité (l'analogie trinitaire), mais dans l'existence humaine. Un des résultats de cette orientation se lit dans la *Summa de anima* de Jean de La Rochelle (vers 1236), qui composa une cartographie complexe, une combinatoire mobile des forces internes. L'âme comportait des *natures,* ce qui mettait en cause sa simplicité. Le futur débat sur les multiplicités des formes substantielles de l'âme se profilait. Les éléments de l'âme avaient acquis assez de force pour devenir des instances. Le texte de Jean de La Rochelle constitua, à mon avis, la première élaboration systématique d'une doctrine globale de l'âme au Moyen Âge et assigna une fonction précise aux puissances en les logeant à l'intérieur de la structure de l'âme, en concurrence et en complémentarité avec les passions et les *habitus*, qui se chargeaient alors des conditions de l'activité mentale.

On ne sait que peu de chose de la carrière de Jean, sinon qu'il fut maître sur la chaire franciscaine de l'université de Paris, sans doute peu avant 1236, et qu'il était proche d'Alexandre de Halès, titulaire d'une chaire de théologie qu'il transféra à l'ordre franciscain au moment de sa conversion, précisément en 1236. Jean joua un rôle important dans l'ordre, puisqu'il participa à la commission que réunit l'évêque de Paris, Guillaume d'Auvergne, sur les bénéfices épiscopaux, aux côtés, notamment, de Hugues de Saint-Cher. Il contribua à la déposition du ministre franciscain frère Élie en 1239 et rédigea, en 1240-1241, avec Robert de la Bassée, Alexandre de Halès et Eudes Rigaud, et à la demande de l'ordre, un commentaire[1] sur la règle de saint François, l'*Exposition des quatre maîtres*. Il fut sans doute un des auteurs principaux du commentaire dit d'Alexandre de Halès sur les *Sentences* de Pierre Lombard. Il mourut la même année qu'Alexandre, en 1245. Son confrère Eudes Rigaud lui succéda comme maître, avant de recevoir le siège archiépiscopal de Rouen en 1248.

Nous ne connaissons pas sa carrière antérieure à l'entrée dans l'ordre franciscain, au cours de laquelle il rédigea (sans doute vers 1233) son *Traité sur la division multiple des puissances de l'âme*, origine de la *Summa de anima*[2] de sa période franciscaine. Il composa ce texte probablement comme membre d'une faculté des arts et son propos peut évoquer celui de l'Anglais John Blund, auteur d'un petit traité[3] de l'âme vers 1200. Mais quelle université pouvait l'accueillir ? Quand il devint maître franciscain, il appartenait à la province d'Aquitaine, ce qui implique une continuité entre sa naissance charentaise et sa période intermédiaire d'enseignant non franciscain. Il faudrait alors songer à une école cathédrale ou à l'université de Toulouse (fondée en 1229).

Jean de La Rochelle et la persistance de l'activité volontaire

Le *Traité sur la division multiple des puissances de l'âme* a souvent été considéré comme un dossier de citations, comme une compilation, ce qui a eu comme conséquence de marginaliser le texte en en faisant un essai préliminaire à la *Somme sur l'âme* qui, postérieure (vers 1235-1236) et jugée plus accomplie et personnelle, correspondrait à une première tentative universitaire après l'entrée des livres naturalistes d'Aristote au programme de la faculté des arts, vers 1237. La *Somme sur l'âme*, beaucoup plus largement diffusée que le *Traité*, a constitué la base du livre deuxième du commentaire des *Sentences* attribué à Alexandre de Halès, dans les années 1240, source essentielle de la culture franciscaine, qui a largement influencé Bonaventure et ses disciples, jusqu'à Duns Scot.

En fait, le premier texte, le *Traité*, a largement dépassé cette fonction de brouillon préparatoire et a contribué à donner une nouvelle orientation aux observations sur l'âme humaine et à créer une anthropologie nouvelle. La cohérence de cet ensemble est affirmée dans le dernier chapitre du traité : « La première partie porte sur l'âme selon sa substance et selon son être, la deuxième selon son activité et sa puissance, la troisième, selon son bien-être et son accomplissement.[4] » En effet, Jean combine les apports différents de la science naturelle et de la théologie, en articulant trois genres jusqu'alors distincts : la première partie du traité considère la *diffinitio*, c'est-à-dire la structure de l'âme, selon une tendance présente dans le traité sur l'âme d'Avicenne, traduit vers 1150. La deuxième partie confronte les opinions naturalistes ou théologiennes sur les *divisiones*, les descriptions des éléments ou des puissances de l'âme, et la troisième partie s'attache à son développement (*perfectio*), et constitue en fait la variante d'une petite *Summa de bono*, en examinant la finalité éthique de l'âme. Cette dernière partie est annoncée en fin de deuxième partie (II, 5) par un récapitulatif des notions qui circulaient dans les différents divisions des éléments de l'âme (raison, intellect, esprit, volonté et intelligence).

En cette partie finale, qui ne fut pas reprise dans la *Summa*, Jean de La Rochelle assume les acquis de la période 1220-1230, comme le montre un chapitre qui rebondit sur la question de la volonté comme puissance, dans le prolongement direct de Guillaume d'Auxerre et des *summae de bono*. Ce chapitre distingue la volonté du volontaire[68] et reprend le débat sur la puissance de volonté en empruntant ses termes à Philippe le Chancelier et, à travers lui, à Jean Damascène. La volonté est soit naturelle (c'est la *thelisis*), soit rationnelle (*bulisis*). Cette volonté rationnelle dérive d'une puissance propre, qui appartient au libre arbitre et engendre l'acte unique de vouloir (*velle*), ou bien elle circule (*circuit*) entre les puissances rationnelles et produit le volontaire (*voluntarium*). Ce volontaire se décline selon plusieurs oppositions: l'une d'elles sépare le volontaire d'action (*efficiens*), illustré par les *vertus politiques*, du volontaire de réception (*recipiens*), fait d'obéissance ou de consentement. Dans le premier cas, celui de la vertu gratuite ou de la grâce, « Dieu opère en nous sans nous » ; dans le second, la vertu, manifestée par les martyres, est méritoire et volontaire. Malgré le dualisme apparent, cette cascade de distinctions préserve une zone intermédiaire de la volonté entre la simple naturalité et l'aliénation, pure ou mixte, de la volonté à Dieu et à sa grâce: c'est le domaine rationnel des vertus politiques, qui ne reçoit aucune élaboration, mais prend son rang, non sans rapport avec le bien *ex genere*.

Une autre distinction oppose le volontaire productif (*eliciens*) du volontaire de contrôle (*imperans*): la première catégorie maintient l'autonomie de la volonté (vouloir, souhaiter, choisir le bien), tandis que la seconde supervise toutes les opérations humaines qui lui sont soumises (comprendre, voir, désirer, s'emporter). Ensuite, le volontaire relève de la spontanéité (*voluntarium faciens*) ou bien de l'intention et, ensuite, de sa réalisation ; il peut constituer une zone de l'âme (*in quo*) ou une cause des actions (*a quo*).

On arrive donc, en fait, à une tripartition qui opère entre l'instinct, le vouloir et le contrôle. Le contrôle s'insère dans une hiérarchie, puisque sa fonction, reçue, se transmet pour diriger activement l'ensemble des puissances de l'âme. Le vouloir, spontané, dérive d'une application des processus naturels au domaine de la raison. Mais l'absence de l'intention et de l'assistance limite l'exercice de la volonté à l'individu. Ce que les Lumières appellent volonté générale ne peut trouver sa place dans ce schéma.

Jean se trouve donc dans une tension forte entre la manifestation humaine du vouloir et son inclusion dans l'univers religieux. À sa manière, il tente de dépasser cette tension dans la troisième partie de son traité. Il fait des notions chrétiennes des instruments pratiques de moralité humaine. En effet, c'est la grâce divine qui fournit les instruments nécessaires au bon fonctionnement des puissances : elle prémunit les puissances contre les maux par le biais du sacrement. Le baptême, la pénitence et l'extrême-onction s'appliquent respectivement aux peines du péché originel, du péché véniel et du péché mortel, les quatre autres sacrements (confirmation, ordre, eucharistie et mariage) éloignent les fautes issues du péché originel (impuissance, ignorance, malice et concupiscence). Du côté du bon fonctionnement des puissances dans leur aspect cognitif, la grâce redouble les sens externes des cinq sens internes. Dans l'aspect dynamique des puissances, la grâce offre les vertus, théologales et cardinales, pour une action droite, les dons pour une action efficace.

Comme ces modes ne peuvent s'examiner qu'à l'aune de la finalité visée, la béatitude, prise en un sens large qui inclut la félicité aristotélicienne, Jean commence par examiner les vertus, conditions de cette béatitude. Mais l'auteur rompt immédiatement avec les morales antiques en soumettant les vertus à la grâce, qui empêche les vertus de rester « informes, vaines et inutiles », alors que, chez Guillaume d'Auxerre, la vertu informe pouvait engendrer le bien « *ex genere* ». Pourtant, Jean reprend à Guillaume la distinction de deux types de grâce, comprise comme « générale » (*communiter*), ou bien comme grâce proprement dite. Mais, alors que chez Guillaume, la grâce au sens large se rapprochait fort de la nature humaine et en arrivait à favoriser l'autonomie des actes, ici, la grâce au sens large inclut les puissances de l'âme dans un système chrétien largement déployé. La tension entre les systèmes antiques et l'univers chrétien, devenue moindre, permettait de risquer une description anthropologique.

Un système de l'âme

En effet, la première partie du traité de Jean, que nous lirons en continuité avec la *Somme de l'âme*, qui la suit de près, avait une forte ambition. Les orientations successives des débats sur les puissances les avaient distinguées de l'âme elle-même. Il restait donc à examiner la structure propre de l'âme.

L'âme humaine, individualité paradoxale, substance, à la fois autonome et dépendante, était devenue un objet primordial et mystérieux. Jean interrogeait cette individualité, alors que la tradition scolaire, en continuité avec la pensée grecque et arabe, visait plutôt l'âme comme appareil commun de savoirs et de sensations, partagé par l'espèce humaine en son entier. La totalisation méthodique et ordonnée de la description de l'âme aboutit à souligner sa fragmentation structurelle. Jean de La Rochelle, au-delà de la documentation assemblée, qui inclut la médecine et les savoirs naturalistes, manifeste une véritable pensée neuve de la dispersion. Il décèle le sentiment de la fragmentation interne dans une contradiction grave du fonctionnement mental de l'homme, doté d'un intellect orienté vers la perfection, mais noué aux limites du corps. Une des originalités de l'œuvre réside dans le fait que Jean entend traiter de l'âme avec la médecine, et non contre elle, tout en recueillant un héritage chrétien.

L'auteur, rassemble, classe et compose les éléments qui lui fournissent une conception étendue, mais fort hétérogène, de l'existence mentale. La première partie du traité établit une définition de l'âme en quatorze chapitres, incluant douze définitions, issues de traditions et d'auteurs fort divers. La volonté d'étendre et de simplifier l'étude du fonctionnement de l'âme explique le titre de l'œuvre de Jean de La Rochelle (*La Division multiple des puissances de l'âme*) : il faut classer et réduire le foisonnement des nuances cisterciennes et la diversité des divisions naturalistes, afin d'arriver à dégager une véritable structure de l'âme, qui se connaisse par l'exercice de facultés ou d'énergies, les puissances de l'âme. L'âme devient un objet de savoir, distinct de sa fonctionnalité.

La source la plus constante de Jean de La Rochelle, dans cette première partie de son traité, est constituée par le *De spiritu et anima* d'Alcher de Clairvaux (vers 1175), dont nous avons traité dans le premier chapitre. Mais ces références communes sont précédées par une très longue définition de Jean Damascène, mise à l'épreuve de vérification par dix ou onze autres définitions, empruntées à des sources diverses, antiques et chrétiennes : cinq références sont tirées du *De spiritu et anima*, une de la Bible, deux des *philosophes* contemporains, trois des Anciens : Platon, Aristote et Sénèque. Ces définitions brèves ne portent que sur un aspect particulier de la définition première et classent les éléments fournis par le Damascène. Mais il n'est pas exact de parler de définitions compilées et accumulées, car le texte de Jean Damascène est matriciel, en permettant de loger des considérations variées dans le même moule et d'articuler leurs différences. Jean de La Rochelle se livre donc à un travail exégétique qui donne un sens précis à cette liste descriptive

Jean part d'emblée, sans prologue, d'une définition tirée du *De fide orthodoxa* de Jean Damascène (vers 749), traduit en latin par Burgundio de Pise vers 1153. Le Damascène est présenté comme « grand théologien, médecin et philosophe[6] », ce qui le qualifie pour un savoir global. On peut se demander pourquoi l'auteur fit un tel sort au Père syrien. On peut penser à de banales raisons de nouveauté culturelle : les deux textes les plus utilisés dans cette première partie (celui de Damascène et celui d'Alcher de Clairvaux) avaient en commun d'être disponibles depuis à peine plus d'un demi-siècle. Mais il importait davantage encore que Jean Damascène offre l'image d'un savoir synthétique, sans exclusive ; le fait qu'il soit considéré comme un médecin chrétien le met en concurrence favorable avec les médecins musulmans ou juifs, prédominants sur la question.

Cette définition initiale et totalisante s'énonce ainsi, dans toute son ampleur : « L'âme est une substance vivante, simple et incorporelle, invisible aux yeux du corps en sa nature propre, immortelle, rationnelle et intellectuelle, non figurable, usant du corps organique et distributrice pour ce corps de la vie, de l'accroissement, de la sensation et de la génération, n'ayant rien d'autre hors d'elle-même prise comme intellect et comme partie la plus pure d'elle-même [car l'intellect se trouve dans l'âme comme l'œil dans le corps], libre de choix, volontaire et agissante, susceptible de changement [c'est-à-dire du fait de la volonté] et de création, assumant tout cela par la grâce de celui qui l'a créée, par l'être et la nature duquel elle a assumé son être. »

Comme un prédicateur, Jean de La Rochelle commence par diviser le texte analysé selon cinq « particules » ou « portions » qui le composent, en s'attachant aux mises en rapport ou comparaisons impliquées par la définition, qui, comme dans un sermon, se trouvent correspondre à l'ordre littéral du texte. La première partie décrit l'âme comme « intellect », comme instance séparée. La deuxième partie se range sous les rapports entre l'âme et le corps, en s'attachant à la relation entre l'acte et la puissance ou entre le moteur et le mobile ; puis, en troisième lieu, le Damascène considère l'âme comme un ensemble de puissances ou facultés soit unies au corps, soit séparables. Puis l'âme est rapportée à son principe matériel, le néant dont elle fut créée. La dernière partie la situe par rapport à Dieu, son principe efficient, formel et final.

Jean de La Rochelle passe alors à un niveau d'abstraction supérieure[7] en regroupant cette description en cinq parties selon trois types de considérations : l'âme est vue comme esprit, comme âme et, enfin, comme esprit et âme. Le propos est clair : le principe de l'être humain se lit successivement comme intellect distinct comme instance d'animation du corps et, comme composé, interférence de l'esprit et du corps. Les éléments corporels se retrouvent, selon des points de vue divers, dans le deuxième groupe en tant que l'instance d'animation agit sur ce corps et, si l'on étudie les puissances ou facultés, dans le troisième groupe, traitant du fonctionnement de l'ensemble formé par l'intellect et l'instance d'animation ; les éléments de cette description ne sont nullement alternatifs, mais complémentaires. Ce plan d'étude, composé à partir d'un travail serré sur la liste de Jean Damascène, permet de placer sans effort la totalité des savoirs sur ce qu'on nomme l'âme, en laissant les hiérarchies de dignité et de valeur hors de la question. Le texte de Jean de La Rochelle s'écarte, par sa volonté d'intégration exhaustive, des dualismes inhérents à une description chrétienne de l'âme. En cela, ce texte tranche avec le traité *De natura corporis et animae* de Guillaume de Saint-Thierry (vers 1140), qui juxtaposait deux descriptions, sans les articuler, en laissant à Dieu la tâche de les unifier. L'interaction complexe et multiple des composantes de l'âme, principe intérieur, fonde une véritable science de l'homme, à l'écart de l'ascétisme.

Après avoir établi cette syntaxe du texte de Jean Damascène et de sa propre position du problème de l'âme, Jean de La Rochelle passe à un examen lexical des termes. Deux précisions importent particulièrement : toute la définition est gouvernée par la notion de *substance*, qui détache l'âme de la divinité, dont elle n'est pas un simple accident, et l'établit comme chose indépendante, existant en elle-même, selon la perception aristotélicienne de la notion de *substance*. Ensuite, l'adjectif *rationnel* différencie l'âme de la créature angélique : l'ange est intellectuel comme l'âme, mais non pas rationnel. Il revient à la raison de « trouver, argumenter, délibérer et ainsi de suite ». L'éloge implicite dans ces mots, applicables à l'homme et non à l'ange, signale une des premières tensions de cette description de l'âme humaine : c'est précisément les limites de l'âme qui font aussi sa grandeur. Une telle insistance sur la constitution antithétique de l'âme ne s'exprime guère avant Jean de La Rochelle et illustre parfaitement une saisie nouvelle de la dessaisie de soi, trouvant son origine dans la séparation et la solitude de l'âme. La pensée scolastique ne l'oublia pas, et on la trouve fréquemment mais, le plus souvent, on chercha des défenses contre cette considération troublante sur la fragmentation, toujours menaçante, dans Aristote (approuvé ou attaqué) et dans sa théorie christianisée.

Jean sépare donc nettement trois aspects de l'âme, comme principe d'animation du corps, comme esprit et comme lieu d'exercice des puissances. Les trois instances de l'âme fournissent un schéma méthodique, cadre des discussions de la scolastique. Il faut y insister : cette tripartition est originale. Le *De spiritu et anima* cistercien, pourtant suivi de près, ne vise que la dualité, même si son analyse de la correspondance étroite des deux niveaux a préparé la recherche d'une unité englobante : « L'âme est appelée ainsi parce qu'elle anime le corps pour qu'il vive, c'est-à-dire qu'elle vivifie. L'esprit est l'âme elle-même pour sa nature spirituelle, ou parce que ce qui souffle dans le corps est appelé esprit.[8] » C'est le niveau de l'interaction et de la rencontre de l'esprit et de l'âme qui intéresse Jean, et qui structure sa *Somme*, nous le verrons. Cette orientation ferme et originale eut en effet une suite capitale dans l'anthropologie franciscaine.

Première instance : l'âme comme esprit

Jean de la Rochelle distingue et place en tête de ses considérations l'âme comme esprit, c'est-à-dire comme pur réceptacle de pensée. Au début de la première partie de son *Traité*, les chapitres 4, 5, 6 et 7, avec leurs quatre définitions de l'âme comme intellect, abordent la question. Jean commence par reproduire la définition d'Alfred de Sareshel, sans indication de l'auteur, qui n'est identifié que par le titre de son *De motu cordis* (« le mouvement du cœur »). Jean cite donc d'abord non un théologien mais un *philosophe*, dans un énoncé récent, puisque le traité fut écrit dans les années 1190. Cet auteur, chrétien et anglais, traducteur d'Aristote et de textes pseudo-aristotéliciens, familier des cultures arabes, avait séjourné longtemps en Espagne. Sa définition est la suivante : « L'âme est la substance incorporelle, intellectuelle, qui reçoit des illuminations qui viennent du Premier Principe selon son apport postérieur [*ultima relatione*]. » On peut se demander si la proximité avec Alexandre de Halès n'a pas orienté l'analyse vers une tradition anglaise, manifestée par la citation d'Alfred de Sareshel et par l'importance centrale de l'illumination divine comme source de la connaissance, thème capital chez Robert Grosseteste et chez les franciscains anglais. Le début de la définition d'Alfred n'apporte rien de neuf aux considérations préalables tirées de Jean Damascène, sur la substance, l'incorporel et l'intellectuel. Seule la fin importe car elle sert à opposer l'intellect humain et l'intellect angélique. L'ange, en effet, reçoit les illuminations divines dès sa création, par un apport initial ; il jouit de représentations (*species*) innées, alors que l'homme ne jouit que de représentations acquises. Le franciscain accentue cette différence en convoquant le *Livre des causes*, alors attribué à Aristote, qui affirme que « toute intelligence est pleine de formes » ; la formule vaut pour l'ange, tandis qu'à l'âme humaine convient la métaphore de la *tabula rasa*, de la surface vide, empruntée au *De anima* d'Aristote. Prises dans leur contexte propre, ces deux citations ne servaient pas à opposer l'ange et l'homme ; mais le montage des textes, orienté vers la proclamation de la disparité, revient à Jean de La Rochelle.

La deuxième définition est empruntée à Alcher de Clairvaux : « L'âme est une substance rationnelle, spirituelle, faite par Dieu non à partir de sa nature, mais bien comme créature faite à partir du néant, qui peut s'orienter vers le bien et le mal, et donc mortelle d'une façon et immortelle de l'autre.[9] » Là encore, tout le début de la définition illustre les premiers discernements de Jean de La Rochelle, avec un certain effet cumulatif et progressif, puisque l'âme humaine est d'abord, par l'adjectif « rationnelle », opposée à l'ange, dont elle se rapproche par le mot « spirituelle » ; la proposition sur la création à partir du néant différencie l'âme humaine de la deuxième personne, du Fils de Dieu. La proposition finale sur la mortalité et l'immortalité de l'âme comme intellect ne peut porter que sur la mort spirituelle, sur la damnation : à la différence des anges, l'âme humaine est dotée de la flexibilité (*flexibilitas*) du libre arbitre, qui la tourne tantôt vers le bien, tantôt vers le mal. Le franciscain ne peut ôter aux anges le libre arbitre, mais en limite la fonction à la période située entre la création et la confirmation ; ils deviennent alors, définitivement, de bons ou de mauvais anges. Ils bénéficient ainsi d'une nature, d'une essence non immédiatement fournie, mais précocement installée par leur choix. Seule l'âme humaine demeure soumise aux influences subies par son libre arbitre ; cette liaison ontologique, et non accidentelle, entre la liberté et le mal a un riche avenir dans la pensée occidentale. La situation historique de la créature humaine la projette dans le mal possible : « Elle peut subir un changement en pire et peut être rendue étrangère [*alienari*] à la volonté de Dieu, elle qui est bonne par sa participation à cette volonté. »

La somatisation de l'esprit

L'esprit, considéré en lui-même comme réalité incorporelle, au-delà du principe d'organisation du corps et de l'association de fait des deux instances, mimait le corps et perdait ainsi sa capacité de séparation. Je nomme ce processus *somatisation*, terme évidemment anachronique, emprunté qu'il est à la psychologie contemporaine. Je traduis ainsi un mot de Jean de La Rochelle, emprunté au *De spiritu et anima*, la *corpulentia*. Par un processus humain, qui démarque l'incarnation, l'esprit se fait chair, en imitant dans son fonctionnement propre l'activité du corps. La brutalité de l'appétence, irruption externe d'une force naturelle sans médiation, fait du désir une *faiblesse* de l'âme, dépourvue de puissance dans son isolement de pur esprit.

Jean produit cette analyse importante dans le chapitre 49 de la première partie de sa *Somme*, qui demande comment l'âme souffre hors du corps[10]. Un exemple, de valeur exemplaire, s'impose, celui du feu corporel, instrument de la punition au Purgatoire, où l'âme est séparée de son corps. On sait, grâce à Jacques Le Goff, que le Purgatoire naît comme lieu vers 1180. La nouveauté est capitale : l'utilisation de diverses légendes et relations de voyage donne une réalité physique, matérielle, à un lieu qui abrite des âmes incorporelles, puisqu'elles n'ont pas encore bénéficié de la résurrection des corps. En somme, le Purgatoire, dont on peut avoir quelque écho par certains miracles, devient un lieu expérimental où se mesurent les degrés de corporéité ou de matérialité des âmes. La piété commune inspirait une interrogation essentielle qui portait non sur le dogme, mais sur l'âme.

La question, qui a figuré dans les censures de 1277, a fait l'objet de belles études par Kurt Flasch[11] et François-Xavier Putallaz[12], qui portent sur une époque un peu plus tardive. Mon analyse s'en aide, et examine, dans le système de Jean de La Rochelle, un processus fort de particularisation de l'âme humaine. Le sujet, en son sens actuel, s'inventa comme sujet de souffrance ; l'âme, qui se présentait, dans la tradition thomiste, comme une forme organisatrice de la passivité nécessaire au savoir, s'affirmait comme substance immatérielle qui était la source et la cible de souffrances corporelles. La douleur fait exister. Par sa seule essence, l'âme ne touche pas le corps ; par son existence exposée, elle l'atteint.

La passivité devenait aussi une passibilité. Selon un ordre universel, une essence corporelle ne peut dominer une essence spirituelle ; mais, ici, l'âme a précisément renversé cet ordre : elle s'est rendue corporelle par l'attirance (*per appetitum*). Les corps non soumis à la destruction ne peuvent rien subir ; les esprits rationnels devraient *a fortiori* ne pas connaître la passivité ; ils la connaissent pourtant à cause de leur libre arbitre, qui les rend maîtres de leur ordre. C'est la volonté comme attirance ou comme libre arbitre qui fait exister l'âme, qui l'extrait de son essence incorporelle.

L'obsession, une permanence naturelle

À cause de sa passibilité, l'esprit humain ne cesse de fonctionner et se remplit de pensées ou d'émotions, de souvenirs ou de rêveries. Cette constante de l'activité (ou plutôt de la passivité) mentale, souvent notée du point de vue cognitif, recouvre un domaine beaucoup plus large. Je la nomme *obsession* en me référant à une perception commune de cette clôture et de cet investissement du soi par des contenus insistants, que le sujet subit. Le mot m'intéresse aussi, parce qu'en termes médiévaux cette situation d'occupation permanente a souvent été attribuée à l'inhabitation de Satan. L'écart mystique consista souvent à rechercher et atteindre une inhabitation inverse, ou bien un état de vide mental, de suspension de l'occupation, par rapport soit à l'activité intellectuelle, soit aux préoccupations pratiques, soit aux suggestions et influences du diable.

Cette activité permanente de l'esprit pensant avait été relevée par Aristote qui, dans le *De anima*, affirmait que l'intellect ne peut faire « que quelquefois, il pense et qu'il ne pense quelquefois pas[13] ». Une des gloires philosophiques de la scolastique consiste à avoir dessiné la question de l'*intentionnalité*. Je m'aide sur ce point du travail de deux auteurs récents, Dominik Perler et Vincent Descombes[14], qui ont su établir la relation précise entre une problématique contemporaine et son expression médiévale. La question de l'intentionnalité a été posée en 1874 par Brentano : comment se fait-il que l'esprit ne fonctionne qu'en s'appliquant à un contenu précis, à une « intention » ? La pensée scolastique a opposé à l'« être matériel » de la chose perçue, mémorisée ou comprise un « être intentionnel » ou « spirituel », interne. La fécondité du problème philosophique fait oublier que cette interrogation nouvelle portait aussi sur l'impossibilité du répit de pensée, du repos de l'esprit.

Deux interprétations de la perpétuité de la pensée

Achevons notre parcours de la passivité mentale de l'homme dans les zones de la fonction intellective. On ne s'étonnera jamais assez de la mutation thomiste, dissimulée sous les couches archéologiques des traditions et de la lecture d'Aristote[15]. L'interminable débat qu'elle provoqua causa sans doute l'émergence d'une saisie occidentale de l'occupation mentale perpétuelle. Une anthropologie spontanée, confortée par les doctrines néo-platoniciennes et augustiniennes, définissait l'âme comme une substance, un être de plein droit et de pleine autonomie, séparable du corps et éternelle selon une infinité de nuances et d'orientations. Thomas d'Aquin lança l'idée que l'âme ne constituait nullement une substance, mais une forme, un principe formel, qui travaillait sur son complément, la matière et, en ce cas, le corps. Ce travail nécessitait la réception de matériaux, d'informations sensorielles. La singularité des âmes, qui faisait qu'elles étaient chacune un *hoc aliquid*, un ceci, provenait de leur permanence garantie par Dieu.

L'anthropologie substantialiste résista fort, en prenant les couleurs de débats célèbres, entre autres, sur le primat de la volonté ou de la raison, mais la tendance combinatoire de la pensée scolastique associa, selon des dosages divers, les deux doctrines opposées, celle qui posait le schéma d'un fonctionnement perpétuel (puisqu'il dépendait d'un apport continu de données) et celle qui professait une existence bien distincte de l'âme. Cette interaction construisit la conviction d'une conscience de soi, immédiate et auto-réflexive, là où la pensée thomiste ne voyait qu'une connaissance postérieure, médiatisée par une série d'actes particuliers. Ainsi se cristallisa l'idée d'une connaissance intuitive, chez Pierre de Jean Olivi, Duns Scot et Guillaume d'Ockham, épisode bien connu, sur lequel je ne reviendrai pas, sauf pour noter que cette notion s'associa fortement à celle de mémoire individuelle, d'accompagnement systématique de la présence mentale, sans conscience nécessaire. En d'autres termes, les instances conjointes et mutuellement agissantes de sujet et d'inconscient étaient à l'œuvre[16]. La description naturaliste de l'activité mentale, dont nous avons vu le développement chez Avicenne et le prolongement chez Jean de La Rochelle, se logeait dans la pensée théologique et philosophique. Ce contexte a certainement largement expliqué la virulence des controverses autour de l'unicité de l'intellect.

Des états exceptionnels peuvent accentuer cette permanence mentale, perçue comme réception passive de représentations bonnes ou mauvaises. Le cadre anthropologique de l'obsession trouvait une application précise, dans le discours mystique de la fin du XIIIe siècle. J'en ai longuement parlé à propos d'Angèle de Foligno[17]. J'en prends donc une autre occurrence plus tardive, celle d'Ermine de Reims[18], dont le récit passa par une double médiation universitaire ou savante, celle du

« scribe », Jean Le Graveur, de l'ordre des chanoines réguliers du Val-des-Écoliers, et celle de Jean Gerson, chancelier de l'Université, qui en autorisa une diffusion restreinte. Nous sommes donc à la jonction des perceptions communes et de la pensée scolastique tardive, sans, évidemment, pouvoir en définir précisément les limites.

Deuxième instance : le principe d'animation

En un deuxième moment, nettement séparé, Jean de La Rochelle considère l'âme dans son aspect organique et corporel. Seules deux définitions illustrent le bref passage de Damascène (« usant du corps organique et distributrice pour ce corps de la vie, de l'accroissement, de la sensation et de la génération ») et concernent l'âme comme *anima*, c'est-à-dire comme principe d'animation des corps vivants, et non du seul corps humain. Jean tient à ces deux définitions et au commentaire qu'il en donne puisque la *Somme sur l'âme* les reprend textuellement avec de légères variations, alors qu'elle est plus concise sur les autres divisions.

L'une de ces définitions (la cinquième dans le *Traité*, la deuxième dans la *Somme*) vient de *Remigius*, en fait de Némésius (« L'âme est la substance incorporée qui gouverne le corps »), tandis qu'Aristote fournit l'autre (la sixième dans le *Traité*, la troisième dans la *Somme*) : « L'âme est l'acte premier du corps physique organique ayant la vie en puissance. » La coexistence de ces deux formules fait penser à une alternative, puisque l'une présente l'âme comme substance et comme moteur, selon une formulation vaguement néoplatonicienne, sans cesse combattue par la théologie thomiste, alors que l'autre définit une forme et se sert d'une définition d'Aristote revendiquée par la même école thomiste. On a affaire à deux mondes : chez Thomas, la substance issue de l'action de la forme sur la matière, de l'âme sur le corps, résulte en la substance de l'homme, alors que, pour les non-thomistes, l'âme vit en elle-même comme substance. Il fallait choisir.

En fait, les deux définitions, qui offrent plutôt deux descriptions, ne sont pas concurrentes chez Jean de La Rochelle, mais complémentaires. Il s'agit de repérer deux modes de domination de l'âme sur le corps. Dans le premier cas, c'est le verbe *regere* (gouverner) qui fait l'objet essentiel du commentaire. L'âme est un roi qui règne sous les ordres de l'empire divin. La métaphore prend un sens politique assez précis. Certes, le propos n'a rien de neuf : Guillaume de Saint-Thierry, dans son *De natura corporis et animae* (vers 1140), au chapitre 78, avait montré que l'âme rationnelle pouvait commander précisément parce qu'elle se gouvernait par ses puissances : « Car l'âme rationnelle, lorsqu'elle comprend et préserve sa haute condition, est un être royal et sublime ; elle manifeste qu'elle se tient naturellement bien à l'écart de la bassesse rustique et de la dégénérescence par le fait qu'elle est libre, qu'elle a le pouvoir de commander à tous les êtres, de les faire servir à ses volontés, tout en se gouvernant [*administrata*] par ses propres puissances, ce qui est le propre de la dignité royale. » Cette domination, chez Jean, distingue l'homme de l'ange, qui, moteur volontaire des corps, peut les assumer et les quitter librement. « Mais l'esprit humain, comme moteur naturel, ou par la nécessité de quelque inclination naturelle, subit un attachement. » Cette forte limitation est pourtant interprétée comme domination harmonieuse. Jean tire profit du mot *gouverner* (*regere*) pour traiter l'âme « en roi et gouvernant lié à son royaume par la nécessité de l'amour et du gouvernement »[19].

La fameuse définition de l'âme par Aristote, centrale dans l'anthropologie thomiste, n'intervient qu'en second lieu. Jean accepte cette définition en précisant les termes : l'âme définie est commune au règne du vivant. L'acte premier désigne un achèvement initial. Le corps mentionné est physique (ou naturel), non artificiel, vivant et organique (il constitue un tout). La forme, l'espèce et l'acte renvoient à la même réalité, mais selon des points de vue (*rationes*) différents.

Le classement de la définition d'Aristote dans ce compartiment du raisonnement, à part de l'assignation de l'âme comme esprit ou comme lieu des puissances, circonscrit nettement un domaine de dépendance, qui engendra, au long du siècle, de nombreuses évocations de la soumission qu'entraînait la passivité du corps et de la matière, notamment à propos du sommeil ou des sens.

Le sommeil et l'interruption de la vie mentale

Le sommeil, interruption de la vie mentale, troubla fort la pensée chrétienne. On pense aux rêveries ascétiques du christianisme, à l'époque des Pères du Désert et dans le monachisme occidental, notamment depuis Benoît : la privation de sommeil, systématique et volontaire, devint, dans les règles monastiques, un moyen de spiritualiser le corps, de le transformer en instrument de l'âme[20]. La passion de l'âme sensitive pouvait devenir un moyen de salut. Je ne reviendrai pas sur le cas des somnambules, dont j'ai traité ailleurs[21], mais la forte concentration des pensées du Moyen Âge central sur le sujet, ne relève pas du hasard.

Dans sa *Summa de anima*, Jean de La Rochelle traite du sommeil, absent de son premier traité[22]. Le sommeil n'est pas vu par le franciscain comme une suspension de l'occupation mentale, mais, au contraire, comme un repli des sens et des facultés motrices vers l'intérieur. La solidarité des facultés d'appréhension et des facultés motrices, propre à la vie éveillée et normale, repose sur un fluide, l'« esprit animal » ou esprit d'animation, inducteur ou canal des facultés d'animation dans le corps, dont l'évaporation ou le détournement vers le cerveau, processus momentanés, provoqués soit par la fatigue corporelle, soit par la préoccupation qui échauffe le cerveau, soit par l'invasion des instruments sensoriels par des vapeurs qui chassent l'esprit d'animation. Alors se produisent divers types de représentations nocturnes, l'oracle, la vision, le songe, le rêve de hantise, le fantasme et le cauchemar. Ces six types de production mentale, dont la tradition court depuis le *Commentaire sur le songe de Scipion* par Macrobe (début du ve siècle), relayé entre autres par le *De spiritu et anima*, se distinguent selon des critères de vérité et selon les causes qui les produisent. En termes de vérité, le songe, obscur, requiert une interprétation, alors que la vision et l'oracle sont explicites, l'oracle ajoutant une note d'excellence. Les trois autres catégories relèvent du faux : le rêve de hantise (j'ai traduit ainsi *insomnium*, qui signifie parfois l'insomnie actuelle) égare sur les objets du rêve, importés directement de la veille, tandis que le fantasme, dont la phase extrême est le cauchemar (*ephihaltes*), confond l'acte même de dormir (ou de rêver) avec la veille. Une tradition antique, discutée au XIIe siècle, avait fait de l'*ephihaltes* un envahisseur externe qui s'imposait au dormeur, un peu à la manière d'un succube[23]. Mais sa définition comme facteur interne l'avait emporté. Les causes des rêves étaient surtout des facteurs propres au sujet, excitations du corps ou de l'esprit, et parfois d'interventions de substances séparées, bonnes ou mauvaises.

Le système d'explication du sommeil, qui pourrait être indéfiniment varié et coloré d'oripeaux pittoresques, doit être soustrait à une conception purement ethnologique et culturaliste, souvent privilégiée dans la recherche. La pensée scolastique, au-delà de ses divergences, a été sensible à l'obsession mentale, à l'occupation incessante du fonctionnement cérébral, particulièrement au moment de la distension de fait de l'esprit par rapport à ses fonctions transitives. Les contenus mentaux vous assaillent hors de toute raison (à la fois hors de toute cause et hors de la santé mentale). Autrement dit, je crois que la visée religieuse des rêves n'est pas première ; elle trouve une occasion d'expression au travers d'une interrogation anthropologique. En sens inverse, le prétexte religieux tend à neutraliser la présentation angoissée de l'obsession : on passait de l'activité même à ses contenus, en permettant des classifications et des appuis institutionnels. Le souci spirituel divertit. Sans aucunement dresser les auteurs scolastiques en précurseurs, les oscillations continues entre les explications naturalistes et spirituelles, corporelles et mentales renvoient à notre hésitation entre la neurologie et la psychanalyse. On peut se moquer de l'esprit d'animation (*spiritus animalis*) en insistant sur ses aspects mythologiques, mais notre usage actuel de la conscience ou de la normalité lui fait un écho assez précis

Un mécanisme mental dépendant

La dépendance organique de la pensée s'affirme au cours de la chaîne cognitive. L'analyse de la faculté sensitive intérieure chez l'homme, telle qu'elle s'établit, à l'orée de la pensée scolastique, chez Jean de La Rochelle, s'inspire largement d'Avicenne. Cette faculté de saisie des informations se compose de cinq rouages : la fantaisie, l'imagination, la faculté imaginative, la faculté estimative et la faculté mémorielle. Toutes ces fonctions sont localisées avec précision dans le cerveau. Cette description, largement acceptée dans l'anthropologie scolastique, semble d'une portée modeste, qui n'entraîna pas de débats. Pourtant, des oppositions, encore virtuelles, se dessinaient : pour aller aux extrêmes, la fonction unitive et formelle (« l'âme est la forme du corps ») de l'activité interne était accordée à l'âme intellective dans le thomisme, là où l'âme sensitive jouait ce rôle chez Pierre de Jean Olivi.

Ces trois premières fonctions stabilisaient et déstabilisaient en même temps le fonctionnement cérébral ; j'ai déjà noté, dans la raison sensitive, la maîtrise du temps de la sensation, labile et sans épaisseur ni répétition, incapable de procurer la perspective temporelle nécessaire à la vie psychique. L'aspect inverse de cette maîtrise, où l'autonomie cérébrale conduit à la désorganisation, pouvait se réaliser : l'imaginative peut conduire à des *transformations* (au sens littéral du mot : mutation des formes) des images « qui ne sont pas arrivées dans le sens extérieur, comme cela se produit pendant le sommeil, et même au cours de la vie éveillée[24] ».

Les deux dernières fonctions mentales, l'estimative et la mémorative, sont liées dans le même rapport structurel que le sens commun et l'imagination, comme organisation et conservation des données. Mais, cette fois, les données ne dérivent pas de formes sensibles et matérielles (le contenu physique des sensations) mais des orientations des formes sensibles (*intentiones sensibilium*). Le contenu traité relève de traits non matériels, de qualités pertinentes pour le sujet (la bonté ou la méchanceté, l'adaptation ou l'inadaptation, l'utile et le nuisible). Ces qualités ne correspondent pas à l'intention d'un être extérieur, malgré le sens littéral actuel et malgré les exemples répétitivement invoqués (la brebis craint le loup et recherche l'agneau). Le génitif *sensibilium* désigne en quelque sorte la cible, l'objet des états sensibles, comme le confirme le fait qu'en d'autres exemples Jean considère l'attraction exercée sur les chiens par les os (à ronger) et la répulsion des bâtons et des pierres (moyens d'agression). Dans ce fonctionnement mental, l'activité et la passivité se mêlent, puisque l'estimation procède de la prudence naturelle, innée, ou bien de l'expérience, ou encore des similitudes rencontrées dans les objets attrayants ou repoussants.

Le couplage de l'estimative et de la mémorative établit encore une fois les raisons de la durée des opérations mentales. À ce point de la démonstration, le franciscain éprouve le besoin de différencier l'anthropologie de l'étude de la vie sensible et animale, ce qu'il n'avait pas fait à propos des autres facultés. Cela tient probablement au poids de la tradition chrétienne et à l'ambivalence du mot « mémoire », chargé d'un contenu spirituel par les évocations trinitaires qui, depuis Augustin, associent la raison, la volonté et la mémoire aux trois personnes de la Trinité. Pourtant, ici, la mémorative n'est qu'un « trésor des orientations des formes sensibles ». L'auteur distingue la mémoire, commune aux êtres animés, de la souvenance (*recordatio*), propre à l'homme parce qu'elle implique une recherche, une convocation de l'esprit (*revocatio ingenii*). Des analyses achèvent cette différenciation entre mémoire, souvenance et apprentissage. Comme pour éviter le spiritualisme, Jean rattache les différences de capacités humaines en ces trois domaines à la complexion humorale de chacun.

Il peut paraître abusif de donner un accent particulier, dans l'anthropologie de Jean de La Rochelle, à ces quelques pages sur la fonction sensitive et appréhensive ; le naturalisme ne constitue nullement le dernier mot de sa position. Il s'agissait moins de donner une image complète et complexe de sa doctrine que de repérer comment il avait su exprimer, plus explicitement et plus systématiquement que d'autres, l'incessante occupation mentale. La dualité de l'âme conduisait à une troisième instance qui associait les deux premiers éléments. C'est en ce domaine que les affrontements de tendances se firent plus vifs.

Le dualisme marqué de l'âme et du corps, solidement fondé sur une ancienne tradition chrétienne et antique, constituait, pour Jean de La Rochelle, un point de départ, à dépasser. On a vu son effort obstiné pour réserver, à partir de textes qui s'y prêtaient peu, une place à un troisième niveau de dépassement de cette dualité. En effet, le troisième moment de l'anthropologie de Jean de La Rochelle, à la jonction des éléments de la dualité interne, l'esprit et le principe corporel d'animation, résumait les difficultés de cohérence du sujet. La structuration tripartie de cette anthropologie posait clairement la question du monisme ou du dualisme du sujet, selon les catégories admirablement étudiées par Jackie Pigeaud[25] pour l'Antiquité tardive. Il fallait savoir si la rencontre des deux parties de l'être humain produisaient une unité supérieure englobante ou bien un niveau supplémentaire. Au XIIIe siècle, fut initié par Jean de La Rochelle un débat ancien, mais en des termes nouveaux.

Troisième niveau : l'avènement du christianisme dans une discipline aristotélicienne

Ma formulation inverse le titre du bel ouvrage de Catherine König-Pralong[26], qui a su montrer les liens entre le souci de la contingence et un problème qui tendait à vivre de façon autonome sa destinée spéculative ou qui a été perçu comme tel. Je prends les choses cinquante ans avant les éclatants débats sur l'essence et l'existence, et j'entends mettre en évidence une originalité énorme et tranquille de Jean de La Rochelle, qui eut des prolongements importants dans la pensée scolastique.

Dans une question de la *Somme*[27], Jean entend prouver la simplicité, la non-composition de l'âme. Au chapitre précédent, il avait établi cette simplicité en montrant de façon classique que l'âme ne comportait pas de parties intégrales ou quantitatives. Ici, il passe à une seconde démonstration sur l'absence de parties essentielles dans l'âme ; ces parties constituent et forment l'essence d'une substance, en dehors de sa réalité externe. La démonstration semble facile si on la tire de ce qui précède : substance incorporelle et indéterminée, l'âme est simple. Mais, dit Jean, il y a simplicité et simplicité. En fait, il distingue trois sens du mot.

Selon le premier sens, impropre, le simple ne l'est que relativement, par rapport à une composition plus manifeste. Ainsi, les éléments tels qu'on les trouve dans les corps sont appelés simples, alors qu'à les examiner de plus près ils sont composés de matière et de forme. De façon empirique et approximative, les éléments sont dits simples dans le langage courant. Dans le monde concret, tout se fait avec ces unités de base, bien qu'elles soient composées. Au sens général (*communiter*), les substances spirituelles, précisément parce que, par définition, elles n'incluent pas de matière, peuvent être dites simples. Mais le tournant décisif est là : si ces substances ne sont pas composées de matière et de forme, elles demeurent un composé, formé de l'opposition entre le *quo est* et le *quod est*, ce par quoi une chose existe, son essence et le fait qu'elle existe, son existence. Dans ce passage, Jean ne glose pas cette composition, déjà abordée dans un chapitre précédent[28].

Jean y décrit la cause formelle de la création de l'âme, selon le schéma aristotélicien des quatre causes (causes efficiente, formelle, matérielle et finale). Le problème est clairement exposé : la forme est une partie des choses en acte. L'âme comme chose créée dépend de cette structure qui rend difficile sa description : si elle n'a pas de forme, elle doit inclure une pure matière, ce qui est inacceptable. Si elle comprend forme et matière, elle devient un composé, ce qui s'oppose à sa simplicité.

La réponse du maître déplace les choses ; Jean affirme que la notion de *parties essentielles* se comprend de deux façons. Il ne décrit en détail qu'un seul de ces modes, mais rappelle en quelques lignes que l'autre mode, évident, repose sur la complémentarité de la forme et de la matière. Le mode privilégié par Jean différencie le fait qu'une chose existe (*quod est*), cette fois glosée comme l'étant (*ipsum ens*), et ce par quoi une chose existe (*quo est*), interprété comme l'essence (*sua essentia*). L'universalité de ce couple s'explique par la *participation* nécessaire de la créature, qui exclut qu'une chose se confonde avec son essence. En Dieu, le bon et la bonté coïncident et ne se distinguent pas. En revanche, dans la créature, qui n'est pas bonne d'elle-même, le bon n'est qu'une participation à la bonté suprême, une orientation vers lui. Il en va de même de l'existence : l'étant dans son acte d'être dépend de Dieu.

Jean de La Rochelle transforme l'anthropologie d'Aristote et de la tradition antique, bien maîtrisée, en y introduisant de façon articulée une considération chrétienne (ou monothéiste) de la contingence. Ces considérations sur l'existence et l'essence sont glissées dans une série d'observations aristotéliciennes sur les quatre causes de l'âme. Le dépassement de la forme se pratique sur un terrain antique, par un avènement du christianisme. Comme l'ont montré Alain de Libera, Cyrille Michon[29] et Catherine König-Pralong, Avicenne constituait un relais essentiel dans cette intégration d'Aristote dans un monothéisme. Or, le maître ès arts Jean de La Rochelle usait avec abondance du médecin Avicenne. Le matérialisme naturaliste, l'Islam et l'anthropologie franciscaine formaient une surprenante association.

En continuant à suivre la démarche de Jean de La Rochelle, nous aboutissons aux passions de l'âme. L'expression *passions de l'âme* peut bien sûr se trouver dans des textes bien antérieurs à notre auteur ; la polysémie combinée des mots *passion* et *âme* donnait moult sens à l'expression. Pour moi, la nouveauté, qui jouera un rôle essentiel pour

Thomas d'Aquin et pour la suite de la pensée occidentale, réside dans une intériorisation forte des passions, chargées d'une fonction dans la structure mentale de l'être humain.

La contingence constitutive de l'homme : l'existentialisme de Jean de La Rochelle

J'ai recours à cet anachronisme un peu violent pour insister sur un aspect propre à Jean ; il fait découler la distinction entre l'essence et l'existence d'une contingence naturelle et constitutive de l'être humain. Sans m'embarrasser d'une connaissance que je ne maîtrise pas, je dirais que les notions globales de pour soi et d'en soi, d'être-pour-la-mort, etc., sont présentes dans le latin lumineux et bref de Jean de La Rochelle, si différent des pesanteurs obscures de Heidegger. Il ne s'agit pas de faire de Jean un annonciateur ; bien entendu, les configurations historiques donnent à sa doctrine un sens irréductible, mais je privilégie ici une pensée dense de la contingence.

« Tout être créé est un étant tiré par Dieu du néant. En ce qu'il est dit qu'il est une créature, on comprend qu'il est un étant provenant du néant. En ce qu'il est désigné par ce par quoi il est, on comprend qu'il est une essence venant de Dieu ou reçue de Dieu. » Leur mode d'existence, qui les dote de l'opposition entre l'être et l'existence comme parties essentielles, isole les créatures spirituelles, seules à être issues du néant : « Selon l'autre mode [de la totalité], les parties essentielles sont désignées comme matière et forme. Et ces parties se trouvent seulement en ces seules choses qui sont tirées par Dieu de quelque chose, non en celles qui sont tirées par Dieu du néant. Les choses corporelles, qui sont issues de quelque chose, ont donc une composition de matière et de forme. Car la matière est ce à partir de quoi quelque chose existe ou se forme ; et la forme est ce par quoi quelque chose existe.[30] » On peut être surpris : toute création se fait à partir du néant. C'est que les choses corporelles présentes proviennent d'une génération actuelle, selon un ordre qui est celui des causes secondes, en termes thomistes, alors que les âmes sont sans cesse créées directement par Dieu.

Une seule exception à ce mode de composition, qui à elle seule fonde l'emploi propre du mot *simple*, se trouve en Dieu : « Dieu et la divinité ne diffèrent pas, à l'inverse de l'homme et l'humanité. » Les trois acceptions sont illustrées avec concision par Jean : « Quand je dis *homme*, je signifie l'existence [*quod est*], quand je dis humanité, je dis l'essence [*quo est*]. Et quand je dis *corps*, je dis *matière*, mais quand je dis *âme*, je dis *forme*. »

Le cas de l'âme était spécifié : « Comme dans la créature spirituelle, il existe en elle une différence entre l'existence [*quod est*] et l'essence [*quo est*], ici, il y a composition du sujet et de l'accident, sans pourtant qu'il y ait ici composition de matière et de forme. » Le *sujet* devrait se traduire comme le récepteur substantiel de l'accident, mais le sens moderne affleure : l'existence du sujet reçoit une attribution d'essence. Structurellement, la matière et le sujet occupent une place homologue, en s'opposant à la forme et à l'accident ; mais le pôle du sujet ne vaut que pour les créatures spirituelles : « Partout où il y a matière et sujet, il y a aussi sujet et existence (*id quod est*), mais l'inverse n'est pas vrai. » Le sujet existant peut être spirituel.

D'autres distinctions de niveau apparaissent dans cette homologie ontologique : « Alors que, dans la matière, se produit une transformation des formes substantielles, dans le sujet ne se produisent que des transformations de formes accidentelles. » La singularité du sujet animé par rapport à la créature ordinaire se manifeste dans sa persistance ; c'est un fond fixe qui capte des formes extérieures, des formes accidentelles qui ne modifient pas son statut de substance. Par ailleurs, « de la matière et de la forme se compose un tiers ; mais du sujet et de l'accident ne se compose pas un tiers, mais quelque chose comme un accident entre dans la composition du sujet[31] ». Autrement dit, le sujet animé et l'accident, unis, demeurent autonomes. Le sujet, à la différence de la matière, est déjà en acte et dans un état complet.

La particularité ontologique des êtres spirituels ouvre la question de l'identité commune aux anges et à l'âme humaine : « On demande, puisque l'âme est la composition du fait d'être et de ce par quoi elle est [l'essence comme forme et l'être comme sujet et comme quasi matière], si l'essence de l'ange et l'essence de l'âme rationnelle sont d'une même espèce.[32] » Jean conclut à une différence d'espèces, reposant sur la capacité d'union à un corps en l'âme humaine, à la différence de ce qui se passe chez les anges. Ce trait importe plus qu'une simple différence de modes d'existence (*modus essendi*). Jean demande ensuite en quoi consistent ces différence d'espèces : l'ange est rendu déiforme et, dès sa création, est empli de représentations intellectuelles (*species intelligibiles*), alors que l'âme humaine ne jouit que d'une potentialité de forme divine. L'âme, *tabula nuda*, ne dispose que de possibilités. Sur ce point, Jean annonce plus Thomas que ses successeurs franciscains. L'argument *contra*, accepté par Jean, pose une distinction importante, que nous utiliserons dans nos chapitres, sur la notion de personne : « L'ange, par le fait qu'il est séparé, a un être de personne ; l'âme, du fait qu'elle est susceptible d'union, a un être de forme et de processus perfectif (*perfectio*] et non de personne. »

J'ai tendance à assigner au génie solitaire de Jean de La Rochelle cette construction complexe, qui place la distinction entre l'essence et l'existence au cœur de l'âme humaine. Mes rapprochements avec un existentialisme contemporain accentuent ce dépaysement de Jean hors de son milieu historique. Bien entendu, cette perception fausse les choses. Les médiévaux connaissaient bien la distinction entre le *quod est* et le *quo est*, telle qu'elle était présentée par Boèce et commentée par Gilbert de la Porrée au XIIe siècle, même si le commentaire de ce dernier avait été laissé de côté, jusqu'à Henri de Gand, selon la démonstration de Catherine König-Pralong, qui mentionne la réputation sulfureuse de Gilbert et une certaine coupure par rapport à la grammaire philosophique de l'école chartraine[33]. Mais, surtout, la distinction *quo est/quod est* prenait une pertinence nouvelle en s'appliquant à l'âme. On l'a vu, les textes d'Alexandre de Halès, de Guillaume d'Auvergne et de la *Summa Duacensis* le manifestaient. La lecture de Philippe le Chancelier par Jean de La Rochelle fut directement décisive.

Jean posait de façon radicale la transcendance de Dieu, qui, à lui seul, monopolise le sens propre de *simple*. Plus tard, chez Olivi, cette séparation radicale du statut ontologique de Dieu fut plus explicitement affirmée. En contrepartie, l'ensemble des créatures se regroupait davantage. L'histoire de la philosophie évoquerait alors les questions de l'analogie et de l'univocité de l'étant. Les termes du débat étaient déjà là en 1235, soixante ans avant Duns Scot. Ensuite, Jean introduit et justifie une composition non hylémorphique, c'est-à-dire différente de la composition universelle des choses par interaction de la forme et de la matière. Pour une large part, la tradition augustinienne, suivie par l'anthropologie franciscaine, adhérait à cet hylémorphisme, qui entraînait l'idée de matière spirituelle. Thomas d'Aquin prit une autre voie en faisant de l'âme une forme. Cette voie avait été balisée par Jean de La Rochelle. Mais, avec sa composition d'essence et d'existence, Jean gardait l'idée d'une tension dans l'âme, d'une action du corps, alors que la simplicité formelle de l'âme chez Thomas nécessitait des apports extérieurs. Jean formait un monisme sans doute exceptionnel au Moyen Âge.

La construction d'une anthropologie : la fédération de l'âme et de l'esprit

Reste à comprendre comment Jean de La Rochelle a pu bâtir son anthropologie, à partir de telles intuitions. Comment a-t-il pu donner des applications concrètes à la description du troisième niveau, qui unit l'âme et le corps ? L'homogénéité des définitions de l'âme comme rencontre de l'esprit et du principe d'animation semble d'abord hésitante et contradictoire. Ainsi, Jean se pose[34] une question préliminaire sur l'existence des intermédiaires entre l'âme et le corps. La réponse du maître juxtapose paisiblement des solutions opposées : « L'âme rationnelle est unie au corps selon un double mode, car elle est unie comme la forme à sa matière, ou comme la perfection à son perfectible ; elle est aussi unie à lui comme à son organe ou à l'instrument par lequel elle opère ; le mode [*ratio*] d'union est donc double. Selon le premier mode, l'âme est unie au corps sans intermédiaire [...] ; selon le second mode, l'âme est unie par un intermédiaire, et cet intermédiaire est sa puissance ou son énergie [*vis*] ». Bien entendu, les puissances de l'âme se présentaient comme médiations possibles, ce qui leur donnait une solide assise doctrinale. Elles entrèrent dans la forteresse de l'âme sous la forme des passions, après un long cheminement.

L'hésitation entre immédiateté et médiation renvoie aux deux définitions de l'âme comme principe d'animation, l'une empruntée à une tradition platonisante du moteur ou du pilote, par le canal de « Remigius » (en fait, Némésius), l'autre à Aristote. Or, dans le *Traité*, dont sont issues ces deux définitions, celle d'Aristote semblait avoir été ajoutée, au sein d'une liste déjà établie et numérotée. La définition d'Aristote

(« l'âme est l'acte premier du corps physique, organique, ayant la vie en puissance »), qui fut ensuite au fondement de l'anthropologie thomiste, se présente comme une simple variante d'expression, alors que les deux définitions sont incompatibles, l'une donnant l'âme comme substance autonome, l'autre comme forme engagée dans une matière. Cette orientation apparaît donc dès le début des années 1230. L'éclectisme apparent de Jean cache en fait une préférence nettement marquée pour la solution des intermédiaires, largement développée. Plus loin dans la *Somme*, Jean ajoute même un troisième modèle possible, puisque, dans le chapitre sur le mode d'existence du corps dans l'âme[35], il distingue trois modes d'union ; à la relation de la perfection au perfectible (modèle d'Aristote) et à la direction par un moteur (modèle platonisant) il ajoute un troisième modèle, le rapport du rayon lumineux à la chose illuminée. Ce dernier modèle, promis à des développements particuliers dans l'anthropologie franciscaine, par le biais de Robert Grosseteste, signale soit une hésitation réelle, soit une volonté de diluer tactiquement sa solution dans une gamme de possibilités.

Ce point est important, car l'historiographie contemporaine a tendance à vouloir présenter Jean de La Rochelle comme un précurseur encore confus de Thomas d'Aquin. Même l'éditeur franciscain de la *Somme de l'âme*, le père Bougerol, résume en ce sens la doctrine de Jean en affirmant, sans nuance et contre l'évidence du texte, que pour Jean « l'âme est une forme [...], l'âme est unie sans intermédiaire au corps comme la forme préparée à cette union [...][36] ».

Effectivement, la description du troisième niveau semble, à première vue, timide et limitée chez Jean de La Rochelle. Or, dans le système thomiste, ce niveau n'a pas d'existence distincte, puisque l'action de la forme sur la matière est inséparable et simultanée par rapport à l'existence des deux premiers niveaux. Chez Jean, ce niveau d'union ne réside que dans les relations de cet ensemble fédéral par rapport à la totalité de l'univers, au corps et à Dieu. En fait, pourtant, l'important est de bien marquer que l'âme totale est une substance, une réalité autonome. Les quatre dernières définitions du *Traité* sont chargées d'illustrer le point.

La première définition de ce troisième niveau (la septième du chapitre) est empruntée au *De spiritu et anima* d'Alcher de Clairvaux, bien qu'il ne considère nullement ce niveau, on l'a vu : « L'âme est la similitude de tout. » Jean énumère toutes sortes de correspondances et d'analogies entre les éléments de l'être humain et l'univers, des pierres à Dieu, selon un vague platonisme hérité du XIIe siècle, friand de l'image du microcosme. L'homme est au centre du monde, parce qu'il est capable de refléter l'univers dans sa corporéité et sa spiritualité, mieux que les anges et mieux que les natures purement corporelles. De ce point de vue, le traité franciscain pourrait assurer une continuité entre le monde de l'école de Chartres, les orientations cisterciennes et la pensée scolastique. Mais Jean, dans une brève note finale, marque une rupture envers cette position, qui contrevient à la supériorité de l'homme : il relève que l'âme humaine ne reflète tout que potentiellement, par sa capacité virtuelle de reflet, tandis que l'ange est actuellement, réellement, une similitude universelle, car il est plein de formes, selon la fameuse proposition du *Livre des causes*. Les définitions rassemblées peuvent être alternatives, plus que complémentaires. Mais, pourtant, la définition, identique dans son début, n'est pas glosée ainsi dans la *Somme de l'âme*, comme si Jean, après quelques années, revenait à un optimisme humaniste.

La deuxième définition, tirée elle aussi du *De spiritu et anima*, juxtapose la mention de la raison au principe d'animation corporelle, en les articulant selon la méthode de la différence spécifique : « L'âme est une substance qui participe à la raison organisée [*accomodata*] pour diriger le corps. » En ce cas, la définition semble bien acceptée, surtout parce qu'elle établit l'âme humaine comme *substance*, demeurant en soi (*in se*), de façon bien divisée (*pertite*), à la différence des âmes végétative et sensible des animaux. La participation à la raison exclut Dieu, qui l'embrasse totalement, et, en revanche, inclut aussi l'ange, chez qui, cependant, la raison n'est pas organisée en fonction d'un corps inexistant. La source de Jean, dans ces deux définitions, avait sa cohérence, mais il la déconstruit pour asseoir sa propre doctrine. Il n'y a souvent que peu d'automatisme dans la citation scolastique.

Les deux dernières définitions de la fédération de l'âme franchissent un pas en reliant l'âme à ses causes divines, les unes efficiente et formelle (troisième définition), l'autre finale (quatrième définition). Bien entendu, la cause matérielle n'a pas de pertinence. Le geste de Jean paraît, là encore, fondateur : il applique un schéma aristotélicien à un matériau qui lui est étranger. En effet, il utilise d'abord un passage de la Genèse en définissant l'âme comme « haleine » (*spiraculum*) d'une vie déiforme. Hardiment, Jean fusionne deux versets, l'un (1, 26) qui dit que Dieu fit l'être humain à son image, l'autre (2, 7), qu'il insuffla la vie à partir du limon. Habilement, il mêle la fabrication et la forme. La déiformité sépare les âmes rationnelles des autres, tandis que le souffle de vie exclut les anges. La dernière définition, empruntée à Sénèque, note la finalité de l'âme, la béatitude : « L'âme est l'esprit intellectuel ordonné en soi et dans le corps vers la béatitude. » Là aussi, il faut admirer : Jean christianise un auteur païen célèbre en jouant sur le mot « béatitude ». Il le spiritualise en opposant son emploi, lié, chez Sénèque, à la nature intellectuelle, non corporelle, aux sens médicaux du mot, qui désignait les particules corporelles infimes (esprits naturels, vitaux et animaux).

La délimitation soigneuse du cadre confédéral ne disait rien de son contenu : dans quelle mesure, en quelle activité l'être humain la met-il en œuvre ? Notre troisième niveau restait obscur. Se confondait-il avec la totalité de l'âme ? La définition serait tautologique : l'âme, c'est l'âme. La définition de l'âme humaine comme substance créée suffisait. Nous verrons les variations qu'elle fonda par son vague même dans l'anthropologie franciscaine.

Jean de La Rochelle et la confédération mentale

Pourtant, quelques années plus tard, Jean entreprit de donner plus de précisions. Là encore, il convient d'arracher la *Somme de l'âme* à ses apparences de fichier hétéroclite. L'œuvre entière est ordonnée précisément autour de la recherche du troisième niveau. En effet, celui-ci se repérait dans la formation de chaque individu. La fédération de l'âme, relevant de la nature, prenait une autonomie et une solidité nouvelles. De cette formation initiale Jean passait aisément à la gestion de cette nature mixte. La *Somme* se compose de deux parties, l'une sur la substance de l'âme, l'autre sur les énergies (*vires*) qui l'animent. Cette seconde partie juxtapose longuement, après une courte introduction, trois systèmes de pensée des forces des énergies de l'âme, ceux d'Alcher de Clairvaux, de Jean Damascène et d'Avicenne. La minutie de l'exposé exclut un usage doxographique à la Thomas d'Aquin, chez qui un bref résumé de positions diverses et antagonistes sert à creuser la différence propre de la doctrine du maître. Ici, les trois enseignements ne se contredisent pas, mais sont articulés l'un avec l'autre, en vue d'une description solide du niveau confédéral. Jean manipule ces trois sources avec un art consommé, comme s'il s'en servait de matériaux propres.

Ainsi, il convoque d'abord le *De spiritu et anima* pour tracer des distinctions fondamentales : le chapitre 62 oppose les énergies de mélange du corps et de l'âme à celles qui relèvent de l'âme même[37]. Les premières sont assez vite expédiées et mises en rapport avec un organe corporel. Ce sont les énergies *naturelles* (liées au foie), *vitales* (associées au cœur) et *animales* (utilisant le cerveau). La description des énergies propres, au chapitre suivant, retrouve le schéma platonicien des trois pulsions, les forces rationnelle, concupiscible et irascible. Jean les réduit à une binarité simple, le cognitif et l'affectif. En poursuivant le chemin, il s'intéresse d'abord aux énergies cognitives. Sa source lui fournissait deux divisions des forces cognitives en trois ou cinq éléments, avec des contenus bien différents. Avec une lumineuse facilité, Jean unifie les deux listes. La première se composait de l'ancienne tripartition, par Augustin, des modes de vision (corporelle, imaginaire et intellectuelle) ; la seconde énumérait cinq instances de l'âme cognitive : les sens, l'imagination, la raison, l'intellect et l'intelligence. Dans le monde cistercien, on ne cessait d'allonger la liste des variantes de l'intellect, sur des critères religieux. Jean de La Rochelle, à l'inverse, réduit ces catégories et les fait correspondre à la première liste. Les trois dernières instances (la raison, l'intellect et l'intelligence) désignent l'âme rationnelle et, donc, les deux premières instances (les sens et l'imagination) équivalent aux âmes végétative et sensitive. Dans la *Summa de anima*, le dernier chapitre[38] dans la série qui résume le *De spiritu et anima* dégage les énergies affectives de l'étau de l'opposition entre la faculté concupiscible et l'irascible en en tirant quatre énergies (joie, espoir, douleur et crainte). Jean de La Rochelle a réussi à désactiver des systèmes lourds et influents en faisant semblant de les utiliser. De l'étonnante luxuriance de l'ouvrage cistercien il a fait un guide rigoureux.

Dès lors, il peut utiliser Jean Damascène et Avicenne comme il l'entend. En effet, il justifie après coup sa lecture du traité cistercien : « Après avoir parlé de la division des énergies de l'âme en les rapportant à leur sujet, qui est l'homme composé de l'âme et du corps, selon saint Augustin [d'après le *De spiritu et anima*], il est cohérent de parler de la division de ces énergies en les rapportant à elles-mêmes. » Damascène permet donc un gros plan sur les énergies cognitives et affectives, une fois que l'existence des énergies de mélange au corps et donc le cadre confédéral de l'âme ont bien été établis.

Dans la *Somme de l'âme*, la définition globale de Jean Damascène, qui avait rempli son rôle matriciel, ne revient plus, bien que la structure tripartie (*spiritus/anima/spiritus et anima*) et les douze définitions illustratives soient réutilisées de façon plus limitée, mais assez identique, au point de passer pour un simple recopiage. Les quatre définitions du troisième niveau restent très proches de la version antérieure. Pourtant, plus loin[39] dans la *Somme*, Jean consacre un chapitre détaillé aux médiations unitives (*De differentia mediorum unicencium*).

Pour Jean de La Rochelle, la dualité des natures dans l'individu impose de chercher des *media*, des intermédiaires, qui fondent l'unité de l'homme singulier. Cette unité ne peut être l'objet d'une médiation unique, d'une seule nature, car « elle ne pourrait unir et confédérer des natures si disparates et si distantes, comme le sont d'une part le corps fait à partir des éléments, ayant une complexion et une composition, et d'autre part la substance rationnelle elle-même ». Il faut donc trouver un système d'apports de natures diverses, vouées à la fonction de médiation. Il faut noter l'importance du thème de la confédération, une fédération de fédérations sans pouvoir central. Les fédérations médiatrices collaborent avec la confédération de l'âme en gardant leur autonomie.

La description des intermédiaires, absente du premier *Traité*, prend ici un relief saisissant, par l'effort de formalisation et d'analyse qu'il manifeste[40]. Cinq paires de traits opposés dans les deux natures produisent, arithmétiquement, quatre intermédiaires qui relient (*intercurrere*) les deux natures, celles de l'âme rationnelle et celle du corps, se comportent en extrêmes de la série et le lien final entre ces deux extrêmes produit une cinquième instance, *cet* individu. Les quatre intermédiaires se divisent également en deux natures associées au corps et deux autres associées à l'âme rationnelle. Six natures interviennent donc : celle de l'âme rationnelle, quatre natures intermédiaires et le corps. On trouve là, certainement, bien avant l'heure, la pluralité des formes de l'âme. La saisie de l'âme comme *spiritus* se modifiait ; la position structurale de l'esprit était occupée par l'âme rationnelle. Certes, on le verra, il était nécessaire de distinguer lexicalement les particules corporelles (*spiritus*) de l'âme comme esprit, mais la transposition de termes indiquait aussi une expansion de l'importance du troisième niveau de rencontre, entre l'âme et l'esprit.

Il s'agit donc de comprendre comment l'âme rationnelle s'unit au corps. En effet, cinq paires de traits s'opposent terme à terme dans les deux instances. Ces deux séries de traits différencient radicalement l'âme (*le spiritus*) et le corps (ou l'âme corporelle). L'âme est simple, non contraire, incorporelle, cognitive et non dépendante. Le corps est composé, contraire, corporel, obtus et dépendant. Le coup de génie de Jean consiste à décaler cette succession en créant de nouveaux couples qui permettent la médiation.

Simple	Non contraire	Incorporelle	Cognitive	Non dépendante	
	Composé	Contraire	Corporelle	Obtuse	Dépendante

Je les désigne par des lettres, affectées d'un coefficient de valeur (+ ou -) pour représenter une démonstration complexe : l'âme et le corps sont l'une simple (a+), l'autre composé (a-), l'une non contraire – elle n'est pas l'objet ou le résultat d'états contraires (b+), l'autre contraire (b-), l'une incorporelle (c+), l'autre corporel (c -), l'une connaissante (d+), l'autre ignorant (d-), l'une non dépendante (e+), l'autre dépendant (e-). Précisons que la capacité de connaissance (*natura cognoscitiva*) désigne toute réception d'information ; son contraire est une *natura obtusa*, une nature fermée à la réceptivité.

Ces cinq paires peuvent chacune se rapprocher, formellement, selon huit médiations théoriques, dont quatre seulement sont possibles : la première médiation associe a et b, la deuxième b et c, la troisième c et d, la quatrième d et e. Le principe même de la médiation relie chaque fois des éléments de valeur opposée. Mais les paires a- et b+, b- et c+, c- et d+, d- et e+ sont impossibles : dans ces cas, le premier élément de l'opposition exclut son élément associé et affecté d'un signe opposé : la composition (a-) entraîne nécessairement la contrariété (b-), car elle implique la présence des éléments et leur contrariété. Le statut incorporel (c+) présuppose la non-contrariété (b-). La capacité de connaissance (d+) se lie à l'incorporalité (c+) et, enfin, l'ignorance (d-) entraîne la dépendance (e-) de la connaissance.

Restent donc quatre paires, a+ et b-, b+ et c-, c+ et d-, d+ et e-. La première paire, a+ et b- (simplicité et contrariété), correspond à la *nature élémentaire* dans l'homme. Cette nature provient des *éléments* fondamentaux, sous la forme corporelle des humeurs, des liquides organiques. Elle réclame un équilibre des éléments contraires, qui apparaît dans l'égalité (*equalitas*) ou l'harmonie d'ensemble (*contemperentia*), illustrée dans le cas du sang.

La deuxième paire, b+ et c- (non-contrariété et corporéité), rend compte de la *nature céleste* dans l'homme. Elle est distribuée par des particules, les esprits (*spiritus*), occurrence spécifique de la quintessence (*quinta essentia*), cinquième élément, qui, à l'inverse des quatre premiers (l'air, la terre, l'eau et le feu), n'existe pas ici-bas. Jean de La Rochelle en donne une évocation médicale : « Les médecins la disent être le véhicule des forces de l'âme ; et c'est un corps subtil, particulaire [*spirituale*], diffusé dans les concavités des membres par la nature de la quintessence ; son mouvement provient de sources, comme le mouvement d'irradiation et d'illumination provient des sources de lumière ; ses sources sont dites être les principaux et radicaux membres, le cœur, le cerveau et le foie. » C'est par ces trois sources que sont distingués respectivement les esprits animaux, vitaux et naturels. Ces deux premiers intermédiaires relèvent donc du corps. Les deux suivants s'attachent à l'âme.

En effet, la troisième paire, c+ et d- (incorporéité et ignorance), caractérise la *nature végétative* de la créature humaine, c'est-à-dire la force vitale mais non sensible. La dernière paire, d+ et e- (capacité de connaissance et dépendance), dérive de la *nature sensitive*, force sensible qui représente en nous la part animale.

La schématisation linéaire semble préférée par Jean, à cause des quatre intervalles qu'elle engendre mais elle pourrait se représenter sous forme circulaire : cinq points, a, b, c, d, et e (spécifiés en a- et a+, b- et b+, etc.), coupent un cercle et déterminent cinq segments de cercle (a+ vers b-, etc.). Cette représentation n'est pas indifférente et laisse une place à un cinquième segment (e+ vers a-), dont nous verrons la réalisation tout à l'heure.

Qu'elle soit linéaire ou circulaire, cette description analytique prend un sens dynamique lors de la formation de l'individu : en lui, sont disposées successivement et chronologiquement l'âme rationnelle puis la série des quatre intermédiaires (la nature sensible, la nature végétative, la nature céleste et enfin la nature des éléments) ; l'être ainsi préparé reçoit alors le corps, nature utilisatrice des éléments (*natura elementati corporis*), qui peut s'unir à l'âme rationnelle grâce aux quatre natures intermédiaires. Cet ordre importe grandement : si l'on revient à la table des cinq paires de traits opposés, on constate que chaque étape nouvelle suspend un trait de la spiritualité de l'âme, la non-dépendance (par la nature sensitive), la capacité de connaissance (par la nature végétative), l'incorporéité (par la nature céleste), la simplicité (par la nature des éléments). La dernière étape, qui assume le corps, ôte la simplicité, commune à l'âme rationnelle et aux quatre intermédiaires.

Jean s'en tient à ce système complexe et rigoureux, mais son application morale ou religieuse peut s'en inférer. Il suffit d'inverser le cheminement naturel : l'homme agit sur sa totalité corporelle, en suspendant graduellement la contrariété, en égalisant ses humeurs. C'est le principe antique de la diète. On peut donner une traduction politique et ascétique : l'égalité (terme de Jean) humorale s'obtient par la pratique de l'égalité citoyenne ou du vœu monastique d'obéissance. Ensuite, l'homme se sépare de la corporéité (vœu de chasteté) et enfin de l'ignorance (case ouverte à la contemplation qui refuse l'action mondaine, au *studium*, puis, plus tard, à la pauvreté comme vertu contemplative). Le but ultime consiste à joindre la simplicité, toujours conservée, et la non-dépendance (autre lieu possible de la pauvreté dans la version des Spirituels). Il serait vain d'imaginer ces conséquences dans les conduites, si elles ne formaient la trame de la vie franciscaine au XIIIe siècle, la matrice d'une problématique riche.

Le schéma anthropologique de Jean de La Rochelle eut une autre portée capitale sur les passions de l'âme, selon une orientation qui fut décisive pour des siècles.

Les passions de l'âme, lieu de la continuité instable du sujet

Jean de La Rochelle apporta une nouveauté importante en donnant une fonction anthropologique aux éléments non nommés de la cinquième nature de l'âme, qui pourraient spécifier les puissances en passions. Dans son système, les quatre natures qui servaient de lien entre l'âme et le corps laissaient deux traits sans contrepartie. D'un côté, la simplicité constituait un présupposé indispensable à la médiation et n'avait pas besoin d'être prise dans un processus. À l'autre extrémité, la dépendance corporelle demeurait sans résolution. C'est précisément là que Jean glissa la passion de l'âme (et non plus du corps). Si nous reprenons notre figuration par lettre, e (dépendance et non-dépendance) pouvait faire couple avec a (simplicité et composition). Mais ne restait que la détermination négative a- (composition), qui devait entraîner sa contrepartie e+ (non-dépendance). La représentation circulaire impose plus nettement ce cinquième segment. Il fallait donc trouver une nature qui associe la composition et la non-dépendance. Ce fut la passion, prise dans son paradoxe nouveau d'activité du sujet, d'acte libre, et non plus de passivité subie par le corps ou l'âme bestialisée. La nature passionnée de l'être humain est composée du corps et de l'âme, mais aussi de l'existence et de l'essence. Elle est non dépendante parce qu'elle se décide en dernière instance par la volonté.

C'est la passion de l'âme qui occupait un lieu effectif de la confédération durant la vie terrestre. À ce titre, il faut encore saluer Jean de La Rochelle, qui jeta les bases d'une anthropologie des passions de l'âme, plus tard développée et refusée par Thomas et poursuivie par toute une tradition littéraire et philosophique sur laquelle nous vivons encore. Au chapitre 47 de sa *Somme de l'âme*[41], Jean de La Rochelle montre que la passion règne dans toutes les parties de l'âme : la prise en charge ou l'accueil (*susceptio*) du mal ou du bien intelligibles reviennent à la partie rationnelle, tandis que leur représentation sensible (*ymaginatio*) touche à la partie irrationnelle. De même, l'aspect punitif de la passion-passivité, après la chute, provient de la réception d'un élément contraire au bien, qui ne peut affecter l'intellect et ne présente aucune contrariété possible, mais atteint l'âme sensitive, alors que l'état séparé de ce bien l'associe à l'âme rationnelle. Ensuite, la passion paraît consubstantielle à l'âme, au-delà d'une simple condition de connaissance. Jean de La Rochelle établit ainsi que la passion est à la fois naturelle à l'âme humaine, conforme à son essence et liée à son être, à son existence marquée par la faute première.

La formation globale de l'homme entraînait la passibilité de l'âme, puisqu'elle était vraiment dans le corps et dans sa matière, source de réceptivité. La matière reçoit. Mais le sujet acte cette passion. Jean consacra un chapitre[42] à établir que cette passibilité venait de la nature de l'homme et de la faute originelle, de façon distincte. Dans sa réponse, Jean propose de différencier la passion naturelle de la passion non naturelle. Il faut comprendre que la première est constitutive de la nature humaine, la seconde dérivant de la faute originelle. La conclusion est nette : « Selon le premier mode, la passibilité précède la faute ; selon le second, elle suit la faute. » La passion constituait bien la *cinquième médiation naturelle*, constitutive de l'être humain.

La passion naturelle se décline selon trois sens. Selon une acception très générale, elle équivaut à la réception (*receptio*). L'âme humaine et l'ange connaissent également cette passion, car ils sont également capables de recevoir des représentations intellectuelles (*species intelligibiles*) et des grâces. La passion se comporte comme un besoin de mise en forme (*informatio*), selon le modèle d'Aristote, complété par la nécessité de recevoir la grâce. Le couple de la matière et de la forme fonde la passion.

Deuxièmement, de façon plus spécifique, propre à l'âme humaine, la réception ou l'information s'accompagne d'un changement, causé, chez le sujet, par le passage d'une disposition à l'autre. Ce changement ne procède pas de la présence de contraires, mais plutôt du temps ; Jean l'illustre par le mouvement involontaire d'une pensée à l'autre ou d'un affect à l'autre. On peut se demander si l'introduction du temps ne dépend pas de l'attache au corps, puisque l'ange en est indemne, alors que le premier sens de la passion affectait l'intellect : « De cette façon, l'âme [éprouve cette passion] : elle est ce dont l'intellect est passible par nature et elle est passible par nature avec le temps ». L'instabilité passionnelle appartient donc à l'essence de l'âme, à sa nature. »

Le troisième sens, encore plus particulier, se définit comme passion de l'âme (*passio animalis*), ce qui signifie qu'elle dépend de la conjonction entre l'esprit et le principe d'animation ; elle n'est plus seulement une capacité de réception, mais une passivité (*passibilitas*), qui provient de son existence et non plus de son essence. La faute d'Adam, qui a fait de cette passivité une nécessité, n'était que possible ; l'âme devenait passible. Cette possibilité dérivait d'un défaut (*defectus*), attribuable à la production de l'âme *ex nihilo*, à partir du néant. La faute ne constituait qu'une application de cette possibilité, inscrite dans l'existence de l'âme[43]. Ce sens assure le passage vers le non-naturel, précisément parce que la passion de l'âme appartient au niveau confédéral, qui unit les strates de l'âme et qui est celui de l'existence dans sa globalité. Jean distinguait en effet deux modalités : selon une puissance lointaine, est ouverte la *possibilité* de la passibilité et, selon une puissance proche, la passibilité devient une *nécessité*. La possibilité vient de la création *ex nihilo* ; elle est un défaut (*defectus*), mais un défaut qui entraîne une liberté. Jean distingue la nature comme nature (*natura ut natura*) de l'*existence* de la créature à partir du néant (*ex existencia creature de nichilo*). La nécessité dérive de la faute ; toutes deux peuvent s'abolir par le Christ. La passion arrache à la contingence ; elle rend libre. L'existence, oscillation entre l'être et le néant, le permet.

IV

Des puissances libres ?

Le paradoxe de l'activité passive de l'âme (1245-1280)

Au milieu du XIIIe siècle, la question de la structure de l'âme, ouverte par Jean de La Rochelle, trouva son expression la plus complète en termes de *substance*. Chez Aristote, toute substance, c'est-à-dire chaque individuation de l'être, est produite sur une matière par l'action d'une forme qui lui donne l'être. En termes techniques, nous avons affaire à la doctrine de l'hylémorphisme (de *hulè*, la matière, et de *morphè*, la forme). L'ontologie d'Aristote était fondée sur l'idée de *composition* universelle des êtres à partir de la matière et de la forme. Cette idée de composition suit un schéma originel, identique et susceptible de complications ultérieures et traduit une orientation de pensée, peut-être abusivement rattachée à Aristote, qu'on nomme dans l'histoire de la philosophie « système de l'analogie de l'être » : tout être dans le monde se présente sous une configuration similaire, en dépit de la complexité ultérieure qui l'affecte. Le principe général de la composition en matière et forme était largement admis. Les grands fondateurs de la scolastique au début du XIIIe siècle avaient bien accueilli l'hylémorphisme d'Aristote.

Les aventures de la substance

Une utilisation chrétienne d'Aristote attribua sans problème la notion de substance à l'âme, qui devait demeurer un être singulier et autonome. Mais une interrogation s'installa quand il fallut spécifier sur quelle matière portait l'action de la forme : une tendance surtout franciscaine, appuyée sur la métaphysique arabe et juive, s'attacha à l'idée de *matière spirituelle*, qui permettait à l'âme humaine de bénéficier du rang de substance. Thomas d'Aquin, réticent à cette idée de matière spirituelle, tendit à écarter de l'âme la notion de substance, en ne lui reconnaissant ce statut qu'après la séparation du corps. Auparavant, l'ensemble du sujet humain était traité comme substance, avec l'âme comme forme substantielle, rectrice de la matière corporelle. Le processus hylémorphique résidait alors dans l'action de la forme-âme sur une matière (le corps) pour former la substance animée, l'homme en sa totalité présente. Ainsi s'affirma la doctrine de l'âme comme *forme substantielle*.

Avant que ces deux tendances ne s'affirment clairement, les notions utilisées avaient déjà largement circulé depuis le début du siècle, mais de façon non systématique. Guillaume d'Auxerre avait évoqué la notion de *forme substantielle*. Mais cet usage n'avait rien de pré-thomiste, puisque ces formes désignaient les puissances de l'âme, formes d'une totalité essentielle. Les trois puissances formaient un tout solidaire, de nature moins unitaire que l'essence divine. De son côté, Alexandre de Halès avait distingué trois modes de l'âme, comme suppôt-sujet avec ses accidents, comme substance avec ses propriétés et comme essence avec ses choses essentielles (*essentialia*). Une logique cohérente impliquait alors de flanquer les *essentialia* des *substantialia*. La notion d'être substantiel (*substantiale*) introduisait un troisième terme entre l'essence et les accidents, un peu sur le modèle lexical des *sacramentalia*, qui désignaient, en théologie, mais aussi en droit canonique, un type d'êtres liés au sacrement et au sacré sans être proprement des sacrements. Or c'est ce qu'on trouve précisément chez Albert le Grand, dans son commentaire sur les *Sentences* dans les années 1245 : « Ces trois choses [les trois puissances] sont l'âme selon une prédication sur les parties potentielles prises ensemble, mais non par essence. Et, pour que l'on comprenne mieux, il faut dire que l'*essentiel*, le *substantiel* et *l'accident accidentel*[1] sont différents. L'essentiel est ce qui est une part de l'essence, en laquelle la chose est absolument en une composition première, comme le corps et l'âme sont des choses essentielles pour l'homme, et le *quod est* [l'existence] et le *quo est* [l'essence] pour l'âme. Le substantiel est ce qui confère l'existence [*est*] par lui-même composé qu'il est d'une composition, et il est impossible qu'il fasse défaut à la chose : tels sont la raison et l'intellect et tout ce qui complète le pouvoir de l'âme en tant qu'elle est le moteur du corps et tout ce qui complète l'être du corps, en tant qu'il est mû par l'âme [...]. L'accidentel est ce qui advient après l'être achevé et ne confère pas l'être au composé, comme il est possible que le composé existe sans lui.[2] »

Un deuxième point, à propos de la substance, fut soulevé par les commentaires du *De anima* d'Aristote. Ils portèrent l'attention sur le couple *substance/accident*, qui acheva la construction du débat en définissant clairement deux positions antagonistes. La précision d'un commentaire imposait de croiser les analyses sur l'âme avec le traité des *Catégories*, puisque Aristote, sans les évoquer, commençait par situer l'âme dans un ensemble ontologique. Or, parmi les dix catégories aristotéliciennes, chargées de désigner systématiquement l'ensemble de l'être, neuf d'entre elles s'opposent globalement, comme *accidents*, à la première catégorie, la *substance*, qui, seule, désigne un être indépendant, sans appui externe. L'accident, en revanche, existe comme complément, par ajout à une substance. Si l'on définit l'âme comme substance et que l'on distingue les puissances de l'âme (tendance majoritaire en 1250), ces puissances deviennent accidentelles, ce qui leur confère une moindre dignité ontologique et contrevient à la tendance des années 1220 qui entendait extraire, dans le monde intérieur de l'homme, des puissances éminentes et autosuffisantes.

Pourtant, la question et ses solutions ne surgirent pas tout de suite, si l'on suit le commentaire de Galterianus (années 1240), sur le début du livre II d'Aristote[3]. Le commentateur découpe sa première leçon en assignant un rôle terminal à une proposition qu'il constitue en partie conclusive de cette leçon : « Il est donc nécessaire que l'âme soit une substance, en tant que forme d'un corps physique ayant la vie en puissance. » Cette conclusion répondrait à la phrase introductive, qui offre une transition (*transitus*) avec le livre I : « On a évoqué ces éléments qui ont été transmis par nos prédécesseurs. Revenons au début, en tentant de déterminer ce qu'est l'âme et quelle est sa structure [*ratio*] la plus précise. » L'objet central du texte est déterminé par cinq divisions, cinq distinctions, qui lui fournissent autant de parties.

La première distinction oppose la matière, la forme et la composition des deux, dans le genre unique de la substance. Galterianus comprend donc que la substance équivaut à l'être, à tout ce qui est. Le *genus unum* désigne le genre totalisant, donc unique, des choses qui sont. » La substance ne sert donc pas à définir l'âme, qui est alors affectée par les différences qui structurent la substance (matière, forme et composé). La substance-forme désigne un être individuel (*hoc aliquid*), à l'inverse de la substance-matière. Le composé n'intéresse guère le commentateur, qui conclut l'analyse de cette première division en notant une correspondance entre forme et acte, d'une part, et matière et puissance, d'autre part.

Les choix de Galterianus apparaissent quand on adosse son texte à la lecture de Thomas d'Aquin[4] (vers 1268). Les découpages sont bien différents, puisque Thomas voit deux divisions dans le premier fragment isolé par le commentateur. Alors que la notion de substance n'était qu'un préalable de la vraie division entre matière et forme, elle constitue en elle-même la première division du texte ; *unum* désigne alors une des dix catégories. Implicitement, la division oppose la substance aux accidents, ensemble de ce qui n'est pas la catégorie de la seule substance : « La première de ces divisions est celle qui distingue dix catégories dans l'être ; et [Aristote] le suggère en affirmant qu'il est dit que la substance est *un* genre des êtres ».

Thomas isole ensuite la distinction entre forme, matière et composé. Mais cette division conduit à un processus progressif : la matière n'est individualisée en un être que potentiellement. La forme produit *déjà* (cet adverbe du texte latin d'Aristote avait été négligé par Galterianus) une individualisation en acte, achevée dans le composé.

Cette différence des choix de lecture a des conséquences importantes. Thomas promeut l'être animé comme substance et rejette le reste (dont les puissances) dans les accidents. Par ailleurs, un clivage ontologique est ainsi opéré entre trois types de substances, où le schéma du processus vers l'individuation ne s'applique qu'aux choses matérielles. L'individuation des substances séparées existe bien, mais se produit sans l'opposition de matière et de forme (en raison de l'absence de matière en ce cas), car elle dérive de la subsistence[5] qui est propre à des êtres achevés en leur nature. Enfin, l'âme, être intermédiaire, peut être considérée comme individuelle par sa subsistence, parce que, ne possédant qu'une partie de forme et non pas de forme achevée, elle n'accède pas totalement à ce statut. On peut se demander pourquoi l'âme n'est qu'une partie de forme. Peut-être est-ce parce qu'elle n'informe qu'un corps et non l'ensemble d'une substance, la substance humaine ?

Justement, l'âme n'est pas proprement une substance singulière ; elle est une forme substantielle. S'ouvre un écart avec la tradition cistercienne et avec le naturalisme, selon une tendance encore compatible chez Galterianus. Thomas extrait l'étude de l'âme humaine de l'ontologie générale. Ce que l'âme perd en indépendance doit être compensé par une soumission étroite des puissances.

Thomas a donc arraché la notion de *forme substantielle* à ses adversaires naturalistes ou franciscains, chez qui elle servait à assurer l'indépendance de l'âme, prise comme substance-forme. On en l'a vu avec la catégorie de substantiel, troisième région autonome. Galterianus fait porter exclusivement ses questions sur la première leçon du livre II autour de l'âme comme forme substantielle, prise dans le sens d'une substance qui est une forme, alors que, chez Thomas, l'âme est forme substantielle par différence avec la substance.

Le contexte créait cependant d'autres raisons pour trouver un statut à part aux accidents de l'âme. Les membres des facultés des arts connaissaient les observations analytiques et critiques d'Averroès sur Aristote, ainsi que l'a montré Kurt Flasch[6]. En outre, la question des accidents eucharistiques commençait à se profiler : comment admettre que les accidents sacramentels se passent de substance ? Les accidents du pain demeurent, alors que la substance du pain devient celle du corps du Christ. Ruedi Imbach[7] a analysé l'émergence précise de cette question chez Thomas.

En étendant à l'âme cette position, qui cassait en fait la relation binaire entre la substance et l'accident, la doctrine de Bonaventure tend à séparer, dans le for intérieur, l'action de l'être. Le sujet affirme : *Je ne suis pas totalement ce que je fais et ne fais pas uniquement ce que je suis*. Le franciscain Pierre de Jean Olivi radicalise encore cette séparation, une trentaine d'années plus tard. C'est cette tendance que je vais suivre, de Bonaventure à Olivi, en marquant rapidement et sommairement la réaction de Thomas d'Aquin, qui importe ici parce qu'elle asservit les puissances de l'âme comme accidents, ce qui focalise l'attention critique d'Olivi.

Ces années 1250, en effet, furent décisives du fait de la rédaction des commentaires des *Sentences* de Lombard par deux jeunes penseurs, considérés en leur temps comme des esprits prometteurs, Bonaventure et Thomas d'Aquin. La chronologie comparée des deux œuvres laisse peu de doutes, après avoir été plus solidement fixée par Adriano Oliva[8]. En 1253, lorsque Thomas commence son enseignement sur les *Sentences* à Paris, Bonaventure vient d'achever la rédaction de son propre commentaire, immédiatement connu et pratiqué puisque Richard Rufus en donne un résumé dès 1253-1255. Tous deux abordèrent, bien sûr, la question des puissances de l'âme à son endroit traditionnel.

Bonaventure et la réduction

Chez Bonaventure, qui rédigea son commentaire des *Sentences* de Pierre Lombard entre 1251 et 1253, l'interrogation sur les puissances de l'âme se formule ainsi : « Est-ce que la mémoire, l'intelligence et la volonté sont la même chose en essence que l'âme ?[9] » Dans un préliminaire rapide et immédiat de cette question, Bonaventure nomme *puissances* ces trois éléments centraux de l'âme, en précisant qu'il s'agit, dans cette question, de mettre en rapport ces puissances et l'âme ou le *subjectum* (la zone d'implantation, le site ontologique) qu'elle constituerait.

Bonaventure semble donc suivre la routine du genre et du thème, en distinguant l'âme de ses puissances et en récusant les citations d'Augustin désormais bien installées dans la dispute. Pourtant, sa brève conclusion a de quoi surprendre : « Les puissances de l'âme sont substantielles et sont dans le même genre que l'âme par réduction [*per reductionem*]. Elles ne sont pourtant pas tout à fait identiques avec elle par essence.[10] » Première surprise : en dépit de tous les efforts menés depuis

Pierre Lombard, en dépit de l'articulation même des arguments du texte, le franciscain paraît rapprocher fortement l'âme et ses puissances, qui appartiennent au même genre. Clairement, cette conclusion exclut le caractère *accidentel* des puissances. La différence entre les puissances et l'âme consiste en un processus, qui opère par *réduction* pour loger les puissances dans le genre de l'âme et par une distinction *par essence*. Ces deux différences sont difficiles à saisir, mais importent. Ainsi, Bonaventure rejette un seul des six arguments *contra*, (arguments qui annoncent la solution du maître et qui sont ici favorables à la distinction entre âme et puissances) : cet argument écartait trop nettement la puissance et l'âme en les plaçant dans deux *genres* différents. Bonaventure insiste alors sur sa *réduction*, mais sans davantage l'expliquer.

Dans sa réponse, Bonaventure donne un poids particulier à la notion de *puissance naturelle*, qui ne figurait pas dans l'intitulé de la question. Le franciscain se sent libre de développer sa propre définition, puisque les trois choses internes (mémoire, intelligence et volonté) étaient devenues des *puissances* dans une tradition récente, donc non contraignante. Quand il parle de puissances *naturelles,* il faut comprendre ici qu'elles concernent le statut natif, la nature de l'âme, occurrence de la nature générale des choses, de la structure du monde. Bonaventure distingue deux sens de la puissance et divise le second en deux. Le premier sens exprime « le mode d'existence de la puissance naturelle en son sujet [en son lieu d'appartenance], selon lequel le sujet est dit se conduire facilement ou difficilement par rapport à l'action ». La détention de la puissance met en œuvre une qualité chez l'individu qui la possède. Bonaventure précise qu'il s'agit du deuxième type de qualité. Cela doit se comprendre selon les *Catégories* d'Aristote, qui désignent ainsi une aptitude naturelle (donnée par la nature). L'exemple du coureur et du lutteur est emprunté à ce traité. La puissance naturelle mobilise une qualité, donne une existence concrète à la « capacité (*potentia*) de marcher, de résister ou d'agir ». La puissance intervient *dans* le sujet, mais lui est extérieure. La qualité physique se transcrit aisément en qualité de l'âme, où la facilité et la difficulté d'action se nomment par exemple *ingéniosité*[11] ou *lenteur d'esprit* (*tarditas*). C'est donc la nature qui transfère des capacités et dote le sujet de qualités externes. Le statut de cette puissance est assez bas, car il n'est qu'un *mode* d'existence particulier, qui fait passer à l'existence, à l'acte, une capacité générale, encore à l'état d'essence dans le sujet. La faculté de marcher se trouve en toute créature humaine. La puissance lui donne une réalisation (une existence) commode et graduée : on court plus ou moins vite, plus ou moins adroitement. Mais, en ses deux stades, la capacité demeure accidentelle ; le sujet-substance peut se définir sans elle, sans en avoir été doté par la nature. Les puissances de l'âme ne sont pas de cet ordre. Contre toute une tradition arabo-latine, la capacité de comprendre n'appartient pas à la substance de l'âme.

Au deuxième sens, la puissance naturelle « sort du sujet » (*egrediens*) : elle *vient*, *procède* de lui-même ; elle en est dégagée. Ce verbe, sans doute choisi pour sa neutralité ou sa généralité, ne signale pas un processus ontologique, une émanation. Le sujet accomplit cette « sortie » de deux façons : par la première, il cristallise une qualité, qui lui sert. Il le fait sous forme de l'*accident*, c'est-à-dire que la puissance n'appartient pas à la substance de ce sujet, qui pourrait exister sans elle. Bonaventure donne l'exemple de la puissance calorifique, source de chaleur. La substance du feu ne comporte pas en son essence l'action de chauffer, sans cette puissance ajoutée qu'est la chaleur. Le feu, en soi, pourrait rester froid. On peut d'ailleurs se demander si la connaissance récente, en art militaire, du *feu grégeois*, qui consume sans flamme et sans chaleur, n'a pas guidé cette distinction entre la nature du feu et sa puissance autonome de chauffer. La puissance exprime l'« orientation de la substance vers une action ». La transposition à l'âme donne l'exemple de la « puissance de raisonner par syllogisme ». L'acte précis, comme la science du syllogisme, relève du premier type de la qualité, dérivé de l'état ou de la disposition (de l'*habitus*). On peut vivre sans raisonner, si l'on ne sort pas de soi cette possibilité. Ces deux premières puissances relèvent du genre de la qualité, comme les réalités qu'elles modifient. La science du syllogisme est une qualité, qui peut être « gonflée », facilitée ou appliquée par la puissance du syllogisme. La seule différence entre le bon coureur et le bon raisonneur réside, pour Bonaventure, dans la formation humaine.

Le dernier type de puissance, qui, seul, est pertinent pour parler de puissance de l'âme, sort immédiatement et non accidentellement de la substance. L'exemple physique en est la génération, qui induit la forme ultime de l'être engendré. À l'inverse des cas précédents, la puissance naturelle appartient non pas à la qualité mais à la substance même du sujet. L'équivalent dans l'âme se trouve dans les puissances de mémoire, d'intelligence et de volonté. Indépendamment de tout accident, l'âme dispose de ses trois éléments dans sa substance même ; on ne peut les séparer de son être. Ces puissances lui sont *consubstantielles*. Elles ne sont pas du même niveau ontologique que l'âme, elles appartiennent au même genre de l'être (le genre de la substance), mais par *réduction*. La génération produit un double de la substance du géniteur, qui, forcément, relève du même genre. La forme de l'être engendré est transmise. Cette transmission ne peut reproduire à l'identique ; l'être nouveau se définit comme *différence substantielle*. La réduction consiste en une formalisation, une condensation de la substance génitrice. C'est le Créateur qui fournit l'âme humaine clés en main et lui adjoint sans médiation ses puissances, qui demeurent aussi des qualités dans la substance de l'âme. Il le fait en suscitant une similitude par laquelle la chose acquiert non pas une identité évidemment impossible, mais une analogie. Cela permet à Bonaventure d'affirmer que les trois facultés sont la même chose, la même substance que l'âme, mais pas par leur essence, qui traduit une différence de formes, une dénivellation ontologique. La fin de la détermination de Bonaventure applique au statut des puissances une distinction logique des prédications ; on tient une prédication de substantiel sur elles parce qu'elles se rattachent à la substance de l'âme. Elles deviennent un peu du moi, par la donation de l'analogie divine.

La solution de l'essence différentielle des puissances trouve sa confirmation dans la réfutation des deux premiers arguments de l'opposant. Le premier argument de l'opposant cite le fragment du *De Trinitate* d'Augustin, qui fut durablement attaché à la dispute : « Ces trois choses [*haec tria*], la mémoire, l'intelligence et la volonté, sont un seul esprit [*mens*], une seule vie, une seule essence, et ainsi une seule substance.[12] » Ensuite, l'opposant cite Bernard de Clairvaux, qui, dans son commentaire sur le Cantique des Cantiques[13], paraphrase cette autorité d'Augustin et reprend la mention des trois choses (*haec tria*) que sont la mémoire, l'intelligence et la volonté. Le seul ajout de Bernard consiste à mentionner son expérience des trois choses (*intueor*). Cet argument de Bonaventure complète la citation de

Bernard par une remarque d'Alcher (*De spiritu et anima*)[14]. Et, cette fois, le mot *puissances* est employé : « l'âme est certaines choses qui sont siennes, comme les *puissances*, et certaines choses qui ne sont pas siennes, comme les vertus ». Pour l'opposant, cette distinction, qui préserve le caractère spécial des puissances, prouve que le rapport entre les trois choses et l'âme ne relève pas de la causalité. L'opposant ne s'explique pas davantage, mais on peut comprendre que si les puissances n'appartenaient à l'âme que parce qu'elles étaient causées par elle, les vertus jouiraient du même statut d'effet.

La réfutation de ces deux arguments de l'opposant, très brève, consiste à distinguer deux *prédications*, deux traitements logiques de la même phrase : « Il faut dire qu'il ne s'agit pas là d'une prédication sur l'accident faite quant à sa zone d'implantation [*de subjecto*], ni au moyen de son essence, mais d'une prédication de l'essentiel ou du substantiel. » Le verbe *être* dans le premier cas, dans la lecture de l'opposant, fonctionne comme une copule, c'est-à-dire recouvre une affirmation simple d'identité entre le sujet (les trois choses) et le prédicat (l'âme). Le sujet de la proposition porte sur des *accidents*, qui, par définition, n'appartiennent pas à la substance.

Mais, selon Bonaventure, dans la proposition du texte d'Augustin, le verbe *être* désigne plutôt un processus d'assimilation et signifie *tendre vers*, *se rapprocher de*, *être comme, parvenir à l'être par*. En termes simples, ce n'est pas par la même prédication qu'un homme dit à une femme « tu *es* mon épouse » et « tu *es* un ange ». Le même verbe renvoie à un état de choses ou bien à une métaphore ou une évaluation. Augustin ne serait victime que d'une erreur de lecture sur le type de prédication choisi. Pour Bonaventure, Augustin userait dans cette phrase d'« une prédication du substantiel ou de l'essentiel », car il parle de l'essence hors du rapport entre accident et substance, en considérant directement l'essence, la définition ou la quiddité d'une chose. En effet, Bonaventure distingue quatre modes de l'essentialité, de la prédication sur l'essence, en allant du plus ambitieux au plus modeste. Dans le premier mode, l'essentiel exprime l'essence entière d'une chose. Dans le deuxième mode, l'essentiel comporte la constitution de la chose (par exemple, les rapports de sa matière et de sa forme). Ensuite, l'essentiel dit « ce sans quoi [*sine quo*] la chose ne peut pas être », par exemple, les éléments du vestige de la création qui font que la chose relève de l'unité, de la vérité ou de la bonté. En termes anachroniques, la prédication essentielle s'occupe de transcendentaux, de *ce sans quoi* toute réalité ne peut se comprendre. Enfin, en quatrième lieu (et c'est le sens adéquat à la proposition d'Augustin), la prédication de l'essentiel exprime aussi ce sans quoi la chose atteint non plus son être mais son état accompli et achevé, comme lorsqu'elle parle des puissances de l'âme en tant qu'images de la Trinité. Cette prédication de l'essentiel, à l'inverse des trois autres, décrit un processus, qui peut sans doute correspondre à la *réduction*, au sens où un modèle est construit par diminution et simplification.

Les aléas de l'action humaine

Bonaventure parvient donc à extraire l'âme de son statut d'être complet et séparé du monde, disposant par nature de ses instruments d'action. Mais il lutte sur un autre front, en refusant d'en faire un être du monde, de plain-pied avec le reste des créatures. L'opposant a un visage double : jusqu'à présent, on l'a vu en mystique de l'âme. Il est aussi un naturaliste, un philosophe, qui cite, en son troisième argument, Aristote, pris comme défenseur de l'identité entre les principes d'existence et les principes d'activité. La troisième autorité citée par l'opposant vient, en effet, d'Aristote, qui avait identifié le principe de l'être et celui de l'activité. Cet opposant fait jouer la méthode de la substitution ; le principe d'être se remplace par son équivalent, la forme substantielle, qui donc est identique au principe d'activité, la puissance. En remontant la chaîne d'identité, la puissance est principe d'être, qui ne peut être que la forme substantielle chez l'homme. Puissance et forme substantielle s'équivalent (principe d'activité = principe de l'être = forme substantielle = puissance = substance). Les emplois de la *forme substantielle*, avant que Thomas ne détourne le terme, se confondent avec l'hylémorphisme, en notant la composition de l'être par l'action d'une forme sur une matière. Au moment de la production d'une substance, quelle qu'elle soit, une forme advient à une matière et la structure. La matière, en tant qu'elle est structurée, qu'elle est *cette* matière, n'est pas antérieure à la forme, non plus que la forme ne préexiste à la matière qu'elle affecte. La forme substantielle se distingue d'autres formes présentes dans la substance, mais de façon accidentelle. Un être garde son essence propre par sa substance, par sa forme substantielle, alors qu'il peut se passer de ses accidents ou s'en adjoindre de nouveaux.

La réfutation de Bonaventure distingue les modèles généraux et indirects (*principia remota*), qui peuvent rendre compte de la marche universelle du monde des constructions particulières et directes (*principia proxima*) où la forme se distingue de la puissance, comme l'être de l'action. À ce niveau de proximité, le manque d'autonomie de la forme accidentelle d'une chose la sépare de sa puissance. La forme substantielle participe bien davantage à l'être que la forme accidentelle à l'activité car cette dernière ne dit qu'une orientation vers autre chose, propice à l'action, sans y suffire pourtant. L'accident ne peut rien en lui-même ; il a besoin de la force (*virtus*) de la substance.

Le quatrième argument de l'opposant, qui est le premier à être rationnel (c'est-à-dire fondé sur le pur raisonnement et non sur des autorités), porte sur la matière première. Comme l'âme, elle est réceptrice de tout. Or sa puissance se confond avec elle en essence, car, si elle n'en différait pas, cette puissance serait ou bien accident ou bien substance. Elle est antérieure à toute forme et tout accident par définition. Et, si elle était substance, elle serait matière ou forme. L'opposant en conclut à une structure analogue pour l'autre instance réceptrice de tout, l'âme. À cet argument Bonaventure rétorque que la matière, n'étant pas en soi orientée vers une forme, ne se confond pas avec sa puissance : la matière première est encore indéterminée et contient toutes les formes possibles. Pourtant, la puissance est essentielle à la matière, mais comme puissance passive, ce qui maintient la puissance dans la proximité de la matière. À l'inverse d'une substance ordinaire, la matière ne contient qu'une seule puissance. Sa puissance unique, passive, se caractérise négativement par l'absence de forme. Du coup, les formes substantielles, principes d'être, et les formes accidentelles, principes d'action, se confondraient. La réfutation distingue de nouveau les modèles généraux et indirects (*principia remota*), qui peuvent rendre compte de la marche universelle du monde des constructions particulières et directes (*principia proxima*) où la forme se distingue de la puissance, comme l'être de l'action. On retrouve ici la différence entre l'essence, source ultime des êtres, et l'existence, produite différemment selon les diversités de l'action. À ce niveau de proximité, le manque d'autonomie de la forme accidentelle la sépare de la puissance.

Les naturalistes (du moins ceux que Bonaventure se construit comme adversaires) confondraient donc allègrement l'être et l'agir, les formes substantielles et les formes accidentelles. Mais, pour Bonaventure, la puissance de la forme accidentelle, qui intervient pour l'action, ne dit qu'une orientation vers autre chose, propice à l'action, sans suffire. L'accident ne peut rien en lui-même ; il a besoin de la force (*virtus*) de la substance. Une autosuffisance d'être ne signifie pas une autosuffisance d'action. Les puissances ne sont pas la substance.

Le sixième et dernier argument de l'opposant permet de situer la question de la puissance dans le système de Bonaventure. L'opposant donne un syllogisme, dont la majeure est : « L'accident n'est le trait substantiel d'aucune substance. » La mineure prétend que les puissances de l'âme sont substantielles. La conclusion s'impose : ces puissances sont en quelque façon une substance, qui ne peut être que l'âme (Bonaventure ne le précise pas, mais on ne peut imaginer deux substances dans le même for intérieur). L'argument est purement logique et formel, du moins aristotélicien. Nous avons deux paires binaires ; ce qui n'est pas l'un est forcément l'autre. Ces paires sont l'accident et la substance, l'accidentel et le substantiel. Le seul point qui demande une preuve pour l'opposant, c'est la mineure. En fait, il se contente d'un exemple qui fait intervenir les trois fonctions de l'âme : « L'âme rationnelle, sensible et végétative en l'homme, ne dit pas la diversité des substances, mais des puissances. Donc il est établi qu'en l'homme, ces différences [le rationnel, le sensible et le végétatif] sont reçues par les puissances ; mais de telles différences sont substantielles ; donc il en va de même des puissances, donc, etc. »

La réfutation de ce sixième argument concède que les puissances ne sont pas accidentelles, mais refuse sa justification : « Il se peut que le rationnel, le sensible et le végétatif ne soient pas reçus par les puissances, mais par des natures diverses qu'on trouve en l'âme. » Bonaventure laisse planer la possibilité d'une autonomie forte des trois fonctions : sans être des accidents, elles seraient des « natures ». Face au « naturalisme », Bonaventure essaie donc de maintenir une autonomie des choses dans l'âme, qui peuvent être des suppléments aléatoires.

La différence entre l'essence, source ultime des êtres, et l'existence, produite différemment selon l'action, héritage de Jean de La Rochelle, n'est pas traitée en elle-même mais apparaît au fondement du *contra,* des arguments opposés. Dieu superpose en lui être et existence ; la créature connaît leur séparation.

Ces arguments se centrent autour de la dualité de la créature. La distinction de la puissance et du sujet (*subjectum*) énoncée dans la glose du titre prend sens. Dans un préliminaire rapide et immédiat de cette question, Bonaventure avait précisé qu'il s'agissait, dans cette question, de mettre en rapport les puissances et l'âme ou le *subjectum* (la zone d'implantation, le site ontologique) qu'elle constituerait. La vraie notion qui caractérise l'âme, c'est celle de *sujet*, fragile réceptacle d'éléments spéculaires. La notion moderne de sujet n'est pas loin.

La similitude de la puissance et de l'âme, qui exclut l'identité, devient l'étalon, la mesure en Dieu de l'insuffisance humaine. En effet, les reflets de la Trinité offrent des analogies, mais sur un mode inférieur et fragile, qui s'explique par cet écart temporel et spatial entre la potentialité et l'être ou l'activité. L'être humain demeure contingent et Bonaventure étend la distinction de Boèce entre l'essence (*quo est*) et l'existence (*quod est*), propre à la créature, en l'appliquant aux puissances, distinctes dans leur réalité et dans leur principe. Le premier argument *contra* contient une citation d'Augustin posant que la Trinité possède pleinement (*habet*) ses attributs, alors que l'image ne possède pas ses puissances. Le mot n'est pas prononcé pour l'instant, mais ces puissances ont le statut d'un accident qui peut s'effacer d'une substance (premier argument *contra*). Bonaventure avait compromis la catégorie d'accident en la laissant à l'opposant, qui assimilait allègrement forme substantielle et forme accidentelle.

En termes concrets, on peut sentir des mouvements volontaires sans qu'ils expriment une pure manifestation de principe de volonté. La puissance, pour agir, doit se tourner vers l'extérieur de la substance (de l'âme) sans y demeurer. Bonaventure rejette l'unité de la potentialité qui découlerait d'un parallèle étroit entre âme et puissance.

C'est l'activité qui distingue l'âme du monde et donne sens à sa dépendance de l'autre et à sa réceptivité. Bonaventure trouve sa solution à la question des divisions de l'âme : contre les partisans d'une solution unitaire, les « mystiques », pour dire vite, et contre les partisans d'une solution confédérale, propre aux philosophes, il suggère une solution fédérale, qui subordonne les puissances à une centralité peu présente mais capable de contrôle.

Sous l'apparence d'une allégeance à Aristote et d'une argumentation équilibrée, Bonaventure, par le biais de sa *réduction*, donnait une autonomie marquée aux puissances de l'âme. Quelques mois plus tard, vers 1253-1254, le jeune Thomas d'Aquin, tout en suivant de près Bonaventure, insuffla de nouveau une bonne dose d'aristotélisme dans le débat sur les puissances de l'âme.

De Bonaventure à Thomas d'Aquin

Une bonne partie des arguments de Thomas d'Aquin dans son commentaire des *Sentences* provient de Bonaventure, avec, pourtant, une différence bien plus marquée qu'en d'autres domaines.

La détermination semble en effet emprunter à Bonaventure sa caractérisation de la puissance comme cause proche. En effet, une proportion universelle relie l'effet et la cause. Si le principe proche de l'activité est dans le genre de la substance (cause), l'activité (effet) relève de la substance. Seul Dieu bénéficie de l'occurrence de cette proportion (cause/substance // conséquence/activité substantielle). Il est le seul dont l'activité ne constitue pas un accident. Aucune créature ne peut agir par sa forme substantielle. Dans les créatures, la cause (immédiate) relève de l'accident. Son principe (les puissances) ne peut donc être qu'accidentel. La forme substantielle du feu, par exemple, a besoin, en plus de sa substance, d'une forme accidentelle, par la médiation de qualités actives et passives, les énergies (*virtutes*) et les puissances.

La rupture avec le franciscain est donc totale : les puissances de l'âme sont des accidents, comme toutes les forces qui meuvent les êtres créés. La spécificité des trois puissances de l'âme en fait simplement des accidents de l'individu, alors que les puissances qui, à partir de l'âme, usent du corps sont des accidents de l'espèce. L'âme, comme substance, a donc besoin, elle aussi, de médiations qui font émaner l'activité vers l'extérieur. L'activité achevée nécessite même un *habitus*, sans aucun doute actif. Ces puissances émanent (*fluunt*) de l'âme.

Manifestement, Thomas corrige ainsi, après l'avoir lui-même employé, le verbe *egredi* (être dégagé par) de Bonaventure.

Thomas corrige aussi la récupération de l'assertion identitaire d'Augustin en parlant non plus d'une prédication du substantiel mais d'une prédication du tout virtuel, intermédiaire entre le tout intégral (les parties s'ajoutent pour former un tout) et le tout universel (les parties représentent chacune le tout). La phrase d'Augustin néglige ce statut intermédiaire en s'approchant trop du tout universel.

Dès lors, Thomas prend les puissances dans un sens plus large. Certaines émanent, comme perfections, des parties du corps, dont l'activité nécessite ces puissances que sont le sens, l'imagination. D'autres, comme l'intellect ou la volonté, se passent du corps et ces puissances demeurent internes à l'âme. Les trois éléments privilégiés par la controverse (mémoire, intelligence, volonté) ne sont qu'une occurrence de l'instance des puissances.

La solution thomiste avait donc domestiqué les puissances de l'âme, en les traitant comme les instruments articulés et hiérarchisés d'une instance centrale, l'intellect, qui assurait le contrôle du for intérieur et intégrait le libre arbitre comme consentement. L'âme constituait la *forme substantielle* qui s'appliquait à la matière correspondante du corps. La notion d'*habitus* relayait et soutenait cette totalité du sujet humain avec tout le poids de l'institution.

En marginalisant la notion de substance et en s'attachant néanmoins au caractère accidentel de ses puissances, Thomas en venait à donner une allure quasi eucharistique à l'âme, dont les accidents se passaient de la fixité d'une substance, tout en maintenant une existence distincte, manifestée non pas dans le rite liturgique mais dans les stades de la formation assurée par l'espèce humaine. La société devenait une Église.

Pierre de Jean Olivi et les aboutissements du débat sur les puissances de l'âme

Cette solution changea durablement la question des puissances de l'âme. Le thomisme accentua encore les choix de Thomas. Par exemple, à la fin du XIIIe siècle, le dominicain anglais Hugues Sneyth[15] affirma fortement et longuement la nature accidentelle de la puissance. Une certaine pensée naturaliste s'engouffra dans l'idée pré-kantienne d'un contrôle central des puissances de l'âme. C'est ainsi la position de Jean Buridan vers 1340 : l'âme est un tout qui dispose d'instruments dépendant d'elle.

Toute une tendance scolastique résista à cette solution. Jean Duns Scot donnait une indépendance presque totale au jeu des puissances, en privilégiant le caractère substantiel de l'âme et de ses puissances, dans la lignée de Bonaventure. Les positions sont désormais bien tranchées et je vais suspendre ici cette chronique du débat sur les facultés de l'esprit, non qu'il se tarisse immédiatement, mais parce que les positions antagonistes sont parvenues à leur *acmé*. Cependant, je dois faire auparavant un sort particulier à Pierre de Jean Olivi, qui, vers 1280, apporte les éléments d'une critique précise de Thomas, tout en s'en aidant pour modifier radicalement la position de Bonaventure.

Je vais donc parcourir la longue question 54 du deuxième livre de sa *Somme*, qui s'énonce ainsi : « Les puissances de l'âme ou de l'ange sont-elles totalement identiques avec leur substance et identiques entre elles ? Sont-elles totalement différentes, ou bien en partie identiques, en partie différentes ?[16] » L'intitulé semble reprendre la longue tradition du débat, mais il se centre sur la question de la substance de l'âme, selon la focalisation des années 1250. La position d'Olivi consiste à protéger l'idée bonaventurienne de l'âme-substance tout en la débarrassant de ses archaïsmes, et principalement de la différence supposée entre substance et essence, mise en pièces par Thomas. Olivi joue Thomas contre Bonaventure et Bonaventure contre Thomas.

La composition de la question révèle cette stratégie. Olivi critique les deux positions classiques du débat, en attaquant d'abord la thèse de la différence complète (dix-sept arguments exposés et réfutés). La cible semble marquée : en effet, l'opposant qui prône la séparation de l'âme et de ses puissances qualifie constamment ces dernières d'*accidents*. C'est la position de Thomas d'Aquin. Ensuite, la série opposée, qui, théoriquement, est en accord avec la détermination du maître, présente la thèse de l'identité (quinze arguments). Mais, à la différence de la composition classique de la question scolastique, Olivi, après sa réponse, réfute aussi ces arguments.

Après avoir réglé le compte des partisans de l'instrumentalité complète des puissances de l'âme, qui leur laissait peu d'indépendance,

Olivi s'attaque en fait à la tendance, généralement considérée comme dépassée, de la coïncidence de ces puissances avec l'âme. Il épargne, du moins au début de sa réfutation, des arguments vénérables, notamment ceux qui s'appuient sur la question classique de l'analogie ternaire des puissances de l'âme et des propriétés divines. Les auteurs de ces arguments, désignés nommément, entendent en effet s'appuyer sur les textes d'Augustin si souvent cités depuis des décennies. Le *De spiritu et anima* y figure, sans que son authenticité soit mise en cause[17]. L'argument de la circumincession, du dépassement mutuel des actes mentaux, figure en bonne place. La réfutation d'Olivi[18] précise l'attribution de cette position, illustrée par une longue citation du cistercien Thomas Gallus, en commentaire de Richard de Saint-Victor. Cette position favorise l'analogie trinitaire.

Ces premiers arguments des identitaires sont sauvés par l'emploi d'une métaphore propre à Olivi, celle des angles du triangle, qui, selon le point de vue, mais en conformité réelle, désignent à la fois un cône et la surface totale du triangle. La métaphore transcrit à la fois l'idée de circumincession et de relation réelle (argument 1). Le troisième argument affirme la capacité de l'intellect de l'ange à atteindre tous les objets et son équivalence avec d'autres intellects. Olivi défend cette opinion, tout en mentionnant l'avis contraire d'hommes de poids (*solemnium*) ; contre eux, il maintient que la différence d'objets ne suffit pas pour conclure à une différence de puissances.

Olivi, critique de Bonaventure

Le reste de la réfutation des partisans de l'identité, nettement plus développé, porte exclusivement sur l'anthropologie de l'âme, sans guère de références, et produit une position originale que l'on perçoit dans certains passages. Ainsi, le quatorzième argument des partisans de l'identité entre l'âme et les puissances note que, si elles différaient, il faudrait comprendre les puissances comme formes substantielles. Portant sur une matière unique (l'âme), elles ne devraient constituer qu'une seule forme, c'est-à-dire s'ordonner hiérarchiquement, comme un genre dominant des différences spécifiques, avec une forme supérieure et une forme inférieure. Or cette hiérarchie est impossible.

Comment dire que la volonté est le genre qui subsume l'intellect, ou réciproquement ? Dans sa réponse, Olivi repousse la nécessité d'une telle hiérarchie en prenant un exemple qui trouverait sa place dans une description aristotélicienne : l'organisation ou complexion humaine ne saurait être le cadre général de la fonction sensitive, qui serait elle-même le cadre général de la fonction intellective. Olivi rejoint implicitement l'emboîtement des trois fonctions (végétative, sensible et intellective). Il suggère que ces différences fonctionnelles sont « substantielles de façon convertible » (*convertibiliter substantialia*) ; aucune n'est générique ou générale par rapport à l'autre. Il ne concède qu'une certaine priorité « naturelle » à une forme plus qu'à une autre, sans que cet ordre des dispositions empêche la convertibilité.

Comme souvent chez Olivi, les exemples manquent à sa démonstration, mais, si l'on se réfère au neuvième argument de ce même opposant uniciste, on note une application plus précise. En effet, l'opposant[19] rapproche les actes issus des diverses puissances. Dans l'activité de l'âme humaine, on retrouve donc l'équivalent de la circumincession, du principe de substitution des forces internes : « Les puissances de saisie et de désir [*apprehensivae et appetitivae*] ont des actes similaires, qui relèvent du même genre ou de la même espèce, car toutes deux se réjouissent, ressentent, désirent et saisissent. » Cette communication des actes conduit à une permutation qui augmente la part d'une force quand l'autre fait défaut. Selon Denys, la contemplation fait cesser l'opération de l'intellect « comme en toute ignorance et toute négation de la connaissance, en raison de quoi, selon lui [Denys], on parle dans les Écritures de ténèbres, d'obscurité et de silence. Mais alors l'esprit ressent de façon suprême les choses divines. Donc cette saisie par le sens est un acte de la volonté et non de l'intellect ».

Olivi répond[20] moins en réfutant cet argument qu'en le radicalisant. Pour lui, une lecture plus attentive de Denys montre plutôt, dans la contemplation mystique, la disparition de tout acte mental (intellect et volonté) ; les activités de l'esprit, mentales (c'est-à-dire affectives) et intellectuelles, sont suspendues sans que cesse une activité qui ne provient pas de l'âme : « Il [Denys] l'appelle processus d'union [*unitionem*] ce qui est au-dessus de l'affect [*mens*], au-dessus de l'intellect, totalement ineffable et au-dessus de la nature. » Cette activité produit l'oubli (*oblivionem*) des choses terrestres : « Cela se produit plus par une force divine qui élève l'esprit, s'unissant à soi selon un mode ineffable, que par une force mentale, surtout naturelle. » Une activité du suppôt, du réceptacle humain, remplace l'activité de l'âme. C'est donc une délectation inédite, préparée par une sensation nouvelle (le goût) qui s'empare du contemplatif. Un acte de présentation de l'objet accompagne cet acte neuf, qui n'est nullement issu de la substance de l'âme.

On pourrait ranger ces remarques dans l'arsenal poussiéreux de la mystique convenue si Olivi ne poursuivait avec ténacité son analyse anthropologique. Son originalité consiste à repérer une activité logée dans le sujet comme soi constitué, à l'écart de la nature, en dessous et en dessus d'elle. C'est une zone de l'inconscient. Il ne s'agit pas simplement de l'insu qui affecte passivement un sujet, car cette instance produit une activité propre et différente de l'activité contrôlée.

Cette composition des arguments accorde une importance particulière à la détermination, qui donne une synthèse critique des deux positions en inversant l'ordre de présentation et en la complétant d'une thèse médiane selon deux interprétations, dont seule la dernière semble acceptable.

La détermination rassemble les deux opinions inverses, dépassées par une troisième solution médiane, qui emporte l'adhésion d'Olivi. Ce choix d'une solution combinatoire évoque la manière de faire de Thomas d'Aquin, bien que son nom ne soit pas mentionné. Mais Olivi mentionne dans cette solution deux voies dont il récuse la première, opinion prestigieuse (*solemnis*) qu'il attribue à des grands hommes (*magnis*), ce qui pourrait fort bien désigner Thomas, mais qui, à mon avis, vise surtout Bonaventure. Cette voie consiste à poser la substance de l'âme comme la racine (*radix*), l'origine des puissances, qui, pour Bonaventure, deviennent identiques en substance et différentes en essence.

Olivi adresse deux critiques précises à cette théorie. Elles correspondent exactement à la conclusion de Bonaventure. En premier lieu, il déclare ne pas comprendre comment l'engendrement des puissances par l'âme les fait demeurer dans le même genre. Le processus d'engendrement place nécessairement la chose engendrée dans un autre genre que la chose engendrante. L'origine se décline soit en une *production de succédané* (*resultentia*), qui donne lieu à des accidents, soi en des états subis (*passio*), soiten une *efficience*, qui nécessite des intermédiaires sans fin, eux aussi sur le mode de l'accident, ou enfin en *écoulement* (*defluxus*), ce qui, selon l'image aquatique, entraînerait une identité totale entre l'eau de la source et celle de la rivière. La notion de flux (*fluxus*), dans le sens d'émanation, apparaissait explicitement chez Thomas. Dans le cas du succédané ou de l'effet, seule la forme se transmet ; dans celui de l'écoulement, seule la matière passe dans la chose produite. De toute façon, ce n'est pas la substance (forme et matière) mais un accident qui est issu de la substance originante.

Une lecture psychanalytique devrait noter, chez Olivi, la constance de ce refus de l'origine, notamment paternelle[21]. Tout se passe comme si les auteurs de cette opinion (en fait, Bonaventure) s'étaient fabriqué un piège dont ils ne pouvaient échapper que de façon sophistique. Placer la substance de l'âme comme origine devrait conduire à une nette séparation avec les puissances engendrées, qui deviendraient des accidents. La logique associerait cette position avec celle des séparatistes. Ils reculent devant cette conséquence et renforcent donc la position favorable à l'identité. Le juste milieu bonaventurien cumulerait les inconvénients des deux positions tranchées. Enfin, l'être de la substance plus noble, comme être originant limiterait le développement des puissances : ainsi, cette voie « détruirait totalement » le libre arbitre, en l'enchaînant à une origine.

Une seconde critique est adressée à cette position : elle suppose une distinction entre la substance et l'essence ; cette distinction lui paraît vide et inopérante. Sur ce point, Olivi est thomiste. Une substance n'existe que comme forme ou essence d'une matière. Essence et substance sont indissociables, parce que ce sont les deux faces d'une même chose. Mais Olivi se comporte en thomiste radical en conservant soigneusement la désignation de l'âme comme substance, alors que Thomas avait dû reculer et oublier le mot, car il se heurtait aux aléas corporels du corps, qui disparaissait à la mort. C'est là qu'il glissait du couple substance/essence ou forme au couple tout/parties, qui assurait une grande souplesse au système de l'âme.

Olivi feint de vouloir sauver l'opinion de Bonaventure, en notant que la distinction entre substance et âme ne pourrait se comprendre, à la rigueur, que si on entendait par *substance* la structure du suppôt-support. En ce cas, les puissances et l'âme seraient identiques par leur présence dans le suppôt-support et différentes de l'essence de ce suppôt. Mais on retomberait dans l'ornière des deux premières opinions : les puissances seraient de purs accidents ou se confondraient avec l'âme. Olivi achève son rejet de la position de Bonaventure en montrant que seules trois positions sont possibles : les puissances diffèrent totalement de l'âme ou bien elles se confondent avec elles. Mais trente-deux réfutations avaient exclu ces deux opinions ! Il ne restait que la troisième, fondée sur l'identité et des différences partielles. Et, alors, on faisait passer cette association de diversité et d'identité par la totalité et on devait alors imaginer un noyau d'identité et un ajout de différence. Ou bien, solution olivienne, cette association venait des parties constitutives de l'âme.

L'âme, une substance agissante

Olivi peut alors donner sa position en une page dense. Il y tranche le nœud gordien de la question des rapports entre la substance de l'âme et les accidents de ses puissances, en rompant avec la structure aristotélicienne qui les lie. Les puissances demeurent substantielles, si l'on considère que leur différence avec l'âme dépend d'une relation, à définir non pas comme une catégorie de l'accident mais comme une variation de la substance. Le modèle trinitaire, qui n'est pas évoqué, a dû servir à montrer qu'une individuation par la relation peut se produire à l'intérieur d'une même substance. C'est sans doute le point de départ de la théorie de la distinction fondée sur ce qu'il nomme des *raisons réelles* (*ratio realis*), qui ne sépare pas des substances distinctes, mais ne se réduit pas non plus à une simple distinction de pensée. Certaines relations sont substantielles et non accidentelles. Elles reposent directement sur des substances, sans passer par le biais de leurs accidents. La *raison réelle* embrasse un être réel, mais sous un angle propre. Tout se passe comme si Olivi trouvait un concept plus adéquat et plus général que la « réduction » de Bonaventure.

Les puissances se définissent comme « les parties constitutives de l'âme, signifiant à titre principal une nature formelle et incluant une matière dans sa structure, d'une certaine façon, mais ces puissances signifient, en outre, une relation avec l'acte et avec leur lieu d'exercice [*objectum*]. Ainsi, elles sont en partie la même chose que la substance et l'essence de l'âme, en partie elles en diffèrent, non du fait qu'elles ajouteraient quelque chose de réel à la substance de l'âme, mais parce qu'elles ne signifient pas la totalité de la substance de l'âme[22] ». La structure hylémorphique s'étend aux puissances elles-mêmes. Ce passage marque bien les continuités et les ruptures par rapport à la génération précédente. Avec Thomas, Olivi écarte la définition des puissances comme parties *intégrantes* (cumulées) du tout de l'âme. L'âme n'est pas une maison : les puissances ne forment pas un tout stable et identique, comme les diverses parties d'une maison. Olivi écarte implicitement l'autre grande modalité de la totalité, l'*universalité*, qui se manifesterait dans chaque partie. La troisième totalité, adéquate aux puissances, était qualifiée de potentielle ou virtuelle chez Thomas, sans guère de conséquence pratique ; chez Olivi, c'est la notion de *constitution* qui l'emporte. La constitution de tout être comporte la dualité de la matière et de la forme, qu'Olivi affirme effectivement, même si la forme est le constituant principal. Et, fait capital, la relation fait partie des constituants, à l'intérieur donc de la substance. La relation est donc le rapport irréductible des parties constitutives au tout, qui prend l'allure d'une fraction arithmétique, où la puissance devient un numérateur, rapporté à un ensemble, à un diviseur. Mais ce diviseur est double, à la mesure des deux constituants (la matière et la forme), puisque la puissance se rapporte à l'agir et la forme ou essence à l'être : « Car la puissance est dite telle par rapport à l'agir, et la forme ou l'essence par rapport à l'être. » La définition thomiste de l'âme comme forme substantielle n'a donc rien à faire avec l'activité de l'âme.

La force d'Olivi est d'user de la structure trinitaire en fin de paragraphe, comme illustration ou comme exemple, non comme donnée de départ. La divinité offre le cas extrême d'une relation où le numérateur et le diviseur sont égaux. Olivi imagine la situation où toute la masse (*congeries*) des actions formerait un seul acte plénier, où tout le collège (*collegium*) des puissances serait un unique pouvoir (*posse*). Cette situation, réalisée en Dieu, n'empêche pas l'irréductibilité de l'agir à l'acte. En la Trinité, les puissances partagent le même être, avec une production différente.

Olivi visait donc à rétablir une autonomie non hiérarchique des puissances de l'âme et l'hétérogénéité profonde des fors intérieurs. Le sort des puissances de l'âme divergeait vraiment. Je clos ici ma chronique des facultés de l'âme. Leur autonomie ou leur réduction avaient laissé le champ libre aux passions de l'âme, notamment chez Jean de La Rochelle. Thomas d'Aquin y vit une autre menace contre l'éminence de l'âme et y opposa le barrage de l'*habitus*.

PROLOGUE AUX CHAPITRES V À IX

La seconde partie de cet ouvrage adopte une méthode et un rythme différents, mais selon une continuité que j'espère réelle. La question des puissances, des facultés, avait ouvert la question de l'unité interne de l'homme, dans la constitution de son âme singulière. Les chapitres suivants traitent des tentatives de la pensée scolastique en vue de trouver un appui externe et proche, propice à la singularité menacée de l'être interne. Des doubles intimes, des garants propres à l'individu, pouvaient peut-être consolider la fragmentation du sujet. Dès lors, je ne peux plus suivre une chronologie globale et l'analyse, au risque d'un certain arbitraire, doit suivre certaines solutions, qui ont leur histoire et leur rythme propres. Les facultés internes recevaient des substituts, alternatifs ou complémentaires : la même histoire se poursuivait, sur des terrains différents.

V

Une tenue empruntée

De la passion à la qualification *(habitus)* de l'être humain

Pour Thomas d'Aquin, il fallait compenser la domestication des puissances en trouvant un autre domaine, où puisse se manifester une médiation entre le corps et l'âme. Le précédent de Jean de La Rochelle pouvait suggérer les passions de l'âme. Mais Thomas, tenté un temps de leur accorder un rôle moteur, choisit de contourner la prégnance de la passion en recourant à l'idée d'*habitus* mental, déjà esquissée par lui dès son commentaire des *Sentences*, où il proposait la consécution de l'âme, de l'*habitus*, de la puissance et de l'acte. Par le biais de l'*habitus*, les puissances de l'âme devenaient des accidents propres à l'espèce humaine. Le contrôle individuel s'intégrait dans un contrôle collectif.

Fort éloigné de l'anthropologie franciscaine, il déplaça d'abord la division du soi : le passage de l'âme/substance à l'âme/forme fusionne *spiritus* et *anima*, comme le montre le plan de la *Prima secundae* de sa *Somme de théologie*, qui explique la globalité de l'action humaine. Après avoir considéré l'acte proprement humain dans les puissances de l'âme, notamment dans la volonté (questions 6-21), il se consacre à son dépassement, les passions de l'âme.

Les passions de l'âme selon Thomas

Thomas ne part pas d'une définition des passions. De façon latérale et indirecte, le simple *contra* d'une question, qui ne porte pas sur la généralité du phénomène, lui fait approuver une considération d'Augustin disant que « les mouvements de l'esprit, que les Grecs appellent *pathe*, les nôtres, comme Cicéron, les appellent *perturbations*; d'autres les appellent *affections* ou *affects*, mais d'autres les nomment de façon plus précise *passions*, selon le modèle des Grecs[1] ». L'équivalence des termes permet à Thomas de situer les passions, prises comme affections, dans la partie désirante de l'âme.

Dans la question précédente[2] (« Y a-t-il quelque passion dans l'âme ? »), Thomas avait opté résolument pour l'existence des passions dans l'âme. Il ne loge pas un phénomène connu (les passions de l'homme) dans l'instance de l'âme. Il se demande si un phénomène général, commun à tous les êtres du monde, se réalise aussi dans l'âme. Autrement dit, Thomas s'intéresse au fonctionnement de l'âme, non à des qualités ou des défauts bien définis, à caser dans un organisme. En ce sens, son interrogation concorde avec celle de Jean de La Rochelle: le mécanisme de passion sert à quoi dans l'âme ? C'est au nom de cette interrogation que je considère Jean et Thomas, dans leur opposition fondamentale d'évaluation, comme deux inventeurs des *passions de l'âme,* c'est-à-dire de la structuration de l'âme par la passion (ou son manque). La rupture avec le monde antique s'accomplit nettement.

Le raisonnement de Thomas procède par étymologie du verbe *pati* (subir, être l'objet de…). Il distingue deux emplois, l'un général, l'autre particulier, divisé en deux, ce qui donne trois sens. Le premier emploi désigne le fait de recevoir et fonctionne sans substitution: la chose ajoutée s'additionne. Le mouvement doit plutôt se désigner comme accomplissement. Un être reçoit ce qui lui manquait ou ce qui pouvait lui manquer: « On dit que l'air subit [*pati*] quand il est illuminé. » L'application plus particulière différencie le mécanisme précédent en ne s'attachant qu'à la substitution; la passion se divise à son tour en deux modes, car la chose reçue retire une autre chose, en deux directions, selon que la chose retirée est adaptée au sujet, bonne pour lui ou non. Des exemples simples illustrent le processus: selon le premier mode, la santé d'un corps animé chasse sa maladie ; dans le second cas, l'arrivée de la maladie expulse la santé. L'apparente simplicité de ces définitions dissimule des choix étranges. Thomas, contre la symétrie de sa description, n'affecte le sens le plus propre qu'au mode de substitution d'un bien par un mal. Sous l'apparence d'une large tolérance, il condamne la passion, par principe, même si, dans le détail, proche de la contradiction, il loue certains aspects des passions. Cette contradiction révèle une tension profonde du psychisme thomasien.

La centralité de cette substitution ne reçoit aucune justification. Elle trace implicitement un tableau d'ensemble de la réceptivité humaine. Les trois sens du mot *passion*, chez Thomas, impliquent, de façons différentes, la localisation des passions dans l'âme. Le premier sens, celui de simple réceptivité, s'applique aux actes de sentir et de comprendre, et appartient donc à l'âme. Les deuxième et troisième sens, qui traitent d'un changement corporel, ne conviennent qu'indirectement, par accident, à l'âme, prise comme composé et spécifiée comme âme désirante. Implicitement, la passion au sens large affecte le *spiritus*, ou bien l'âme animatrice, puisque les deux autres sens affectent le composé. Le second cas paraît plus probable, car l'âme réceptrice éprouve des sensations par ce biais. C'est dire que cette âme, cette bonne réceptrice qui n'expulse rien et garde tout, relève plutôt de l'âme cognitive (ou appréhensive) dans son ensemble, rationnel et sensible. Le corps y est bien présent.

Le statut du deuxième mode de passion (avec la bonne expulsion face à la chose reçue) demeure assez flou. On voit assez bien comment la métaphore de la maladie peut grever la passion de toutes sortes de maux, longuement décrits dans le traité des passions, mais l'exemple inverse, celui de la survenue de la santé, demeure incertain. Je fais l'hypothèse qu'il s'agit de la place de l'*habitus*, passion moins active que la passion sans expulsion, plus active que la passion avec mauvaise substitution. Ainsi, la passion d'amour se présente comme un genre commun à l'amitié, à la charité et à la dilection. Or Thomas range l'amitié parmi les *habitus*.

La rigueur de cette construction ne doit pas masquer son étrangeté intense. Une phrase résume le principe de la mauvaise substitution : « En effet, subir une passion [*pati*] se dit du fait que quelque chose est entraîné vers l'agent, mais que se retire de lui ce qui lui convient, et surtout du fait que cette chose semble être entraînée vers autre chose. » Il faut noter que l'objet de la passion est paradoxalement nommé comme agent. Cette vision du passionné comme artisan de son malheur avait de longs jours devant elle. Ensuite, la perte du bon objet importe surtout (*maxime*) parce qu'il part vers un autre. La jalousie intervient dans l'analyse même et non comme simple occurrence du phénomène étudié.

Ce principe de la mauvaise substitution, appliqué aux passions, a une discrète et lointaine origine dans le traité *De anima* d'Aristote : « Le terme *pâtir* n'est pas davantage un terme simple : en un sens, c'est une certaine destruction [*corruption* chez Tricot] sous l'action du contraire, tandis que, en un autre sens, c'est plutôt la conservation de l'être en puissance par l'être en entéléchie, dont la ressemblance avec lui est du même ordre que la relation de la puissance à l'entéléchie.[3] » Thomas commente ainsi ce passage : « Subir une passion [*pati*] se dit d'une façon comme une certaine destruction [*corruptio*] qui opère par un élément contraire ; la passion proprement dite apporte en effet un certain dommage [*detrimentum*] chez celui qui la subit, en tant qu'il est vaincu ; ce dommage arrive à celui qui subit la passion selon que quelque chose est rejeté de lui ; ce rejet [*abjectio*], une certaine destruction, est ou bien absolu, comme lorsqu'une forme substantielle est rejetée, ou bien relatif, comme lorsque c'est une forme accidentelle qui est rejetée. Mais le rejet d'une forme se fait par un agent contraire, car le rejet hors de la forme ou du sujet se produit par l'introduction d'une forme contraire, et ce du fait d'un agent contraire.[4] »

La dramatisation introduite par le rejet, l'*abjectio* se retrouve dans Aristote dans un seul passage des *Topiques* d'Aristote[5], qui traite de la définition et a donné lieu à une telle traduction, dès le temps de Boèce[6] : « Toute passion devenue forte (*magis facta*) rejette (*abicit*) hors de la substance ». On ne peut inclure les passions (*pathè*) dans la définition, car elles peuvent *faire sortir* l'essence d'une chose et donc annuler sa définition. Les commentateurs contemporains en donnent un exemple : le chaud et le froid changent l'essence de l'eau, qui devient air ou glace. En revanche, Galterianus, vers 1240-245, reprend ce thème de l'abjection dans son commentaire sur le *De anima* : « Subir une passion [*pati*] se trouve dans l'intellect, selon quelque trait général, c'est-à-dire en parlant communément de la passion ; car, subir une passion au sens propre, cela se produit par réception d'une chose et rejet [*abjectio*] d'une autre.[7] »

La formule se lit aussi précisément chez Pierre d'Irlande, le premier maître de Thomas à Naples, dans son commentaire sur le *Peryermenias*: « Toute passion devenue forte rejette quelque chose hors de la substance », citation presque littérale de la traduction par Boèce des *Topiques*. Cette phrase concerne les passions au sens propre, qui décrit un changement (*transmutatio*). La passion ne peut se trouver en toute chose qui a une matière possible. La définition large, qui explique la formulation d'Aristote, peut en revanche s'appliquer à l'âme : « car la passion qui lui est attribuée n'a de la nature de la passion que la réception[8] ». Nous avons là l'esquisse du système des passions de l'âme chez Thomas.

La notion de *passion de l'âme*, proclamée et définie, dans la *Prima secundae*, n'est pas attribuée par Thomas au *Peryermenias* d'Aristote, qui ne ferait que glisser sur les limites de sens du mot, quand il doit expliquer « ces marques [*note*] qui sont celles des passions dans l'âme ». La traduction et le commentaire de Boèce posaient peu de problèmes, car les états (*passiones*) du sujet passaient dans leur saisie (*intellectus*) par des marques (*note*).

Mais Thomas se cabre sur le mot et relève qu'« on parle usuellement de passions de l'âme comme d'affections du désir sensible, comme la colère, la joie et ainsi de suite, comme il est dit dans l'*Éthique*. Et il est vrai que certains sons [*voces*], comme le gémissement des malades et d'autres êtres animés, comme il est dit dans la *Politique*, signifient naturellement de telles passions ». Mais cet emploi ne peut convenir à Aristote, car « son propos porte sur les sons significatifs par institution humaine ; et donc il faut comprendre ici les passions de l'âme comme des conceptions de l'intellect, que les noms, les verbes et les phrases signifient immédiatement, selon l'avis d'Aristote ».

Thomas insiste en montrant que cet emploi est approximatif et douteux : « Il n'est pas coutumier qu'Aristote nomme *passions* les conceptions de l'intellect, au point qu'Andronicus a supposé que ce livre n'était pas d'Aristote. » Thomas rétorque d'abord en se référant à un langage approximatif : « Au livre I du *De anima*, il appelle *passions de l'âme* toutes les activités de l'âme. » Mais les raisons suivantes visent à relier les deux acceptions de passion. Thomas poursuit: « Notre acte de comprendre n'est pas sans phantasme ni sans passion corporelle; c'est pourquoi le Philosophe appelle la faculté imaginative intellect passif au livre III du *De anima*. Ou bien, en étendant le nom de passion à toute activité de réception, l'intelliger de l'intellect possible fait subir, comme il est dit au livre III du *De anima*. Mais il utilise plutôt le nom de *passions* que d'*intellects*, d'une part, parce que c'est du fait que d'une passion de l'âme, comme l'amour ou la haine, que l'homme veut signifier à un autre, par le mot, un concept intérieur; d'autre part, parce que la signification des mots est reliée à la conception de l'intellect, selon qu'elle naît des choses par le mode d'une certaine impression ou passion. »

Une référence explicite à Aristote, dans le texte de Thomas, éclaire l'opposition entre les deux derniers niveaux de la passion sous un nouveau jour. Aristote, dans son traité *La Production et la destruction* (communément appelé *De la génération et de la corruption*), avait affirmé que, « quand du plus noble est produit par du moins noble, il y a production pure et destruction relative, quand, en sens inverse, du moins noble est produit par du moins noble ». La passion au sens strict constitue donc une petite mort, une mort provisoire. Ce singulier rapprochement, de la part de Thomas, signale bien qu'Aristote, en scolastique, sert à tout dire, quelle que soit son intention, mais aussi que la passion stricte renvoie à un principe d'entropie humaine: la passion s'use moins qu'elle n'use son sujet. C'est ainsi qu'on peut lire la dernière phrase de sa réponse: « La tristesse est plus proprement une passion que la joie. » Nous sommes donc aux antipodes de Jean de La Rochelle.

Le cantonnement des passions découle de leur localisation dans les structures de l'âme. Elles relèvent de la faculté de l'attirance (*pars appetitiva*). Selon Thomas[9], la passion « entraîne le patient vers l'existence de l'agent » (*ad id quod est agentis*). S'appuyant sur Aristote, il oppose la fonction d'attirance, qui, en recherche du bien et du mal, vise directement les choses, à la fonction représentative (*apprehensiva*), qui ne connaît la chose que par le biais de son sens (*intentionem*). Le vrai et le faux ne sont pas donnés par le réel. Par ce biais théorique, la passion est rejetée dans la nature. En poursuivant cette détermination, Thomas limite la passion à la portion inférieure, sensitive, de la fonction d'attirance, puisque la partie supérieure (la volonté), œuvrant sans organes, ne peut rendre compte du changement corporel propre aux passions. Cette appartenance achève de réduire la noblesse de la passion : alors, en effet, que la partie sensible de la fonction connaissante a une dimension spirituelle, la fonction inférieure d'attirance porte sur le naturel. Pourtant, l'oscillation entre la louange et la condamnation des passions se poursuit tout au long du traité.

Au-delà des singularités de Thomas d'Aquin, s'est opéré un tournant majeur pour l'histoire des mentalités occidentales : les passions de l'âme sont entrées au centre de la structure de l'individu, porteuses en même temps d'un espoir d'unité et d'une désillusion. Nous avons là quelque chose de commun à la pensée scolastique, qui englobe de fortes et réelles divergences, souvent liées précisément à la valorisation de la passion.

La rencontre de l'esprit (*spiritus*) et du principe d'animation corporelle (*anima*, au sens étroit) rendait compte, chez Thomas d'Aquin, des états subis et conscients, et, surtout, des passions. Les descriptions du mal et les tentatives palliatives ou curatives se lièrent davantage, comme le montrent aussi bien la complémentarité des passions et des *habitus*, ces défections et ces réfections externes de la nature humaine, que l'usage de la passion, comme facteur d'unification, ou, du moins dans la tradition franciscaine, d'expression de soi. Pour Thomas, il fallait repérer un manque et construire la prothèse qui s'y substituait. Le contrôle de soi s'opposait fortement à l'expression du sujet, ce qui apparaissait dans la notion d'*habitus*. Les passions de l'âme offraient pour Thomas un contact instable et souvent malheureux entre l'âme et le corps, en juxtaposant ces deux instances sans les confédérer, à l'inverse de l'anthropologie franciscaine. Les passions, cantonnées et reléguées dans la force désirante (appétitive) inférieure, devaient laisser la place au développement d'un autre mode d'union de l'âme et du corps. Il fallait explorer un autre cadre où puissent dominer les éléments rationnels, dans une fédération dotée d'un pouvoir central et dominant, clé d'une voûte architecturale du sujet. Ce fut l'*habitus*. Dans les métaphysiques averroïstes, l'*habitus*, opposé au manque (*privatio*), jouait un rôle considérable. Mais la grande affaire de Thomas d'Aquin fut de donner un sens anthropologique précis à cette notion.

Des passions aux *habitus*

Les trois derniers traités de la *Prima secundae* de Thomas, qui traite globalement des principes de la *conduite* humaine, tentent de saisir ce qui relève de la conjonction de l'âme et de l'esprit, aux confins de l'action et de la passion. Thomas déclare s'occuper alors des *principes* des actes humains[10], comme si les passions ne consistaient qu'en une parenthèse préliminaire à une recherche sur les conditions des actes, vus d'abord dans leur fonctionnement, puis dans les obstacles qui s'y opposent. Après avoir traité des passions, Thomas examine d'autres principes de la conduite humaine. Il s'agit, en somme, de voir comment le *spiritus* prend le gouvernement du composé, grâce à trois principes. L'un, intrinsèque, est l'*habitus* (questions 49-54), qu'illustre la longue description des vertus (questions 55-70) et des vices (questions 71-89). Le deuxième principe, extrinsèque, est défini par la loi (questions 90-108). Le troisième principe d'action, surnaturel, se décrit comme étant la grâce (questions 109-114). Dans ces trois configurations, l'être humain dispose de quelque chose pour être, qu'il procède d'un emprunt long auprès d'un ordre naturel, d'un legs de l'ordre humain ou d'une dotation divine. L'*habitus*, première de ces étapes de réception, se limite pour l'instant aux dispositions acquises, dans une description anthropologique propre qui permet de comprendre comment on agit et connaît avec une certaine stabilité. Je m'arrête assez longuement sur l'*habitus* thomasien, qui construit une solution originale, bien différente des solutions franciscaines, à partir d'un extraordinaire façonnage de la description d'Aristote, qui est scrutée de près.

Cet examen ne relève chez Thomas que d'une solution provisoire, directement juxtaposée à l'étude des passions de l'âme, mais elle fonde un système original, qui subit des assauts importants. Par ailleurs, cette solution ouvrait sur l'intrication complexe de l'*habitus* et de la grâce, qui me semble être une affaire majeure de la scolastique et qui illustre bien les tentatives pour dominer les savoirs naturels. Pour l'instant, la hiérarchie thomiste, comme ordre des raisons et comme ordre doctrinal, nous conduit à examiner d'abord cette promotion du composé humain, en en repérant les virtualités théologiques. L'usage, à la fois précis et perturbateur, de l'*habitus* chez Thomas nous impose un rapide détour par l'histoire antérieure de la nation.

Histoire de l'*habitus*

La notion d'*habitus* (*hexis*) régnait, avant Aristote, en médecine, dès Hippocrate : « L'*hexis*, que l'on traduit généralement par complexion, s'oppose à la *diathèse* comme un état permanent à un état temporaire.[11] » En outre, Jackie Pigeaud a bien montré la centralité de la notion dans la philosophie stoïcienne, où elle joue le rôle de structure organique totalisante[12]. Bien qu'il me soit impossible d'en repérer la transmission médiévale, cette conception a quelque rapport avec la prédominance ontologique de l'âme sensitive dans l'anthropologie franciscaine et, notamment, chez Pierre de Jean Olivi.

Le système d'Aristote, en revanche, fut explicitement utilisé et commenté pour les définitions de l'*habitus*. Parmi les neuf types d'accidents qui décrivaient exhaustivement les étants dans les *Catégories*, la possession, ou le fait d'avoir quelque chose (*echein* en grec, *habere* en latin), fournissait une case peu déterminée. Le sort curieux de cette catégorie en montre bien l'incommodité : elle faisait partie des dernières divisions de l'étant, expédiée en quelques mots, se réduisant à deux illustrations, être chaussé et être armé. Il s'agit d'*avoir* une arme ou des chaussures et de s'en munir. Le plus récent traducteur, Richard Bodéüs, rend l'infinitif substantivé par le nom *tenue*[13]. La langue grecque emploie ici la voix moyenne du verbe *avoir*, qui constitue une forme à la fois passive et active de l'action verbale, et qui, ici, consiste à être dans un état en possédant un objet. La notion réapparaît dans le supplément qu'on a nommé *post-predicamenta*, comme opposé de la privation (*steresis*), mais, surtout, revient comme dernier chapitre du traité[14], seule re-duplication d'une des dix catégories qui en fait une sorte de catégorie au deuxième degré, qui affecte les divisions de la qualité, de la quantité, de la possession, de la substance, du lieu et de la relation. Tout se passe comme si l'étant ne pouvait se définir qu'avec l'avoir.

Mais, dans le chapitre des *Catégories* sur la qualité, la forme nominale (*hexis*, traduit en *habitus* dès le temps de Boèce) du verbe avoir (*echein*, *habere*) désignait à la fois une occurrence du relatif et le premier type de qualité qui s'oppose à la puissance naturelle (deuxième type), aux qualités affectives (troisième type) et aux formes (quatrième type). Dans ce premier type, la disposition diffère de l'*habitus* parce qu'elle est moins durable. Un exemple joua un rôle considérable dans la réception du texte : sont des *habitus* les sciences et les vertus. La traduction de Richard Bodéüs[15] comme celle, plus ancienne, de Joseph Tricot[16] rendent *habitus* par *état*, traduction qui, certes, correspond au sens général, mais qui omet l'importance de la possession de quelque chose : on est tel parce qu'on a, ou possède, une chose. C'est pour cette raison que je suggère comme traduction la *mise en état*. Le type de qualité rejoint la catégorie : comme elle, elle mêle le passif et l'actif : on exerce l'acte d'avoir, mais on reçoit la chose. Les qualités du deuxième ou troisième type, en revanche, dérivent de la nature même ou de la passivité du sujet. L'activité connaissante ou éthique dépend de l'*habitus*. C'est ce qui apparaît dans la reprise de la notion dans l'*Éthique à Nicomaque* et dans l'*Éthique à Eudème*, où étaient opposées la disposition permanente et la pratique précise de la vertu[17]. Les médiévaux utilisèrent cet emploi dans l'*Éthique*, où l'une des fonctions de l'*habitus* est d'assurer la permanence de l'état vertueux, même pendant le sommeil.

La latinisation de la notion, sous le nom d'*habitus*, apparaît clairement chez Cicéron, qui la définit ainsi dans le *De inventione*[18], où elle constitue l'une des onze catégories de la personne, opposée notamment à la nature et à la condition (*fortuna*) : « Nous appelons façon d'être [*habitus*] une qualité morale ou physique constante et définitive, dans un certain domaine, comme la possession d'une vertu ou d'un métier, ou une science, quelle qu'elle soit, ou encore une aptitude corporelle, qui n'ait pas été donnée par la nature, mais est obtenue grâce à l'application et au travail. » Plus loin dans le traité, il réitère cette définition : « La façon d'être [*habitus*] consiste en un état mental et physique définitif et permanent catégorie dans laquelle figurent l'énergie [*virtus*], la science et leurs contraires. » Cette adaptation d'Aristote compta dans le christianisme par le biais du stoïcisme latin.

Thomas d'Aquin et l'éloge de l'*habitus*

On l'a dit, les traités des passions et des *habitus* se succèdent immédiatement chez Thomas, comme si ces derniers réalisaient l'union de l'âme et du corps, à ce troisième niveau du sujet humain, dont les passions avaient été rétrogradées et expulsées. Or, c'est à propos des *habitus* que se réalise la prise en compte du sujet dans l'ordre providentiel et celui de la cité. La puissance de la doctrine de Thomas tient en partie à sa méthode. Il part du verbe *habere*, avoir, pour reconstruire le système et faire le ménage dans les ambivalences, les contradictions et les incertitudes de la description d'Aristote. L'être humain possède quelque chose, qui est détenu.

Thomas distingue sept applications du verbe, en s'attachant aux trois emplois des voix du verbe. Seule, une de ces applications concernait le sens d'*habitus* que Thomas voulait cerner. En premier lieu, il privilégie l'emploi actif. *Avoir* revêt alors un sens très général, au-delà des dix catégories de l'étant, où la notion joue indifféremment. On a une quantité, on possède de l'argent, ou n'importe quoi d'autre. La chose possédée n'implique pas de fonctionnement particulier; elle est le simple complément du verbe. L'action, transitive, ne peut se produire sans cet objet et elle ne crée pas d'*habitus* comme processus. Rien ne s'entremet entre l'action et son objet. Lexicalement, le mot pourrait être employé pour signifier un état résultant de l'action: j'ai 1000 euros. Je suis en possession (*habitus*) de 1000 euros. Techniquement, le verbe *habere* appartenait aux post-catégories d'Aristote, qui affectaient tous les étants sans distinction. Comme pour d'autres post-catégories, les couples polaires que constituent les *opposés* ou l'*antérieur/postérieur*, la dualité de fonctionnement demeurait interne et morphologique, sans analogie possible avec d'autres dualités.

Un deuxième groupe d'applications s'attache à la voix passive du verbe: être possédé (*haberi*). Thomas envisage trois cas: d'abord, il arrive qu'entre le verbe et son complément, devenu sujet dans la formulation passive, aucun intermédiaire (*medium*), donc aucun processus d'*habitus*, ne se glisse. Thomas donne un exemple: entre le support (*subjectum*) et sa qualité ou sa quantité, rien n'intervient. Nous retrouvons la configuration précédente. L'*habitus* n'a pas de vraie pertinence. Il s'agit d'en avoir ou pas. Selon un deuxième cas, seule la *relation* unit les deux termes de la phrase : on a un ami ou un compagnon. Une relation relève de sa propre catégorie et ne constitue pas un *habitus*. Enfin, troisième cas, la possession implique un *habitus*, qui se définit comme un mode d'action ou de passion, intermédiaire entre l'action et la passion-réception. On a quelque chose et on la revêt. Thomas retrouve les exemples d'Aristote : on s'orne ou on se couvre de quelque chose. Alors l'*habitus* œuvre dans sa propre catégorie (*habere*). Ce sens large du mot ne semblait pas pertinent ni important à Thomas.

Mais le troisième groupe d'emplois, en revanche, lui importe. Par une décision propre, Thomas décide de privilégier un usage réfléchi du verbe, équivalent de la voix moyenne de la langue grecque. *Se habere*, en latin, désigne une façon de se conduire, décrit une façon de se comporter envers soi-même ou envers autre chose, et implique nécessairement une qualité, intimement liée au sujet et répond à la question : comment s'y prend-il ? Cette définition s'adossait à l'actualité doctrinale (« et c'est ainsi que nous parlons actuellement de l'*habitus* »). L'*habitus*, ainsi défini, relève de la catégorie de la qualité et devient la forme qualitative de l'acte, du moins dans sa forme accomplie. En s'appuyant sur une distinction de Simplicius, Thomas différencie l'ordre dispositif selon qu'il porte sur le lieu, sur la potentialité ou l'espèce. Le premier cas, limité aux choses corporelles, l'intègre dans la catégorie du site. Le deuxième cas ne présente qu'un stade inachevé de l'*habitus* ; seul le troisième cas correspond parfaitement à l'*habitus*. La lettre d'Aristote, on l'a vu, permet des interprétations opposées.

On saisit l'insistance de Thomas : le sujet, non déterminé, se détermine à agir, selon une façon aussi liée à l'acte que le corps l'est à l'âme. À la fois mobile et stable, l'*habitus* se situe non loin de la substance, du côté de ce qui lui arrive ou de ce qu'elle décide : « De même que la façon de déterminer la potentialité de la matière selon *l'être substantiel* est désigné comme une qualité, qui est la différence de la substance, de même la façon de déterminer le sujet selon *l'être accidentel* est désigné comme une qualité accidentelle, qui est aussi une différence.[19] »

Une autre distinction achève[20] de transporter l'*habitus* du monde physique vers celui de l'intention ; en effet, il est dirigé vers la nature (ou la forme, ou l'essence) de la chose ou bien vers une action (*opera-*

tio) en vue d'une fin. Cette opposition joue un rôle central. Une variation de cette distinction oppose le développement de la forme elle-même à celui d'une participation du sujet porteur de cet habitus[21]. Cette participation induit l'augmentation ou la diminution de l'*habitus,* interdites à la substance. La variabilité, misère de la condition humaine, devient sa force.

L'*habitus*, substitut du sujet défaillant

On l'a vu, l'*habitus* est ontologiquement une qualité immédiatement apposée au sujet par une réception (formation ou révélation). Je me propose alors de la traduire, du moins dans le texte de Thomas, par le terme de *qualification,* pour connoter sa mobilité valorisée. Mais, à côté de cette localisation assez précise, la qualification, une fois stabilisée en son support, présente les traits analogues à ceux d'une substance, tout en dépendant d'un apport externe. Elle se conduit en substitut de l'unité défaillante de l'âme et constitue une forme simple qui peut s'étendre à plusieurs visées (*objecta*), sans perdre son unité[22]. Certes, elle se construit dans le temps et la répétition, mais ne s'établit pas pour autant dans la succession. La qualification s'accomplit en un support et n'ajoute pas une partie après l'autre. En effet, elle ne se compose pas de parties *intégrales*, qui sont nécessaires au tout, mais de parties *subjectives*, parties qui varient leur tout, pris comme lieu d'accueil, comme support. La temporalité de l'*habitus*, tirée des descriptions physiques d'Aristote, fournit la durée du sujet humain, la *diuturnitas*, la persistance. L'ordre naturel assure donc la bonne orientation de l'*habitus*, puisque cette orientation vers l'ordre, vers la nature, fait partie de sa définition et établit sa classification, à côté de ses visées propres et de ses principes actifs.

La pertinence proprement humaine de l'*habitus*, extraite des sens généraux du mot et des incompatibilités de la notion avec d'autres êtres, impose sa nécessité : l'altérité entre le sujet disposé et la disposition, qui oppose l'acte et la puissance, en exclut la divinité. La disposition suppose la diversité des possibilités offertes à l'agent, ce qui en écarte les êtres célestes, dirigés vers une essence ou une activité uniques. Enfin, la convergence des composantes de la disposition ôte toute disposition dans les éléments aux qualités simples. L'*habitus* ne convient qu'aux êtres créés et ne se spécifie en disposition à l'action que chez les êtres rationnels. L'ange[23] en est doté, mais de façon particulière : aucune potentialité liée à la matière n'intervient et l'*habitus* constructeur de forme n'a pas de raison d'être en lui. En revanche, comme l'ange n'est pas acte pur (Dieu seul l'est), il a besoin des *habitus* d'activité, puisque son activité connaissante requiert des espèces intelligibles, divinement données. En revanche, chez l'homme, les deux types d'*habitus* sont nécessaires, mais le complément de possibilités multiples et de choix singuliers, de réception et d'action, fait de l'*habitus*, qui réside dans une puissance passive, l'antidote adéquat des passions.

La question du rapport entre passions et qualifications paraît complexe à Thomas. Dans la seule réfutation d'un argument[24], il suit un parcours en cinq étapes pour arriver à sa solution. Il évoque d'abord l'opinion de certains qui distinguent le premier type aristotélicien de qualité (celui qui abrite les *habitus*) du troisième type, où les qualités sont « en devenir et en mouvement ». Elles sont des passions. Et, quand elles se stabilisent, elles peuvent passer dans la première espèce, celle des *habitus*. De nouveau, Thomas suit une objection de Simplicius, un des plus respectés des commentateurs antiques d'Aristote : en ce cas, le réchauffement appartiendrait au troisième type et la chaleur, résultat stable, au premier. Or Aristote classe la chaleur dans le troisième type. Thomas évoque alors l'interprétation de Porphyre, d'après Simplicius : la passion et l'*habitus* ne différeraient que par un degré d'extension ou de diminution (*intensio et remissio*). La chaleur, si elle augmente, passe de l'état de passion reçue à celui de qualité passible, plus permanente et, enfin, à celui d'*habitus*, capable de chauffer un autre corps. Cette variante de la première solution est aussi repoussée par Simplicius, qui n'y voit qu'une diversité de participation du support, et non de la forme. Thomas arrive ainsi à sa solution : c'est l'adaptation mesurée (*commensuratio*) des qualités passibles à l'harmonie naturelle qui leur donne la fonction (*ratio*) d'*habitus*, si, par exemple, un changement de chaleur ou de sécheresse produit un changement de santé ou de maladie. En somme, la passion n'intervient que par convergence ou divergence par rapport à un ordre. Son mouvement en lui-même n'a rien de proche de l'*habitus*. La passion n'est donc, pour Thomas, qu'un instrument au service de l'*habitus*.

Cette réfutation fait partie d'une longue question qui établit le support (*subjectum*) de la passion. Cinq candidats possibles sont examinés: 1) le corps, 2) l'âme, en son essence ou en ses puissances, 3) les puissances de la partie sensitive, 4) l'intellect et 5) la volonté. Ce texte mériterait une analyse de détail, mais on peut en tirer des conclusions générales: l'*habitus* agit partout, mais selon la distinction déjà vue entre *habitus* incitatif (ou d'activité) et *habitus* informateur (de nature). Les seconds, moins accomplis, qui sont plutôt des dispositions habituelles, comme la santé, agissent sur le corps. Les premiers n'ont que secondairement le corps comme support; l'âme y prend la place centrale. Cette opposition des deux *habitus* vaut bien sûr pour l'âme et ses puissances, qui seules en ont besoin quant à la qualification incitative. Les applications à l'âme sensitive, l'intellect et la volonté poursuivaient la même distinction, qui, *grosso modo*, sépare l'âme du corps, tout en respectant des zones d'interaction.

L'*habitus* dessinait donc un dualisme modéré, fondé sur un parallélisme de l'âme et du corps. C'est la multiplicité des qualifications par rapport à une instance qui donne une même fonction unificatrice au corps et à l'âme. Plusieurs qualifications de l'action peuvent avoir comme support (*subjectum*) la même et unique puissance ou faculté passive. Des dispositions naturelles, elles aussi, convergent vers un aboutissement. Le corps humain selon les humeurs corporelles appelle la santé comme *habitus*. En ses parties identiques, il convoque la force ou la minceur, en ses membres, la beauté. Mais ce parallélisme positif garde un rapport étroit avec le parallélisme qui cause les passions. L'*habitus*, en effet, peut être détruit[25], soit par son contraire, soit par la destruction de son support. La qualification du savoir paraît ainsi protégée, puisque les espèces intelligibles, les informations de l'intellect, n'ont pas de contraires et que l'intellect lui-même est immortel. De fait, les premiers principes échappent à la destruction. Mais, dans l'ordre du savoir, les conclusions y sont soumises, par le simple fait de l'énonciation *de facto* d'une proposition contraire, quelle que soit sa valeur. Le syllogisme sophistique produit aussi le contraire d'une conclusion qui pourrait être éternelle. La destruction des vertus se produit encore plus aisément, par l'ignorance, par les passions et par le choix. Thomas établit bien le système antithétique des passions et des qualifications.

Pourtant, les *habitus*, selon Thomas, ont une existence plus solide : à un opposant qui prétend que les *habitus*, parties de la nature, sont aussi indestructibles qu'elle, le maître répond que l'*habitus* a une similitude avec la nature, l'essence, mais en éprouve le manque (*defecit ab ea*), et que la destruction d'une essence ou d'une nature ne se produit jamais, celle d'un *habitus* difficilement. L'*habitus*, stable mais non éternel, était un bon substitut. Chez Thomas, on assistait donc à un véritable remodelage : les passions, qui se trouvaient, comme parties de l'âme sensitive, au centre du monisme franciscain et participaient de la dialectique de l'homme total, étaient rétrogradées au niveau du principe d'animation, pour laisser place à la zone d'action des *habitus*, des lois et de la grâce, qui donnaient leur noblesse au troisième niveau, sommet hiérarchique et distinct de l'âme. Je parle alors d'un dualisme raffiné, qui assume la domination de l'esprit tout en accordant une place à l'interaction avec le corps.

Mais, auparavant, il faut noter la grande diversité des conceptions de l'*habitus* après Thomas. Certains penseurs « naturalisèrent » la qualification en faisant un processus immanent à l'activité mentale. Pour d'autres, autour des franciscains spirituels, le sujet chrétien ne pouvait ainsi dépendre d'une possession, même accordée par Dieu, car il ne dépendait de rien ou de tout. Le fragile équilibre thomasien vola rapidement en éclats, sous les coups d'une critique multiple.

Une nouvelle description de l'*habitus*

L'*habitus*, tout en paraissant garder son profil aristotélicien d'intermédiaire entre la puissance et l'acte, donné par la détention du réel, prend, chez Henri de Gand, une généralité considérable, dont l'anthropologie des êtres rationnels ne présente qu'un cas privilégié. Henri donne d'abord la fonction essentielle de l'*habitus* : chez les créatures, il faut fournir aux puissances actives et passives, matérielles ou spirituelles (volonté et intellect), la présence de leur objet qui les fait passer à l'acte. Il est nécessaire de donner du grain à moudre à l'appareil mental. La puissance active a sur quoi agir, tandis que la puissance passive reçoit une forme. Aucune créature ne peut se rendre, d'elle-même et en acte, maîtresse de ses objets (« *nulla creatura ex se secundum actum ratio omnium suorum objectorum* »), privilège divin. L'*habitus* permet le stade le plus avancé de cette mise œuvre des puissances. À un premier niveau, on ne parle pas vraiment d'*habitus*, mais « d'une passion ou d'une disposition passagère » ; l'objet, présent aux sens, présent dans l'intellect par le « *phantasma* » ou image mentale, gouverne aussi le désir et la volonté. À un second niveau, la présence de l'objet est conservée « selon le mode de la qualité passible et de l'*habitus* permanent ». Ce niveau convoque l'objet selon son aspect universel (« *sub ratione universalis* »).

L'*habitus*, selon Henri de Gand, retrouve de fait l'étymologie première du mot, car il réside universellement dans la possession, qui permet à l'être de s'accomplir. Chacun a son lot. L'*habitus* désigne alors le processus d'application de l'être au donné, à la situation de l'être. Ce mode d'application, parfait en Dieu, lui fait disposer de tout, alors qu'en l'homme il passe d'abord par une préparation, une amélioration ou une mobilisation des puissances. La seconde fonction de l'*habitus*, le rassemblement des données présentées (et présentifiées) comme universelles, ne se produit que parfois dans la puissance de volonté et toujours dans l'union personnelle.

Dans cette logique, mais aussi par une des provocations qu'il affectionne, Henri de Gand pose que la notion d'*habitus*, de mise en état ou de qualification, existe en Dieu. Pour Thomas, cela était impensable. Dans la *Somme théologique* (*Prima secundae*, question 49, article 4), il prouve la nécessité de l'*habitus* en donnant trois conditions pour son existence : pour que quelque chose soit disposé vers autre chose, il faut d'abord que « ce qui est disposé diffère de ce pour quoi il est disposé et se comporte envers lui-même comme la puissance envers l'acte. Donc, si quelque chose est d'une nature qui ne soit pas composée de puissance et d'acte, dont la substance soit son activité, et qu'il existe pour lui-même, alors l'*habitus* ou disposition n'a pas lieu d'être, comme cela est évident en Dieu ».

L'article 37 de la *Somme* d'Henri de Gand[26] traite entièrement du « principe général de l'*habitus* en Dieu » et la première question demande « si on peut poser ce principe en Dieu ». La réponse, affirmative, s'insère dans une suite : Henri vient de déterminer la cible ou finalité de l'intelligence de Dieu (la vérité divine) et la puissance qu'elle manifeste comme intellect divin et passe donc à la science de Dieu. La science humaine relève d'un *habitus* et notre discours sur Dieu nous impose d'en tirer quelque chose. Henri se fonde sur un éloge général de l'*habitus*, comme accomplissement fonctionnel de la puissance, plus achevé qu'elle. Il réaffirme ici un des grands principes de sa théologie : « Ce qui relève absolument de l'accomplissement et de la dignité, doit toujours être supposé en Dieu. » Cette attribution repose à la fois sur le caractère absolu de l'existence et sur la modalisation des caractères communs : « Agir selon un *habitus*, en chaque être, est meilleur et plus parfait que d'agir sans *habitus*, parce que l'*habitus*, en tant que tel, apporte toujours de la rapidité et de la commodité dans la production de l'acte et cela en chaque être ; il est meilleur qu'il existe qu'il n'existe pas ; c'est pourquoi il faut absolument supposer des *habitus* en Dieu.[27] » Identique en fait à l'essence divine, l'*habitus* (« il » renvoie au dernier référent : « des *habitus*) en diffère selon la raison, selon le discours qu'on peut tenir sur lui.

Henri pose une correspondance complète de structure entre l'appareil humain et l'appareil divin. L'acte comporte quatre éléments : l'*habitus* et l'agir, l'acte premier et l'acte second. En la créature, l'âme est l'*habitus* premier dont l'*habitus* second est la science ; un acte procédant de l'âme forme un agir premier et un acte procédant de la science (savoir) relève du second agir. Dans le cas divin, l'essence remplace l'âme comme *habitus* premier et l'être comme agir premier. Mais, pour la créature, la structure s'anime de mouvements nécessités par la distance et la non-identité des causes : on passe de l'une à l'autre dans le temps et selon un progrès, car ces éléments se différencient selon la réalité ou l'aspect (les intentions), avec des degrés relatifs d'accomplissement. En revanche, en Dieu, ils ne se différencient que par la raison ou le mode de signifier, éléments de discours qui glosent l'acte pur de Dieu. L'*habitus* en la créature demeure distant de la potentialité et de l'acte, intermédiaire qui accomplit et se fait accomplir. La structure horizontale qui relie des éléments identiques mais relevant de discours différents constitue une coordination, qui se replie ou se réduit (*reduci*) successivement jusqu'à l'existence.

Cette conclusion vaut tout particulièrement pour le pur amour, pour la charité. Afin de le repérer, il nous faut nous arrêter un instant à l'évocation de l'amour divin par Thomas d'Aquin, dans la première partie de sa *Somme de théologie*. Il y pose la question : « Est-ce que l'amour existe en Dieu ? » (question 20, article 1). Les arguments de l'opposant, qui rejette cette attribution, viennent d'une anthropologie commune : l'amour (humain), passion, ne saurait convenir à Dieu. Ensuite, l'amour s'oppose à la tristesse et à la colère, qui ne peuvent être dits que métaphoriquement de Dieu. L'amour en Dieu est donc dit lui aussi de façon métaphorique. Enfin, Denys a présenté l'amour comme un processus unitif et rassembleur, ce qui ne saurait convenir à un être simple. Le *contra* se résume à la citation de Jean : « Dieu est amour » (Jean, I, 4, 16). La réfutation du maître demeure à ce niveau anthropologique et naturaliste : l'amour se définit en partie comme passion chez l'homme, parce que la volonté (le désir intellectif) passe par le désir sensitif, qui agit sur le corps, et dont l'acte signifie la passion. La partie volontaire, en revanche, ne relève pas de la passion et, ainsi compris, l'amour peut se trouver en Dieu. La colère et la tristesse procèdent de la part matérielle et non formelle des affects et ne peuvent s'appliquer que métaphoriquement à Dieu, à la différence de l'amour. Le propos de Denys renvoie aussi à une description humaine de l'amour, qui tend vers le bien voulu à quelqu'un et vers cette personne ; il peut donc porter sur soi et sa force unitive sans composition vaut en Dieu, de même que sa force de rassemblement. La détermination fait dépendre l'amour de la volonté ; orientée principalement vers le bien et secondairement vers le mal chez l'homme, la priorité devient une exclusivité en Dieu. L'amour divin, forme parfaite de l'amour humain, existe bien, totalement et uniformément, comme le précisent les deux autres articles de la question.

Henri de Gand pose exactement la même question : « Est-ce que l'amour existe en Dieu ? » (question XLVI, article 3)[28]. Les articles qui précèdent et suivent posent l'amour comme règle, comme forme détenue et régulière (*habitus*) de la volonté divine, susceptible donc de variations. On en perçoit la pertinence dans notre question, au moment où Henri distingue la détermination du désir, qui produit un acte (celui de désirer quelque chose de précis), de l'inclination par la volonté qui ne conduit pas à l'acte, mais y incite, « comme les règles [*habitus*] des vertus dans la volonté l'inclinent à produire ses actes propres ». Entre la règle et l'acte, se place la liberté de Dieu. Cette transcendance absolue annonce la théologie de Duns Scot.

La variation de l'amour de Dieu (*magis et minus*) n'existe que dans la dénomination humaine de son acte ; la substance de cet acte, en Dieu, appartient à son essence, inconnaissable. Mais l'acte peut être saisi dans son effet, propre à la volonté, et se dit alors de façon métaphorique. C'est ainsi qu'on peut affirmer que Dieu aime plus ou moins. Autrement dit, la métaphore, qui se limitait à l'expression des passions chez Thomas, concerne ici toute l'action volontaire de Dieu. Le devenir, émanation volontaire de l'essence divine, se saisit dans la contingence. Henri de Gand avait ouvert une brèche considérable en posant la question de la nécessité de la grâce pour le Christ et en universalisant la notion d'*habitus*, présente même en Dieu. L'aide divine cessait de s'offrir naturellement au monde, dans une harmonie hiérarchique, munie de l'instrument adéquat, en partie maîtrisable par l'homme. La distance entre la créature et Dieu, fondée précisément sur des régimes d'activité bien différents, sur une homologie de structures d'action et non pas sur une analogie de contenus, se creusait et accentuait les termes de la contingence humaine. L'édifice qui logeait l'*habitus* comme participation de l'homme à son propre salut, ainsi ébranlé, acheva de se lézarder sous les coups de divergences profondes.

L'être et l'avoir

À cette première critique de l'*habitus*, qui le vidait de sa valeur en en faisant une condition générale dans la série qui composait l'action ou un simple instrument du sujet, il faut ajouter un vigoureux rejet sur de tout autres fondements. On s'en souvient, la catégorie d'Aristote n'offrait que deux occurrence de l'avoir, le fait de se munir d'armes et de se chausser. La traduction latine accentuait l'équivalence entre l'habit et l'*habitus*, qui devenait un revêtement extérieur, distinct de la réalité de l'être qui le porte. Autrement dit, avec l'*avoir*, on passait du côté de l'apparence. Dans l'*habitus*, l'opposition du passif et de l'actif, du donné et de la pratique, du durable et de l'instantané, se polarisa durablement, en Occident, dans le couple moral (voire moralisant) de l'être et de l'avoir[29], illustré aussi par la reprise du terme latin *habitus* dans la sociologie de Pierre Bourdieu, qui met en évidence le caractère social et appris des pratiques apparemment individuelles[30].

Cette vision normative de l'*habitus*, de l'avoir, a, curieusement, une fort longue histoire dans le christianisme. Le titre original d'un des premiers traités de Tertullien, daté de vers 202, qui s'attaque, de façon misogyne, à la toilette des femmes, serait *De habitu muliebri*[31], conservé à l'une des deux parties de l'ouvrage. Un traité de saint Cyprien, fortement dépendant de Tertullien, reprit ce titre, quelques dizaines d'années plus tard. En ce cas, l'*habitus* réunit les soins corporels (*cultus*) et les parures (*ornatus*), et s'opposait à la simplicité du vêtement nouveau revendiquée par saint Paul. Les connotations morales du mot demeuraient, avec leur exaltation mythique du naturel : « Ce qui est de la nature est l'œuvre de Dieu, ce qui est factice est donc l'affaire du Diable.[32] » La critique ou la dérision de l'extériorité entra aisément dans la culture monastique, qui en fit un étendard d'identité. Le vieux proverbe « L'habit ne fait pas le moine » signifia d'abord l'indifférence proclamée envers l'apparence. Un texte curieux de la fin du Xe siècle, écrit par le moine Froumond au monastère du lac de Tegernsee, en Bavière, et qu'analyse avec brio Peter Godman[33], mais pour un autre propos, livre une satire de l'apparence et de l'illusion de l'avoir, chargée de grotesque et de dérision, qui fournit un écho vengeur à la description aristotélicienne de l'*habitus*. Froumond évoque, dans ses vers, un intrus, Gitto, vêtu d'un habit hétéroclite (*habitu vario*)[34], la chaussure brisée (*calceus et ruptus*), conduisant une armée de nains (*nanorum exercitus*). Tous les éléments de la description de l'*habitus* se trouvent en ces vers (l'habit, la chaussure et les armes), affectés d'une impression de désordre et de ridicule. On connaissait donc Aristote, du moins des fragments des *Catégories*, tout en passant par les *Satires* de Juvénal. On retrouva plus tard une étonnante alliance entre le monachisme et l'enseignement profane de la littérature latine, lisible dans les gloses de Guillaume de Conches et de Juvénal, qui n'oublient pas sa moquerie de l'habit vaporeux des grands de ce monde[35]. Et, surtout, une tradition monastique refusait les médiations entre le sujet et la transcendance, entre les deux polarités de l'être humain, reliées par l'étoffe de l'habit, transition entre l'interne et l'externe.

Au-delà de l'*habitus* acquis : l'*habitus* de grâce

L'*habitus* semblait relever donc d'une formation purement humaine. Pourtant, chez Thomas, il n'en était rien. Son dualisme élégant rendait l'âme sensitive insuffisante à expliquer les actes du sujet. Certes, sur les vingt-quatre articles de son traité, un seul considère l'*habitus* infus par Dieu[36]. Certains *habitus* excèdent les facultés humaines et illustrent la puissance de Dieu, qui peut produire les effets de causes naturelles sans que ces causes existent. Il faut ajouter à cet article une brève, mais capitale, mention[37] qui, dans la répartition de l'*habitus* entre l'âme et le corps, accorde à ce dernier les dispositions vers une nature et réserve aux puissances de l'âme les dispositions en direction d'une activité. L'essence de l'âme, nature complète par soi, ne saurait recevoir d'*habitus*, mais s'il s'agit de participer à une autre nature, alors le processus s'impose. Autrement dit, la grâce infuse se substituait à une fonction corporelle et s'orientait vers la composition d'une nature, d'une essence. C'est précisément sur cette relation de l'*habitus* à la grâce que portèrent les débats vifs qui manifestaient des écarts vis-à-vis de Thomas. La doctrine chrétienne posa la grâce comme *habitus*, position qui semble rassembler, au milieu du XIIIe siècle, la majorité des théologiens. La notion de grâce n'avait guère de pertinence dans les philosophies antiques, même si la notion de grâce physique importait en politique[38], mais elle put se loger dans une case peu utilisée du système ontologique d'Aristote. L'être humain, dépendant de la nature des choses (le corps, l'accident, le hasard), pouvait cependant espérer ou attendre une aide extérieure, donnée, accordée ou prêtée. Dans le système chrétien, une forme essentielle de cette aide se nommait la grâce, soutien divin à la précarité des humains. Ce remède chrétien, fragile et lui-même instable, simple et complexe, se présentait comme un recours, comme un don divin, qui inversait exactement le hasard de la condition reçue, par un choix du donateur, orienté vers une finalité, dirigé par une intention. Il suffisait d'ajouter les *habitus infus* (surnaturellement donnés) aux *habitus acquis*. Nature et grâce fondaient une opposition capitale qui structurait l'existence humaine. La nature était refoulée ou dépassée par la grâce. Mais pouvait-on accepter cette opposition radicale au Moyen Âge central, au moment où la nature se parait, pour certains penseurs, d'un visage différent ? L'aide produisait-elle une nouvelle aliénation du sujet ou s'appuyait-elle sur sa nature ? Diverses tendances de la pensée scolastique explorèrent ces limites difficiles, déterminantes, cependant, pour la liberté des hommes.

La grâce en scolastique

On a coutume d'associer la notion chrétienne de *grâce* au pardon de la faute originelle : l'innocence, la faute, la grâce et la gloire forment système et racontent la condition humaine dans une théologie du salut. L'histoire de l'homme se place entre les deux termes centraux, précédés et suivis par des états hors de la temporalité accessible. L'effort scolastique consista précisément à placer la grâce dans le mode de l'activité humaine, tout en préservant son origine divine. La distinction entre la grâce simplement donnée (*gratia gratis data*) et la grâce transformatrice (*gratia gratum faciens*), qui devint claire à partir de Thomas d'Aquin[39], faisait de la passivité du don une source d'activité.

Les conditions d'octroi et de jouissance de cette grâce, intensément discutées, forment une bonne partie de l'histoire du christianisme et de ses conflits. Le statut ontologique de la grâce demeurait, lui aussi, incertain. Je vais donc examiner un débat de la seconde moitié du XIIIe siècle qui tenta d'articuler la grâce chrétienne et le système anthropologique propre à la scolastique, si fortement marqué par l'ontologie aristotélicienne, qu'elle soit adoptée, adaptée ou combattue. Par la notion de mise en état, d'*habitus*, de la grâce, un tournant essentiel de la scolastique la rattacha aux conduites humaines, en une aventure forte du sujet. L'action humaine importait donc à la distribution de la grâce et le nouveau naturalisme de l'Occident médiéval livrait des arguments inédits. En outre, l'Église souhaitait maîtriser une forme humaine de la grâce. Ce fut l'*habitus* qui assuma cette tâche.

Les conditions humaines de la réception de la grâce, on l'a vu, importaient grandement et impliquaient de situer le processus dans une anthropologie, dont le lexique provenait largement de la philosophie antique. C'est ainsi qu'à partir des années 1250 on se demanda avec insistance si la grâce trouve là, dans la catégorie de l'*habitus*, qualité durable donnée à l'être humain, son lieu de réception, capable de restaurer sa plénitude. L'être humain est peu de chose mais il possède, détient, contient en lui un élément salvateur, qui le définit comme substance distincte, et lui vient du dehors. Cette notion permettait à la fois d'intégrer l'anthropologie aristotélicienne dans le christianisme et de proposer une conciliation possible entre l'extériorité du don et l'intériorité de la pratique, donc entre la nécessité et la liberté, tension anciennement formulée. En outre, l'*habitus* connotait une bonne possession, opposée aux mauvaises, aux possessions sataniques, dont la menace se disait de plus en plus en cette période[40]. Le mot *habitus* était ancien, mais son association précise avec la grâce était nouvelle et réelle, car une alternative existait par rapport à la tradition antérieure : la grâce, comme processus et non comme instrument de réparation, pouvait conduire à une mutation globale, à une *union* de l'humain et du divin, en dehors de toute structure anthropologique et immanente.

La grâce et l'individu

Chaque fidèle pouvait se sentir individuellement choisi et investi de la grâce divine, en dehors de l'institution ecclésiale, secondaire par rapport à ce choix direct. J'ai déjà présenté dans le volume précédent le cas légendaire et narratif d'Equitius, qui présentait, au cours d'une longue durée, l'image d'un don de grâce incompris de l'institution cléricale. La multiplication des dissidences, au Moyen Âge central, qu'elles fussent intégrées ou non dans l'Église, s'explique largement par ce recours singulier ou communautaire au remède transcendant de la grâce.

Cette saisie humaine de la grâce est aussi ancienne que le christianisme, comme en témoigne la dispute qui opposa Augustin et Pélage autour du caractère naturel et volontaire de la grâce. La grande affaire du christianisme fut de définir et de limiter le flot de cette grâce et ses risques inflationnistes. La pensée chrétienne occidentale prétendait capter et canaliser ce flot, et l'utiliser comme ressource d'énergie intérieure. Le livre de Piroska Nagy sur le don des larmes[41] a montré à la fois la plasticité informelle de la grâce attendue, la revendication individuelle dont elle fit l'objet et la captation de son contrôle par l'Église dans la longue durée du christianisme, jusqu'à son aboutissement spécifique au Moyen Âge central. En son origine monastique et orientale, le don des larmes se présentait comme un remède nouveau qui variait l'effort chrétien de reconstruire différemment le corps humain par l'ascèse[42]. La migration en Occident de cette technique spirituelle se trouva coïncider avec la rencontre du christianisme avec un naturalisme vigoureux, qui proclamait une irréductibilité du corps et atténuait, de fait, la portée des remèdes chrétiens à la passivité organique du sujet.

Au sein de cette tension, la théologie du sacrement, préoccupation majeure des théologiens aux XIIe et XIIIe siècles, fournit un cadre propice à l'affrontement de la grâce et de l'institution ; les longs débats sur la causalité du sacrement[43] avaient aussi cet enjeu, puisque le rôle de l'Église, comme médiatrice nécessaire ou facultative, en dépendait. La causalité du pacte sacramentel renforçait le rôle de l'individu au détriment de l'institution. La plupart des dissidences, jusqu'au protestantisme, plaçaient la question du sacrement au cœur de leur combat, en visant sa limitation ou sa modification. Le parti hussite se nomma « utraquiste » (partisan des deux choses) en réclamant pour chaque fidèle la communion sous les deux espèces (le pain et le vin)[44]. L'Église avait introduit peu à peu des différences sociales dans la réception de la grâce sacramentelle et réservé la communion sous les deux espèces au clergé et, dans certains cas, aux monarques.

De fait, le sacrement, comme don de grâce, posait la question de l'égalité de sa distribution. Sans coopération de l'homme (c'est l'*opus Dei*) et donc indifférent aux mérites, il pouvait sembler uniforme et égal pour tous. La transcendance divine devait l'emporter largement sur l'ordre social. Théologiquement, il s'agissait de savoir si la grâce obtenue l'était par une substance, être indivisible, par une passion ou par une action. La question du don de la grâce comme qualification (*habitus*) ou comme participation infuse au monde divin en dépendait.

Bon représentant d'une affirmation des positions cléricales, à l'écoute cependant des dissidences, Vital du Four se posa la question : « Est-ce que tous les baptisés reçoivent la grâce de façon égale ? »[45] Le franciscain conclut à l'inégalité, par une triple considération, portant sur le donateur, sur le récepteur et sur le sacrement même. Le premier a, bien sûr, sa liberté, mais, de façon plus surprenante, les conditions de réception jouent aussi : même les enfants le reçoivent différemment. Vital cite le cas hagiographique de saint Nicolas, qui reçut, avec le baptême, la grâce de jeûner deux fois par semaine. Les adultes, *a fortiori*, bénéficient d'une grâce donnée à la mesure de leur ferveur. Le sacrement lui-même soulève des questions intéressantes : Vital construit le baptême commun (par l'eau) comme une sorte de minimum de grâce, susceptible de multiplication dans ses variations (le baptême par le sang et le baptême de flamme).

Un dépassement de l'*habitus* humain : l'action sans retour (*usus*)

Cette critique religieuse de l'*habitus* prit une force nouvelle quand le rejet de l'avoir trouva un nom, celui d'*usage* (*usus*), signifiant l'activité pure, sans souci du lendemain et de l'accumulation. Le mot avait une histoire longue dans le lexique religieux. J'ai montré, dans un volume précédent de cette série, le rôle joué par l'opposition entre les actes d'utilisation (*uti*) et les actes de jouissance (*frui*) des choses divinement pertinentes, selon une opposition qui venait d'Augustin, qui devait lui-même son emphase sur l'usage au stoïcisme[46]. Chez Pierre Lombard, l'*usage* des moyens de salut accentuait la valeur de la transmission et de l'enseignement organisé, en séparait cette pratique enseignante nécessaire de la méditation sur la divinité, qui se liait au vocabulaire de la jouissance (ou de la *fruition*, selon la traduction littérale adoptée par les théologiens modernes). La légitimité de la théologie se fondait donc sur la nécessité des outils de salut (l'usage), justifiés par leur finalité (la fruition). Pierre Lombard distinguait deux types de fruition, celle, directe, des bienheureux ou des anges et celle, indirecte et approximative (*per speculum vel in aenigmate*), des humains sur terre. Dès lors, le Lombard classait les objets entre la fruition et/ou l'usage. On ne peut que jouir de Dieu, sans l'utiliser, car l'usage suppose un caractère passager et non permanent. Le seul objet humain de fruition se trouve dans la Trinité, certainement parce qu'elle implique l'incarnation et, donc, la temporalité. Les humains ne peuvent fonder la fruition ; en revanche, les vertus et les puissances humaines, modes d'accès au divin, assuraient une certaine liaison entre usage et fruition. Un second emploi commun opposait la notion d'*usus* à celle d'*habitus*. De façon descriptive, *habitus* et *usus* s'opposaient comme virtualité bien orientée et comme utilisation réelle (à propos de la raison ou des sacrements). On dispose d'une chose dont on se sert ou pas.

Un autre emploi, partiellement dérivé d'Augustin, apparaissait chez Thomas d'Aquin, où l'*usus* constituait l'un des quatre types d'actions produites par la volonté en vue d'une fin, après le conseil (*consilium*), le choix (*electio*) et l'assentiment (*consensus*)[47]. Ces types relèvent de facultés différentes : les deux premiers de la raison, le troisième du mouvement désirant, le quatrième (notre *usus*) des principes de l'action (les puissances de l'âme et les membres du corps). Autrement dit, l'usage se retrouve, comme l'*habitus*, à un niveau global de l'être humain, à la jonction du corps et de l'esprit. Là encore, Thomas assemble la nature humaine, puisqu'on use des choses aussi avec le corps ; il mentionne ces usages : on se sert d'un cheval pour chevaucher, d'un bâton pour frapper. Mais la racine de l'activité suppose que nous *appliquions* les principes internes de l'action humaine, c'est-à-dire la volonté dirigée par la raison. L'emboîtement semble parfait : l'homme use des choses selon les puissances de l'âme, selon les *habitus* de ces puissances ou selon ces organes. Les puissances ou facultés de l'âme ne cessent de déléguer leur pouvoir. L'usage relève des *puissances exécutives*, tout en s'en différenciant par la présence immédiate de la volonté. À l'intrication complexe de l'avoir et de l'être, moyen conciliateur d'imaginer une aide extérieure, des opposants à Thomas d'Aquin opposaient une transcendance absolue qui se passait de médiations.

On peut trouver un avatar de la distinction entre l'*habitus* et l'usage, associé à l'union directe avec la divinité, chez Gilles de Rome, dans la reportation de Munich de son commentaire sur les *Sentences*, datée des environs de 1272. Dans la question 40 du livre III demande si le pur amour est une vertu[48]. La réponse positive ne signifie en rien un ralliement à l'humanité du pur amour, car certaines vertus procèdent d'un don. Une comparaison familière donne toute sa valeur à l'usage : « La finalité des vertus théologales est la félicité surnaturelle, à laquelle sont ordonnées ces vertus. Mais le pur amour produit sans médiation l'acte de félicité. Donc les vertus théologales se mettent au service de cet acte, parce que cette vertu [le pur amour] produit l'acte final qui unit sans médiation à la fin. C'est évident, car, si l'on place le bonheur dans la nourriture, posséder de la nourriture ne constitue pas l'acte ultime, mais c'est bien celui de se servir [*uti*] de la nourriture, parce que l'acte unit sans médiation à la nourriture. Mais le pur amour, à la différence des autres vertus, unit sans médiation à Dieu. Donc… »

Chez Olivi, cette immédiateté se doubla d'un sens éthique : vous deviez saisir ce qui vous arrive (de grâce ou de contingence), en user sans souci du lendemain, afin de vous libérer de la dépendance. La pensée scolastique redescendait sur terre, sans renoncer toutefois à ses soucis religieux. L'usage était d'abord un instrument d'analyse des globalités trompeuses. Par exemple, Pierre de Jean Olivi s'oppose à toute appréciation d'ensemble des biens, des richesses, comme choses créées et donc bonnes, ou indifférentes parce que soumises à la volonté ; or elles ne sont pas d'*usage* nécessaire, ce qui apparaît, puisque, « sous le nom de richesses, nous comprenons non seulement les choses elles-mêmes, mais aussi la juridiction sur elles et leur surabondance »[49]. La notion d'usage, en ce sens, cristallisait des rêves partagés d'indépendance de la créature humaine vis-à-vis de ce qui le surplombe, le précède ou l'attend.

Débats sur l'usage

Chez Thomas, la possession de quelque chose, manifestée par l'*habitus,* disposait à son usage : « Avoir, c'est pouvoir utiliser.[50] » Cette affirmation pourrait sembler banale, si elle n'annonçait pas un contexte véhément du débat sur l'*usage pauvre* des franciscains. L'usage (*usus*), par le biais de cet éloge fort et insistant sur l'usage pauvre, conquit une place importante dans la pensée scolastique. Il entra dans une nouvelle configuration de sens vers 1270. Comment la désignation d'une simple et banale intervention sur les choses disponibles put-elle prendre une telle place conceptuelle, qui occupa la chrétienté pendant un demi-siècle ?

Une question[51], rédigée par Thomas une quinzaine d'années avant les grands débats publics sur l'usage pauvre, comporte, sous les dehors sereins du style thomiste, une véritable charge contre l'emploi spirituel du mot *usus*, qui avait dû pénétrer dans sa conflictualité latente avec Bonaventure, dès les années 1250. L'article 3 de cette question demande « s'il peut exister aussi un usage de la fin dernière », c'est-à-dire du salut final. L'incontinence verbale d'Augustin, qui avait employé le mot sans aucune rigueur, fournissait des matériaux commodes à l'opposant: il posait cette conception de l'usage, qui instrumentalisait le salut, en faisait l'objet d'une consommation. On se servait de la sainteté, de la béatitude, de la vision de Dieu, alors qu'il fallait en jouir. Une comparaison me semble particulièrement agressive: Thomas affirme que l'usage, défini comme application des facultés à une finalité ou une fin, peut se déplacer vers une autre fin, selon les visées de ce qui se dirige vers cette fin, ce qui est défini comme l'utile. Thomas semble assimiler l'usage à l'*utilité* selon une vue fonctionnelle, qui peut concerner les fins dernières. Mais il rectifie son propos en disant que la fin dernière se comprend soit de façon absolue, soit en rapport avec quelqu'un, c'est-à-dire soit comme chose, soit comme possession ou acquisition. C'est mon salut. La comparaison est faite avec l'avare: pour lui, ce n'est pas l'argent en soi, susceptible de comporter un bien, mais sa possession qui constitue une finalité. L'homme commun jouit (*frui*) de l'argent. L'avare l'utilise (*uti*). Cet étonnant chassé-croisé, qui transforme la consommation en accumulation, relève d'une critique implicite de l'usage pauvre, comme poursuite individuelle du gain spirituel, comme calcul sans participation.

La notion d'usage pauvre (*usus pauper*) fut brandie dans la controverse sur la très haute pauvreté, du côté des Spirituels franciscains, aux côtés de celle d'usage absolu (*usus simplex*), utilisée par le pape Nicolas III dans sa bulle *Exiit qui seminat* (1279), qui devint pratiquement la charte de ces Spirituels. Bien entendu, les qualificatifs importent; l'usage pauvre ou absolu se distingue de l'usage riche, opulent, relâché ou voluptueux. Mais la force du mot vient aussi de son emploi absolu, qui désigne en soi un mode d'activité: *user de*, c'est ne pas *avoir*. Les violences extrêmes de la polémique n'opposaient pas simplement deux modes de la discipline religieuse, deux variantes de la règle de François, mais deux visions du monde, bien plus globales. Le terme latin d'*usus* traduisait le grec *chrésis*, qui dut (ou aurait dû) enchanter Olivi, parce que trois exacts homonymes désignaient en ce vocable l'usage, le prêt et la réponse à un oracle.

Un argument de Pierre de Jean Olivi, dans son *Traité de l'usage pauvre*, s'en prend précisément et violemment à l'extension de l'*habitus*:

« En outre, j'ai entendu dire qu'ils produisaient un argument monstrueux. Ils disent en effet que ce n'est pas l'acte des vertus qui relève du précepte, mais seulement l'*habitus*.[52] » Autrement dit, les adversaires d'Olivi posent une médiation entre la lettre des préceptes bibliques et son application, en y incluant le vœu de pauvreté. « Chose admirable, car, en suivant cette doctrine, nous pourrions être saints en paressant au lit et accomplir les préceptes en ne faisant aucun acte de vertu. » Précisément, le pur amour (la charité) oblige à l'acte. Le rapport avec la question de l'*habitus* devient clair. Curieusement, Olivi inverse un argument en faveur de l'existence de l'*habitus* chez Aristote, suivi par Thomas : c'est précisément pour préserver le dormeur de la disparition des vertus (puis de la grâce) qu'il fallait imaginer un appareil stable et durable.

Pourtant, le paragraphe précédent du texte qualifie le vœu de pauvreté d'« *habitus* et d'acte interne ». La contradiction n'est qu'apparente : l'usage réunit de façon inséparable l'*habitus* et l'acte. En effet, il faut songer à la réunion dans une même notion des deux sens du mot *usage* (les formes habituelles et préparatoires et l'acte de se servir de quelque chose). La pratique de l'usage pauvre combine même les trois moments de l'activité : à propos de l'austérité (variante lexicale de l'usage pauvre), Olivi montre que la même conduite se présente à la fois et en même temps comme un acte (macérer sa chair), un autre acte qui renvoie en fait à un *habitus* (s'exposer à une pauvreté perpétuelle) et une potentialité (comme exercice virtuel)[53]. Autrement dit, Olivi place dans la vie terrestre la transformation divine de l'*habitus* universel chez Henri de Gand. Dans l'*usus*, la distance nécessaire et temporelle entre la potentialité, la préparation et l'acte est supprimée, précisément par le vœu de pauvreté et par l'observance de la Règle, qui rendent le fidèle contemporain de ses actes.

Dès lors, prend sens la liste des attitudes possibles par rapport aux biens temporels. Le pape Nicolas III l'avait établie, certainement sous l'influence d'Olivi : en effet, il distingue la propriété, la possession, l'usufruit, le droit d'usage et l'usage absolu. En termes juridiques, les trois dernières catégories excluent la maîtrise sur les choses elles-mêmes et n'en laissent subsister que l'emploi des choses. Mais l'usufruit et le droit d'usage accompagnent l'emploi d'un droit, considéré comme un autre mode de possession, d'*habitus*, distinct de l'acte d'user. Olivi pousse fort l'exécration du verbe *avoir* : dans une réponse à un opposant de sa huitième question évangélique sur le statut de la très haute pauvreté, il lui reproche de confondre *user de* et *avoir l'usage de*, car « avoir l'usage est la même chose que avoir le droit d'utiliser ou absolument ou temporairement[54]. » Le vrai renoncement, l'authentique conscience de la contingence, se limite à l'usage absolu.

En termes théologiques, la propriété et la possession ne reviennent qu'à Dieu. Les bienheureux au Paradis peuvent prétendre à l'usufruit et au droit d'usage, autre dénomination de la fruition, cette jouissance sans restriction des choses, opposée à l'*usus*, depuis les temps patristiques et jusqu'à Pierre Lombard. L'homme qui travaille à son salut ne peut avoir que l'usage absolu des choses. Pourtant, propriété, possession, usufruit et droit d'usage existent dans la société humaine, puisqu'ils font l'objet du droit. C'est que les notions, effectives, étaient employées de façon métaphorique ou usurpatrice (comme Satan a tenté d'usurper le pouvoir divin). On l'a vu, Olivi se servait lui-même d'une métaphore juridique pour évoquer les rapports individuels du fidèle avec le Christ. Le pacte avec le Sauveur ne peut se comprendre qu'en inversant le sens de la mauvaise métaphore, du modèle satanique. Ainsi s'expliquerait la contradiction apparente entre la détestation olivienne du droit et son usage théologique.

L'incarnation comme acquisition humaine et comme dépossession divine

L'*habitus* devint alors une limite volontaire de l'action divine ; c'est l'action même de renoncement, marquée par l'Incarnation comme descente (*condescensio*) vers l'humain, qui caractérisa l'activité du Christ, imitable dans l'usage (*usus*). Dans son *Quodlibet* V, 2[55], Olivi se demande si le Christ, en tant qu'il fut homme, a connu la foi et l'espérance. Notons d'abord que la troisième vertu théologale, celle de pur amour (ou de charité), était exclue, sans doute en raison de son évidence. Olivi réfute une position qui semble générale ou fréquente et qui n'assignait pas de place à ces deux vertus dans la vie du Christ incarné ; selon cette opinion, l'objet principal de la foi et de l'espérance portait sur Dieu. L'esprit du Christ, qui n'appartenait pas à l'humanité, ne pouvait être privé de cet objet : « Il eut la vision de Dieu en lieu de foi et la saisie [*tentionem*] et la pleine possession de Dieu à la place de l'espérance. » Olivi rejette ce raisonnement en montrant que l'esprit du Christ-homme comportait nécessairement la « raison inférieure », c'est-à-dire la volonté et l'intellect, dirigés vers le créé, qui ont besoin d'être accomplis par des vertus distantes, dans leur effort, de leur terme, la béatitude. De fait, Olivi donne des exemples des objets de foi et d'espérance du Christ : « Il espérait se glorifier dans son corps, souffrir la Passion auparavant et, par sa Passion, racheter le monde ; et, avant de prêcher, il espérait prêcher, avoir des disciples et convertir bien des hommes à la foi, et ainsi de suite. » Tous ces objets de foi et d'espérance portent sur le monde créé, et non sur Dieu. Les *habitus* de foi et d'espérance dépendent du monde, parce que la raison humaine ne peut s'en passer. Le Verbe a donc choisi, en s'incarnant, de renoncer à la maîtrise mentale de l'essence divine (*tentio et possessio*) et de n'en avoir que l'emprunt limité (l'*usus*).

Les adversaires d'Olivi se repliaient vers une solution qui admettait l'assomption de la raison humaine par le Christ, mais en excluant la foi et l'espérance, transcendées par des vertus d'un autre genre et non simplement par une variation d'intensité et d'espèce. Les attentes mentionnées dans la vie du Christ étaient d'un autre degré de clarté et de certitude que nos objets de foi et d'espérance, et rappelaient la science des anges. Olivi rejette ce parallèle : les anges ont bénéficié d'une certitude plus forte du fait de leur effort affectif, non d'un appareil mental différent. Et leur science même est insuffisante. Foi et espérance offrent des degrés différents dans le Christ, chez les anges et chez les hommes. Seule l'essence divine se passait donc d'*habitus* ; tout autre appareil mental devait recevoir les vertus, signe variable d'incomplétude. Par l'incarnation, le Christ se chargeait du lourd appareil mental humain, qui nécessitait l'*habitus*, mais il s'en dégageait en pratiquant la pauvreté et s'en libérait totalement par la Passion.

L'*habitus*, dans la vie du Christ, apparaissait donc comme un moment initial de l'action, à dépasser. L'imitation de la vie du Christ par le fidèle se fondait sur ce dépassement. Olivi, dans les questions du livre III[56] de sa *Somme*, dans les années 1280, mit en balance les *habi-*

tus, la possession de grâce infusée et la série des actes juridictionnels produits par le mérite du Christ, désignés par un mot de la même famille, *habitudines*, qui connote les relations (tiré de *se habere*, se comporter, plutôt que de *habere*, avoir). L'image du droit repose sur un échange lié une dette infinie, négociée en chaque instant de la vie humaine. L'exemple du baptême, très longuement développé, différencie le sacrement comme réception d'une condition transformée et comme crédit ouvert sur le mérite du Christ. La donation, absolue au moment de l'acte, est conditionnelle pour le futur, soumise au consentement, à l'usage de la raison et à la pratique de vertus. « Mais l'*habitus* de pur amour [ou de charité] et des autres vertus ne peut être donné ou infusé de façon conditionnelle, parce que sa distribution est toujours absolue et fixe ».

Olivi relève une contradiction propre à la notion qui pose à la fois une durée longue et une efficacité immédiate. Il note que, selon Aristote, la possession d'un *habitus* de science ou de vertu implique de se situer dans un acte premier et dans un état de potentialité proche, déjà disposée, et donc dans une potentialité accidentelle, qui n'appelle qu'un agent favorable ou défavorable. Autrement dit, l'*habitus* renvoie à une grande régularité tout en portant sur une circonstance précise. Olivi met en doute cette efficacité permanente avec un argument empirique : « Mais le contraire de ce mécanisme apparaît chez les enfants baptisés qui sont élevés parmi des schismatiques, des hérétiques, des Sarrasins, ou des bêtes ; bien plus, nous constatons que, quand ils arrivent à l'âge de raison, ils suivent les erreurs de leur secte, comme par une certaine nécessité. »

Une défense de l'*habitus*, due à Thomas d'Aquin[57], pose qu'il n'est efficace que par l'intermédiaire d'habitudes ou de capacités acquises par des actes propres, ce qui, aux yeux d'Olivi, achève de ruiner la notion, qui devient superflue et inutile. « Ces *habitus* infus ou bien n'existent pas, ou bien ils ne sont pas de vrais *habitus*, ou du moins des *habitus* sans perfection. Qu'est-il de plus imparfait dans un *habitus*, par rapport à l'acte correspondant, qu'une potentialité ne puisse avoir de facilité, grâce à lui, pour produire cet acte ? » C'est le principe même de la médiation, cher à Thomas, qui est en cause : la médiation a toujours besoin d'une autre médiation, à l'infini. Ensuite, une capacité vicieuse et acquise l'emporte sur l'*habitus* donné au baptême, puisqu'il n'est pas disponible immédiatement et ne produit pas d'actes de foi, ni de charité, qui pourraient bloquer la capacité vicieuse. Dès lors, la créature retombera dans le péché mortel. Cette fragilité attente gravement à la condition humaine : « Il s'ensuit donc que l'*habitus* de pur amour [de charité] peut se perdre par nécessité, ce qui nuit non seulement à la noblesse des vertus, mais aussi à la liberté de la créature rationnelle. » L'acte de donation instantané, parce qu'il se soumet à un mode juridique, préserve au contraire cette liberté.

Cette critique aboutit à une dénonciation du fétichisme du sacrement, traité d'une façon quasi magique, qui provoque la dérision des Infidèles. « Selon un développement courant chez les enfants baptisés, quand ils en arrivent à l'usage de la raison, il n'apparaît chez eux aucune supériorité d'inclination ou de facilité vers le bien par rapport à des non-baptisés, à moins seulement qu'ils n'aient eu la chance [*sortiuntur*] d'obtenir de meilleures capacités naturelles ou d'une formation, d'une éducation et d'un entourage meilleurs. » Le sacrement n'a donc aucune efficacité naturelle. Est-ce à dire qu'il est inutile ? Non, parce qu'il a une fonction de signe qui permet la relation avec la divinité. La grâce, chez Olivi, subit aussi les aléas de la contingence et ne saurait transcender d'elle-même les contraintes naturelles. Mais la volonté en acte en permet l'usage. Cette incitation à dépasser l'*habitus* me semble avoir donné un contenu philosophico-théologique essentiel au débat sur la Très Haute Pauvreté, marqué par l'expression *usage pauvre*.

L'*habitus* et l'individu chez Pierre de Jean Olivi

Pierre de Jean Olivi fit subir à la notion d'*habitus* une transformation radicale en l'étendant et en la diversifiant. La dimension proprement anthropologique de la tendance thomiste s'en trouva bouleversée. Selon la question quodlibétique I, 13, d'Olivi[58], l'*habitus* acquis de science, c'est-à-dire, en ce cas, l'apprentissage préalable à la réception de grâce, obtenu par une enquête propre, se réduisait à une espèce particulière de l'activité humaine, alors que la lumière prophétique, comme source de connaissance, offrait une portée plus grande. Entre ces deux approches, le mode différent d'accès à la connaissance importait plus que l'identité de l'objet à connaître. L'*habitus* acquis n'était pas nié, mais relativisé et distingué de processus plus généraux et plus puissants. Les types d'*habitus* différents, appliqués au même objet, coexistaient : on pouvait arriver à la même conclusion géométrique par révélation ou par démonstration.

Cette affirmation d'une possible origine révélée du savoir s'inscrit à la fois dans une histoire intellectuelle de longue durée et dans une histoire individuelle. D'une part, il s'agit là d'un des prodromes de la notion d'*inspiration*, esquissée à la Renaissance, développée à l'époque romantique, mais dont la portée effective ne se limita ni à une époque, ni au domaine esthétique. Certes, la notion avait un passé antique, mais le lien précis avec une description dérivée de la théologie et de l'anthropologie n'était pas à l'œuvre, comme il le fut dans la doctrine d'Olivi.

Les exemples étranges utilisés[59] par Olivi pour prouver la composition variée et non unique d'une connaissance nous entraînent du côté de son individualité psychique. Contre son opposant, qui affirmait l'impossibilité de connaître une même conclusion géométrique par révélation et ensuite par une démonstration humaine acquise, Olivi entend montrer la pluralité des sources du savoir ; pour un même objet, les *habitus* ne se limitent donc pas à une unique production, mais se multiplient. Certes, chez Thomas, les *habitus* se multipliaient autour d'un même objet, comme on l'a vu avec l'exemple du corps humain. Cette multiplication assurait l'insertion de l'*habitus* dans le libre arbitre. L'*habitus* ne contraignait pas l'action libre ; il en offrait au contraire la possibilité. Mais il s'agit d'autre chose chez Olivi, précisément de l'accumulation dans la durée continue et graduelle, contre l'exigence de stabilité de Thomas. Olivi, pour établir cette gradation, prend l'exemple du souvenir du père : « Quand je me rappelle mon père, comme je l'ai vu successivement en cent lieux, est-ce que je ne le fais pas par la conservation mémorielle de représentations diverses retenues en cent moments et en cent lieux ? » La mention du père absent surprend : n'importe quel exemple banal de chose vue aurait suffi. L'application exacte de la doctrine défendue, qui repose sur une coexistence et une complémentarité des savoirs humains et infusés, devait associer dans cet exemple le caractère empirique des événements vus (la série des souvenirs) et une révélation d'origine surnaturelle. Mais laquelle ? Apparemment, si l'on suit la logique de l'exemplification, la connaissance mémorielle du père relevait aussi d'une Image confortée par la divinité, qui permettait de lier ces souvenirs.

Enfin, la constitution de l'*habitus* de connaissance faisait intervenir la volonté aux côtés de la remémoration passive. De façon encore plus inattendue, dans ce même et bref texte, quand Olivi pose l'identité d'espèce entre la lumière prophétique et la science acquise, il donne comme exemple de cette identité entre des objets naturellement engendrés et des objets « faits surnaturellement » le cas de la filiation d'Adam et de Seth, père et fils de même espèce et d'origine différente. La décision finale ne tranche pas : la lumière prophétique est à la fois de la même espèce et d'une espèce différente que l'*habitus* acquis, donc transmissible. Le sujet est tenu, soutenu, que le père transmette ou non. Enfin, pour illustrer la diversification des *habitus* selon le mode et non selon l'objet, Olivi prend l'amour et la haine comme exemples. Tout cela n'aurait pas autant de signification si l'amour paternel n'était, tout au long de l'œuvre d'Olivi, défendu comme un effet de la volonté et du choix, opposé à la naturalité de l'amour maternel. Le père est vénéré à la mesure précise de son absence, des doutes qu'il suscite et de l'effort de représentation qu'il demande. Cette perception de la structure familiale, impossible à vérifier dans une biographie totalement inconnue, ne fut pas sans conséquence sur la saisie de la personne du Père divin, dont l'acte d'abandon prend sens dans une nécessité historique du salut et dans la promotion forte de l'image du Fils.

Une fois marginalisé par rapport à la lumière prophétique, l'*habitus* de science cédait la place essentielle à un autre *habitus*, constitué par une interaction de la volonté du sujet et du don divin. Là encore, le véritable *habitus* pertinent pour le salut était donc d'ordre individuel et non acquis et collectif. Ainsi, Olivi se demanda si la foi était nécessaire à tout homme non sanctifié (avant sa glorification au paradis) et y répondit affirmativement[60]. Or il traitait explicitement de l'*habitus* de foi et d'espérance. Une première raison de cette nécessité tenait à « la rectitude virtuelle de ces *habitus* ». La foi se définit comme la capacité volontaire de soumettre l'intellect à Dieu, tandis que l'espérance consiste en une tension de l'esprit (*innisus mentis*) vers Dieu. La seconde raison convoque la rectitude affective du jugement : « Cette approbation affective ou assentiment ne provient pas proprement d'un *habitus* de science, mais plutôt d'un *habitus* volontaire ou dépendant de la volonté. »

La spéculation intellectuelle et financière, usage contrôlé de la fragilité humaine

Au-delà de ces débats doctrinaux sur la pauvreté, l'exaltation de l'usage a connu d'importantes variations, plus séculières. On trouvait un fondement religieux à un pur exercice de transformation du réel, détaché de sa consistance immédiate. On se servait du monde. Une autre valorisation de l'usage s'est déployée quand il s'est agi de tirer profit de la faiblesse de l'être humain, de jouer avec ses limites, en en prenant conscience et en en faisant l'objet de paris économiques. La perception de la contingence se faisait réflexive et productive. On spéculait, dans les deux sens du mot (intellectuel et financier), sur les incertitudes de la condition humaine. Ce tournant capital, bien analysé par Giovanni Ceccarelli[61], fonda, entre autres, le principe de l'assurance et des revenus viagers. La spéculation économique se fonde sur une conscience aiguë de la contingence ; c'est ce qui explique sans doute le paradoxe de la pensée d'Olivi, défenseur à la fois de la renonciation et de l'investissement marchand, en plus de la question des statuts de vie, que j'ai évoquée dans *La Religion de l'État*.

La spéculation, économique et intellectuelle, composait, non sans conséquences de longue durée, le paysage de la pensée scolastique de la contingence humaine, devenue conquérante. La qualification thomasienne passa donc souvent pour une passivité et pour une immanence suspectes, et appelait la surnature et ses promesses de réunion des instances du sujet dans l'union divine.

VI

Doubles

D'autres sujets dans l'individu : l'image et l'ange

Dans une bande dessinée célèbre, un courtisan, Iznogoud, veut perpétuellement « être calife à la place du calife »[1]. En un registre moins facétieux, Satan a voulu prendre la place de Dieu. Au-delà des intrigues de pouvoir, s'illustre ainsi le désir insistant de changer de nature. Les jeunes enfants rêvent souvent d'une parenté autre et secrète ; au Moyen Âge, ce fantasme pouvait impliquer Satan, avec le thème du *changeling*, de l'enfant diabolique substitué à l'enfant naturel par les démons, au moment de sa naissance[2].

La substitution surnaturelle

Dans de nombreuses cultures, l'être humain se veut autre et entend obvier à l'aliénation et à la contingence par la *substitution* qui fait accéder à un autre état, par un cycle de réincarnations ou de mutations. En histoire religieuse, la tendance humaine à la déification proclamée relève de cette tendance. La théologie chrétienne occidentale s'y prêtait en élaborant une analogie possible, qui unissait l'homme à son créateur. L'incarnation du Christ favorisait le processus de projection et d'identification, et la théologie trinitaire humanisait le surnaturel. La distinction des personnes divines par la manifestation de traits de l'essence divine renforçait les correspondances anthropologiques.

L'enjeu théologique importait grandement, car il s'agissait de savoir si la constitution des personnes divines était un processus achevé ou ouvert, si la nature humaine demeurait disponible pour une participation à l'être divin et si la trace d'un modèle divin était porteuse d'espérances. Par ailleurs, la substitution gouvernait une part importante du dogme. En dehors du sort de la personne, le processus peut se lire en termes de substitution corporelle : que l'on pense, en particulier, aux deux questions difficiles qui entourèrent la figure de la Vierge, les thèmes de l'Immaculée Conception et de l'Assomption. Dans les deux cas, un corps non naturel (celui de Marie ou celui de ses parents) se substituait au corps humain. Nous allons commencer ce parcours par l'examen des doubles contigus à l'être humain, l'image originelle et perpétuelle, d'une part, et l'ange accompagnateur et successeur de l'humain mortel, d'autre part.

La création de l'être humain se présentait comme la source et le moyen d'une promotion possible qui fasse oublier la dispersion du sujet. Le célèbre verset de la Genèse (1, 26), « Faisons l'homme à notre image, selon notre ressemblance », dont le commentaire a été infini, attribuait à l'être humain une analogie essentielle et originelle avec Dieu, voulue par lui en sa création. Cette ressemblance n'a cessé d'interroger les chrétiens, mais les penseurs du XIIe siècle, attirés par les notions de conformité et de difformité et par le thème du microcosme, ont particulièrement médité cette ressemblance[3].

L'anthropologie scolastique, à ses débuts, en infléchit le sens et se focalisa sur le miroir réfléchissant qui renvoyait cette image. Il fallait saisir comment la créature humaine pouvait réfléchir Dieu en dépit des apparences. Certes, on pouvait comprendre comment le monde créé construisait ce miroir et c'est que montre l'abondance, au XIIIe siècle, des « miroirs » comme lieux d'un savoir total[4]. Mais le processus de production du reflet restait mystérieux. Comment le reflet pouvait-il être déformé, l'image devenir floue ou double ? Voilà sans doute pourquoi l'optique est devenue une science majeure au cours de la période scolastique[5].

Je vais donc d'abord explorer le thème de l'image comme double originel, comme modèle premier de la condition humaine, toujours subsistant, mais oublié ou recouvert[6]. Les sources en sont infinies, mais je suivrai donc le principe, jusqu'ici adopté, qui privilégie le moment des commencements de la scolastique (1225-1235), afin de repérer le début, encore tâtonnant, d'une réflexion neuve sur des thèmes fort anciens.

L'image de Dieu, propre de l'homme

La *Summa Duacensis* (vers 1225) illustre bien la captation anthropologique de ce thème théologique, qui présente l'homme comme une image de Dieu. L'auteur du fragment que j'analyse, que je pourrais nommer *Douai (3)*, fait de cette relation d'image ou de ressemblance un trait propre à l'humanité ; l'auteur se demande en effet si l'on peut dire que l'ange est l'image de Dieu[7]. L'opposant de la question apporte un seul et bref argument : l'ange, plus proche de Dieu que l'homme, mérite davantage la relation d'image. Pourtant, la détermination de la *Somme* refuse ce statut à l'ange. L'auteur emprunte explicitement son argument principal à Richard de Saint-Victor[8], mais en l'appliquant aux anges et aux hommes. Richard entendait montrer qu'en la Trinité divine il existe des différences qui ne sont pas des dissimilitudes : en effet, les trois personnes diffèrent par leur origine (par leur production : non-engendrement, engendrement par le Père ou procession par le Père et le Fils) et non pas par leurs qualités, strictement identiques. Selon ce passage de la *Summa Duacensis*, les anges, tous issus immédiatement et uniformément de Dieu, ne connaissent pas de différence d'origine. Ils se distinguent par leurs qualités, dont la distinction s'était sans doute manifestée par la chute de Satan, aussi bien que par la mise en place de la hiérarchie angélique. Les hommes, en revanche, diffèrent par leur mode d'engendrement : « Tout homme est engendré par un autre homme et en engendre un autre que lui et selon une autre génération. Les hommes diffèrent entre eux par l'origine de leur essence ou par l'essence de leur ajout d'existence. » Une autre différence tient aux qualités, qui excluent d'une autre façon l'égalité : « L'humanité de Guillaume est autre que celle de Guy. » Ainsi, l'homme se trouve en communication aussi bien avec Dieu qu'avec les anges.

L'auteur prouve cette exclusivité humaine par un autre argument; l'existence est conférée par Dieu de façon double chez l'homme, en elle-même et par un moyen (la *ratio*), alors qu'elle l'est de façon unique chez l'ange, par l'intelligence. Or la *ratio* comporte une certaine correspondance avec la Trinité. On retrouve ainsi, traité de façon originale, le thème classique des traces trinitaires en l'homme: raison, mémoire et volonté forment l'image de la Trinité. Paradoxalement, c'est l'infériorité de l'homme par rapport à l'ange qui lui accorde ce privilège de l'image, puisque la raison discursive (*ratio*) valait moins que l'intelligence.

Cette position ne devait pas aller de soi, car la dernière phrase de la question concède très brièvement la possibilité que l'ange ait été créé à la ressemblance et à l'image de Dieu, avec un seul argument, assez faible, tiré d'un verset d'Ézéchiel (28,12): « De même, il est dit à propos de Lucifer *comme tu as été le sceau de la ressemblance dans les délices du Paradis*; d'où il semble qu'on doive dire que l'ange a été fait à la ressemblance et à l'image [de Dieu] ». Le texte hébreu ne parle pas de ressemblance, mais de perfection; la Vulgate avait inventé la ressemblance dans ce passage. De façon plus décisive, le prophète, en ce verset, adresse les paroles de Dieu non pas à Lucifer, mais au roi de Tyr, mauvais, et pourtant humain. Le texte biblique des paroles divines est explicite: « Tu t'es dit: *Je suis Dieu et me suis assis dans le trône de Dieu au cœur des mers*, alors que tu es homme, et non Dieu. » La similitude des crimes du roi de Tyr et de Satan assimilait l'un à l'autre. On retrouvera cette ambiguïté à propos de l'Antéchrist.

Pour donner une assise théorique à la singularité humaine de l'image, l'auteur de ce passage de la *Summa Duacensis* retourna à la lettre du verset de la Genèse et se posa la question de la différence de sens entre la *similitude* et l'*image*, question classique et ancienne de l'exégèse, renouvelée ici par la continuelle interrogation sur la différence de statut de l'image entre l'homme et la Trinité[9], et par l'introduction d'un troisième terme, l'égalité (*equalitas*). Enfin, il réussit à traduire dans le vocabulaire d'Aristote les mots employés lors du débat confus mené à partir de propositions d'Augustin, dont il souligne le caractère contradictoire. Une des nombreuses affirmations d'Augustin opposait en effet la nature de l'image à la grâce de la ressemblance. L'image était ainsi exilée dans le monde des hommes. Bien entendu, cette position influença une hostilité de la théologie occidentale envers l'image et connut des prolongements au moment de l'affaire de l'iconoclastie orientale. Mais tel n'était pas le propos de notre auteur, qui entendait trouver un statut intermédiaire entre l'unité divine et la diversité humaine. La similitude offrait un principe commun, réduit à l'image dans le cas de l'homme et équivalent à l'égalité dans la trinité divine. L'auteur reconstruit les termes utilisés aléatoirement par Augustin : la ressemblance relève bien de la nature si on la comprend comme essence divine. Dès lors, l'image devient une forme, lestée donc d'une matière, mais aussi d'une plasticité forte qui lie le divin et l'humain. La ressemblance peut être rapatriée dans l'activité humaine, au prix d'une distinction de quatre sens : elle désigne une relation, fondée sur des qualités, ou bien une convergence (*convenentia*) à partir de quantités identiques. Le troisième sens se réfère à une proportion qui n'implique aucune égalité ; la justice humaine et la justice divine peuvent se rapprocher par la structure de l'acte qu'elles entraînent. Enfin, la convergence essentielle ne s'applique qu'à la Trinité divine.

L'image, sécrétion humaine produite sous l'impact de la divinité, forme proportionnelle, pouvait donc assurer une fonction de médiation, mais dans l'actualité de l'existence humaine. Son statut d'expression de l'individu, son rapatriement dans l'activité humaine la privaient du statut de relique interne, antérieure à soi, productrice de traces d'altérité, dont elle avait joui dans un christianisme qui ne songeait pas à la projection de l'origine de l'humanité en celle de chaque homme.

L'homme peut-il soigner son image ?

Deux parties de la même question de la *Summa Duacensis* établissent le statut de l'image par laquelle l'homme est créé. L'interrogation, longuement développée, paraît bien spéculative, car elle porte sur le caractère créé ou incréé de cette image. La question dérive des *Sentences* de Pierre Lombard[10], qui s'oppose à une interprétation de Bède le Vénérable. En fait, le Lombard pourchassait une multiplication des émanations divines qui ferait de l'homme une image d'image. Le verset sur la création (*faciamus hominem ad imaginem et similitudinem nostram*) désignerait, en effet, pour ses adversaires l'engendrement du Christ, Fils qui est l'image du Père. Le Lombard proteste au nom du texte : le *nôtre* (*ad nostram*) ne saurait désigner le Père, seul géniteur du Fils. L'argument a du poids, car, de tradition, le possessif pluriel était chargé d'attester l'existence de la trinité. Une seconde version, jugée plus *sagace* par Pierre Lombard, associait l'image au Fils et la ressemblance à l'Esprit. Le *nostra* désignerait la procession commune et un *meam* serait sous-entendu à côté de l'image. Pierre Lombard refuse de trancher, mais semble attiré par cette dernière solution. En fin de distinction, il note que toute solution est impossible, parce qu'aucune opinion ne vient « du cœur des sommets » (*de medio montium*), c'est-à-dire des autorités principales de la doctrine chrétienne.

Quand il présente la solution de l'image incréée, forme de l'essence divine, Pierre Lombard montre que, dans ce cas, l'image se fait *ad quam*, alors que l'image créée s'offre comme *in qua*, ce qui, implicitement, contrevient à la lettre du texte biblique. Il tente un difficile compromis en étendant le sens du mot image et en prenant l'exemple de la statue de César. De façon impropre, l'image se dit de quelque chose de relatif à une autre. Il distingue alors le représentant (*exemplum*) et le représenté (*exemplar*). L'*exemplum* est le résultat (*quod sumitur ex aliquo*) et l'*exemplar* désigne le référent (*quo sumitur aliquid*). L'homme devient donc un signe, ou plutôt un signe était créé avec lui (*concreata*). Pierre Lombard, en parlant de concréation, essayait de construire la fonction de signe de l'homme en un double de l'existence : on naissait doté d'une fonction religieuse, en homme-sandwich de Dieu. Et l'appropriation des fonctions signifiantes inconscientes ou méconnues constitua l'un des principaux efforts de la scolastique.

L'auteur de ce fragment suit d'assez près le raisonnement du Lombard en y apportant des nuances importantes. Il désigne les deux conceptions de l'image comme *active* et *passive*, privilégiant implicitement l'idée d'une activité propre de l'homme. Ensuite, dans la seconde conception de l'image, passive et incréée, il désigne l'image comme *exemplar* sans aucune mention de l'*exemplum*, ce qui diminue la vraisemblance de cette solution.

Ce texte de la *Somme* utilisait la distinction de Pierre Lombard comme un lexique, qui occasionna des propositions étrangères aux

Sentences. Ainsi, au chapitre 2, le Lombard avait introduit l'exemple de la statue de César pour présenter une extension, jugée incertaine, du mot *image*, dans le sens de représentation humaine, de signe volontaire. Or la *Somme*, en prétendant résoudre l'hésitation entre le créé et l'incréé, prit l'exemple de la statue d'Hercule, et non plus de César. Ce changement a une certaine importance : l'original d'Hercule, dieu ou demi-dieu païen, est inexistant ou fictionnel pour un chrétien ; on ne peut donc réaliser sa statue qu'à partir d'une statue préalable. On se trouve donc dans une situation analogue avec celle de l'image de Dieu, inaccessible directement. La représentation divine n'était donc pas radicalement différente de la représentation humaine. Au chapitre 4 de sa distinction, Pierre Lombard, embarrassé par le double statut de l'image, créée et incréée, avait renoncé à trancher en se contentant de juxtaposer des différences entre l'image et la ressemblance, couple apparemment chargé d'élargir la distance entre l'image et la ressemblance. Du côté de l'image, on avait la structure ternaire de l'âme (mémoire, intelligence et amour), la vérité, le tout de l'âme, la forme. Du côté de la ressemblance, intervenaient la dimension morale de la créature (innocence et justice), la vertu, l'essence, la nature. Une opposition supplémentaire, non glosée, distinguait le tableau (*tabula*) de la peinture (*pictura*) qui la portait. En somme, la ressemblance renvoyait au moment même de la création, tandis que l'image représentait le devenir actuel de cette création après la chute.

Le texte de Douai (3) reprit ces instruments et en changea le montage : le tableau s'opposait non plus à la peinture mais à la figure (*figura*), élément non matériel, correspondant au geste créateur et non à la trace matérielle, mais effacée, de la Création. La ressemblance en elle-même n'avait plus de pertinence et la *Somme* pouvait énumérer quatre sens actuels et effectifs de l'image, qui était le lieu d'une *impression*, manifestée d'abord par la production de la ternarité des dignités (mémoire, intelligence et amour), puis, ensuite, par celle de l'âme et, enfin, par celle de l'homme. Un quatrième sens s'ajoutait et renvoyait à l'ensemble des créatures. La signification s'élargit, mais non par extension, par emboîtements successifs, par un rapport de contenant à contenu (*remotio*). Le fragment reprenait ici le vocabulaire de la *tabula* et de la *figura* : l'âme, comme *tabula*, contenait la *figura*, qui trace les dignités. Implicitement, l'homme encadrait le tableau.

Dans ce texte assez obscur de la *Somme*, deux modèles s'opposent pourtant clairement: ou bien l'image serait un moule divin, une sorte de double du divin, délégué à la production des créatures; ou bien l'image serait le contenant humain qui abrite quelque ressemblance ou quelque correspondance avec la Trinité. L'image serait bien humaine, mais l'analogie ou la correspondance permettraient un mouvement, un effort, vers le modèle divin. Elle remplirait alors la fonction d'une continuité entre l'éternité de l'incréé et la fixité de la création, puisqu'elle assurerait une sorte de prolongement, de suite, de la création. Elle ne construirait pas un double humain, divinement inspiré, mais un mouvement. Fort curieusement, cette conception du dynamisme de l'image évoque celle de la doctrine « franciscaine » de la personne, que nous évoquerons plus tard. L'absence totale d'indications sur l'auteur (un maître de théologie parisien?) et le flou de la datation de cette *Somme* ne rendent ce parallèle ni impossible ni probable. Plus précisément, un parallèle troublant nous renvoie une fois encore à Jean de La Rochelle: dans la *Summa Duacensis*, les trois questions sur l'image faisaient partie d'un traité, *De anima*, et, de son côté, le franciscain inclut de longs développements sur la notion d'image, dans le passage le plus dense de sa *Somme de l'âme* (environ 12 % du texte)[11]. Certes, on remarque certains parallèles doctrinaux précis, et la décision de faire passer la question anthropologique par une réflexion sur l'image atteste une préoccupation commune.

Par ailleurs, le style de démonstration de la *Summa duacensis* rappelle parfois celui des facultés des arts, bien que les questions du recueil soient toutes théologiques. Les trois arguments de la détermination, en faveur du caractère créé de l'image, reposent sur la grammaire: la proposition *L'homme est l'image de Dieu*, jugée équivalente à celle du verset de la Genèse, est communément acceptée et elle indique que l'image, comme l'homme, est créée. Or le mot *image* s'y trouve au cas sujet ou attribut (*rectus*); ce mot, dans le verset, est employé au cas-régime (*obliquus*). Or la flexion ne change pas le sens du terme. Le deuxième argument excipe d'une habitude de langage: on parle couramment d'une image créée de l'incréé, et non de l'inverse. Le troisième argument, quant à lui, évoque le sens impliqué par le nom d'essence, qui implique une absence de dépendance et exclut, ainsi, que l'image se confonde avec l'essence divine.

Jean de La Rochelle et l'image

Chez Jean de La Rochelle, on l'a vu au début de cet ouvrage, le sujet (*subjectum*) lui-même, porteur, dans le cas humain, de la matière et de l'existence, ouvert à l'accident, offrait une médiation entre les opposés (essence et existence ; forme et matière) qui décrivaient la contingence de la condition humaine. Quand il intégra, longuement, une réflexion sur l'image, il s'agissait d'établir les relations entre Dieu et l'âme humaine, en sa création et son être. Cette fois, le mouvement inverse apparemment celui qui animait sa discussion sur l'existence et l'essence : la source théologique, le verset de la Genèse, ne laisse que peu de place à l'aristotélisme. Mais de son esprit artien Jean gardait un sens aigu de la classification et de la hiérarchie argumentative. Du magma d'Augustin, proliférant en significations et applications des mots *ymago* et *similitudo*, Jean de La Rochelle tira un schéma rigoureux.

En fait, la fidélité à Aristote va assez loin. Jean commence par examiner le statut de l'image dans l'essence divine, puis dans les personnes de la Trinité (chapitres 28 et 29). Il pose d'abord une définition de l'image due à Aristote : « L'image est ce dont la production se fait par imitation.[12] » Une définition d'Hilaire de Poitiers la complète : « L'image d'une chose est celle que met en image une forme [ou une espèce : *species*] indifférente. » Ces formulations vagues prennent un sens polémique en ouvrant la possibilité d'une image de l'essence divine, dans un processus flou néo-platonisant et analogique, où tout est image de tout, y compris du Tout. Une telle tournure d'esprit convenait fort peu à Jean, qui, en outre, faisait dire à un opposant que l'imitation supposait une dépendance incompatible avec l'essence divine (l'argument se trouvait aussi dans la *Summa Duacensis*). Jean sauva ces deux définitions en les dotant d'une lecture totalisante.

La détermination de Jean réglait les choses avec une audace tranquille : « Il faut dire que l'image se dit doublement : de façon propre, c'est-à-dire quant à l'imitation de quelque chose d'autre, elle est un exprimé [*expressum*]. Elle est dite aussi de façon impropre et cela doublement en considérant d'un côté par l'imitation *de qui* l'autre est exprimé, d'autre part en considérant qu'il y a quelques réalités dans l'imitation. Le premier mode est désigné comme quasiment passif ; c'est simplement une forme exprimée. » Entendons qu'il s'agit d'un reflet ou d'unc impression. C'est ainsi que le Fils est l'image du Père et d'une certaine façon l'homme image de Dieu. Le deuxième mode, « quasi actif », est dirigé vers la source à imiter. En ce sens, l'essence divine des personnes est image de l'homme, qui l'exprime.

Dans le troisième mode, l'essence divine, relative, est image des personnes, en tant que l'essence divine produit une circulation interne des énergies, qui relève plutôt de la ressemblance. Autrement dit, les trois modes de l'image s'emboîtent, comme dans la *Summa Duacensis*. L'image la plus pure relie le Père et le Fils, mais fonde celle qui unit l'homme à la divinité. Dès lors, la définition d'Aristote est parfaitement recevable. La définition d'Hilaire, qui semblait accueillir toute image, est sauvée par Jean de La Rochelle, grâce à une distinction[13] : il oppose ainsi une indifférence essentielle, une indistinction de ressemblance et une indifférence fonctionnelle (*habitudinalis*), commune à certaines propriétés des personnes. Le Père et le Fils ont en commun de produire une personne (le saint Esprit) et cela fonde et justifie l'image qui les unit.

Ces subtilités spéculatives contribuèrent à engendrer des conséquences pratiques. Le thème de l'imitation de Jésus, si décisif dans la spiritualité médiévale et renaissante, y trouva racine. La hiérarchie des sens de l'image privilégiait la personne du Fils, seul à être imagé et donc imaginé. La notion d'image de Dieu s'appliquait à deux êtres : le Fils et l'âme humaine. En effet, le Fils est l'image du Père, tandis que l'âme relève à la fois de l'image (*ymaginem*) et de l'orientation vers l'image ou la ressemblance (*ad ymaginem*). Cette orientation vers l'image oppose l'homme aux créatures irrationnelles, lieu de simples *vestiges* (*vestigia*) et à l'ange, détenteur d'une ressemblance. Cette ressemblance angélique a été acquise d'emblée au moment de la création au contraire de l'homme comme créature déchue et susceptible de rachat : « [...] et l'image de la Trinité ne convient pas en propre à l'ange, bien qu'il semble exceller en mémoire, intelligence et volonté, parce que, bien qu'il excelle en cela, dans sa formation première, issue de la création, il n'excelle pourtant pas en la re-formation ; car l'esprit de l'ange n'est pas réformable, parce qu'il ne se relève pas après la chute. Mais l'esprit de l'homme est réformable, parce qu'il se relève après la chute[14] ».

En ce sens, nous retrouvons les trois niveaux de l'âme : le vestige occupe l'animation corporelle, la ressemblance, l'esprit et l'image (dédoublée en image et orientation vers l'image) joue le rôle de la confédération, ou du troisième niveau. La distinction s'éclaire : l'image se définit comme une ressemblance *exprimée* (*expressa*). Elle se présente comme une médiation, rendue nécessaire par la contingence de l'homme, qui a besoin de proclamer son manque. L'expression signifie et accomplit à la fois, puisqu'elle peut réclamer et obtenir la grâce.

Vestiges, images et puissance

Sans pouvoir ni vouloir continuer l'histoire de cette duplication de l'homme par l'image, je voudrais m'arrêter un instant sur une solution de Thomas d'Aquin. Contre les mirages de l'analogie et de la métaphore, qui prête à l'homme des puissances divines, il proposa un jeu et un travail des notions, en s'interrogeant sur les *vestiges* et sur les *images*, qui dérivent des personnes divines et qui leur font correspondre les puissances. Thomas semblait ici pratiquer un retour à Augustin, qui ignorait les puissances, fréquentait un peu les vestiges et davantage l'image quand il voulait rapprocher l'homme des personnes divines. Son chemin était pourtant différent. Mais le fond de la question demeure : les trois facultés mentales (ici, les puissances) sont-elles innées et garanties par l'étalon divin des trois personnes ?

J'en prends un minuscule exemple, au sein d'une argumentation riche : dans une question de la *Somme de théologie*[15], Thomas montre que l'image divine ne se repère *que* dans l'âme de l'être humain. On sort d'une représentation analogique générale, qui ferait de l'ensemble du monde un créé les vestiges de la divinité. Les puissances en l'homme viennent du statut de l'esprit comme image unique des personnes divines, dans le domaine compliqué de l'origine et de la filiation.

Son opposant[16] utilise, dans son deuxième argument, la répétition du récit de la création de l'être humain dans la Genèse (1, 27) : « Et Dieu créa l'homme à son image ; il le créa à l'image de Dieu ; il les créa masculin et féminin. » On peut présenter l'argument de l'opposant comme un syllogisme. Majeure : la distinction sexuelle a été créée selon l'image de Dieu. Mineure : or cette distinction relève du corps. Conclusion : l'image se trouve dans la totalité de l'être humain et non dans son seul esprit. Elle appartient donc au vestige, à la trace imprimée dans la nature, passivement reçue et non activement mise en œuvre. Le vestige, l'image et la puissance s'équivalaient comme dons reçus.

Une réponse courante s'offrait facilement : si on refusait le naturalisme de l'opposant qui plaçait la distinction sexuelle dans la nature (version jugée traditionnelle dans l'idéologie actuelle), on pouvait contester la majeure en montrant que le *et* dans masculin *et* féminin additionnait les résultats d'une création successive sans les constituer en paire alternative : Dieu a créé l'être humain, quel que soit son sexe (version humaniste actuelle). Ou bien on réfutait la mineure : la distinction sexuelle passe aussi et surtout par l'esprit (version *gender studies*).

Or Thomas choisit une autre voie : en usant d'Augustin, il convoque la famille comme productrice de l'image. Pour un autre propos, Augustin avait évoqué l'erreur qui faisait du saint Esprit une femme. Thomas reprend la question mais avec des arguments propres, bien étranges. L'identité des modèles familiaux divins et humains ôterait au Père son rôle principiel, puisque dans l'ordre de l'humanité la descendance a la mère comme principe. Ensuite, l'être humain ne tirerait image que d'une personne divine et non des trois. Enfin, argument curieux, la Bible aurait dû, en ce cas, évoquer la distinction sexuelle au moment de l'engendrement humain premier, c'est-à-dire après la faute, ce qui implique que, pour Thomas, la différence sexuelle lui est antérieure, logée dans une nature initiale, désormais inaccessible. La part de la formulation théorique et celle de l'expression de singularités éprouvées se déterminent difficilement, car l'une ne va jamais sans l'autre chez Thomas d'Aquin, ce qui fait son intérêt exceptionnel. En compliquant la puissance mentale en relation mobile de production, de vestige et d'image, Thomas ouvrait la question sans fin de la puissance effective de la filiation, qui cessait d'être une simple transmission filiale de la puissance mentale. L'écho avec Freud retentit fort : la structure familiale constituait un écran inévitable entre la nature et le sujet, au fondement même de son activité.

Les doubles

L'image, construite comme signe humain, avait perdu la distance qui pouvait la constituer en double de l'existence humaine. Mais un espace avait été ouvert pour penser la substitution de l'individu par un autre être, proche et différent. Plutôt qu'à la personne divine on pensa alors à des êtres surnaturels, liés à chaque individu. L'ange, au statut encore fort indéterminé, intermédiaire entre Dieu et l'homme, offrait une bonne candidature. L'ampleur des représentations ou des métaphores hétéroclites attachées aux anges et aux esprits débordait très largement le cadre de la pensée scolastique, qui tenta, difficilement, d'y mettre un peu de rationalité. Comment concilier les transformations et échanges entre l'homme et l'ange avec une anthropologie qui devenait exigeante ? Quel statut donner au double supérieur, à une instance surplombante, qui se distinguait de Dieu et s'attachait, en son nom, à chaque être humain ? On aurait tort de trop cantonner ces traditions et ces débats à une étrangeté du Moyen Âge. Tout en refusant de croire à la permanence anhistorique des représentations, je vois une continuité entre cette quête des doubles et le mythe actuel de la *personnalité*, état stable et profond qui hante et conforme la diversité de l'individu en se servant du modèle lui-même fictif des *personnalités,* des grands de ce monde.

L'incarnation du Christ, en faisant du corps une réalité provisoire et instrumentale, suggérait la possibilité d'une succession de transformations, soit au cours de la vie, soit à son terme. La prolifération exubérante des liens personnels entre la divinité et l'homme posa le problème considérable du rôle du corps dans la personne, qui explique sans doute une large part des interrogations sur la notion. La personne divine n'avait pas de corps, mais pouvait en assumer un, l'emprunter et le laisser. Pour l'être humain, la situation était inverse : formé dans un corps et par ce corps, pouvait-il, sans corps, subsister comme personne ? La nature rationnelle pouvait-elle user du corps comme d'un instrument disponible, à convoquer et révoquer au gré des circonstances ? Le modèle de l'incarnation suggérait donc des solutions de désincarnation : l'individu humain gardait son identité tout en se débarrassant du corps.

Dès lors, ce processus ne cessa de travailler les esprits et, en peu de temps (entre 1270 et 1320), produisit des variations étonnamment denses, qui se poursuivirent de vive façon dans les dévotions populaires ou savantes. L'expression des contradictions dans la nature humaine construisit une saisie fédérative de la condition humaine, dont certains éléments détachables pouvaient entrer dans la composition d'instances personnelles nouvelles. L'être humain était en quête de la bonne substitution. Il fallait soit retrouver une part de soi déjà là, rejoindre une moitié de l'individu porteuse de l'éternité, en abandonnant la moitié corporelle, soit assumer une nature autre qui neutralisait la condition humaine en la dépassant, du vivant de l'individu ou après sa mort. La saisie du double se ramenait dans un cas à la réduction d'une simultanéité (dans le cas de l'ange gardien), soit à une succession des personnes (des anges bons ou mauvais). La transformation de soi en personne surnaturelle présentait une similitude avec le processus de la passion et de l'*habitus* chez Thomas. Dans les deux cas, on remplaçait un élément d'un être par un autre, du bien vers le mal, ou du mal vers le bien. En ce sens, la passion occidentale se présentait comme visitation et comme inhabitation.

Un double personnel : l'ange gardien

L'ange gardien (*angelus custos*) offrait la forme la plus simple et la plus immédiate du double. Ces anges, chargés par la Providence d'une aide céleste, constituaient un double singulier et permanent de l'être humain. Entre la personne surnaturelle et la personne humaine, le lien devenait étroit[17]. Pour en saisir l'importance scolastique, il faut se débarrasser d'une interprétation qui lie en permanence le thème des anges gardiens au christianisme, selon une continuité providentielle. Apparemment, en effet, la tradition en était ancienne dans le christianisme, puisque le *Pasteur* d'Hermas et Origène en témoignaient explicitement, utilisant deux ou trois passages des Évangiles et les Actes des Apôtres. La patristique poursuivit cette tradition, notamment chez Jean

Chrysostome, Jérôme, Basile et Cyrille. Jérôme, souvent repris, avait été très affirmatif, en associant implicitement, pour le lecteur du XIIIe siècle, le statut de personne humaine à cette protection rapprochée : « Grande est la dignité des âmes, en sorte que chacune a, depuis l'origine de sa naissance, un ange délégué pour sa protection.[18] » La question, un peu négligée, ressurgit au Moyen Âge central, avec Pierre Lombard, Bonaventure[19], Albert le Grand[20] et Thomas d'Aquin, pour aboutir au couronnement de la Réforme catholique, opportunément anticipée de justesse par une bulle du pape Léon X (*Admonet nos*, 18 avril 1518), qui approuvait le culte des anges propres établi par l'évêque de Rodez, François d'Estaing, avec une fête liturgique fixée au 1er mars, maintenue et déplacée au 2 octobre par le concile de Reims (1853), jusqu'aux temps actuels[21].

Mon récit diffère nettement. Certes, la patristique a bien parlé de l'ange gardien et, comme toujours, a servi de réserve textuelle à une élaboration ultérieure. Mais le contexte en était particulier : les enjeux du premier christianisme concernaient le présent immédiat, la fin prochaine du monde. La correspondance de chacun avec un ange relevait de l'interaction brève. Un petit nombre d'élus demandait l'assistance de prédécesseurs qui avaient ouvert les voies. Les élus avaient eux-mêmes un statut proto-angélique, bien manifesté par la vie des Pères dans le désert. L'ange n'avait donc rien d'un double ; il était un pionnier qui préparait la venue des autres élus.

Les choses changèrent graduellement, mais, sur cette question, le silence du loquace Augustin manifeste un abandon de l'immédiateté eschatologique, bien connu par ailleurs. À la même époque, Ambroise affirme que Dieu retire au juste son protecteur, pour qu'il puisse vaincre avec plus de gloire[22]. Le thème fut donc absent jusqu'au XIIe siècle et le problème n'est pas celui de son oubli ou de sa marginalisation, mais de son retour, peut-être lié à l'essor individuel. Je vais donc considérer un texte capital, celui des *Sentences* de Pierre Lombard, même s'il n'a rien d'isolé : la plupart des développements de la distinction se retrouvent chez les contemporains, l'auteur anonyme de la *Summa sententiarum* et Hugues de Saint-Victor. Pierre Lombard, vers 1150, a consacré toute une distinction de ses *Sentences*[23] aux anges gardiens. Son titre est clair : « Chaque âme a un ange bon délégué à sa garde [*cus-*

todiam], et un ange mauvais délégué à sa mise à l'épreuve [*exercitium*]. » Cette formulation pose deux questions liées. En premier lieu, elle associe deux fonctions opposées, déléguées à deux types d'anges. Pierre Lombard attribue cette position à « Grégoire » ; l'éditeur savant des *Sentences* évoque alors Grégoire de Nysse, qui aurait repris Origène, et cela semble très probable ; mais il importe que Pierre Lombard mentionne Grégoire sans précision, comme si le docteur latin apportait sa caution à ce dualisme. Bien entendu, les mauvais anges sont les démons. Il ne s'agit nullement d'une délégation bi-univoque entre un homme et un démon personnel. Selon saint Paul, les démons sont présents dans le monde pour éprouver les fidèles, façon inaugurale et durable de justifier le mal. De même, des anges sont délégués à la garde des humains, ce qui n'en fait pas des anges gardiens spécifiques et personnels.

Pierre Lombard soutient donc qu'entre Dieu et les hommes s'exerce une assistance rendue nécessaire par la présence de tentations ; la coprésence des anges et des démons manifeste à la fois le libre arbitre et la présence d'une hiérarchie. L'idée d'une assistance personnelle devait pourtant rôder dans les esprits. Le chapitre 2 de la distinction aborde et résout la question, selon une arithmétique précise : « On demande souvent si des anges individuels sont délégués en vue de la protection à des hommes individuels, ou si un seul ange l'est à plusieurs hommes. Mais, comme les élus et les bons anges sont en nombre égal, il est évident que tous les hommes bons et mauvais, pris ensemble sont plus nombreux que les anges bons. Et, comme les élus et les bons anges sont en nombre égal, que les anges bons sont plus nombreux que les mauvais, et que les hommes mauvais sont plus nombreux que les bons, il ne faut pas douter que les hommes bons soient plus nombreux que les anges mauvais, et que les hommes mauvais soient plus nombreux que les anges mauvais ou bons. »

Cette analyse démographique entraîne la nécessité d'une polyvalence des anges. La répartition reste obscure : le Lombard semble suggérer, dans ce passage, que seuls les élus avaient droit à la protection. Pierre Lombard signale une possibilité : chaque homme aurait un ange particulier de son vivant et, en considérant la succession dans le temps, les anges seraient en nombre suffisant pour cette protection individuelle. Pierre Lombard préfère pourtant sa solution. Il la justifie, à la fin du chapitre 3, en se référant aux usages humains : « Il ne faut pas s'étonner qu'un seul ange soit délégué à la protection de plusieurs hommes, puisqu'on dit que chacun d'entre eux a un seigneur, ou un évêque ou un abbé. » Ce qui importait au XIIe siècle dans le thème des anges gardiens, c'est non pas d'organiser le double de l'individu, mais de s'assurer, sous couvert de protection, que chaque homme soit soumis à un pouvoir sans aucun vide. Il y allait de la construction de la phase ultime de la société féodale, la seigneurie banale. Toute la seconde partie de la distinction de Pierre Lombard est consacrée à la question de la rétribution de cette tâche de protection. Les anges obtiennent-ils la récompense de leur labeur ? Cela semble juste à l'auteur, même si cette position est difficile à accorder avec la doctrine qui fermait le sort des anges après leur choix (confirmation et chute). Mais l'orientation du Lombard rapprochait les anges des hommes et, en ce sens, favorisait leur construction comme doubles de l'être humain. Ce tournant dans la vie des anges les incluait dans une hiérarchie, en raison de la diversité de difficulté et de noblesse des tâches.

Une autre raison de l'émergence de la protection était de faire pièce à l'astrologie quand elle prétendait que les astres gouvernaient les conduites humaines ; il fallait remplacer une détermination initiale par un contrôle permanent, comme cela apparaît, à une époque voisine de Pierre Lombard, chez Honorius Augustodunensis, qui mêle le thème du contrôle social et celui de la protection initiale : « Chaque âme, au moment où elle est introduite dans le corps, est confiée à un ange, qui l'excite toujours au bien et rapporte toutes ses actions à Dieu.[24] » Là aussi, la scolastique trouva plus tard matière à débat : la présence angélique commençait-elle à la conception, à l'infusion de l'âme (version d'Honorius) ou à la naissance (version de Pierre Lombard), ou au moment du baptême ?

Le caractère propre de l'ange gardien s'installa difficilement et fut en grande partie l'œuvre de la scolastique. Ainsi, Alain de Lille offre un bon témoignage de la théologie des Écoles juste avant la période scolastique ; dans ses *Distinctions* à l'usage des prédicateurs, l'article sur le vocable *custos* n'accorde que très peu de place au caractère protecteur de l'ange. Il distingue quatre façons d'utiliser le mot dans un sermon. Les quatre cinquièmes de la distinction portent sur Dieu comme protecteur, en se fondant sur un verset d'Isaïe. Dieu répond à la clameur des Iduméens exilés. Dieu le protecteur libère les hommes, comme il extrait les patriarches des limbes. Le deuxième emploi concerne la personne du Christ, qui se lie au Samaritain, mot qui, pour Alain de Lille, s'interprète étymologiquement comme le gardien. Troisièmement, le terme désigne le prélat de l'Église : en utilisant un verset du Cantique, il pose les prélats en gardiens de la cité. Enfin, le gardien peut être l'ange, selon un verset d'Isaïe : « J'ai établi des gardiens sur tes murs. » Alain de Lille commente brièvement : « L'ange, gardien de la province, gouverne la cité des hommes.[25] » La protection des anges s'étend au-delà de la cité des hommes. En outre, cette distinction traite le vocable en métaphore.

Dans la théologie fortement élaborée du XIIIe siècle, l'angélologie demeurait très ouverte et soumise à des débats. Mais l'unanimité se fit sur le caractère propre de l'ange protecteur. C'est, précisément, que la quête des doubles était devenue forte et importait davantage que le souci du contrôle de chacun. Un double ne se partage pas. Dans les catégories de l'historiographie, l'ange gardien participait de la fameuse émergence de l'individu. Les moyens du salut se « démocratisaient », ou, plutôt, un pouvoir central se donnait comme assise la distribution universelle de la protection. Mais cette distribution singulière présentait des dangers : elle pouvait entraîner la présence d'un démon personnel. Le pape Boniface VIII fut accusé d'entretenir des relations avec *son* démon[26]. Au-delà de cas épineux, la duplicité du double menaçait toujours.

Thomas d'Aquin réussissait cependant à combiner ce caractère individuel et le souci de l'ordre communautaire. Il consacra aux anges gardiens toute la question 113 de la première partie de sa *Somme de théologie*, en huit articles. Il posait clairement l'association durable d'un ange singulier à un humain lui aussi singulier, quelle que soit sa qualité. L'universalité va loin, puisqu'à la façon scolastique d'explorer les limites. Thomas envisage successivement les cas de Jésus-homme, d'Adam et de l'Antéchrist[27]. Le cas du Christ semble dirimant pour l'universalité, puisqu'il est supérieur à tous les anges et ne saurait avoir besoin de leur aide. Le maître distingue deux aspects du Christ comme *comprehensor* (le contemplateur, celui qui jouit de la vision béatifique) et comme *viator* (le passager) ; ce passager soumis à la passibilité corporelle a besoin d'un ange, mais comme serviteur (*minister*). Adam, en l'état d'innocence, ne paraissait pas non plus avoir un tel besoin ; mais Thomas, s'il reconnaît la tranquillité intérieure d'Adam, met l'accent sur les dangers démoniaques extérieurs, qui se sont d'ailleurs réalisés. L'Antéchrist, cet homme qui se constituera en adversaire du Christ à la fin des temps et sera voué à une mort spirituelle certaine, sera doté cependant d'un ange, qui réussira à modérer le mal qu'il produira : « L'Antéchrist ne nuira pas autant qu'il le voudrait. » Et la démonstration vaut pour les Infidèles. L'application de cette universalité explique que la protection divine commence à la naissance et non au baptême[28].

La hiérarchie des anges semblait contrevenir au principe de cette distribution intégrale, puisque les êtres humains, tous égaux, devaient jouir de la même protection. Thomas répond à cette objection en prenant la lettre de la désignation des anges, qui, dans les célèbres divisions de Denys ou de Grégoire, se répartissent en cinq ordres : les Principautés, les Archanges, les Puissances, les Vertus et les Anges[29]. Seule la catégorie dernière et inférieure prend en charge la fonction d'ange gardien. Les autres ordres exercent une fonction protectrice plus générale à la condition humaine : les Puissances avaient affaire aux démons, les Vertus géraient les miracles, les Principautés supervisaient l'ordre général, tandis que les Archanges s'attachaient aux éléments proprement spirituels. Mais la question de l'égalité ne s'arrêtait pas là, puisque Denys avait encore subdivisé les ordres en trois, et surtout le fameux thème des espèces angéliques, toutes réduites à un individu, dans la pensée thomiste, laminait l'égalité des gardiens. Thomas s'en accommodait, en concédant une inégalité relative, correspondant à cette différence chez les êtres humains.

Cette élaboration avait des corrélations politiques certaines : comme je l'ai relevé dans *la Religion de l'État*, la combinaison de l'égalité et de l'inégalité des hommes fut un thème majeur de la pensée politique scolastique. Par ailleurs, Thomas donnait une application de sa théorie de la cité comme tout existant en lui-même et distribué singulièrement dans les parties. Les anges, chargés du bien particulier ou du bien commun, sont les exécuteurs des décrets de la Providence. Pour ce qui est de l'anthropologie, on peut se demander si la doctrine des anges gardiens n'a pas contribué au détachement d'un moi surplombant, ce qu'on appelle la *personnalité* dans l'anthropologie commune, à contre-courant de l'emploi médiéval du mot.

Sur ces différents points, on ne rencontrait pas d'opposition, mais, au pis, le silence. Pierre de Jean Olivi fut une exception remarquable. Théologiquement, la théorie n'était pas sans danger : elle pouvait se prêter à une certaine perception polythéiste, en multipliant de façon aussi radicale les êtres surnaturels. En outre, elle favorisait l'attachement à l'individu humain comme donnée intangible. C'est peut-être pour ce « narcissisme » que Pierre de Jean Olivi a sévèrement et inhabituellement critiqué la théorie des anges gardiens. Dans son Commentaire sur les Actes des Apôtres[30], Olivi saisit l'occasion d'un passage (Actes, 12, 6-17), souvent utilisé par les défenseurs de l'ange gardien. Pierre a été emprisonné et enchaîné par Hérode et mis sous bonne garde, juste avant Pâques. Un ange du Seigneur (*angelus Domini*) vient le délivrer une nuit ; il lui apparaît dans une lumière et lui ordonne de s'habiller et de le suivre. Ils passent les postes de garde et franchissent les portes de fer de la prison. Pierre est d'abord présenté dans son ébahissement : « Il ne se rendait pas compte que l'intervention de l'ange était réelle, mais croyait avoir une vision. » Une fois Pierre sorti, sa perception devient différente : « Cette fois, se dit-il, je comprends, c'est réellement que le Seigneur a envoyé son ange et qu'il m'a fait échapper. » Il se rend chez Marie, mère de Jean ; une servante lui ouvre la porte et, l'y laissant, annonce la nouvelle de sa venue à l'assistance, qui la traite de folle et ajoute, quand la servante insiste : « Alors, c'est *son* ange. »

Olivi a repéré que cette désignation de l'ange singulier (« c'est *son* ange »), discours rapporté qui n'est pas assumé par le récit, s'oppose à la présentation « objective » de l'ange du Seigneur et pointe vers une illusion des assistants, qu'il étend implicitement à Thomas, en s'attachant à montrer que l'ange gardien n'existe pas, malgré le commentaire de Bède le Vénérable, malgré deux passages de la Bible, malgré la fameuse citation de Jérôme. Olivi s'en prend à certains qui ont cette conviction, qui ne s'appuie pas sur l'Écriture et contrevient à la raison comme au système angélologique de Denys. Il reprend à Pierre Lombard l'exemple d'un évêque ou d'un prêtre pour montrer qu'une protection collective suffit largement[31]. La dépendance générale par rapport aux anges est adéquate. Olivi ne s'étend pas sur ces raisons, mais on comprend que c'est l'appropriation individuelle, la possession d'un ange, qui l'irrite : « Chacun aurait [*habeat*] un ange qui lui soit propre en sorte qu'aucun autre, tant que cet homme vit, ne serait gardé par son ange à lui. »

Ces interrogations conduisaient vers le statut de l'ange, être rationnel sans corps, mais actif dans le monde. Le Moyen Âge central, par un mouvement convergent, a rapproché l'homme de l'ange, en le faisant agir, même sans corps, et a arrimé l'ange à l'homme en lui accordant l'utilisation momentanée d'un corps. Le retour scolastique et disputé des anges gardiens, s'il reste d'importance secondaire par rapport au débat sur la personne angélique, ouvrait de bien plus vastes questions.

La personne angélique

Même quand ils ne présentaient pas l'image d'un double de l'individu, les anges offraient la possibilité d'une substitution surnaturelle satisfaisante. Proches de Dieu sans être Dieu, ils suggéraient un passage possible entre le transitoire et l'immuable. Dans la multiplication des candidats au statut de personne, les anges avaient pris une actualité forte au milieu du XIIIe siècle, par des revendications d'incarnation[32], sans doute en raison de leur statut intermédiaire entre Dieu et les hommes[33]. Déjà au siècle précédent, Pierre Lombard avait établi quatre attributs donnés aux anges au moment de leur création : une essence simple, une distinction en personnes (*discretio personalis*), la disposition de l'intelligence, de la mémoire et de la volonté, et la maîtrise du libre arbitre[34]. Dans le système du Lombard, la qualification de personne s'adaptait mieux qu'à l'homme, précisément en raison de l'immatérialité de l'ange, de l'absence de toute conjonction avec un corps. Un siècle plus tard, dans son *Breviloquium*, dans le chapitre 6 (« la production des esprits supérieurs ») de la seconde partie qui porte sur la création[35], Bonaventure reprit littéralement la liste de ces attributs en la glosant de la fameuse formule de Boèce, en y laissant implicite le mot de personne, et en la complétant par une considération sur la nécessité cosmologique de l'existence des anges : « Là où est la raison, il faut que ce soit, selon Boèce, "la substance individuée d'une nature rationnelle". Il faut aussi qu'il y ait une substance spirituelle et incorporelle, et, par là, simple, sans aucune dimension quantitative. »

Mais, en même temps, la proximité divine faisait que, sur le modèle du Verbe, l'ange pouvait assumer la nature humaine. La présence corporelle de l'ange était attestée par la Bible, en de nombreux versets, puisque les anges pouvaient passer fréquemment pour des êtres humains. Les références en sont multiples et il suffit de rappeler l'existence de l'ange qui guida Tobie[36]. Pourtant, les penseurs scolastiques exprimèrent fort rarement la désignation de l'ange comme personne. Il est possible que l'on ait craint que la proximité des anges avec Dieu leur donne une stature trop divine si on les dotait d'un statut personnel bien proche de celui des trois de la trinité. On redoutait le polythéisme virtuel, présent dans les dévotions aux saints, dans le culte des reliques, dans l'adoration de la Vierge, dans la quaternité reprochée à Joachim de Fiore. Une autre raison de cette réticence devant la personne angélique se trouve aussi dans le statut très incertain des anges, dont l'existence avait été évidente et simple dans une culture fortement marquée par la Bible, encore au temps de Pierre Lombard.

La volonté scolastique de rendre compte de la totalité du réel souleva des problèmes difficiles sur le statut précis des anges. Le contact des pensées arabes ou néoplatoniciennes plaçait les Intelligences séparées, émanées par l'Un, en concurrence ontologique avec les anges. Tiziana Suarez-Nani a montré comment Dietrich de Freiberg, s'opposant à Thomas d'Aquin, pouvait rétrograder les anges en réintroduisant, plus haut dans la hiérarchie, les Intelligences ; les anges se rapprochaient alors des hommes. Leur évocation rencontrait alors des difficultés analogues avec la notion de personne. La proximité des hommes et des anges causait des interrogations troublantes. La question du sexe des anges, tant moquée à propos de la théologie byzantine, avait bien un sens important : une espèce sans matière peut-elle être sexuée ?

La proximité de l'ange et de l'homme posait alors le problème de l'individualité, qui était refusée à l'ange dans la théologie de Thomas. Les espèces parfaites, non matérielles, ne connaissaient qu'un être par espèce. J'en ai déjà souligné, dans *La Religion de l'État*, les enjeux politiques à propos de la célèbre évocation, par Kantorowicz, du phénix, image du souverain, du fait de la continuité d'une espèce par un être mortel et unique dans son espèce, objet d'une perpétuelle renaissance, équivalent séculier de la perpétuité. La position thomiste soutenait implicitement cette prétention quasi angélique à la perpétuité de la lignée royale. J'en ai suggéré l'extension possible au prêtre dans l'ecclésiologie de Duns Scot. Une certaine dimension collective de la pensée politique médiévale conduisait à refuser la distinction de l'espèce et de l'individu éminent.

L'embarras scolastique, dans cette question de la personne angélique, tenait aux rapports complexes entre la notion d'individu et celle de personne, surtout depuis la formule de Boèce, qui définisait la personne comme l'individuation de la substance rationnelle. D'un côté, selon Thomas, l'ange ne pouvait pas être un individu, donc une personne ; de l'autre, la parfaite identité entre la nature et le suppôt angélique en faisait une personne. En outre, les condamnations de 1277, reprises par Guillaume de la Mare, rejetèrent cette absence d'individualité chez les anges[37], avant que Duns Scot ne donne la théorie de cette individuation. En effet, la question[38] de Duns Scot qui, dans son *Ordinatio*, construisit durablement la notion universelle d'individuation, fondée sur l'*eccéité*, sur la présence immédiate, part de la distinction en personnes de Pierre Lombard, emprunte de longs détours pour arriver à l'aricle final : « Est-il possible qu'il y ait plusieurs anges dans la même espèce ? » L'individuation satisfaisait à une condition importante pour la permutation des personnes angéliques et humaines, mais la question de la réalisation de l'opération demeurait. Ainsi, Thomas d'Aquin avait refusé de légitimer le passage possible entre espèce humaine et espèce angélique.

L'ange comme texte et comme nuage

Certes, les anges avaient circulé parmi les hommes, semblables à eux, et une substitution entre les anges et les êtres humains semblait donc avoir existé de fait ; mais elle supposait, pour se réaliser authentiquement, une effectivité de leur incarnation. Thomas d'Aquin, bien qu'il ait fortement contribué à la confirmation théorique de l'existence des anges gardiens, si bons candidats possibles à une substitution, limita fortement cette possibilité en montrant que l'incarnation apparente des anges n'avait rien de réel. Malgré une image persistante, la pensée de Thomas est sans doute autant faite de tensions que de juste mesure.

Pour Thomas, les anges avaient pu assumer un corps, mais ce corps ne produisait aucune unité nouvelle. La question 51 de la première partie de la *Somme de théologie* traite de l'union des anges à un corps. Le premier article de ce petit traité porte sur le principe général, et à demander si les anges disposent, selon leur nature (*naturaliter*), d'un corps : leur statut de substances intellectuelles rend inutile leur union avec un corps et la hiérarchie de ces substances ne dote l'âme humaine d'un corps que par son insuffisance à remplir un rôle de savoir sans la connaissance sensible qui appelle l'union corporelle. L'impossibilité de l'union relève plus de la perfection que de la limitation. Le deuxième article (« Est-ce que les anges assument des corps ? ») explique alors les scènes visibles de l'humanation apparente des anges. La force rhétorique de Thomas consiste à accepter que les anges assument des corps, mais à limiter le sens de l'opération : ils ne font que de la figuration à l'intention des hommes ; ils représentent plus qu'ils n'agissent. Les corps ne peuvent s'unir à l'ange ni comme forme (complète en lui), ni comme moteur (il assumerait tous les corps qu'il manipulerait) ; les corps s'unissent à lui pris comme moteur *représenté*, chargé de figurer des propriétés intellectuelles. Ils montrent le compagnonnage (*societas*) qu'ils annoncent aux hommes.

Cette figuration à apparence humaine est formée à partir d'air condensé, surface inscriptible, dont les nuages donnent une occurrence. Mais cette représentation n'assurait aucune fonction vitale (article 3), ce qui la différenciait de l'âme humaine, vivificatrice : le mouvement de progression, la parole, la consommation d'aliments, la génération relèvent toujours de l'apparence. La question de la génération, soulevée par l'opposant (argument 6), est riche en difficultés ; l'argument consiste dans la citation du fameux passage de la Genèse (6, 4) où les fils de Dieu s'unissent aux filles des hommes. Thomas utilise l'interprétation d'Augustin dans *La Cité de Dieu* (XV, 23) : les fils de Dieu descendent de Seth, les filles des hommes sont de la lignée de Caïn. Thomas aurait pu se contenter de cette réfutation, mais il profite du début du fragment cité d'Augustin pour évoquer les naissances démoniaques, en décrivant précisément l'engendrement artificiel provoqué par les démons, agissant comme succubes pour collecter la semence des hommes, puis comme incubes pour la distribuer aux femmes[39]. Le démon, de même nature que l'ange, n'engendre pas, mais copule. En outre, il est bisexuel. Seul l'engendrement intéresse Thomas, mais la question de la sexuation demeure ouverte : la neutralité sexuelle de l'ange pourrait absorber la distinction du féminin et du masculin, et dire une sexualité sans génération naturelle et sans division des sexes.

La position d'Olivi diffère nettement : dans le commentaire sur les Actes des Apôtres, il montre que l'ange peut « s'attacher un corps [*sibi corpus aptare*] à partir de vapeurs aériennes et d'eau ». L'ange jouit de possibilités plus riches que chez Thomas, puisqu'« il peut en [de son usage de l'air] tirer une forme de lumière ou de feu éclairant, en entourant l'espace de l'être rayonnant[40] ». L'ange est maître de ce rayonnement et peut donc diriger son apparition vers un seul individu. Les positions de Thomas et d'Olivi sont inverses : pour le premier, la réalité de l'ange est distribuée singulièrement et sa vision est collective, alors que, pour le second, la réalité rare de l'ange se diffuse de façon singulière. Mais, curieusement, les raisons de cette réception ont une même origine, interprétée en sens opposés. Pour Thomas, le processus de vision corporelle et directe, qui s'oppose à la vision imaginaire, indirecte et médiate, comme la vision prophétique, est prouvé par le caractère partagé de l'apparition angélique. Les visiteurs d'Abraham ont été vus par toute la famille du patriarche, par Loth et par les citoyens de Sodome[41]. Il en va de même pour l'ange de Tobie. Or, pour Olivi, c'est précisément cet aspect corporel de la vision des anges qui en individualise l'impact : l'ange « a en lui une lumière intellectuelle, dont l'efficacité actuelle peut susciter une lumière corporelle dans les corps, comme de fortes pensées de l'esprit suscitent un éclat corporel dans le cerveau et les esprits animaux, et comme un fort mouvement de colère, de joie ou de crainte suscite dans le visage de brusques rougeur, éclat ou pâleur ». L'ange devient donc, par ses actions et ses modèles de comportement, fort proche de l'être humain, selon une tendance qui se développa particulièrement chez Duns Scot.

Devenir un ange ?

En dépit des réticences thomistes, la plasticité de la personne fit saisir l'étonnante mobilité des individus dans leur constitution en personne : le moi prend tous les rôles. Saint François, selon Olivi, est devenu, après sa mort, l'ange du sixième sceau de l'Apocalypse, puis Lucifer, le premier ange qui a laissé sa personne avec sa place devenue libre.

Olivi a donné quelques indications théoriques, fort rapides, sur la transformation dans une question quodlibétique (II, 14), où il se demande si « une substance intellectuelle, l'ange par exemple, peut être créée par Dieu dans une succession de moments [*successive*] ». Comme souvent dans ce recueil, la réfutation des arguments manque et la détermination n'est pas explicite. La position d'Olivi, cependant, semble classiquement hostile à l'idée d'une production des anges dans le temps, puisque les arguments préliminaires se terminent par un *sed contra* négatif. La détermination envisage les conditions d'un processus de création graduelle des formes, qui ne sont effectivement pas remplies par l'ange.

Pourtant, l'hypothèse d'une création graduelle fait l'objet d'un examen soigné, qui semble recouvrir une opinion différente. Le seul argument (le *sed contra* des arguments préliminaires) explicitement dirigé contre la création graduelle repose sur l'affirmation de l'individualité des anges, solution discutée, on l'a vu : « Au premier instant où quelque chose est créé à partir d'une forme d'ange, cet ange est créé, parce que ce qui est composé d'une telle forme spécifique et d'une telle matière touche à l'espèce des anges, donc il est déjà l'individu de l'espèce angélique. » Cet argument correspond à l'idée, souvent rencontrée chez Olivi, de matière spirituelle et de composition universelle qui n'exclut que Dieu, mais pose la création immédiate – et sans reste –

de l'ensemble de forme et de matière, propre à la fabrication de l'homme chez Thomas d'Aquin, ce qui ne renvoie guère aux principes d'Olivi.

La détermination que construit Olivi envisage deux éventualités de production progressive de la forme. La première éventualité suppose qu'aucune partie de la forme de l'ange n'a été créée au premier instant de sa fabrication graduelle et d'un mouvement continu. Le processus paraît impossible pour une substance intellectuelle, à moins de supposer une matière intellectuelle sans forme et un mouvement de cette matière. On aurait un processus sans début. La seconde éventualité semble plus solide et, dans la rhétorique d'Olivi, c'est souvent la seconde éventualité qui est la bonne, chargée qu'elle est de « racheter » la mauvaise éventualité. Au premier instant de la création de l'ange, serait produite « une partie de sa forme, mais non pas telle ni si abondante qu'elle suffise à la constitution complète d'un ange, comme un degré faible de blancheur engendré dans un corps noir ne le rend pas absolument blanc, et il en va de même de la forme du feu ou de l'air, affectée d'un degré faible ». L'hypothèse, confortée par des exemples naturels, peut tenir. La suite de la démonstration semble conclure en sens inverse, mais il ne s'agit que de cas qui ne remplissent pas les conditions posées, sans anéantir l'hypothèse. En d'autres situations, il arrive que la production graduelle d'anges ne soit pas possible : « Si la forme de l'ange est d'une telle nature qu'elle ne puisse être faite, sans contradiction, selon un si petit degré, ou bien si ce très faible degré, qui peut être créé, est suffisant pour accomplir intégralement l'espèce et la personne de l'ange, bien qu'il puisse se dilater par la suite, alors l'ange ne peut être produit dans une durée successive, même si l'on admet que sa forme soit divisible en plusieurs degrés, selon l'opinion de docteurs qui sont bien catholiques. » L'exposé de deux cas (insuffisance de la forme partielle ou, au contraire, degré déjà adéquat de cette forme) laisse toute sa place au cas intermédiaire, où une forme angélique assure le début d'un processus.

Quoi qu'il en soit, Olivi maintient son opinion sur la gradation des formes, exprimée souvent dans son œuvre. Il la réitère dans les arguments préliminaires : toute forme créée est divisible en degrés ou parties, qui peuvent donc être produits dans le temps. La forme substantielle, sinon, souffrirait d'une « faiblesse ponctuelle » et deviendrait analogue à un point, et serait donc incapable d'expansion, ou bien, au contraire, elle serait en permanence totale et complète, ce qui ne convient qu'à Dieu. Olivi mentionne que Dieu peut diminuer la forme d'un ange dans le temps et, donc, il peut, inversement, l'augmenter. La diminution de forme se réfère sans doute au sort de Satan, qui a perdu une partie de sa forme angélique. Olivi tient visiblement à cette gradation des formes, puisqu'il achève sa question en disant que, si l'on pense les formes indivisibles, la question devient ridicule, ce qui, bien sûr, ne saurait être le cas pour une interrogation acceptée et discutée. On peut donc devenir un ange.

Cependant, pour Olivi, la transformation graduelle des natures avait moins de pertinence réelle que le déplacement des fonctions, comme le montre une question[42] de la *Somme* sur la réparation humaine de la chute des anges et son adéquation à la Providence. Dans sa brève réponse, Olivi donne quatre raisons à la pertinence de ce remplacement: en premier lieu, la promotion des hommes élus aggrave la honte des démons qui ont chuté. C'est l'être humain, créé comme inférieur aux anges, dans sa matière corporelle, qui est élevé à leur trône déserté, du fait de son mérite et de la grâce divine. Ensuite, l'épisode magnifie la puissance divine, qui, comme elle a créé le monde à partir du néant, peut élever les inférieurs et abaisser les plus élevés: Dieu peut « de façon adéquate déplacer [*translocare*] les personnes d'une condition [*status*] dans les lieux d'une autre condition ». La troisième raison reprend les termes d'une métaphore filée dans le texte, celle de la greffe d'un arbre sur un autre, image du caractère substituable des éléments du monde. Enfin, le processus contribue à la gloire des anges qui n'ont pas chu en installant une coopération de services (*ministeriali cooperatione*) qui fait que les anges eux-mêmes ont servi « d'une certaine façon de restaurateurs de leur perte et, pour ainsi dire, d'artisans et d'architectes, ou de promoteurs ou de parents de leur chef [*hierarchae*] qui devait obtenir le trône de Lucifer, et de même pour ceux qui seraient élevés en lieu des autres [anges] ». Olivi reprenait une affirmation de la question précédente, selon laquelle il avait été révélé que saint François occuperait le trône de Lucifer, le prince déchu des anges. Il faut noter que c'est en tant qu'hommes, avec leur corps, qui

« se propage, est nourri et conservé », que les élus établissent cette coopération.

Sommes-nous revenus à notre case de départ, à la *substitution*? Je ne le crois pas. En effet, Olivi a pris en compte une évolution interne et individuelle, une permanence dans le chaos. En l'individu singulier, la personne, mobile, se transformait, apparaissait et disparaissait. La spécification des rôles n'est rien et la force de l'individu peut tout, et, notamment, déplacer les personnes. De l'argumentation riche de cette question je ne retiens qu'un point: à l'opposant étonné du caractère aléatoire de cette opération qui aurait dû être prévue par la Providence, Olivi répond que le nombre des personnes (le terme est dans le texte) de nature angélique était connu, non celui des personnes « de cette autre nature qui devait lui être associée ». Autrement dit, les élus humains, nés dans l'histoire et la suite des temps, à l'inverse des anges, usaient de leur libre arbitre pour s'adjoindre au nombre requis. Le dispositif lui-même demeurait inconnu aux hommes: « Comment cette nature [humaine] devait leur être associée, s'il devait rester des degrés ou des places dans chaque ordre [d'anges] pour que les hommes y soient assumés, ou bien seulement qu'ils soient placés dans les cieux au-dessous des neuf ordres d'anges, comme dixième ordre composé d'hommes, ainsi que la dixième drachme, cela n'a pas été révélé jusqu'à présent, que je sache.[43] »

L'ange, en conquérant l'individualité et la personnalité, avait fait émerger d'autres périls: en se rapprochant de l'homme, il suscitait la possibilité d'un autre mélange des natures, parce qu'il permettait l'incarnation du chef des anges mauvais, le diable.

La personne de l'Antéchrist

En effet, à la fin du XIIIe siècle, la création des personnes au moyen de l'être humain comportait une menace inquiétante et inédite. Une question de Gilles de Rome le dit bien: « Est-ce qu'un suppôt créé pourrait s'incarner; par exemple, un suppôt diabolique pourrait-il assumer la nature humaine ?[44] » Sous un point de vue théologique général, la question ne vaut pas d'être posée; du moins, sa réponse est évidente depuis longtemps, au moins depuis Pierre Lombard. Le *sed contra* du maître ne s'embarrasse pas de raisons et ne mentionne que la non-pertinence de fait de la question: « L'union de deux natures dans un suppôt est sans exemple imaginable [*inexemplificabilis*]. »

La question n'était simple que si on refusait au Diable toute transcendance, toute ressemblance trop forte avec la divinité. Le Verbe, comme personne ou suppôt, s'était incarné, avait assumé la nature humaine. Mais Gilles de Rome avait précisé que le processus était impossible à un être créé. Une personne créée, quelle qu'elle soit, ne se constitue pas à partir d'un suppôt déjà existant, mais d'une nature (ou d'une essence). Un suppôt créé ne peut donc s'unir à une nature. En effet, le Christ n'avait pas choisi de descendre dans une personne humaine existant préalablement. Il avait en quelque sorte déconstruit la nature humaine pour s'y loger, par le biais de la génération maternelle.

Gilles de Rome prend pourtant la peine de réfuter cette hypothèse à nouveaux frais, en termes généraux, dans les trois raisons qu'il donne à sa détermination négative. La première raison part des points les plus évidents et consiste en l'établissement d une proportion d'action entre les natures et les suppôts: ce qui est vrai des rapports entre nature divine et nature humaine vaut aussi pour les rapports entre suppôt divin et suppôt humain. Or la nature divine peut tout ce que fait la nature humaine, mais non l'inverse; tout ce que Dieu peut par l'intermédiaire d'une autre nature, il peut l'accomplir par lui-même. La nature divine comprend virtuellement toute nature créée. Il en va donc de même des suppôts créés et mis en réserve (*reservatur*), au service de la divinité. La conséquence est claire: le suppôt humain ne peut se trouver que sous la nature humaine, tandis que le suppôt divin peut s'y loger. La nature et le suppôt divins dépassent tout ordre. Un homme ne peut engendrer un âne, car la nature (humaine) ne le permet pas. Tout suppôt créé se limite à sa nature et ne saurait se substituer au suppôt d'une autre nature. L'exemple, pris dans l'humanité, suffit à la démonstration.

La deuxième raison passe de l'action à l'intellection et prend l'exemple de l'ange, dont la limitation est autre: il ne peut comprendre que lui-même par son essence. Faute de l'intellection universelle, il ne peut s'unir à une autre nature. La troisième raison varie les deux précédentes en termes non plus d'action, mais d'existence. Tout être créé et pris dans une nature est déterminé par elle ; un être créé se distingue d'un autre être créé, alors qu'un être incréé contient en lui tout être créé. Un être déjà créé ne peut s'unir à une autre nature que la sienne, ce qui requiert un autre suppôt. L'opposant, partisan de la possibilité pour un suppôt créé d'assumer la nature humaine, donnait deux raisons, dont la première est vague et faible, en ne se prévalant que d'une adéquation (*convenentia*) entre être créés, plus forte que l'adéquation entre un créé et un incréé, qui, pourtant, avait donné lieu à l'incarnation du Christ. La réfutation, assez sèche, rétorque que seule l'adéquation d'ordre (et non de précédent) vaut pour l'union de la nature et du suppôt.

L'arrière-plan précis, urgent et inquiétant de la question, voilé par l'abondance argumentée des raisons de théologie générale, apparaît dans l'exemple du titre, mais surtout dans l'autre argument de l'opposant : « L'Antéchrist sera totalement opposé au Christ[45], car il sera très mauvais et fils du diable ; mais cela ne pourra arriver que si, en lui, un suppôt diabolique s'unit à la nature humaine, comme le Christ. » Le récit de l'Antéchrist, précisément dans ces années, avait pris un relief nouveau, comme le montrent bien les travaux de Gian Luca Potestà[46]. Dans la longue durée, l'existence de l'Antéchrist avait suscité assez tôt des interrogations : était-il un homme mauvais, un fils du diable ou son incarnation ? Maaike van der Lugt a montré l'association, au XIIe siècle, de ces questions à la légende de Merlin, issu d'un incube démoniaque et fondateur de dynastie, préfigurée par les considérations d'Adson de Montier-en-Der (vers 920) sur l'origine de l'Antéchrist, mise en parallèle avec la naissance du Christ. Cette version repoussait le risque d'une incarnation du Diable, comme le montrait Pierre de Capoue au début du XIIIe siècle : « C'est ainsi qu'est écartée l'erreur de certains qui disent que le diable assumera cet homme, c'est-à-dire l'Antéchrist, dans l'unité de la personne, comme le Fils de Dieu a assumé le Christ.[47] »

Mais la légende prenait plus d'urgence et on commençait à penser, dans certains cercles, que cet Antéchrist pourrait se trouver en quelque pape ou quelque empereur ; donc le suppôt diabolique pouvait assumer la nature humaine du fils de la perdition, ou même un suppôt humain.

Bien entendu, la pente eschatologique des franciscains les poussait à se doter d'une nouvelle doctrine de la personne de l'Antéchrist. La saisie olivienne de la personne comme aboutissement d'un processus historique correspondait bien à cette préoccupation. Ainsi s'expliquerait la reprise par Olivi d'une distinction entre Antéchrist mystique et Antéchrist ouvert: deux occurrences de la même nature diabolique se succédaient comme deux suppôts.

La fable était dangereuse, soit qu'on assimile le diable à Dieu par la maîtrise de la personne capable d'assumer la nature humaine, soit qu'on donne des capacités fortes aux anges. Les penseurs scolastiques se trouvaient pris entre deux feux: ou bien ils banalisaient la figure de l'Antéchrist, contre l'impact imaginaire et eschatologique, ou bien ils acceptaient sa constitution quasi divine et manichéenne en personne incarnée du diable, contre la rectitude théologique. Thomas manifeste cette tension dans la troisième partie de sa *Somme* (vers 1271-1273): « Est-ce que l'Antéchrist est le chef [*caput*] des mauvais ?[48] » L'interrogation vient en conclusion d'une question dont les six premiers articles portent sur le statut christique de chef de l'Église. Thomas qualifie l'Antéchrist de « chef des mauvais », ce qui lui donne une stature diabolique: à l'opposant qui affirme que la place de chef est déjà occupée par le diable lui-même, il rétorque que la plénitude du mal diabolique se réalisera en l'Antéchrist, mais il doit se prémunir contre le parallèle christique: « Il n'est pas dit être en lui par union personnelle, ni par une inhabitation interne, parce que "seule la trinité se glisse dans l'esprit", comme il est dit dans le *Livre des dogmes ecclésiastiques*, mais il est en lui, par l'effet de la méchanceté. » Le parallèle revient en force: l'argument suivant de l'opposant relève la contradiction entre le statut de membre et celui de chef. Or Thomas justifie cette étrangeté par le statut du Christ: le chef du Christ est Dieu et lui-même est chef de l'Église. La détermination tente de maintenir la balance: un chef se définit par sa situation principielle (*ordo*), son influence et son achèvement. Le premier critère ne s'applique pas puisque son péché est ou sera postérieur à celui des mauvais. Cette postériorité empêche de parler de son influence. Il ne lui reste que la plénitude du mal, que la *Glose ordinaire* compare avec la plénitude de divinité dans le Christ. Là encore, Thomas se fait précis: « Ce n'est pas que son humanité soit assumée par le diable dans l'unité de la personne, comme l'humanité du Christ l'est par le Fils de Dieu, mais le diable fait passer sa méchanceté par la suggestion de façon plus marquée sur lui que sur tous les autres. »

Dans la même tendance, Gilles de Rome manifeste une égale fermeté dans le refus de la personne antichristique, mais on peut se demander (et la question est constante à propos de la scolastique) quelles sont ses motivations premières, intellectuelles ou religieuses et si c'est pour lutter contre la narration de l'Antéchrist que Gilles a limité fortement les prérogatives générales des anges ou, au contraire, si c'est la légitimité du combat qui lui a donné l'occasion de diminuer le statut thomiste des anges.

La fin de la détermination de Gilles règle donc la question de l'Antéchrist, avec moins de sérénité que dans la solution de Thomas. En premier lieu, le fonctionnement de l'Antéchrist est modifié par rapport à la légende, mais en accord avec Thomas : « L'Antéchrist sera un homme naturel [*homo purus*], mais on dira qu'il s'unit au diable pour autant que le diable le possédera totalement et le manipulera comme il le veut. » Autrement dit, cette union au diable n'a rien de personnel, mais procède d'une influence et d'une soumission, et non d'un transfert de nature. La légende, comme chez Thomas, subissait une forte réduction.

La seconde conséquence est étonnante et apporte un écairage nouveau sur une question célèbre. Gilles de Rome prétend, en effet, que la croyance en l'union de l'ange à la nature humaine explique et fonde la doctrine d'Averroès sur l'intellect unique des hommes. La nature angélique se confond avec le suppôt, puisque l'individu angélique, selon l'enseignement thomiste, coïncide avec l'espèce. L'union de l'ange avec la nature humaine donne donc une unité forte à la nature humaine. Cetres, il s'agit d'unions différentes, mais elles mêlent, par le suppôt angélique, toute la nature angélique dans la nature humaine. Ainsi est injecté dans cette nature hmaine un *intellect unique*. La pensée arabe passe du côté de l'Antéchrist, en combinant le mythe intellectuel au mythe légendaire.

La carrière philosophique de l'Antéchrist se poursuivit longtemps ; toute une tradition logicienne utilisa cette figure, notamment dans le genre du sophisme[49]. Déjà la première question sophistique de Siger de Brabant l'utilisait largement. L'Antéchrist, en effet, présentait le cas d'un personnage à venir, d'existence future certaine ou probable, mais non encore existant, symétrique logiquement de César, homme ayant existé dans le passé. Dans les deux cas, le temps de l'énoncé différait du temps de l'énonciation[50].

La volonté rationaliste d'en finir avec la personne de l'Antéchrist s'exprima peut-être dans une question de Jean Buridan, qu'il reprit deux fois dans des genres fort différents. Dans ses questions sur le traité *De anima*[51], il se demande si le non-être peut se comprendre. Sa réponse est nuancée, mais ce qui intéresse notre propos, c'est la liste des occurrences du non-être : la chimère, le vide, l'Antéchrist, Aristote défunt, des sensations absentes (un coup de tonnerre, une couleur, un souvenir). Certes, il ne s'agit pas de rassembler des êtres non existants en soi, puisqu'ils s'absentent du présent, tout en ayant une réalité. Et, pour Buridan, l'existence de l'Antéchrist ne pouvait être que future. Mais la personne (diabolique ou humaine) religieuse, bien séparée de son contexte, se rapprochait des personnages laïcs de l'histoire ou de la fiction. L'exemple fut traité une deuxième fois, dans le troisième sophisme de la cinquième partie du recueil de Jean Buridan, rédigé vers 1350, où il examine la proposition « l'Antéchrist est », qui illustre les problèmes de l'ampliation, terme logique qui montre, par exemple, comment on peut inférer un verbe d'existence d'un verbe d'attribution : *il est intelligible*, donc *il est*. Le personnage, futur, n'est que possible : « La conversion suivante n'est pas valide : l'Antéchrist est engendrable, donc un engendrable est l'Antéchrist. Car, dans l'antécédent, le terme *Antéchrist* est admis à supposer pour des choses qui peuvent être et ne sont pas.[52] »

Les candidatures au statut de doublures du sujet s'étaient donc multipliées par l'effet de la mise en commun des conditions et par la relativisation de l'élément corporel. En outre, la recherche forcenée d'une analogie entre les personnes divines et les personnes humaines avait accru l'exploration de continuités possibles qui voulaient trouver des formes de passage, des situations intermédiaires entre ces deux types d'être. Les êtres humains, en deçà de la divinité, pouvaient participer à l'existence de personnes éminentes, au gré des proximités de la nature rationnelle et des variations propres à l'humanité. Si la question des rapports entre une personne et le corps qu'elle meut avait reçu une élaboration neuve, la mise en personne des anges était grevée par l'affaire de l'Antéchrist, par les passions qu'elle suscitait ; cette difficulté put susciter d'autres candidatures, dans un registre différent, à l'intérieur même de la condition humaine, du côté de sa variation vivante et proche, celle de la femme.

VII

Hypostases de la femme

L'ange, l'homme et la divinité se détachaient du reste des êtres par la possession ou la jouissance commune de la raison et du choix. L'être humain avait donc cherché son double réconciliateur dans ce genre rationnel. L'ange offrait une gradation vers Dieu, tandis que l'image laissée par le geste créateur fournissait la possibilité d'une assimilation. En dépit de ces virtualités, le processus de médiation échouait ; l'ange demeurait étranger et l'image était absorbée par l'homme. Il fallut donc passer à la quête d'un double interne à l'espèce humaine. L'humanité comportait deux populations analogues par nature et différentes par le sexe ; il était donc tentant de creuser la différence et d'y installer un double salvateur[1].

La féminité humaine pouvait s'inscrire dans le parcours de la mobilité rêvée des êtres humains. Une nouvelle fois, la méditation ou la rêverie sur l'incarnation joua un rôle capital. Les nouvelles dévotions au Christ-homme changèrent profondément les mentalités, à partir du XIIe siècle. La neutralité sexuelle de Dieu (ou de la personne divine) se dissocia de la masculinité, accidentelle et concrète, de sa manifestation incarnée, ce qui suscita des remous et ouvrit la boîte de Pandore de la répartition physiologique et lexicale des sexes. L'émergence simultanée de la sorcière et de la mystique, qui manifeste l'ambivalence du double, ne doit rien au hasard, comme on l'a souvent relevé. Le sempiternel débat entre les sexes trouvait là de nouveaux arguments. Bien des choses pouvaient se déplacer le long de cet axe de différenciation, d'autant plus que la dimension purement anthropologique de la sexuation jouait son rôle en cet âge du savoir médical.

Le désir féminin

Les textes théologiques, pour une part, reflétaient la domination masculine, sans même le signaler. Dans la longue discussion du verset de la Genèse consacré à la création de l'être humain, la Vulgate parle de l'*homo*, sans distinction sexuelle, mais un des auteurs de la *Summa Duacensis* (vers 1225) remplace systématiquement ce terme par celui de *vir*, d'homme mâle, sans s'y arrêter.

L'anthropologie médiévale rabattait souvent la diversité des facultés humaines sur la différence des sexes ; on pourrait facilement en constituer une vaste anthologie. Je me contente d'un seul exemple, tiré du *De spiritu et anima* : « La raison se divise en deux, orientée qu'elle est vers le haut ou vers le bas : vers le haut, elle est orientée du côté de la sagesse. Vers le bas, elle est orientée du côté de la prudence ; il en va de même du côté de l'homme et de la femme, en sorte que l'homme est supérieur et dirige et que la femme est inférieure et dirigée.[2] »

Une distinction analogue se trouve dans l'Évangile de Jean (ou, tout au moins, dans une certaine lecture du texte), avec des implications capitales qui, en correspondance avec un préjugé traditionnel, exprimé avec persistance dans bien des commentaires médiévaux, opposaient la chair et l'esprit, le désir charnel et la volonté. Avec cette opposition entre le désir et la volonté, on se trouvait au cœur de l'action salutaire possible à l'être humain. Dans ce verset, l'Évangile de Jean désignait ainsi les fils humains de Dieu : « Ceux qui ne sont pas nés des sangs, ni de la volonté de la chair, ni de la volonté de l'homme [*viri*], mais de Dieu » (Jean, 1, 13). Le texte grec mentionnait bien l'être masculin (*aner*), en l'opposant à la matière charnelle (*sarx*).

Dans l'Occident latin, dès l'interprétation d'Augustin, ce verset passa au compte de la distinction entre le masculin et le féminin : « Car l'homme naît *des sangs* du mâle et de la femelle. » L'assimilation du désir de la chair avec la femme s'ensuivait immédiatement[3]. Cette lecture de Jean n'avait rien de fatal. Il suffisait de découper autrement le verset de Jean et de lier les deux volontés (celle de la chair et celle de l'homme) et, ainsi, d'associer fortement les sangs et la chair, en faisant jouer ensuite une opposition entre la volonté de l'homme et celle de Dieu. Jean Scot, dit l'Érigène, vers 870, semblait gêné par cette formulation abrupte, puisqu'il notait, sans que sa remarque puisse être confirmée par l'érudition actuelle, que, « dans les anciens manuscrits grecs, il [l'évangéliste] dit seulement: "Ceux qui ne sont pas nés des sangs, mais de Dieu" ». Il commentait pourtant la partie controversée du verset: « Ainsi sont introduits les deux sexes grâce auxquels se propage, selon la chair, la multitude des êtres qui naissent dans la chair. Par le nom de *chair*, l'évangéliste désigne le sexe féminin, par le nom d'*homme*, le sexe masculin.[4] » L'opposition entre la matière et l'esprit coïncide avec celle des sexes, qui sont désignés par Jean Scot comme des *habitus,* états stables mais non producteurs d'une espèce différente, ce qui rendait compte des deux revêtements à vie d'une même substance, identique en ses deux occurrences, mais hors de ce monde, loin du corps.

L'embarras de Jean Scot se retrouva plus tard, comme en témoignent les commentaires de Thomas d'Aquin et d'Olivi. Et Maître Eckhart n'hésite pas à emboîter le pas à Augustin: « En effet, par la volonté de la chair, il entend la femme qui doit obéir et servir, de même que, parfois par l'esprit, on entend l'homme qui doit commander. » Eckhart superpose à cette lecture une interprétation symbolique, qui comprend les sangs, la volonté de la chair et celle du mâle comme trois principes de naissance réunis en l'homme: « Dans l'Écriture, le principe végétatif est signifié par le *sang*, qui, en nous, n'obéit pas à la raison; le principe sensitif est signifié par *la volonté de la chair*, qui, en nous, obéit certes à la raison, mais comme en murmurant; par *la volonté de l'homme masculin* est signifiée notre puissance rationnelle, car la raison et l'intellect sont le mari dans l'âme, selon cette parole de Jean, 4: "Appelle ton mari et viens", dans l'interprétation d'Augustin. »[5]

Cette opposition des désirs trouvait une image dans la question des deux volontés du Christ, pris comme modèle de la personne. Une ancienne erreur orientale, longuement débattue, le *monothélisme* (doctrine qui professe une seule volonté), avait affirmé l'existence d'un seul désir dans le Dieu-homme. L'Église latine, sans doute pour la première fois en pointe du combat doctrinal, avait lié les deux volontés-désirs aux deux natures du Christ, réunies en une seule personne. Certes, il n'était pas question de la sexuation de ces désirs différents, mais la simplicité univoque du désir se perdait.

Les évaluations binaires s'inversent assez facilement et la difficulté de définir clairement les modes de volonté se prêtait à une inversion de sens de l'opposition entre la forme masculine et la forme féminine de désir. En réaction à la tradition misogyne, l'éloge d'un désir féminin spécifique, au Moyen Âge central, procéda d'un refus de la clôture du passé, qui disait qu'un mâle, seul, une fois et pour toujours, s'était incarné. Pierre Lombard, vers 1155, avait suggéré que le saint Esprit s'incarnait continûment dans le désir humain. Alors que, selon Jean Scot, le désir charnel et le désir masculin s'unissaient dans la personne humaine, image de celle du Christ, la troisième personne divine associait une volonté humaine, noble et masculine et une volonté divine. La première solution favorisait un désir nouveau et transcendant, celui de la femme, demeuré inemployé. Quoi qu'il en soit, un désir inédit et humain, supplément ou complément du désir masculin, se chargeait de l'avenir. En certaines tendances, la femme tendait à s'incarner, à se déifier par la force divine du désir. Le masculin, en la deuxième personne, avec ses deux volontés, avait hésité ; le féminin désirait absolument.

Une expansion de la personne divine

Une grande affaire du Moyen Âge central concerna les emplois présents et futurs de la nature humaine comme composante d'une personne. Œuvrait alors un *désir d'hypostase*, complémentaire de la quête d'identité, qu'il soutenait. En utilisant de façon métaphorique cette notion théologique, j'entends pointer un processus de captation humaine de la personne divine. L'hypostase (ou le suppôt), on l'a vu, désignait la personne divine, en tant qu'elle est porteuse de l'essence divine et individuellement existante, au prix ou au bénéfice d'un contact possible avec une autre nature, dont l'incarnation offre un cas privilégié. Par extension séculière, tardive, mais révélatrice, le mot exprime, chez l'être humain, l'acquisition et la réalisation d'une essence particulière et supplémentaire. Nous nous rêvons comme hypostases d'une nature éminente, particulière ou différente.

Au XIIIe siècle, nombre d'hérésiarques se présentèrent comme l'hypostase secrète d'une des personnes divines, le Christ ou le saint Esprit[6]. Parmi les prétentions diverses à l'union personnelle, un type de revendication hypostatique joua un rôle important en orientant l'incarnation vers une femme. Cette tendance ne se limita pas à une volonté féministe : d'une part, elle tient à la volonté scolastique de saturer le réel en le chargeant d'accomplir ce qui n'a pas encore été fait ; d'autre part, cette orientation s'accommodait assez bien d'un préjugé largement présent, en faisant de la faiblesse supposée de la femme sa force. Si l'on croise cette opinion avec l'éternel débat sur l'intellect et la volonté, c'est la limite même de la femme qui pouvait lui permettre d'exprimer plus fortement la salutaire domination de la volonté et du désir.

En effet, l'histoire de la construction de la femme comme hypostase en Occident se spécifie et tourne autour de l'*hypostase du désir*, supposé puissant et directeur dans la nature féminine, à l'inverse d'une fragmentation et d'une exténuation masculine ou humaine[7]. L'histoire occidentale en est longue, de l'amour courtois au surréalisme et à certaines variétés de féminisme, et je ne saurais la maîtriser. Bien entendu, ces allusions pourraient contredire mon propos : le désir masculin semble y régner ; de fait, une autre version de la différence sexuée exalte ou redoute la puissance et la violence du désir masculin. Pourtant, les grands mythes amoureux de l'Occident confirment souvent la première version. Des analyses déjà anciennes ont présenté Dom Juan comme un être impuissant ou asexué. Peut-être, et en tout cas, son destin moliéresque le place-t-il en quête fascinée et effrayée du désir féminin ; Dom Juan ne dit rien, laisse parler les désirs et les amours, en remplit le vase poreux et modeste de son attention, de ses attentions. Cette orientation de la culture occidentale tient en partie à la collision entre la notion de personne divine et des revendications féminines. La mise en corps (l'incarnation), notamment, permettait d'explorer les frontières entre les natures, humaine, angélique ou divine.

Deux promotions du principe féminin

Vers 1300, en Occident, deux événements concomitants illustrent le souci de spécifier le rôle de la femme en tant que femme. Dans la région de Milan, une hérésiarque, Maifreda de Pirovano, et ses compagnons et compagnes furent poursuivis par l'Inquisition pour avoir prétendu qu'une femme qu'ils vénéraient, Guillelma (morte en 1281 ou 1282), provenant de Bohème, était l'incarnation de la troisième personne de la divinité, le saint Esprit. Juste avant le procès, Maifreda aurait dirigé une messe célébrant le sacrifice du corps de Guillelma. La prétention pourrait susciter de simples curiosités sur l'indéfinie ingéniosité des hérétiques, si la dévotion envers Guillelma n'avait été relativement importante, y compris dans les milieux cléricaux, notamment autour de l'abbaye cistercienne de Chiaravalle, à proximité de Milan[8]. Il faut donc résister au plaisir du pittoresque ou du folklorique si l'on veut saisir les enjeux de cet épisode.

Précisément dans ces années, furent émises par Duns Scot les premières propositions doctrinales qui fondaient l'Immaculée Conception de la Vierge Marie, doctrine promise à un avenir considérable. Certes, la notion circulait depuis des décennies, et son poids devenait plus grand dans la pensée scolastique, mais la justification théorique manquait[9]. La Vierge rejoignait ainsi le monde divin. En ce sens, la Trinité masculine devenait une « quinité », selon l'expression d'Ernst Kantorowicz, qu'il adopta en analysant une image qui adjoignait à la Trinité la Vierge et son enfant[10]. Les choses étaient compliquées, puisque le Christ apparaissait deux fois, comme adulte et comme enfant.

Que le monde divin soit mixte (l'Esprit saint s'incarne en femme) ou étendu au-delà de la dualité du Père et du Fils, la femme en tant que telle commençait à y participer. Mais cette mixité n'avait rien d'une négociation paisible et recouvrait une concurrence forte. L'Esprit s'incarnait. Toute l'histoire du catholicisme pourrait s'écrire en ces termes de sexuation, de cantonnements et de retours du féminin, grâce au culte de la Vierge, ou malgré lui, et on aurait tort de réduire l'innovation de Duns Scot à une simple concession institutionnelle aux femmes chrétiennes. Il s'agissait de savoir comment un être humain accède à la quasi-divinité : l'option de Duns Scot privilégiait l'origine de Marie, tirée d'une procréation sans désir sexuel, puisque la faute dont elle était indemne dérivait de ce désir. Pierre de Jean Olivi avait choisi une autre cause de l'exceptionnalité de Marie, en rejetant son Immaculée Conception et en célébrant, parmi les événements de sa vie, non le jour de son engendrement ni celui de l'enfantement de Jésus, mais l'Annonciation, jour de son accord et de l'expression de sa volonté, en un mot, de son désir[11]. Olivi déplaçait la volonté salutaire de la conception sans désir sexuel des parents de Marie, vers son choix individuel, indifférent, mais non hostile à la sexualité.

Les fidèles de Guillelma, dans leur pratique liturgique, oscillaient entre deux interprétations : le corps de Guillelma était soit celui du Christ[12], soit celui de l'Esprit incarné. Autrement dit, la féminité corporelle pouvait rivaliser avec la masculinité en récupérant l'incarnation masculine de Jésus et viser ainsi l'obtention d'une majorité de la Trinité (deux personnes sur trois).

Incarner l'Esprit

La proportion quantitative des agents divins n'était pas seule en jeu. La signification qualitative de l'incarnation de l'Esprit importait grandement. Or la théologie catholique pouvait fort bien donner des fondations théoriques et alternatives aux doctrines qui affirmaient la supériorité du féminin comme matériau d'incarnation de l'Esprit. Selon une suggestion de certains auteurs patristiques, reprise par Pierre Lombard, qui fournit, vers 1150, le canevas de la réflexion scolastique, la personne de l'Esprit a été définie comme le lien d'amour (*nexus*) qui unit le Père et le Fils. Cette situation pouvait *le* désigner comme Mère et Épouse. En outre, l'Esprit, par différence avec les deux autres personnes de la Trinité (puissance et sagesse), se caractérisait par l'amour et la volonté. La production humaine de l'ultime personne divine, au nom d'une appropriation du désir et de l'amour, c'est bien ce que voulait la femme, candidate à l'incarnation.

De fait, la saisie de la troisième personne divine importait grandement, parce qu'elle correspondait à un des rares espaces libres de la théologie occidentale. Bien sûr, les Évangiles étaient antérieurs à toute théologie trinitaire, et l'Esprit de Dieu, ou Esprit saint, dans les Évangiles, nommait un acte ou une onction de Dieu, non une personne divine, telle qu'elle fut perçue ensuite dans la théologie trinitaire, notamment depuis la patristique, qui, sur ce point, orienta toute la réflexion médiévale. Un tournant essentiel de la pensée scolastique se produisit quand elle associa à la Trinité l'anthropologie de l'être humain et quand la structure trinitaire se transforma graduellement en une équivalence réelle : l'Esprit était en nous.

Cette théologie soutint des considérations terrestres. La notion de personne, mitoyenne entre le divin et l'humain, recueillit la revendication concurrentielle d'une spécificité et d'une primauté des catégories sexuelles. Dans la scolastique, une tendance majoritaire tenta de neutraliser la question. La doctrine resta prudemment neutre, c'est-à-dire masculine, par défaut. Le Père et le Fils poursuivaient leur face-à-face devant un principe sans corps ; l'humanité demeurait lointaine. Pourtant, le problème de la sexuation ne fut pas indifférent. En effet, l'humanisation ou la féminisation de la personne divine menaçait la transcendance divine. Le Père Congar, plus thomiste que néothomiste, dénonçait une dérive du christianisme dans l'oubli de l'Esprit et la sacralisation de l'Église et de Marie[13]. Par ailleurs, l'affirmation de la féminisation d'une ou deux personnes divines suscitait un défi intellectuel à relever.

Au cœur du dispositif de la personne, susceptible d'amples variations, systématiquement explorées dans l'univers scolastique, la question de la sexuation se posa avec acuité, parce que, sur le plan des dévotions communes, elle suscita des mouvements nouveaux, tandis que, sur le plan doctrinal, elle exprimait des difficultés générales et importantes. La christologie des scolastiques, dans sa volonté d'exhaustivité, ne pouvait ignorer l'examen complet de l'humanité du Christ, qui incluait une attention à sa sexuation. En termes simples, l'incarnation du Christ impliquait-elle nécessairement la masculinité ? Pourquoi ? La sexuation possible des personnes divines servait de marqueur au problème des futurs et des possibles de la nature divine. Enfin, les interrogations sur la personne angélique pouvaient mener à la question de la sexuation, soit neutralisée, soit inversée.

La question se lestait donc de pressantes interrogations anthropologiques et sociales. La place de la personne restait indécise et il était bien difficile de situer la personne entre l'individu, l'espèce et le genre, division systématique qui saturait les possibilités de l'être et qui ne laissait pas de place évidente, non plus, à la différence sexuelle. Les notions d'individus sexués et de personne manquaient de point d'appui classificatoire. C'est autour de la distinction entre le neutre, le masculin et le féminin que se noua le plus étroitement le rapport entre personnes divines et personnes humaines, puisqu'une variation propre à la nature humaine, visible et perceptible, mais sans assignation ontologique précise, pouvait servir de support à la réception divine ou à la projection vers la transcendance. Inversement, la catégorie de personne donna un substrat à l'éloge ou au rejet de la différence sexuelle : la personne, divine ou humaine, neutralisait les différences de sexe ou bien les justifiait.

La pensée thomiste cantonna fermement la sexuation de la personne divine, en limitant la féminité à un rôle complémentaire, secondaire, et bien circonscrit. Les oscillations précédentes et les critiques postérieures remirent en cause une notion trop soigneusement close et cet épisode de la vie doctrinale radicalisa donc les oppositions sur la personne divine ou humaine et celle-ci contribua à faire émerger une conception neuve de la personne comme *individu subsistant*, comme dynamisme essentiel, comme historicité constitutive. Cette orientation, bien présente chez Olivi et quelques autres, s'oppose à une représentation de la stabilité des attributs de la personne.

L'universalité monothéiste et la prépondérance masculine

Le christianisme s'est voulu universel et, dès l'épître aux Galates (3, 28), saint Paul affirmait la non-pertinence du sexe par rapport au salut : « Il n'y a plus ni Juif, ni Grec, il n'y a plus ni esclave, ni homme libre ; il n'y a plus ni masculin ni féminin ; car, tous, vous n'êtes qu'un en Jésus-Christ. » En Occident, le christianisme s'établit contre un paganisme fort proche des sociétés humaines. La transcendance nouvellement proclamée s'en éloignait. Un Dieu unique, éternel et tout-puissant n'avait que faire des contraintes et des plaisirs terrestres. Vers 305, Arnobe, rhéteur latin d'Afrique, originaire d'une région correspondant à l'actuelle Tunisie, écrivit un traité apologétique, *Contre les gentils* (*Adversus nationes*). Après avoir défendu les chrétiens (livres I et II), il attaque, à partir du livre III, le polythéisme. Or il s'en prend d'abord à la sexuation imaginée des dieux : « Les dieux ont donc des sexes et ils promènent partout l'abomination des membres génitaux ! » En revanche, la neutralité de Dieu s'impose : « De peur qu'un étourdi ne nous accuse, nous aussi, à tort, de croire que le dieu que nous honorons est un mâle, pour cette raison évidemment que, en parlant de lui, nous nous servons du genre masculin, il doit comprendre que ce n'est pas son sexe, mais sa désignation et sa signification qui sont exprimées suivant l'usage et les habitudes du langage. Car Dieu n'est pas mâle, c'est son nom qui est du genre masculin.[14] »

La distinction entre la sexuation réelle et l'arbitraire des genres grammaticaux eut une longue histoire, que nous retrouverons à la période scolastique, en des termes différents. Bien avant d'être théorisée, la coutume linguistique se montrait assez clairement : le verset de Paul que nous venons de citer s'adressait « aux fils de Dieu » et déclinait au masculin les particularités rejetées. Mais, à bien des égards, cette séparation entre les faits et la langue recouvrait formellement une complicité, souvent dénoncée, entre la domination masculine et l'usage grammatical. En effet, le christianisme se disait au mode masculin et n'accordait qu'une place marginale et secondaire à la femme. Je ne reviendrai pas sur l'exclusivité masculine de la prêtrise et du service divin[15], glosée et expliquée sans fin au cours des siècles et justifiée encore récemment par Mgr Lustiger selon un argumentaire explicitement lacanien[16]. Toute une tendance du christianisme s'opposa à cette répartition des rôles en brandissant la neutralité sexuelle de Dieu, bien au-delà des divisions de genre. C'est ce recours à la neutralité de la grammaire que le féminisme a dénoncé comme domination implicite, où le neutre transcendant ou supérieur dissimule du masculin sous une apparence d'universalité.

Une métaphore centrale, issue de Paul, joua un rôle important : l'homme masculin était le chef ou la tête (*caput*) du couple. La tête, gouvernement et partie du corps, était à la fois au-dessus et à l'intérieur de l'être humain, selon un schéma qui servit beaucoup dans l'idéologie politique, en assurant une transition entre le monde des pairs et l'univers hiérarchique. L'intérêt de la pensée scolastique pour le discours visait aussi à neutraliser cette puissance incontrôlée du symbole.

Le développement d'une théologie des personnes divines compliqua encore la chose. L'incarnation désignait le sexe masculin. L'évidence s'imposa dans les représentations figurées et entraîna celle du Père, plus tardive et hésitante, mais bien installée au deuxième millénaire. Dès lors, la figuration, masculine elle aussi, du saint Esprit commença à le décrire en jeune homme dès le début du XIIe siècle, dans les premières représentations anthropomorphiques de la Trinité et dans le récit des visions de Rupert de Deutz (Robert de Liège)[17]. Cette attribution ne se fit pas au hasard d'un rêve, mais elle entrait en harmonie avec un récit général qui anime la somme longue et puissante rédigée vers 1116 par Rupert, *La Trinité*. La dernière partie de ce texte, qui avait d'abord décrit les œuvres du Père (en trois livres) et celles du Fils (en trente livres), évoque en neuf livres celles du saint Esprit[18]. Le premier de ces livres porte paradoxalement sur l'incarnation comme œuvre majeure de l'Esprit. En procédant à la conception du Christ, l'Esprit a reformé ou réformé la Création du Père, abîmée par le péché de l'homme. Ce rôle de re-créateur orientait déjà l'Esprit vers une similarité de représentation avec le Père et le faisait voir comme masculin. Sa jeunesse tenait au caractère récent de son œuvre. À l'analogie entre le Père et l'Esprit correspondait l'opposition entre Adam et le Christ-homme.

Ces parallèles mettent en scène la sexuation ; au chapitre 13, Rupert compare les deux engendrements, plus précisément, les deux bénédictions divines qui approuvèrent ces deux unions, procréant, l'une, la descendance humaine, l'autre, le Christ : « Dans la Genèse (1, 27-28), il est dit : "Il les créa mâle et femelle ; et Dieu les bénit et dit : 'Croissez et multipliez-vous" » ; Rupert en rapproche immédiatement un verset des Psaumes (Ps, 18,6) : « Comme un époux sortant de sa chambre nuptiale », dont il prépare la citation par d'autres extraits de cet épithalame qu'est le Psaume 44. L'Esprit, par une explicitation rare dans la tradition chrétienne, devient un géniteur, donc un mâle. La chambre nuptiale est rapportée à la Vierge elle-même. La première Création produit un couple, alors que la seconde engendre un être unique, valant pour toute la nature humaine. La deuxième bénédiction du Père est donc plus éminente : « Nous devons savoir du Christ-Dieu et homme, que cet Esprit saint ne créa pas un homme et une femme, mais qu'en un seul Christ, constituant une seule et même personne, il unit la nature créée de l'homme [*hominis*] au Dieu incréé, au Verbe de Dieu. » L'indifférenciation sexuelle semble reportée sur le Christ, qui produit, par une parthénogenèse masculine, des fils-frères : en effet, Dieu donne la seconde bénédiction divine « pour que lui aussi croisse et se multiplie, qu'il croisse dans sa personne, lui qui avait été rabaissé au-dessous des anges [...], qu'il se multiplie dans ses fils ou plutôt dans ses frères et cohéritiers, les fils de Dieu, les fils d'adoption ». La personne du Christ accédait au Neutre, au prix d'une sexuation masculine de l'Esprit.

Suite des aventures du Neutre

La stabilité d'une conception du Neutre divin, ne feignant de concéder de sexuation qu'aux usages de la grammaire, fut menacée au Moyen Âge central de tous côtés, par les représentations textuelles et iconographiques de la divinité, par les revendications féminines et par les difficultés de la théologie trinitaire. Ainsi, Pierre Lombard, dans la sixième distinction de son livre III, s'interroge longuement sur la validité doctrinale du verset « Dieu fut fait homme » (*Deus factus est homo*). La lettre de l'expression avait quelque chose de blasphématoire en soumettant Dieu à une fabrication. Quelle signification donner à l'homme assumé par Dieu ? La troisième opinion, implicitement celle de Pierre Lombard, refusait que cet homme assumé fût quelque chose (*aliquid*). Le pronom neutre n'avait apparemment pas de pertinence sexuelle : le Christ-homme n'est pas une réalité substantielle. L'âme et le corps qui lui étaient attachés n'étaient que des revêtements (*indumenta*), donc cet homme n'est ni une personne, ni un être humain déterminé, ni une vraie substance ; il n'est pas une réalité indépendante (*aliquid*). Sinon il formerait une quatrième personne de la Trinité. Il ne s'agit que d'un objet transitionnel, sans participation directe à l'essence divine, fût-ce comme personne divine : « En effet, si, disent-ils [les partisans de cette position, dont l'auteur], l'on comprenait que Dieu *par son essence* est homme, ou que l'homme Dieu, alors si Dieu avait assumé l'être humain dans le sexe féminin, une femme serait aussi Dieu par essence, et inversement. Mais Dieu aurait pu assumer l'être humain dans le sexe féminin ; donc une femme aurait pu être Dieu, et inversement.[19] »

La question de la sexuation faisait donc irruption. Le raisonnement par l'absurde de Pierre Lombard peut se comprendre de deux façons : soit l'idée d'un Dieu-femme contredit la tradition de neutralité en se portant sur l'ensemble de la divinité, de l'essence divine, anthropomorphisée, soit c'est l'alternative féminine qui provoque l'indignation. En tout cas, les mots du texte du Lombard envisagent la possibilité d'une incarnation féminine, possibilité accrue encore par l'ambivalence du latin *potuit* (il aurait ou il a pu).

La question de la sexuation des personnes divines semblait intervenir au hasard de l'argumentation, mais elle couvait chez Pierre Lombard. Un bref chapitre de la distinction XII du livre III le manifeste. La distinction pose d'abord la question de la durée temporelle du Christ-homme : a-t-il commencé à exister ou bien était-il éternel ? Sans aucune difficulté, l'auteur distingue le Verbe éternel de la nature humaine assumée en un « homme récent ». Bien entendu, il s'agit, pour le Lombard, de marquer une nouvelle fois la distinction entre la personne du Verbe et son revêtement humain : il aurait suffi d'évoquer Noël pour répondre à la question. Le deuxième chapitre demande si Dieu aurait pu choisir d'assumer un autre être humain ou un être étranger à la descendance d'Adam. La réponse, affirmative, prépare notre question.

Les nuances de la réponse semblent révélatrices : *certains* pensent qu'une telle incarnation aurait été possible, et cet avis se conforme à la tendance générale de la distinction, qui sépare nettement la personne du Verbe du vêtement humain qu'il emprunte momentanément ; mais le Lombard note que le choix du masculin s'est fait « de façon plus opportune et adéquate ». Il emploie un argument de concaténation, de lien organique entre les deux sexes, qui connut une large fortune, y compris chez Thomas d'Aquin : la solution masculine laissait à la femme la fonction de mère et accordait la libération aux deux sexes. Là encore, se dissimule la sournoise domination masculine : au nom de l'universalité, le masculin a le beau et prestigieux rôle[20] en ne concédant au féminin que la tâche douloureuse et humble de la maternité. Le Neutre prend alors une seconde configuration en englobant causalement et en hiérarchisant les deux sexes. Cette tendance s'épanouit chez Thomas d'Aquin, qui y retrouva son goût de l'ordre.

Thomas commenta assez longuement cette distinction de Pierre Lombard. Quatre petites questions (*questiunculae*) parcourent cette question de l'être humain incarné. En premier lieu, est posé le problème de la nécessité de la sexuation du Christ-homme. L'opposant, qui rejette cette sexuation, déploie trois arguments : le corps du Christ avait pour fonction de préfigurer le corps mystique de l'Église, qui ne connaît pas de différenciation sexuelle. Le sexe, destiné à la génération charnelle, ne sert à rien chez celui qui doit assurer une génération spirituelle. Enfin, un esprit créé (et l'on doit penser à l'âme rationnelle ou à l'ange) est indifférent à la division sexuelle. *A fortiori*, un esprit incréé, comme celui de Dieu, connaît une indifférence plus grande. L'être qu'il assume doit donc présenter les deux sexes ou aucun.

La réponse et la réfutation de Thomas exaltent la nature, et la nature humaine en particulier, considérée en son développement (*perfectio*), qui s'oppose à son usage (*usus*) effectif, en ses possibilités, simplement limitées par l'adéquation (*congruentia*). La nature doit donc se trouver intégralement dans l'homme assumé, qui la règle et la limite par sa volonté. Encore une fois, la différence d'usage des sexes conforte une certaine division des rôles sexuels en passant par la volonté, selon le schéma misogyne déjà repéré.

La seconde question élimine une autre possibilité, celle de l'assomption du sexe féminin. L'opposant se laisse aller à un préjugé avoué : il soutient la nécessité d'une incarnation féminine, en disant que la réparation doit correspondre à la destruction. La femme, qui a ruiné le genre humain, doit se prêter à sa restauration. Le Christ, venu pour remédier à nos défauts, doit parer d'abord à la fragilité féminine. Enfin, la victoire christique, procurée à partir du sexe le plus faible, éclate davantage. Thomas rétorque selon un préjugé moins immédiat, mais tout aussi réel : la féminité de l'incarnation ne convenait pas, parce que le Christ est venu en docteur, en dirigeant et en combattant, fonctions qui ne pouvaient s'adapter à la condition féminine. Il accepte implicitement les arguments de l'opposant en arguant d'une nécessité d'une restauration à l'inverse, et non à l'identique, de la multiplicité des défauts humains qu'il ne pouvait tous assumer et du critère de l'éclat de la victoire, due moins à la faiblesse du triomphateur qu'à la grandeur du combat. Seule une réponse alternative attribue la chute à l'homme en premier lieu.

Le second article, avec les deux dernières questions, poursuit ce cantonnement systématique et « modéré » de la femme hors des personnes divines, en excluant un engendrement humain et partagé de l'homme assumé, puis une exclusivité masculine, qui se passerait la maternité virginale. Selon une tactique qui lui est habituelle, Thomas semble changer d'adversaires ; autant les opposants du premier article se défiaient de la nature, autant ceux du second lui accordent trop. Pour défendre une génération paritaire, ils invoquent la naturalité de la génération humaine que doit respecter le Christ. L'acte sexuel (*commixtio sexuum*) ne comporte pas de péché en lui-même. Le péché originel, advenu par une mauvaise sexualité, soit s'effacer par une bonne. Thomas répond en arguant d'une quadruple dignité : celle de la mère, comme vierge, celle du Père, qui ne saurait supporter une autre paternité pour le Fils, celle du Fils, qui ne saurait être formé que par le Saint-Esprit, et celle de la personne assumée, qui perdrait son unité, puisque le sperme masculin serait une cause nulle ou totale. La dernière question retrouve les arguments de ce que j'ai appelé la « concaténation des sexes ».

Des façons de dire

Le carcan du symbole enfermait les textes et les figurations dans une pesante perpétuation de la lettre ; la scolastique s'en libéra par la pratique de l'analyse grammaticale, qui soumettait les antiques séparations à des divisions de la raison. La continuité et le changement, entre Thomas d'Aquin, Henri de Gand et Pierre de Jean Olivi, illustrent ce point. C'est peut-être à Pierre Lombard que l'on doit la première réflexion grammaticale, depuis Arnobe, sur la sexuation linguistique de la personne. Je n'en n'ai trouvé aucune trace dans les *Sentences*, mais ce thème apparaît dans un témoignage de son élève et successeur Pierre Comestor (Pierre le Mangeur), fort intéressant, par ailleurs, sur la contrainte et la liberté d'un maître : « Ce qui lui était demandé, si le Christ en tant qu'homme est quelque chose, il ne le niait pas toujours et même il le concédait parfois aux gens extérieurs. Mais, quand il le niait, c'est qu'il s'adressait à des oreilles sûres, celles de ceux à qui il enseignait. Il disait en effet que, bien que les natures soient habituellement désignées par des noms du genre neutre [*nomina neutri generis*], pourtant ces noms désignaient souvent la personne. Il concédait donc "le Christ en tant qu'homme est quelque chose", c'est-à-dire appartient à une nature. Il niait pourtant que *quelque chose* puisse désigner la personne. Car le Christ en tant qu'homme n'est pas une personne.[21] » Pour le Lombard, les natures relèvent du genre neutre, alors que, implicitement, la détermination de la personne la fait nommer au masculin ou au féminin. La formule de l'homme-Dieu (*aliquid*) est acceptable en ce sens, puisque Pierre Lombard rejette la qualification de personne pour le Christ-homme, mais le maître note que les personnes peuvent se nommer au neutre, ce qui lui fait éviter la formule, par prudence.

Thomas d'Aquin reprit vigoureusement le point de vue grammatical : il en explicita les termes dans la question 31[22] de la première partie de la *Somme théologique*, dans un passage qui reprend en grande partie le commentaire sur la distinction 6 du livre III. Thomas demande si le Fils est autre que le Père ; l'opposant affirme que « un *autre* [*alius*] et *autre chose* [*aliud*] ont la même signification, mais diffèrent par la seule signification secondaire [*consignificatione*] du genre. Donc, si le Fils est un *autre* [*alius*] que le Père, il semble s'ensuivre que le Fils soit *autre chose* [*aliud*] que le Père ». Nous retrouvons chez l'opposant les positions de Pierre Lombard : le Christ-homme n'est pas quelque chose. La réponse de Thomas installe une séparation des genres grammaticaux plus nette : « Le genre neutre est sans forme, mais le masculin reçoit forme et distinction ; et il en va de même du féminin. Et donc c'est justement que l'essence commune est désignée par le neutre et que quelque suppôt est déterminé dans une nature commune par le masculin et le féminin. C'est pourquoi il en va de même dans les affaires humaines : si on demande "Qui est cet homme ?", on répond "Socrate", qui est le nom du suppôt. Mais si on demande "Quelle réalité est cet homme ?", on répond "un animal rationnel et mortel". Et donc, comme chez les êtres divins, la distinction est selon les personnes et non selon l'essence, nous disons que le Père est un autre que le Fils, mais non qu'il est autre chose que le Fils. Inversement, nous disons qu'ils sont une chose [*unum*] mais non un être [*unus*]. » Le refus de la personne et de l'*aliquid* du Christ-homme chez Pierre Lombard aboutissait paradoxalement, par la réfutation de Thomas, à affubler les personnes d'un sexe et à neutraliser l'essence. Malgré les efforts de symétrie, la personne divine affirmait sa masculinité.

Peu de temps après, Gilles de Rome, à son tour, reprit le débat. Dans la reportation munichoise de son commentaire sur les *Sentences*, il pose la question de l'unité du Christ. Son opposant, qui entend la nier, donne cette raison : « Les trois personnes, parce qu'elles sont une nature, constituent une chose unique [*unum*] sous le genre neutre (*neutraliter*) et sont multiples sous le genre masculin ; donc, puisque le Christ est un seul suppôt et deux natures, il est une réalité multiple sous le genre neutre et une réalité unique sous le genre masculin.[23] » Gilles répond assez facilement et brièvement en refusant la distinction des deux natures. Mais on peut se demander quelle est l'utilité de l'emploi des genres ; l'opposant aurait pu se contenter de noter la dualité des natures.

La question de la sexuation disparaît complètement de la détermination, mais elle ne reste pas sans échos implicites : le premier point affirme l'unicité absolue du Christ en réfutant une façon mauvaise de la prouver de la part de certains (il s'agit encore une fois de Thomas d'Aquin). Leur démonstration repose sur une analogie inverse : le Christ a existé selon un mode contraire aux autres hommes. Or ces hommes, parce qu'ils sont des suppôts, sont multiples absolument et ne forment une unité que relative, par le genre ou l'espèce. Mais, dans le Christ, la composition est inverse (un suppôt et plusieurs natures) ; donc le résultat est lui aussi inverse : le Christ est un absolument et multiple relativement. Mais, dit Gilles, la comparaison ne fonctionnerait que si l'unité humaine n'était pas numérique et ne constituait pas un simple universel, relevant du discours. Si l'on veut une comparaison valide entre termes identiques, il fallait comparer la Trinité, où l'unité est réelle, et le Christ, affecté de plusieurs natures. Ces natures étant réelles et complètes, cette bonne comparaison nierait l'unité du Christ. Gilles propose une autre démonstration, qui oppose en un être doté de plus d'une nature une nature principale et une autre secondaire, dépendant de la première. Dès lors, la nature humaine du Christ, secondaire et porteuse de la sexuation, n'est que relative. L'unité du Christ n'a pas de sexe. L'opposant cherchait à se débarrasser de la masculinité du Christ en la mettant au compte de son unicité relative, moins importante que sa multiplicité neutre. Gilles rétablit la situation tout en maintenant la neutralité sexuelle.

Le sexe de la personne chez Henri de Gand

La question du genre de la personne ou du suppôt fut traitée par Henri de Gand, en 1286, dans sa question X, 8[24] ; il affirmait que « une chose est de dire “deux êtres existants”, au masculin, mais une autre de dire “deux choses existantes” au féminin, ou “deux existants” au neutre. En effet, quand on dit “un être existant” ou “deux êtres existants” au masculin, cette dénomination provient de l’être de subsistance ou être du suppôt qui n’est autre que l’un dans l’un, comme on a dit, de sorte qu’on ne peut dire au masculin “un être existant” ou “deux êtres existants” que si ces deux relèvent de l’être de subsistance. Mais, au féminin ou au neutre, quand on dit “une ou bien deux choses existantes”, ou “un ou deux existants”, cette dénomination provient de l’être absolu d’existence, qui, selon ce qu’on a dit, se multiplie dans cette chose une qu’est le suppôt ».

À ses adversaires qui affirment que la dualité d’existences dans un être entraînerait une dualité d’existants, Henri rétorque par l’argument de la dénomination, qui, selon le terme lexical appelé, entraînerait des genres grammaticaux différents. Le choix du genre vaut sans doute comme exemple langagier : la subsistance ou existence personnelle le fait varier, par accord grammatical, et gouverne les noms, pronoms ou adjectifs, et même les verbes. Et l’action ou l’attribution reste identique. Autrement dit, les diverses essences présentes dans un être existant reçoivent une détermination précise, un genre, par exemple, quand cet être existant se présente sous le statut de suppôt. Mais la présence, dans l’être d’existence, d’une possibilité neutre, non sexuée, écarte tout contenu « physiologique » de la catégorie de masculin. La grammaire latine, dotée de trois genres, à l’inverse du français et du provençal, semble écarter l’application sexuée de ces distinctions.

De fait, la personne divine ne peut se dire que par une analogie langagière, qui risque toujours d’abolir des distances infinies. Pour lutter contre ce danger, le franciscain Pierre d’Auriol a dressé une liste précise des règles grammaticales que suit l’Écriture quand elle parle des personnes divines ou les laisse parler ; cette liste est entièrement illustrée de versets bibliques[25]. Les verbes qui les évoquent peuvent être au pluriel, ainsi que les pronoms. En revanche, les noms universels restent singuliers, en dehors des particules numérales, relatives et distinctives qui s'accompagnent du nom de « personne ». Ces particules de singularité peuvent être au masculin ou au féminin, puisque le nom « personne » appartient au genre féminin. Ce détail grammatico-théologique présentait un écho aux distinctions d'Henri de Gand et d'Olivi. Les formes d'allocution ou d'adresse, la direction par les prépositions *in* et *apud* font partie du langage légitime des personnes, qui, enfin, peuvent être sujet (*suppositum*) d'un verbe. C'est donc une grammaire élémentaire de l'idiome des personnes divines que relève Pierre d'Auriol. Cette courte liste de sept règles a précisément pour buts de justifier un discours sur les personnes, tout en le limitant étroitement, de cantonner l'homonymie, qui s'empara, pour des siècles, de la pensée théologique.

Revenons à Henri de Gand. Il doit affronter un constat simple: le Christ est bien masculin. Face à son opposant, il précise: les deux existants distincts, dont l'opposant repousse l'idée, sont l'incréé et le créé, le Verbe et le Christ-homme. Les propositions d'Henri montrent que le discours humain ne peut saisir le Christ que comme suppôt unique et déterminé. La masculinité va de soi pour le Christ-homme: la « signature » de la personne est de fait masculine ; c'est comme enfant mâle que la seconde personne divine s'est incarnée; pour autant le sexe du Verbe n'est pas déterminé en théologie, confortée par la grammaire du latin, pour laquelle le Verbe (*verbum*) est neutre. La variation des genres intervient comme possible, dans le cas de l'existence brute, non unifiée dans le suppôt. Quand on considère l'essence, son existence hors du suppôt n'implique aucun genre, ou les implique tous. Par ailleurs, l'existence personnelle, ou subsistance, est relative en la divinité, absolue en l'être humain. Autrement dit, le Verbe a *emprunté* le genre masculin dans son être personnel sous forme christique ; mais, on l'a vu, les personnes divines peuvent s'incarner plusieurs fois, donc en des genres différents.

Un coup de dés n'abolit pas la Providence (ni le hasard): Olivi et la femme

Comme Henri de Gand, Pierre de Jean Olivi se risqua, lui aussi, à une expression sexuée: « [...] nous disons non seulement que les trois personnes sont une essence et sont la divinité, mais aussi un seul être et un seul Dieu. Et, d'une façon, nous prenons l'être *per se* [l'être autonome, l'être qui existe par lui-même, sans dépendre d'un autre] comme neutre et, de l'autre, nous le prenons non seulement comme neutre, mais aussi comme être masculin ; par masculin, on entend un être, quelque être ou bien cet être-ci ou celui-là »[26]. Ici s'arrête abruptement toute définition du masculin, sans aucune description psychologique, ni anthropologique. La nature (ou essence) est neutre, la personne masculine. Une lecture superficielle et conformiste pourrait dénoncer dans cet énoncé la domination masculine. Le sens de cette proposition est tout autre et doit constituer une reprise critique de l'opinion d'Henri de Gand que nous venons de voir.

La phrase d'Olivi qui reprend la question de la sexuation (grammaticale et/ou anthropologique) de la sexuation des personnes appartient à sa question sur le suppôt ou personne, présentée. Olivi propose deux acceptions de l'autonomie d'existence, l'une générique, l'autre déterminée. La première acception concerne les substances secondes, ces ensembles de substances non individuées, qui existent à l'état universel, mais non individuel. Le terme est d'Aristote, mais recouvre ici la nature humaine ou divine. Seules les substances premières jouissent d'une existence concrète et déterminée. Il s'agit donc de réunir ou de réunifier la nature et la personne, pensées comme deux substances (l'une seconde, l'autre première), ou comme deux moments de la même substance (la séquence humanité-homme, par exemple), seconde puis première. La personne se déplace dans le monde des natures. Exprimant une nature par soi inaccessible ou inconnaissable, elle est un acte et non une chose ; un avenir historique et non une dignité du passé ou du présent.

Le contexte historique de cette conception se laisse entrevoir : dans la vision eschatologique d'Olivi, il s'agit de trouver un fondement théorique à une perception religieuse des différents âges de l'humanité, orientés selon les temps, par la manifestation concrète d'une personne divine, ce qui écarte tout soupçon de polythéisme. Et, pour Olivi, la notion de personne, divine ou humaine, ne désigne pas une dignité naturelle ou acquise, qui serait le sceau d'une existence noble, mais un avenir à construire. Il rejette donc ce qui fonderait le statut de la personne comme substance déjà là.

C'est à un moment complexe de la discussion, d'interprétation difficile, qu'Olivi cite la doctrine de la masculinité de la personne divine selon Henri de Gand. En effet, après avoir longuement donné la parole à son opposant, qui dissocie la nature de la personne, le franciscain, comme il est de coutume, se livre à un *sed contra* qui devrait refléter la pensée du maître. Mais ce *sed contra* se développe longuement, en huit points, qui récusent l'apport essentiel (points 1 à 4), puis accidentel du suppôt ou de la personne (points 5 à 8). Ce qui est encore plus surprenant, c'est que tous ces arguments font l'objet d'une réfutation, qui succède à celle des arguments de l'opposant. Il ne s'agit pas d'un simple échange de positions où l'opposant reprendrait la parole, ce qui n'aurait guère de sens. Tout se passe comme si cette réfutation manifestait une incertitude ou bien une proximité avec une troisième position, qui affirme que le suppôt ajoute quelque chose, mais de façon modale. Or il s'agit certainement des opinions d'Henri de Gand, comme le montre précisément la reprise du jugement sur la sexuation de la personne. La réécriture des arguments d'Henri de Gand semble établir, sinon un terrain d'entente, du moins un espace de variation.

Chez Henri de Gand, la masculinité renvoyait à une façon d'appréhender la divinité dans son mode d'existence précis ; Olivi fait un pas de plus et saisit la masculinité comme réalité historique et aléatoire[27]. Il se trouve que l'incarnation s'est produite en un mâle, par un coup de dés divin, qui, dans l'avenir, peut se rejouer différemment. Cela ne signifie nullement que l'incarnation ne dépend pas d'un choix de Dieu, on l'a vu : le moment faisait l'objet d'une décision mûrie. Le choix, par le Christ, de parents pauvres se fit aussi délibérément selon la volonté d'humilité. Le reste semble laissé à l'aléa, au cours de la nature, à moins de supposer que la masculinité ait ajouté de l'humilité à la condition terrestre (ce serait une version féministe).

On peut se demander si toute la reprise par Olivi de la formulation d'Henri de Gand n'est pas liée à cette question de la sexuation. La différence masculine ou féminine serait moindre que la différence d'espèce et plus forte qu'une différence individuelle. Duns Scot[28], dans sa question « Est-il possible qu'il y ait plusieurs anges dans la même espèce ? », fait citer à son opposant les *Métaphysiques* d'Aristote, selon qui l'homme et la femme ne se distinguent pas par l'espèce, parce que leurs différences sont matérielles. L'argument impute la différence spécifique à la seule forme. Duns Scot répond formellement en prenant pour acquise l'identité d'espèce entre l'homme et la femme, mais en réfutant la cause alléguée : « Il ne s'ensuit pas qu'une différence non spécifique n'est pas une différence formelle. » Cette différence formelle n'est pas précisée, sauf si on la rapporte au principe général de l'*eccéité*, d'une ontologie de la présence.

Chez Olivi, la question demeure ouverte et le souci de l'auteur du *sed contra* partisan de l'équivalence entre nature et suppôt le conduit à repousser l'idée d'un apport essentiel du suppôt en montrant qu'une nature ajoutée à une nature constituerait une troisième nature (troisième argument). Traduisons : la féminité (si elle était un trait naturel ajouté à la nature humaine, à l'humanité) fonderait nécessairement, par jonction et mélange des deux traits naturels (ou d'un trait naturel et d'une nature), une nature distincte (l'être-femme). La réfutation forte de cette position n'accorde plus aucune fonction, ni même de réalité, à la différence sexuelle, sans aucun site ontologique. Or la réfutation (transcription ou interprétation d'Henri de Gand) offre une solution : seul l'ajout d'un élément essentiel et constitutif de l'essence ou nature occasionnerait la production d'une troisième nature. Et, même en ce cas, la gradation des traits essentiels ne provoquerait pas l'existence d'une troisième nature. La tendance qui fait perdre à une nature l'existence indépendante (*per se*) pour migrer vers une autre existence ne suscite pas non plus de troisième espèce ou de création d'une espèce nouvelle et constitue la nature en suppôt ; cette nature a beau circuler entre espèces et genres, elle ne se construit pas en différence spécifique[29].

La personne divine était aussi la face sur laquelle s'arrête la course du dé, dont l'une des faces est la nature, les autres diverses personnes possibles. Si le dé s'arrête sur la face « nature » (ou essence), les personnes n'existent plus singulièrement et l'on se trouve dans le monde impersonnel du militantisme spirituel ou de la mystique. En outre, l'explication de l'incarnation de Jésus-Christ devenait alors fort hardie : les natures (divine et humaine) ne changeaient pas et leur aboutissement (la personne) leur appartenait. Simplement leur mode d'existence pouvait prendre une allure de combinaison, en déboîtant les natures ; par l'appartenance accidentelle d'une personne à une autre nature.

L'accident, nié comme apport propre et interne de la personne, revenait comme condition externe de l'existence. Cette appartenance mobile, qui advient et se retire, joua un rôle structurel dans l'histoire du salut, comme aventure[30].

VIII

Une personne agitée

La substitution de l'être humain par lui-même

C'est à la personne comme unité de substitution que je consacre le présent chapitre. Malgré le rappel nécessaire de certaines notions fondamentales, je n'entends pas réitérer une histoire de la personne, sans cesse parcourue. Je vise toujours le paysage intellectuel de la période scolastique, profondément changé, malgré d'apparentes continuités. Les formulations théologiques subissaient l'impact d'autres questions, anthropologiques et politiques, et croisaient des interrogations sur l'individuation, la matière ou l'histoire.

Les efforts de résistance à la fragilité de la condition humaine, tels que je les ai envisagés, prenaient deux formes, soit celle de la médiation par la saisie réglée de la grâce, par l'*habitus*, moyen accessible à l'être humain, mais lent et collectif, soit celle de l'action sans retour, de l'*usus*, modalité immédiate et singulière, mais qui comportait de graves incertitudes. L'alternative de l'*union* personnelle avec la divinité, suggérée par Pierre Lombard, jamais oubliée, revint à l'ordre du jour à partir des années 1270, une fois que cette solution eut subi quelque élaboration. On recherchait une aide divine qui fût personnelle et directe, sans les médiations lentes de l'*habitus*, ni l'ascétisme ou le risque de l'*usus*. Le XIIIe siècle connut, dans la doctrine savante, comme dans les dévotions populaires, un investissement fort en la notion imprécise de personne. La nécessité de l'aide divine, de la grâce, modifia largement la théologie trinitaire du Moyen Âge central ; on s'attacha à la personne divine. Ainsi, Pierre Lombard avait lié l'obtention de la grâce à l'inhabitation de saint Esprit en chaque bénéficiaire.

Cette singularisation ou cette privatisation de la Providence donnait une accessibilité nouvelle de la personne divine et appelait en miroir et en analogie la constitution de l'individu comme personne humaine. La transcendance se réduisait, au bénéfice de l'être humain, qui se rapprochait de la divinité. Le tournant esquissé par Boèce et accentué par Pierre Lombard mêla les personnes divines et les personnes humaines ; il n'eut un impact aussi fort que parce qu'il formalisait une tendance installée, qui orientait la religion occidentale vers une multiplication des êtres divins. Cette tendance se heurta à une forte résistance d'une partie de la pensée scolastique. Et la doctrine de Thomas d'Aquin consolida la différence entre personne humaine et personne divine. Mais, à partir des années 1270, une effervescence multiforme rouvrit les questions, suscitée à la fois par les « erreurs » dénoncées et la fascination exercée par le texte de Pierre Lombard, sans cesse relu, par l'influence de Joachim de Fiore induite par les franciscains, par le mystère renouvelé de l'Antéchrist et par le statut de la femme. Il faudra considérer une perception non thomiste de la personne, héritière en cela de Joachim de Fiore, qui avait rejeté le trithéisme de Pierre Lombard et dénonçait la quaternité qu'il introduisait en faisant de l'essence divine une quatrième entité. C'est cette orientation, qui refusait la personne (divine et humaine) comme donnée initiale, fixe et stable et qui, en revanche, privilégiait son existence comme acte permanent, comme mouvement, que nous allons tenter de suivre, au travers d'Henri de Gand et de Pierre de Jean Olivi, notamment.

Au Moyen Âge central, le statut de la personne humaine dépendait étroitement de la saisie de la personne divine, encore bien incertaine. La pensée contemporaine a, bien sûr, distendu cette articulation entre personne divine et personne humaine, tout en projetant implicitement la première sur la seconde. Pour saisir les enjeux de la notion de personne humaine, qui comportait autant de problèmes que de solutions, il faut d'abord se défaire des images actuelles de cette notion, qui interfèrent avec les réflexions médiévales, avant de repérer les circonstances des débats sur la personne qui modifièrent la théologie trinitaire, l'anthropologie et l'éthique de la période scolastique.

Pour une saisie historique de la question de la personne humaine

Les troubles et apories divers décrits jusqu'ici affectaient d'abord l'individu, sa dépendance et son fonctionnement mental singulier. Un remède semblait disponible : la promotion de l'individu en personne, prise comme valorisation de l'individu, qui échapperait à la contingence et à la passivité en se dotant d'un sens et d'une valeur, garantis par une transcendance religieuse. Je voudrais montrer que cette opération de sauvetage relève d'un mythe historiographique, d'une projection moderne ou contemporaine sur l'univers scolastique, qui brouille sa clarté.

En effet, le mot *personne*, appliqué à l'être humain, s'offre, dans le vocabulaire actuel, comme un vocable nécessaire et insaisissable, relevant d'une mystique anthropologique et séculière. Au-delà de ses traits propres et de ses déterminations communautaires, la personne se définit comme un être humain doté d'une dignité irréductible qu'il ne peut perdre, quels que soient les circonstances et les aléas de sa vie. Son appartenance à l'espèce humaine peut se spécifier par un trait éminent, la raison, ou la conscience, ou bien le libre arbitre ; elle peut se manifester par des droits dits subjectifs, attachés à la seule existence propre de la personne. Toute précision plus grande menace la notion, car elle suscite des frontières d'exclusion. Le cas de l'aliénation mentale, classiquement, oblige à garder un flou définitionnel.

Ce souci de la fraction indivisible et universelle de l'espèce humaine, sous une autre appellation et selon des configurations propres, tire probablement son origine de l'Âge des lumières, plus que du christianisme antique et médiéval. Au XVIIIe siècle, la pensée laïque a voulu décrire cette cellule noble de l'espèce humaine et a tenté d'échapper aux difficultés de sa définition en « déclarant », depuis les Révolutions du temps, les droits de l'homme, en les escortant parfois des droits du citoyen, plus faciles à énumérer du fait de leur fonctionnalité, attachée à une communauté. Bien entendu, la définition et l'énumération n'ont rien de spéculatif : la limite donnée exclut ou inclut des individus en les classant comme êtres humains, comme animaux ou comme choses. La suite des temps, dans la longue durée, livre trop d'exemples évidents de ces effets pour qu'ils doivent être rappelés. Les ruses pour contourner ou pour englober formellement la notion sont également innombrables. Plus concrètement, les droits donnés par l'appartenance à l'univers des personnes, selon qu'il inclut la liberté (liberté de déplacement, d'expression), l'égalité des sujets ou la vie même (la santé ou la subsistance matérielle), selon la hiérarchie de ces valeurs, ont des implications immédiates et politiques. Les interrogations sont réelles et sérieuses, mais elles n'expliquent pas les débats médiévaux.

Au XXe siècle, le christianisme a voulu se doter d'une dimension humaniste empruntée aux laïcs, tandis que le rationalisme profane entendait profiter de l'*aura* mystique qui sacrait l'individu. Le mouvement *personnaliste* chrétien se situe à ce point de rencontre ou de concurrence. Les tentatives de Mauss et de ses successeurs en direction d'occurrences non occidentales de la notion de personne, en dépit des proclamations des anthropologues en faveur de l'autonomie locale des modèles, montrent bien l'ampleur du mythe, fondé sur une téléologie : nous disposons de cette notion, laïquement et religieusement sacrée. Nous devons en montrer la marche triomphante dans l'histoire[1] : Édouard-Henri Wéber, qui n'hésite pas à intituler un ouvrage de qualité sur l'anthropologie de Thomas d'Aquin *La Personne humaine au XIIIe siècle*[2], en dépit de la très forte réticence de Thomas à l'idée de personne humaine et de l'absence presque complète du thème dans les analyses du livre, donne un sous-titre révélateur à son ouvrage : *L'avènement chez les maîtres parisiens de l'acception moderne de l'homme*.

La situation se compliqua de tensions internes au mouvement néothomiste. En effet, la rencontre des principes du droit romain et de ceux de la morale chrétienne dans le droit canonique, au XIIe siècle, aurait produit la notion de « droits subjectifs », attachés à l'individu humain en tant que tel. Brian Tierney[3] en a repéré les linéaments dès l'époque des décrétistes, les premiers commentateurs du Décret de Gratien (vers 1160). Brian Tierney, en privilégiant les droits subjectifs, prenait position décidée contre une autre vision chrétienne de la personne ; je rappelle brièvement les grandes lignes de ce débat, parce qu'au-delà des positions particulières, il exprime une aporie, essentielle à la notion de personne. Pour une certaine tendance du néothomisme, représentée par Michel Villey[4], l'idée de personne ne peut reposer que sur l'ordre double (*duplex ordo*), qui, chez Thomas, relie l'individu à une société, d'une part, et à Dieu, d'autre part. Toute accentuation trop forte de l'individualité rompt cet équilibre. Villey, de façon un peu caricaturale, voyait là une faillite de la société moderne, dont les origines remontaient au nominalisme, et plus précisément à Guillaume d'Ockham, qui, en niant toute réalité ontologique à la communauté, aurait été le fourrier de l'individualisme destructeur de la personne. L'historien ne peut, bien sûr, souscrire à cette condamnation de « la faute à Ockham », parallèle à celle de la « la faute à Voltaire », peu respectueuse de la réalité d'une pensée[5].

Dans cette oscillation interprétative entre l'individualisme du christianisme et son aspect communautaire, les commentateurs actuels ont pensé trouver une conciliation, en faisant un sort particulier et moral à la notion de *personne fictive*, de *persona ficta*, instrument juridique dont le mérite fut attribué au pape Innocent IV, grand juriste et contemporain de Thomas d'Aquin[6]. La *fiction* consisterait à refuser l'évidence empirique des différences entre êtres humains, au nom d'un principe qui ne dépende pas d'une vérification par le savoir naturel. Par ailleurs, la notion de personne fictive préfigurerait celle de personne morale, qui, dans notre univers, s'associe fortement à celle de responsabilité. La construction juridique d'une personne morale (comme être juridique) protège l'individu concret des charges qui lui incomberaient du fait d'une activité qu'il pratique dans un but précis, propre à une entité spéciale. Que je sois Paul ou bien Paul, directeur de la publication X, entraîne des conséquences notables. L'existence de personnes collectives couronnerait encore cette protection, comme le manifeste la notion de société à responsabilité limitée (SARL).

Mais cette interprétation se heurte à deux objections. En premier lieu, la fiction demeurait une technique juridique, que j'ai évoquée dans *La Religion de l'État*, en me fondant sur les travaux de Yan Thomas[7], qui a montré que la fiction juridique ne se réduit pas à une simple analogie. Elle construit une réalité discursive et momentanée, le temps de la décision ou de l'éclaircissement d'un cas. En ce cas, le juge suspend les déterminations empiriques pour décider de l'attribution raisonnée et volontaire de la qualité de personne.

En second lieu, la notion de personne fictive ne s'appliquait qu'à des entités multiples, même si le discours néothomiste s'en estime conforté. La personne désignait une entité étrange, qui ne pouvait se réduire à une institution publique, sans pouvoir se traiter comme individu. En ce sens, la personne fictive se rattachait plus à un passé patristique qu'à une modernité future.

Tout en tentant de couper les ponts brumeux échafaudés par les humanistes et les néo-thomistes et en refusant de traiter la notion de personne humaine comme trait universel, je crois pourtant que la pensée scolastique a su exprimer les apories et les limites de la substitution; elle a tenté d'esquisser des interprétations et des solutions, qui ne se réduisent pas à un baptême lexical. Plus que de préfigurer des remèdes contemporains et sulpiciens, sous le nom magique de personne, elle présente l'intérêt d'avoir suscité des débats vifs et révélateurs. La pensée scolastique ne s'est pas contentée d'une potion verbale, d'une liturgie fade de la bonne volonté. Mais, malgré ces anachronismes, la notion de personne (*persona*) n'est pas demeurée inerte au XIIIe siècle, mais s'est logée dans des débats importants qu'on examinera, après un rapide sommaire de la notion chrétienne de personne, qui s'attache non à une chronique détaillée, mais aux composantes initiales dont la rémanence scolastique se constate. Ce choix impose de laisser de côté bien des débats passionnants, mais sans prolongement dans l'époque qui nous concerne.

Archéologie de la personne

1. Le droit et la rhétorique

L'interférence contemporaine n'a pas inventé les rapports complexes entre la notion de personne et la condition des êtres humains. Le thème est déjà médiéval, car, à côté des débats religieux, un cadre politique et juridique s'offrait en définissait comme personnes les récepteurs de droits et l'entité ecclésiale chrétienne. Il faudra donc considérer la question difficile des analogies et des métaphores qui structurent les champs que nous nommons maintenant comme politique et religieux. Trois composantes lexicales du mot *persona* demeurèrent bien distinctes jusqu'au Moyen Âge central.

Tout d'abord, un sens juridique se présentait dans la langue latine. La distinction entre les biens et les personnes se trouve au cœur même du droit romain et de la rhétorique qu'elle engendra. Bien avant les élaborations juridiques de l'époque de Justinien, la division du droit dans les *Institutes* de Gaïus (début du IIe siècle) est claire : « Tout le droit que nous utilisons touche aux personnes, aux choses ou aux actions » (II, 2). La IVe partie de ce texte porte sur les actions qui se divisent en actions sur la personne et actions sur les choses : « L'action sur la personne est celle que nous menons avec quelqu'un qui nous est obligé par un contrat ou par un délit, c'est-à-dire que nous entendons contraindre à donner, faire ou fournir. » La personne se définit comme une unité humaine du système juridique, liée à une autre unité par le biais de l'obligation. La personne subit l'obligation plus qu'elle n'en bénéficie.

Dans la rhétorique juridique, la personne se décrit, concrètement, par un certain nombre de droits et de capacités de procédure, même si l'expression « personne juridique », qui semble en découler, ne fut créée que tardivement, au début du XIXe siècle[8]. Au Ier siècle avant notre ère, Cicéron, dans le *De inventione*, avait fait de la personne un des deux thèmes du discours juridique : « Tout cas [*res*] est étayé par une argumentation dérivée soit des attributs des personnes, soit des attributs des actions [*negotiis*].[9] » La personne est ce genre discursif qui rassemble onze espèces de considérations sur l'acteur d'un épisode. Il n'est pas indifférent à l'histoire du christianisme et de sa théologie que la personne, dont l'orateur ne dit rien globalement, donne l'occasion de dresser la liste d'attributs dont on peut et doit parler, sans pouvoir décrire directement la catégorie générale qui les abrite.

Mais il serait abusif et anachronique de présenter la personne du droit romain comme un sujet de droits, puisqu'il ne s'agit que d'une spécification technique de la matière du droit. Le *subjectum* latin, support et réceptacle d'éléments, n'est pas un *sujet*. Rien d'éthique ni d'ontologique n'est dit sur l'entité de la personne ; seuls des traits spécifiques notent le comportement, lié, notamment, au temps : la personne n'est pas supposée, d'un point de vue pratique, avoir la perpétuité des biens immeubles, ni l'instantanéité des biens meubles. Le rebondissement temporel de cet objet juridique entraîne l'idée de contrat et d'obligation.

Ce sens juridique et rhétorique a eu une existence rémanente tout au long du Moyen Âge et ne doit pas demeurer clos dans une archéologie lexicale : ainsi, Pierre Lombard consacre la distinction XXXIV de son quatrième livre aux *personnes* légitimes (*personae legitimae*), c'est-à-dire aux êtres qui peuvent légitimement contracter mariage. Bien entendu, le mot ne s'applique qu'aux humains[10]. La personne ne désigne aucune dignité particulière et s'offre bien comme support temporel de droits mobiles, comme partie éventuelle d'un contrat. La cause ne relève pas du droit civil, mais dépend néanmoins de conditions historiques changeantes, notées dans les décisions des Pères (*statuta patrum*), qui sont diverses ; la légitimité varie selon les temps généraux de l'humanité (avant la loi, sous elle, au temps de la grâce). Le Lombard va plus loin : les décisions de l'Église primitive n'ont pas forcément cours. Les conditions se présentent, en outre, comme graduées : la légitimité, comme il est courant dans le droit, se définit négativement et consiste à ne pas présenter d'empêchement (le vœu de continence, l'ordre sacré, la parenté, la différence de religion, la condition sociale, l'impuissance naturelle). Les empêchements supposent la dispense et ne sont retenus comme dirimants que les quatre premiers empêchements, les deux derniers étant à mi-chemin de la légitimité. Des cas supplémentaires (comme la folie) permettent des variations qui se développent largement dans les commentaires.

Sans vouloir procéder à une conversion de tout problème en termes de langage, je trouve dans cette acception juridique et séculière une possible disponibilité envers une théologie du Verbe. Définir une personne situe un être humain, non dans la réalité, mais dans une situation de discours (discours d'une partie ou d'un juge) et le pose comme interlocuteur dans une situation donnée.

2. *Le Verbe*

En deuxième lieu, on le sait, la désignation des trois entités divines se fit sous le nom de *personne* depuis Tertullien, au début du IIIe siècle. Cette émergence déterminante se fit, comme bien d'autres innovations notionnelles, au hasard d'un débat sur la divinité pleine du Fils. Le chapitre VII[11] de l'*Adversus Praxean* le montre nettement : quatre emplois de *persona* s'y rencontrent. Les deux premiers relèvent d'un sens secondaire, attesté en latin classique : la *persona* est le porte-parole d'un autre, celui qui s'exprime en son nom (*in persona*). Dans les versets des Psaumes cités par Tertullien, le Père exprime la naissance joyeuse du Fils, tandis que le Fils dit la Création de son Père. Bien entendu, la saisie religieuse du Fils comme Verbe importait. Plus loin, la réalité du Fils s'énonce selon les catégories juridiques qui dénotent le réel (*res et persona*). Le saut de l'auteur, à l'écart de ces usages communs, intervient dans la dernière phrase du chapitre : « Tout ce qu'est la substance du Verbe [*Sermonis*], je le dis personne [*dico personam*] et je revendique pour cela ce nom du Fils, et en reconnaissant le Fils, je défends par le Père le second être. »

Cette déclaration abrupte se passe des justifications étymologiques qui abondèrent après Tertullien. Mais l'association du mot *persona* avec le Verbe s'impose. Boèce, plus tard, nota le passage de *prosopon* à *persona*, du visuel au sonore. Par Tertullien, l'Occident établit là le début d'une interlocution et assuma le fameux début de l'évangile de Jean : « Au commencement était le Verbe et le Verbe était tourné vers Dieu et le Verbe était Dieu. » Le grec original comporte le *logos*, susceptible d'autres interprétations, du côté de la raison. La fortune médiévale de ce début fut immense et soutint bien des divergences. On interrogea la nature de ce *commencement* du Verbe et de la parole (début absolu ou début de la création du monde). La seconde solution faisait de la personne du Verbe un moment dans l'existence divine et évoquait la situation temporelle où Dieu se met à parler aux hommes en les créant.

Toute une littérature a été consacrée aux débats complexes qui ont opposé l'Orient et l'Occident sur la désignation et la conception des trois personnes[12]. Nous ne retenons que la disponibilité finale de trois équivalents : la *personne*, l'*hypostase* et le *suppôt* (*suppositum*). Le terme de personne assura l'identité occidentale, en soustrayant l'Église latine à d'inextricables problèmes. Le deuxième terme translittérait, après des négociations difficiles, un mot grec devenu spécifique de la désignation de la divinité trine. La traduction littérale devait être *substantia,* transposition exacte du verbe et du préfixe. Mais les malentendus et les embarras lexicaux et idéologiques entre l'ouest et l'est de la chrétienté aboutirent à un chassé-croisé, qui réserva le mot *substantia* à la nature divine, par différence avec les personnes. La chose ne nous concernerait guère si Jean Scot, au Xe siècle, n'avait usé du terme de *substance* au sens de personne. Ce choix s'explique sans doute par la position culturelle de Jean Scot, irlandais et helléniste dans une cour carolingienne (latine et peu ouverte à la langue grecque) ; il se posait en détenteur d'un savoir éminent, contrôlable par sa propre expertise. En raison de son influence jugée sulfureuse au Moyen Âge central, il peut avoir donné des idées ou des associations de pensées à ceux qui voulaient rapprocher la nature de la personne.

Le troisième terme, celui de *suppôt*, diffusé par Boèce, fonctionna aussi comme appellation propre, mais garda, dans son existence de mot latin, une virtualité philosophique qui se réactiva à l'époque scolastique : il constituait le support, le réceptacle ontologique d'une forme ou d'une essence. Une des difficultés de lecture des textes scolastiques réside dans l'alternance des synonymies et des différences de sens ; chaque auteur, ou chaque tendance, rapproche ou écarte les significations. Le mot *suppôt*, qui semble s'installer comme équivalent de personne, peut reprendre son autonomie et fonder des distinctions de sens lexical, mais il permet aussi de prendre des positions différentes ; encore vers 1272, Gilles de Rome relève que certains affirment la pluralité des suppôts (humain et divin) dans le Christ, tout en posant l'unité de la personne « parce que la personne relève de la noblesse et le plus noble dans le Christ est le suppôt divin ; ils disent qu'il est une seule personne quant à cet être »[13]. La distinction de sens entre suppôt et personne tient en fait à la conception victorine de la composition de la personne à partir de l'homme déjà formé. Nous sommes bien au-delà d'une simple variation lexicale.

Le mot *persona* s'était donc bien installé en Occident et il n'est pas sûr que le sens religieux du terme, devenu fort spécifique dans une tradition longue, ait pu inciter des recherches sur la notion de personne humaine avant le Moyen Âge central. Le mot fonctionnait comme un nom de (sainte) famille. Le grand développement de la théologie trinitaire en Occident, à partir du XIIe siècle, ne fit qu'accroître la distance entre les sens du vocable. L'analogie entre la personne divine et l'individu humain, effleurée, demandait des médiations ; elle n'était pas un acquis lexical, ni religieux.

3. La construction politique et juridique de la communauté des chrétiens

Nous touchons enfin la troisième et dernière composante de la notion de personne, du côté de l'institution, à la croisée du domaine juridique et du domaine politique. Là encore, l'invention de ce sens s'associe au christianisme. La recherche d'un lexique et d'une idéologie de la communauté chrétienne en tant que telle avait une longue histoire, désormais bien connue. Dès les épîtres de saint Paul, l'association de l'image du corps à la notion de communauté des fidèles se manifestait avec insistance. Les Pères, à partir de Tertullien, la reprirent sans cesse. Sans vouloir reprendre la série longue de cette tradition, je m'arrête un instant sur une lettre de l'empereur Licinius en 313, connue par des adaptations de Lactance et d'Eusèbe de Césarée, qui a l'intérêt immense d'insérer cette image dans le vocabulaire juridique, en utilisant conjointement les mots *persona* et *corpus*.

Cette lettre[14] doit s'expliquer dans le contexte de la tétrarchie impériale: en 305, après l'abdication de Dioclétien et de Maximien, le pouvoir impérial avait été partagé entre Constance Chlore, assisté de Sévère en Occident, et Galère, avec Maxime Daïa en Orient. À la mort de Constance Chlore, en 306, sa succession par Sévère fut contestée par Constantin, le fils de Constance Chlore, proclamé auguste par ses légions. En 307, Galère nomma Licinius en remplacement de Sévère et, en 310, l'Occident relevait de Constantin, avec Maxence, les Balkans de Licinius, et l'Orient de Galère, avec Maxime Daïa. En 312, après la bataille du pont Milvius, favorable à Constantin contre Maxence, une tripartition s'établit entre Constantin, Licinius et Maxime Daïa. L'année suivante, en 313, un pacte, conclu entre les deux premiers contre Maxime, donna lieu au fameux édit de Milan, entraînant aussi la lettre de Licinius.

Ce résumé sommaire[15], quoique fastidieux, paraît nécessaire à la compréhension de la lettre de Licinius, parce que la tradition chrétienne, très tôt, a injecté dans ces épisodes une action providentielle, qui a déformé le sens de l'édit et de la lettre, en en faisant l'origine certaine d'un mouvement continu de christianisation de l'Empire et de la société, quelques années avant le concile de Nicée, qui orientait fermement la doctrine religieuse. En fait, le déroulement historique relevait de cycles et de retours plus indéfinis ; par ailleurs, en 312-313, Constantin n'avait rien d'un souverain chrétien. Les persécutions des chrétiens par ordre de Dioclétien (303-305) furent suspendues plus par choix tactique que par décision idéologique. La partie occidentale de l'Empire comprenait beaucoup moins de communautés chrétiennes et la persécution ne présentait aucun caractère d'utilité politique. L'édit de 312 reprenait les termes d'un édit de tolérance publié en 311 par Galère, qui avait été le chef des persécutions de 303. L'emprise grandissante de Constantin suggérait la quête éperdue d'alliances. L'édit de Milan eut la même fonction : après la mort de Galère, Maxime Daïa avait repris en Orient la politique de persécution, peut-être pour bénéficier de l'image de Dioclétien. L'édit servait donc à assurer une coalition avec Licinius en dessinant sa substitution à Galère en Orient.

La lettre de Licinius porte essentiellement sur la restitution des églises et autres lieux confisqués aux chrétiens. Les mots *corpus* et *persona*, appliqués à la communauté chrétienne, servent à désigner un bénéficiaire inédit de droits : « Et, en plus, nous avons décidé qu'il fallait établir pour la *personne* des chrétiens cette règle : si, dans un temps antérieur, certains individus ont semblé acheter de notre fisc ou de tout autre, les mêmes lieux, dans lesquels [les chrétiens] avaient coutume de se réunir et pour lesquels une forme précise a été auparavant incluse dans les lettres données en tes fonctions, que [ces individus] les restituent aux chrétiens sans argent et sans demande d'indemnité, en chassant tout détriment et toute ambiguïté ; même ceux qui ont obtenu [ces lieux] par un don doivent tout autant les rendre à ces mêmes chrétiens ; ceux qui ont acheté ou ont obtenu par un don, s'ils demandent quelque chose à notre bienveillance, qu'ils le demandent à notre représentant par qui sera faite décision pour eux au nom de notre clémence. Il faudra que tout cela soit, par ton intercession, directement et sans délai livré au *corps* des chrétiens. »

Les biens chrétiens avaient un caractère collectif sans relever des biens sacrés, ni des biens publics, et échappaient ainsi à une fameuse tripartition du droit romain. La mort ou la mobilité des chrétiens empêchaient une restitution classique. Il fallait donc trouver un nom qui marque une possession qui était plurielle et mouvante sans relever d'un contrat. Mais cette restitution n'avait pas non plus de caractère public, puisque Licinius prévoyait une indemnisation, comme si l'Empire romain déplaçait des biens privés : il fallait donc éviter tout terme connotant la reconnaissance d'un statut public. L'enjeu n'était pas mince : la religion chrétienne a toujours choisi de s'implanter par des bâtiments matériels, à l'encontre d'autres religions ou sectes, indifférentes à ce genre d'existence. La notion de *persona* s'adaptait bien à ce but, parce qu'elle désignait, en latin classique, un rôle, un caractère et, donc, un type qui pouvait s'étendre à plusieurs individus concrets, sans leur donner de réalité collective. L'importance de cette composante a été récemment mise en lumière par Dominique Iogna-Prat[16], qui a montré comment, au tournant du deuxième millénaire, le bâtiment ecclésial, figure de l'Église, a été perçu en personne, image future d'un moi substantiel et solide.

L'association entre l'institution ecclésiale et la personne fut reprise et pleinement assumée par le droit canonique du XIIIe siècle, selon une certaine continuité d'emploi. Si l'attrait pour la personne divine, source d'aide, et son corrélat, la revendication humaine du statut de personne, ne me semblent pas procéder directement de cette élaboration juridique et politique, cette dimension joua un rôle certain dans les débats, quand l'appel à l'aide singulière d'une personne divine devint plus urgent. La lecture allégorique du Cantique des Cantiques, fort développée au XIIe siècle, plaça l'Église en épouse du Christ. Par ailleurs, cette acception institutionnelle de *persona* faisait coïncider parfaitement l'essence du tout et l'occurrence de la partie. Cette relation du tout et de la partie constitua un modèle et un défi pour d'autres définitions de la personne.

Boèce relu aux XIIe et XIIIe siècles

Un autre débat violent installa plus solidement la notion de personne dans le christianisme occidental. Au début du VIe siècle, les heurts et embarras produits par la confrontation de plusieurs Églises et de plusieurs langages, les incertitudes romaines, les positions opposées et condamnées de Nestorius et d'Eutychès conduisirent Boèce à s'interroger sur la signification de la notion de la personne. Nestorius, évêque de Constantinople au Ve siècle, avait posé deux personnes dans le Christ, celle qui provenait de l'union de la nature humaine et de la nature divine et celle, purement trinitaire et céleste, du Fils. Dans sa lutte contre Nestorius, après le concile d'Éphèse (431), Eutychès, dirigeant d'un important couvent de Constantinople, affirma que la personne unique du Christ ne jouissait que d'une seule nature, issue d'une fusion des deux natures humaine et divine.

La réaction romaine et privée de Boèce, influencée par Cyrille d'Alexandrie, précisa durablement le terme latin de *persona*. En dépit de la complexité du contexte, une formule s'imposa à la tradition pendant des siècles : « La personne est une substance individuelle de nature rationnelle.[17] » La diffusion de la formule eut comme conséquences qu'elle porta la question de la personne sur un terrain philosophique et qu'elle favorisa une application possible à la nature humaine. Certes, Boèce avait spécifié sa définition en parlant de subsistence terme qui désignait une pure existence séparée, distinguée de celle des substances terrestres, mais l'enquête contre Nestorius et Eutychès l'entraînait à considérer toutes les hypothèses.

Un autre trait culturel importa. La disparité des langues grecque et latine, qui, selon Boèce, faisait équivaloir *hypostase* et *persona*, l'amena à formaliser une connotation latine, déjà présente chez Cicéron et Tertullien : « Le nom latin *persona* paraît être tiré d'une origine tout autre, je veux dire par là de ces masques qui, dans les comédies et les tragédies, représentaient les personnages qui y jouaient un rôle. *Persona*, avec l'accent sur l'avant-dernière syllabe, vient de *personare*, résonner. Mais l'accent est mis sur l'antépénultième, il sera tout à fait clair que ce mot vient de *sonus*, le son.[18] » Cette figure étymologique contribua à installer le mot *persona*, hissé au niveau abstrait d'hypostase et bénéficiant, à l'inverse de son équivalent littéral, *prosopon*, appliqué à la vision, des significations attachées au Verbe, selon une association déjà présente chez Tertullien, comme on l'a vu.

L'histoire des usages et incompréhensions de la formule serait longue et complexe[19]. Je passe donc directement à deux interprétations capitales pour la configuration scolastique. En premier lieu, Pierre Lombard prit la formule comme point de départ possible pour l'erreur, selon lui, de ceux qui pensaient qu'une personne divine avait assumé une personne humaine[20]. Il réfute cette association assez simplement: « Il n'y a pas de lien logique [entre la formule de Boèce et l'opinion dénoncée], parce que l'âme n'est pas une personne quand elle est unie personnellement à autre chose, mais bien quand elle existe par elle-même [*per se*]. » La phrase suivante importe, car, en posant la nécessité d'une âme non animatrice, elle suggère la possibilité d'une personne angélique: « Car la personne est séparée du corps, comme l'ange. »

Thomas d'Aquin n'ignorait pas la possibilité d'une application non divine de la notion de personne, découlant de la célèbre formule de Boèce (« La personne est une substance individuée de la nature rationnelle »), qu'il reprit souvent et qu'il discuta de près dans toute une question de la *Somme de théologie*[21]. Thomas entoure la formule de précautions minutieuses. Cette définition, souligne-t-il, visait essentiellement à distinguer, dans la première catégorie, la substance première (*cette* substance) et la substance seconde (la substance en tant qu'elle répartit une nature ou essence). La formulation demeure logique et classificatoire, sans véritable description de quelque aspect qui rapproche la créature humaine de la personne divine. À son opposant qui note l'impossibilité de définir l'individuel, Thomas répond en limitant la formule de Boèce à une spécification de la démarche d'Aristote qui le conduit à définir la *substance première* et qui, dans le cas de Boèce, « rend compte de la singularité commune ». Ainsi, Thomas formalise le plus possible la notion de personne, afin d'éviter un contact de transition ou d'analogie entre l'homme et Dieu. Dans l'argument suivant, l'opposant s'étonne de la redondance entre *substance* et *individuelle*. En effet, toute substance première est individuelle. Thomas défend la pertinence de la répétition apparente, en disant que le mot *substance* a pour fonction, négative, d'écarter l'universalité ou, au contraire, la fragmentation de la personne: on ne peut désigner comme personne la totalité de l'humanité, ni une main. Une fois ce sens écarté, l'analyse en rejette un autre, par le mot *individuelle*: « On exclut de la personne la faculté d'être assumé [*ratio assumptibilis*]; la nature humaine, en effet, dans le Christ n'est pas une personne, parce qu'elle est assumée par plus digne, c'est-à-dire par le Verbe de Dieu. » Cette théologie est fort classique, mais la précision sur la formule de Boèce entend abolir toute tentation de prétendre à une assomption individuelle, de personne à personne.

Les personnes autour de Pierre Lombard et de Joachim de Fiore

La synthèse de Pierre Lombard n'avait rien de consensuel et sema le trouble, sans doute parce que lui-même était fort perplexe. Dans la distinction XXV du premier livre des *Sentences*[22], il mentionne les inextricables divergences entre le vocabulaire latin et le vocabulaire grec, et note que le mot *persona*, en théologie trinitaire, a trois sens légitimes, en faisant comprendre l'essence, l'hypostase et la propriété. L'absence du terme *suppositum* est flagrante, peut-être parce que cette translittération d'hypostase ouvre trop la voie à une théorie générale (ontologique, anthropologique et théologique) du rapport entre une essence et sa manifestation, entre le tout et la partie. La tripartition des emplois renvoie donc à l'essence divine, à l'existence de Dieu (telle serait la connotation d'hypostase) et aux relations entre les trois de la divinité. Si les deux premiers sens s'articulent assez bien en Dieu, indissolublement essence et existence, la désignation commune de l'essence-existence et des propriétés demeure problématique.

Mais il y avait pis ; on a vu, au chapitre 5, à propos de l'*habitus*, que Pierre Lombard refusait de donner à l'homme incarné le statut de personne, de réalité (*aliquid*) ou d'homme déterminés (*hominem aliquem*)[23]. Le pape Alexandre III critiqua cette opinion en 1170 en disant qu'il fallait abroger cet enseignement « de Pierre, autrefois évêque de Paris, dans lequel il disait que le Christ en tant qu'homme, n'est pas quelque chose », avant d'en interdire la diffusion, en 1177, sous peine d'anathème[24].

En outre, la doctrine de Pierre Lombard sur l'Esprit saint (I, 17) tendait à séparer les personnes divines en accordant une réalité indépendante à leurs propriétés et en ouvrant les possibilités d'incarnations à venir. Le lien entre personnes divines et personnes humaines se précisait. Ce trithéisme suscita de fortes réactions dans la pensée scolastique, notamment chez Thomas d'Aquin et Bonaventure. Curieusement, ce furent les critiques précoces adressées par Joachim de Fiore à Pierre

Lombard en matière trinitaire qui, en 1215, moins de trente ans après la condamnation du pape Alexandre III, subirent les foudres de l'Église. C'est sans doute qu'il importait d'asseoir la notion de personne divine qui eut du mal à s'installer, alors qu'elle devenait un trait central de la théologie latine dans la recherche de son identité par rapport à l'Orient. Le décret qui, au concile du Latran, s'attaque à Joachim de Fiore confirme aussi les condamnations du maître parisien Amaury de Benne et de son prétendu panthéisme.

L'affaire Joachim de Fiore ne repose que sur un seul document, et quelques dessins du *Liber figurarum*, d'interprétation difficile. Mais ce document importe, puisqu'il s'agit d'un canon du concile du Latran en 1215[25], qui dénonce ce qui serait une attaque contre Pierre Lombard et contre la quaternité, qu'il aurait introduite dans sa conception de la divinité. Ce canon peut surprendre : Pierre Lombard était mort en 1160, Joachim de Fiore en 1203. Pourquoi avoir attendu toutes ces années pour réagir ? L'hésitation traduirait-elle une difficulté doctrinale ? L'embarras était fort : on a vu la condamnation de Pierre Lombard par Alexandre III sur un point important de doctrine trinitaire. Et puis l'occasion était importante. L'Église s'engageait dans une assez vaste mise au point dogmatique, au moment, précisément, où l'enseignement des *Sentences* était rendu obligatoire à l'Université naissante. Voici le début de ce texte : « Nous condamnons et réprouvons le petit livre ou traité, que l'abbé Joachim de Fiore a produit contre Maître Pierre Lombard sur l'unité ou l'essence de la Trinité. Il y appelle Pierre Lombard fou et hérétique car il a dit dans ses *Sentences* qu'il y a une certaine réalité suprême qui est le Père, le Fils et le saint Esprit et cette réalité n'engendre pas, ni n'est engendrée, ni ne procède. Il en conclut que ce maître attribuait à Dieu non une Trinité mais une quaternité, c'est-à-dire les trois Personnes et cette essence commune, comme si c'était une quatrième personne ; l'abbé proteste clairement qu'il n'existe aucune réalité, ni essence, ni substance, ni nature, qui soit le Père, le Fils et le saint Esprit, bien qu'il concède que le Père, le Fils et le saint Esprit soient une essence, une substance, et une nature ».

La contradiction apparente de la position de Joachim se résout assez aisément, si l'on admet que les Personnes ne divisent pas la divinité, mais sont des manifestations successives de Dieu. Le lien avec sa théologie de l'histoire devient clair ; Dieu décide de faire succéder ses manifestations selon un ordre providentiel. Reste à savoir (question immense et difficile) s'il choisit un mode d'action spécifique ou bien s'il adapte ses modes de manifestation en fonction d'une réception particulière des hommes selon les temps. L'historicisme radical de Joachim, continué chez Olivi, leur fait préférer la première solution. Mais le monothéisme profond qui habitait Joachim et qui a peut-être déclenché contre lui des accusations de judéophilie consistait en un refus de la narration synchronique des trois de la Trinité, au profit d'une perception historique de la succession diachronique des manifestations successives de Dieu, prises dans sa théorie des âges de l'humanité.

Le texte du canon *Damnamus* doit être scruté de près, car il construit une théologie imputée à Joachim sans qu'elle puisse être vérifiée dans des sources survivantes, sinon par des dessins sans cesse glosés. Gian Luca Potestà et Eugène Honée ont bien montré que le souci trinitaire de Joachim précède, chez Joachim de Flore, son recours à l'histoire, au temps du salut. Il me paraît que Joachim propose une théologie fortement hostile au néoplatonisme ou à l'émanatisme ambiants dans le christianisme latin, malgré de fortes injections d'aristotélisme. Quand Joachim pose, selon ses accusateurs, qu'« il n'existe aucune réalité, ni essence, ni substance, ni nature, qui soit le Père, le Fils et le saint Esprit », quand il rejette la *summa res* qui « n'engendre pas, ni n'est engendrée, ni ne procède », ses accusateurs prétendent qu'il présente cette réalité transcendante comme un quatrième élément de la Trinité ; il se peut que le propos de Joachim ait été ironique ou moqueur. En effet, Pierre Lombard lui-même cite un extrait d'Augustin qui dénonce le risque de quaternité : « Nous reconnaissons une substance double du Christ, divine, par laquelle il est égal au Père, et humaine, par laquelle il est moindre que le Père. Les deux, ensemble, ne sont pas deux, mais un est le Christ, afin que Dieu ne soit pas une quaternité et non une trinité. Et ainsi le Christ est Dieu, l'âme rationnelle et la chair.[26] » La reprise d'Augustin par Joachim pourrait correspondre à une sorte de retour de bâton ironique. Plus que la quaternité, c'est plutôt l'Unité première et absolue qu'il refuse, au profit d'une perception de Dieu comme antérieur et supérieur à toute priorité du nombre et de l'unité. Dieu est un être déjà là, en son essence qui comprend les nombres et leur variation. La manifestation de cette variation interne produit la Trinité et l'histoire.

La suite du canon confirme l'importance des divergences sur l'unité divine. Certes, les Pères du concile de Latran dénient toute quaternité, mais ils récusent l'aspect analogique et faible de la *summa res* telle qu'elle serait vue par Joachim : « Mais il prétend pas qu'une unité de ce type n'est pas véritable et propre, mais pour ainsi dire collective et analogique [*collectivam et similitudinariam*], comme beaucoup d'hommes sont dits être un peuple et beaucoup de fidèles une Église, selon ce verset "il y avait un seul cœur et une seule âme dans la multitude des croyants" [*Act 4,32*] [...]. Car les fidèles du Christ ne sont pas uns, c'est-à-dire une chose unique, qui soit commune à tous, mais ils sont uns de cette façon ; c'est-à-dire une seule Église, en raison de l'unité de la foi catholique et, à la fin, un seul royaume, en raison de l'union indissoluble du pur amour [de la charité]. »

Personne divine et personne humaine chez Thomas d'Aquin

La position de Thomas est impavidement médiane dans ce débat, où il suit les enseignements du concile aussi bien par révérence que par une étrangeté probable au rejet de la théologie de l'Un et de l'émanation. D'un autre côté, l'exubérance incarnatrice présente chez les sectateurs, avoués ou inavoués, de Pierre Lombard, pour qui l'unité divine ne cesse de se répandre, se heurta à une résistance ferme de la pensée thomiste, qui s'opposa largement à la notion de personne humaine, conjointe à celle de personne divine. Le refus de la facilité hypostatique avait un aspect politique : la médiation longue de l'institution importait, contre l'immédiateté mystique ou dévotieuse. Face à la course à l'incarnation, Thomas d'Aquin refusa délibérément de faire communiquer les applications divine et humaine du mot *personne* : le sens juridique (ce qui est support de droits) et le sens théologique (un des trois de la divinité) restèrent étanches, comme des vocables simplement homonymes. Il fut donc réticent à l'extension du mot et de la notion depuis la théologie trinitaire vers l'anthropologie.

La séparation des domaines est posée avec fermeté par Thomas d'Aquin : « Dans les choses composées de matière et de forme, il est nécessaire que diffèrent la nature ou essence et le suppôt, parce que l'essence ou nature ne comprend en elle que ce qui se trouve dans la définition de l'espèce : l'*humanité* comprend en elle ce qui se trouve dans la définition de l'homme. C'est par ces traits que l'homme est homme et l'humanité signifie ce par quoi l'homme est homme. Mais la matière individuelle, avec tous les accidents qui individuent, ne se trouve pas dans la définition de l'espèce : ne se figurent pas dans la définition de l'homme *ces* chairs et *ces* os, ni *cette* couleur noire ou blanche, ou toute autre réalité de ce type [...] C'est pour cela que l'homme et l'humanité ne sont pas totalement identiques.[27] » Les choses sont claires : l'individu humain est signifié par sa matière et ne peut s'identifier à l'essence, à la nature de l'homme, par excès de déterminations particulières. En revanche, dans la Trinité divine, sans matière, l'essence ou nature se confond totalement avec le suppôt. Dans un autre monde sans matière, celui des anges, l'individu se confond aussi avec l'espèce et la multiplicité des anges correspond avec une variation des espèces (ou ordres) angéliques. L'individu, donc la personne, n'avait d'existence humaine que par la matière et son existence découlait donc de l'ordre des choses et du monde.

Quand Thomas se réfère à la personne humaine, il le fait le plus souvent dans un emploi juridique ou par un usage métaphorique du mot *personne*. Dans la *Somme de théologie*, il doit répondre à un opposant qui refuse de classer la notion de personne divine sous la rubrique de la relation : « La personne chez les hommes et les anges ne signifie pas la relation, mais quelque chose d'absolu. Donc, si elle signifiait la relation en Dieu, on parlerait de façon équivoque de Dieu, des hommes et des anges.[28] » La réfutation de cet argument laisse peu de place à l'idée de personne humaine : « Un principe différent concernant des êtres appartenant à un ensemble moins large, ne produit pas une équivoque dans un ensemble plus large. Car, bien que la définition propre du cheval et de l'âne soit différente, pourtant leurs êtres sont univoques par le nom d'animal, parce que la définition commune d'animal convient aux deux. Il n'en résulte pas que, bien que la relation soit contenue dans la signification de la personne divine, et non dans la signification de la personne humaine ou angélique, que le nom de personne soit équivoque. Pourtant, elle n'est pas énoncée de façon univoque non plus, puisque rien ne peut être dit de façon univoque à propos de Dieu et des créatures. » La notion de personne humaine, sans rapport avec celle de personne divine, ni univoque, ni équivoque, n'existe guère. Elle n'est qu'un homonyme.

De fait, le syntagme de *personne humaine* prend son autonomie et se distingue radicalement de la notion de personne (divine) : « La personne, en toute nature, signifie ce qui est distinct dans cette nature : c'est ainsi qu'en la nature humaine elle signifie *ces* chairs et *ces* os et *cette* âme, qui sont les principes qui individuent l'homme ; ces principes, bien qu'ils n'appartiennent pas à la signification de la personne, appartiennent pourtant à la signification de la personne humaine.[29] »

Pour Thomas, le sens philosophique de personne, qui existe pourtant dans le monde humain, s'adosse à une classification qui oppose l'*individu vague* à l'individu désigné, isolé par un geste, sans aucune dignité ontologique. Chez Albert le Grand, la notion d'individu vague prend le relais de l'espèce, dont elle se distingue nominalement en assurant une liaison possible avec l'individu singulier : « L'individu vague n'est pas dit tel parce qu'il n'est pas déterminé dans la nature, puisque il se détermine par la nature quand on dit “un homme” ou “un bœuf”. Il est dit vague parce qu'il n'est pas montré par des accidents sensibles, comme on dit “cet homme” ou “ce bœuf”. Nous dirons donc que l'individu vague est celui dont la nature réduite et particularisée est certifiée par un suppôt indéterminé. Mais l'individu désigné [*signatum*] est celui dont la nature est réduite et certifiée de façon particulière en un suppôt qui puisse être déterminé et montré comme on dit “cet homme”, en montrant Socrate.[30] » Cet emploi double se retrouve chez Thomas d'Aquin, où il sert à distinguer les deux usages (divin et humain) de la notion de personne.

Entre l'individu désigné et la personne divine, la distance reste grande : « Et donc il faut dire que, même dans les choses humaines, ce nom de personne est commun à la communauté de raison [*communitate rationis*], non comme un genre ou une espèce, mais comme un individu vague [*individuum vagum*]. Car les noms de genres ou d'espèces, sont donnés pour signifier ces natures communes elles-mêmes, mais non les désignations catégorielles [*intentiones*] qui sont signifiées comme genres ou comme espèces par ces noms. Mais l'individu vague, comme *un certain homme*, signifie la nature commune dotée d'un mode déterminé d'existence qui convient aux êtres singuliers, c'est-à-dire en sorte qu'il subsiste par lui-même en étant distingué des autres.[31] » La portée de cette analogie possible est diminuée par l'existence réelle et le mode d'existence des humains singuliers qui ne peuvent subsister par eux-mêmes. « Mais, par le nom d'être singulier désigné, est signifiée la source même de la distinction déterminée [*determinatum distinguens*], comme, par le nom de Socrate, sont signifiés cette chair et ces ossements. Pourtant, reste cette différence qu'*un certain homme* signifie une nature, avec le mode d'existence qui convient aux êtres singuliers, mais le nom de personne n'a pas été trouvé pour signifier l'individu du côté d'une nature, mais pour signifier la chose subsistante en une telle nature. Cela est commun à toutes les personnes divines selon la raison, que chacune d'entre elles subsiste dans la nature divine. » Ainsi, la personne humaine consiste, loin de la personne divine et de sa subsistence, en un quotient de rationalité, issu de la division discursive de la nature humaine. En ce sens, les difficultés de la « notion moderne » de personne semblent effectivement présentes chez Thomas d'Aquin.

La personne dans l'effervescence trinitaire des années 1270

Thomas avait construit un système qui se gardait de la dérive « trithéiste » et qui conserva sa puissance. Pourtant, les interrogations sur la multiplication de l'incarnation ne pouvaient se réduire ni aux erreurs de Pierre Lombard, ni au délire hérétique ou sectaire, et elle fit l'objet de débats théologiques denses. Dès les dernières années de la carrière de Thomas, on assista à une vigoureuse efflorescence des discussions. Le rêve de substitution perdait de sa simplicité et la question des rapports entre la personne divine et la personne humaine devenait encore plus difficile. Dans ces débats fort libres, le champ doctrinal était donc ouvert pour une rêverie sur la multiplication des occurrences de l'incarnation, qui, ainsi saisie, permettait de donner un contenu anthropologique à une catégorie qui ne concernait pas, en principe, l'être humain. La captation humaine de la notion de personne divine passa par l'exaltation du dynamisme qui animait les processus de conversion des natures.

J'en prends trois exemples, assez différents. Les interrogations de Gilles de Rome lui firent accentuer les possibilités futures d'une incarnation divine, ce qui renouvelait le débat ouvert par Pierre Lombard sur la possibilité d'une union avec la nature humaine. Selon des préoccupations diverses, Henri de Gand et Pierre de Jean Olivi tentèrent de définir un mode d'existence particulier de la personne. Cette orientation conduisit ces auteurs à l'élaboration progressive et lente d'une pensée de la personne comme instance de possibilité, que nous suivrons dans ses débuts hésitants ou fiévreux, avant d'en repérer, au chapitre final, le développement chez Olivi et dans tout un courant franciscain. Se multiplièrent les débats sur les rapports entre nature et suppôt, où le mot *nature* désigne ici l'essence, à partir de laquelle se détache le suppôt.

Gilles de Rome, qui commenta les *Sentences* en 1271-1273, en donne un bon exemple, que j'examine d'après la *reportatio* de Munich, rédigée un peu plus tard[32]. Dans le livre III, qui porte sur l'incarnation du Verbe, la première distinction en offrait l'occasion. Successivement, Pierre Lombard affirme, plus qu'il ne prouve, que seul le Christ avait assumé la chair mais que le Père et l'Esprit auraient pu le faire. Ce point de vue n'avait rien de neuf et Anselme l'avait déjà manifesté dans le *Cur Deus homo ?* Mais, dans les années 1270, l'interrogation devenait plus précise. Chez Gilles de Rome, selon la tradition, la première question portait sur les conditions de possibilité de l'incarnation. Les trois questions suivantes exploraient des possibilités alternatives et, surtout, donnaient des raisons : incarnation d'une seule personne divine (question 2), incarnation de toutes les personnes (question 3), incarnation dans une autre nature humaine (question 4).

La troisième question était déjà en filigrane dans les *Sentences* et Thomas d'Aquin se l'était posée dans son propre commentaire : « Est-ce que le Père, le Fils et le Saint-Esprit peuvent assumer une nature numériquement unique ? [33] » Le Dieu-homme pouvait-il être une synthèse de la divinité ? La réponse de Thomas était fort embarrassée : si la multiplicité est déclarée impossible parce que contradictoire, mais elle n'est pas *impossible* (le terme est le même) à la puissance absolue de Dieu, « quoique cela ne soit pas adéquat selon l'ordre de la sagesse divine ». Thomas mentionne la divergence des opinions et réfute également les arguments opposés. Il emploie, pour défendre la multiplicité possible des incarnations, des arguments analogiques ou métaphoriques sans grande force : l'homme est image de toute la Trinité ; l'union des puissances en l'homme évoque celle des personnes, la proximité du Père et du Fils (notons le silence sur l'Esprit) rend cette co-personnalité envisageable.

Gilles de Rome paraît bien plus à son aise ; il utilise une notion qu'il a forgée dans la première question, sur la possibilité de l'incarnation du Christ, en introduisant une phase ou un processus supplémentaires : si chaque personne divine s'incarne, la nature humaine se comporte comme un *pré-suppôt* constitué par la nature divine. Gilles donne une comparaison physique : la chaleur, pré-suppôt de l'être-enflammé, découlant de la nature du feu (l'*ignéité*), ne donne pas l'existence, à la différence du vrai suppôt. Je me garderais bien de ranger ces tentatives dans des tendances plus générales tant l'exploration scolastique vit de questions précises, mais je me demande si cette notion de pré-suppôt, ou de pré-personne, ne conduit pas à une dilution ou une expansion du divin indéterminé. La médiation entre Dieu et les hommes se fait plus large.

Ce point rapproche, pour la méthode, deux adversaires décidés, Gilles de Rome et Henri de Gand : tous deux résolvent des questions difficiles au moyen d'un troisième terme qui casse les binarités irréductibles. La façon de raisonner l'emporte sur les divergences d'opinion et produit parfois des convergences étonnantes. Ainsi, Gilles de Rome se demande si la nature humaine peut s'unir accidentellement au Verbe[34]. La réponse, d'abord négative, s'énonce sous forme de binarité : une substance ne peut s'unir accidentellement à un être que sous deux modes : le contact ou la situation de moteur d'un mobile. Dans le cas de l'incarnation, ces modes ne sont pas opératoires. L'un (le contact[35]) ne concerne que les corps ; l'autre (l'action comme moteur) unit Dieu à tout être. Gilles découvre une troisième possibilité, précisément du côté du suppôt accidentel. Dans les créatures, la nature se dédouble : d'une part, elle « constitue le suppôt » (*constituit subpositum*), comme forme substantielle, d'autre part, comme forme accidentelle, elle se loge dans le suppôt constitué, en lequel elle devient substance (*subponit suppositum*) ; le chiasme et le jeu lexical de Gilles empêchent de décider entre le sens de « se mettre à devenir suppôt » et de « impliquer la constitution du suppôt ». Dans le Christ, ce sont les natures divine et humaine qui remplissent ces deux fonctions, qui procèdent, l'une à la constitution de la personne, l'autre à son déplacement. Une comparaison hardie illustre le point : la nourriture constitue un suppôt ou bien l'entretient et l'augmente une fois qu'il est constitué. Le premier mode place (*reponit*) le suppôt dans le genre de la substance ; mais la forme accidentelle ne place pas le suppôt dans le genre de l'accident. La nature humaine a un mode accidentel sans être un accident. Une nature peut en « parasiter » une autre. La nature humaine, non limitée par la notion de personne, demeure malléable et disponible.

La question la plus aventureuse, dans cette série de Gilles de Rome, considère la possibilité d'une autre incarnation[36]. Sa réponse, affirmative, est nette : certes, dans le monde créé, l'unicité d'existence se fonde sur une unicité de nature ou d'essence. Mais l'être increé, qui n'est pas déterminé, comprend toute existence, sans être régi par la nature qu'il reçoit, « car cette nature n'agit pas, mais est seulement un moyen d'agir [*ratio agendi*], comme ce serait le cas si le corps de l'homme était increé et que sa main était créée ; la main jointe au corps n'agirait pas, mais serait le moyen d'action du corps. Et, ainsi, rien de créé n'agirait ni ne subirait, bien que cela soit un moyen d'action ou un instrument ». Cette nature humaine instrumentale, puisqu'elle n'agit pas comme une forme, peut donc s'individuer dans la matière (*facere signationem in materia*) ; ces individuations peuvent se succéder dans l'être indéfini de la divinité. « Toutes seront pourtant une dans les suppôts, bien qu'elles soient diverses en nombre à cause d'une autre individuation. » Sans attenter à l'unité divine, un suppôt assumant deux natures humaines constitue deux hommes. Cette apparente spéculation débouche sur des résultats concrets dans la dévotion commune : l'intervention divine n'est pas close et une nouvelle incarnation peut se produire demain.

L'existence propre de la personne chez Henri de Gand

Le souci de séparation de la personne humaine et de la personne divine se confirmait après Thomas, mais toujours en réaction contre Pierre Lombard[37]. Henri de Gand se demande si la dénomination du Christ comme homme repose sur l'union mutuelle de l'âme et du corps ou bien sur une binarité de deux unions entre son âme et la nature divine et son corps et cette même nature. L'enjeu semble terriblement spéculatif, mais, en fait, il importe, car il décide de l'analogie entre personne humaine et personne divine, si elles sont identiquement structurées. Le maître opte pour la première solution en opposant soigneusement la dénomination d'homme et la constitution du suppôt ou de la personne. L'être humain ne dispose que d'une *personalitas*, mot dont le sens procède d'une inflexion lexicale d'Henri et qui doit se comprendre non comme une variante abstraite et généralisante de *persona*, mais comme une virtualité : le matériau humain (corps et âme) se prête au choix divin d'assumer la nature humaine dans le suppôt du Christ, ce qui ne donne aucun privilège acquis à l'être humain comme personne déjà constituée. Thomas d'Aquin avait usé de cette notion, mais négativement : « Une personnalité propre ne fait pas défaut à la nature assumée en raison d'un défaut qui touche à l'accomplissement de la nature humaine, mais d'un ajout supérieur à la nature humaine : l'union à la personne divine.[38] » La nature humaine doit être assumée directement par Dieu, sans passer par un préalable, qui insérerait la construction personnelle dans une personne humaine à l'identité forte. La simple et immédiate analogie des personnes humaine et divine fut donc largement refusée par la pensée scolastique.

Olivi et l'universalité de la condition personnelle

À cette exubérance Pierre de Jean Olivi oppose une volonté nette de restreindre la différence entre la nature et le suppôt, dans un long texte de sa *Somme sur les Sentences*, où il se demande « si le suppôt ou la personne ajoutent quelque chose à la nature en laquelle et par laquelle ils subsistent[39] ». La question de la personne est traitée avec une telle ampleur qu'elle embrasse aussi la totalité du créé.

Est-ce que la notion de personne a une réalité autonome et propre, qui s'ajoute à l'essence, dont elle est issue ? La question d'Olivi, ainsi que sa réponse, négative, semble compatible avec les opinions thomistes, si on la limite à la question de la personne divine. En ce cas, le statut de personne ou de suppôt s'identifie bien avec la nature ou essence (divines) et n'apporte pas de réalité propre, là où l'homme singulier, avec ses bizarreries individuelles et matérielles, est autre chose qu'une simple occurrence de l'humanité, *cette* nature ou essence des hommes en général. Dieu, et Dieu seul, est à la fois un et trine. De fait, au premier abord, l'interrogation semble purement trinitaire et théologique : la notion de suppôt, conformément à une tradition longue, équivaut ici à celle de personne et, comme elle, désigne un des trois de la Trinité divine. Le suppôt est ce qui sert de support à l'essence suprême, la nature divine. Les trois suppôts ou personnes subsistent, c'est-à-dire s'offrent comme réceptacles déterminés de cette essence commune. Malgré le sens philosophique et fonctionnel du mot *suppôt* (réceptacle singulier, occurrence d'une essence), la juxtaposition de *personne* et de *suppôt* sélectionne la pertinence de cet emploi trinitaire et ne suggère pas d'application anthropologique.

En réalité, les positions d'Olivi diffèrent radicalement de la tradition antérieure, parce que le franciscain change la teneur du problème, qui devient plus philosophique que théologique. En fin de question, après de longues discussions assez nettes et énergiques, il note : « Je pense qu'en matière théologique, il est plus sûr d'utiliser chacune des ces deux opinions dont l'une dit que [le suppôt] n'ajoute rien de réellement divers et l'autre que si, et de montrer comment chacune des opinions ne nuit pas à la vérité de notre foi, mais plutôt la sert »[40]. Cette remarque ne relève pas de la simple prudence, puisque Olivi a choisi de traiter de la question. La mention est ainsi suivie immédiatement et explicitement de son opinion finale : « Par ailleurs, pourtant, il semble plus vraisemblable à certains, dont moi aussi, que [le suppôt] n'ajoute rien de réellement différent. ». Olivi manifeste donc la volonté de faire de la théologie la spécialisation facultative de la philosophie ; il peut défendre vigoureusement l'identité du suppôt et de l'essence en restant agnostique sur la question de la personne divine. Olivi considère donc tout rapport entre une essence et son suppôt, tout suppôt créé ou incréé, de la goutte d'eau à Dieu. Le mot *personne*, appliqué aux êtres rationnels, paraît donc désigner un cas particulier de ce suppôt qui s'identifie avec son essence. La notion de personne humaine a alors un autre sens possible, à déterminer.

À son habitude, Olivi donne plusieurs (quatre) positions anonymes sans trancher, en prétendant à la neutralité (« Telles sont les opinions que j'ai pu lire ou entendre et sans doute y en a-t-il d'autres que ne n'ai ni lues ni entendues ; mais quelle est la plus véridique ? j'en laisse l'évaluation au sage »[41]). Mais l'ordre de ces opinions, les critiques explicites de trois d'entre elles, ainsi que la forme de la question (*utrum addat*), souvent suivie chez Olivi d'une réponse négative, prouvent que l'auteur refuse de donner une réalité propre et indépendante à la personne.

La première position, peu développée, soutient l'idée d'une addition de réalité. La personne ajoute un mode d'être propre, qui est le mode d'être par soi (*per se*). En effet, affirmeraient les tenants de cette opinion, dans les créatures, toute raison réelle engendre une différence réelle. Cette formulation est paradoxale, puisque, chez Olivi, la raison réelle n'ajoute pas de réalité à un être mais constitue une appréhension de l'être, qui est d'abord une *ratio* et non une *res*, sans être un pur mode d'intellection, car elle saisit du réel objectif. La *ratio realis* se situe non du côté de l'esprit qui saisit l'être, mais du côté de l'être lui-même qui se donne à voir sous un certain angle, sans se déformer, sans s'enclore dans une représentation, sans se modaliser. La *ratio realis*, c'est *cette* présence de la chose en *cette* situation. Olivi traduirait en son langage, avec ses concepts, la définition d'un mode d'être propre au suppôt, qui était au centre des considérations d'Henri de Gand. En assimilant le mode d'être à une raison réelle, Olivi s'en prenait à la spécificité de l'existence du suppôt que suggérait Henri.

La deuxième position affirme qu'une nature, à l'inverse du suppôt, exclut de son sens les accidents et sa propre capacité à les assumer. Le suppôt ou personne, qui les assume, fonctionne alors par rapport à la nature comme une totalité par rapport à une partie. Un parallèle est donné avec le genre, qui se comporte à la fois en partie et en tout de l'espèce. Pourtant, il demeure un genre et, donc, n'exclut pas les différences. Cette position ne suscite guère de réaction, même si elle est sèchement rejetée. La troisième position pose que la personne n'ajoute rien qu'un principe négatif, selon lequel l'existence de la personne ne se produit pas en un autre être ; cette opinion me paraît reconduire la première, en l'inclinant dans un sens olivien (le suppôt n'ajoute rien). La quatrième position propose de voir en la personne la production d'une raison réelle positive, mais non différente en réalité de la nature en question. Bien qu'elle ne soit pas assumée à ce moment, il s'agit sans doute de l'opinion propre d'Olivi.

Toute la question est de savoir si les raisons réelles, les modes d'être, constituent des choses individuées, si leur diversité entraîne une diversité réelle. Olivi développe alors les fondements des deux premières positions, en les critiquant sévèrement. Si toute raison réelle engendre une différence réelle, même chez les créatures, et, paradoxalement, si l'être et l'être par soi diffèrent de l'essence, on ne trouvera pas plusieurs suppôts dans la divinité, parce que l'acte d'exister et d'être par soi y sera inclus dans l'actualité de l'essence divine. Si l'être est l'accident de l'essence, alors cet être sera reçu dans une personne préexistante. On déboucherait alors sur une sorte de monothéisme strict et sur une individualité divine. Tout se passe comme si la référence divine, intervenant tardivement dans le raisonnement, condamnait, par ses conséquences claires, une mauvaise définition générale et individuelle de la personne, qui la confond avec l'individu prédéterminé. La deuxième position implique aussi une conséquence inacceptable, la capacité à assumer les accidents, définie comme potentialité, suppose l'existence en la personne de la matière. Ainsi, ces deux positions font de la personne une substance constituée avant sa nature, un donné.

Enfin, les deux dernières positions écartent la production d'une réalité propre ; mais la quatrième position l'emporte sur la troisième parce qu'elle donne un principe positif au suppôt qui rend compte de sa plus grande noblesse d'être par soi. Si le principe, la raison réelle du suppôt, n'était que négatif, cette négativité emporterait avec elle le principe du tout et de l'être. En outre, si le principe des suppôts n'était que négatif, ces suppôts, et même l'essence, seraient trop peu distingués. La notion de personne exprime en même temps l'essence par le mode de l'essence et par le mode d'être. Un des enjeux de la question résidait dans la pluralité successive ou simultanée des personnes divines. Olivi constate la difficulté de montrer la plurification des personnes dans son système. Je crois qu'il a accepté ce risque, parce qu'il souhaitait en finir avec le polythéisme latent de la tradition occidentale, accentué encore par les dévotions de son temps.

Ces débats des années 1280 avaient transformé la notion de personne, vidée de sa substance, au profit d'une considération des possibles de l'existence. De la quête du double on passait à l'exploration des virtualités indéfinies de la nature humaine.

IX

Errance et persistance de l'individu

L'analogie entre la personne humaine et la personne divine se heurtait donc à de fortes difficultés. L'homme visait trop haut ou bien se leurrait d'une synonymie lexicale. La personne humaine, séparée de son modèle, n'avait plus de consistance. Ce chapitre final ne doit pas se lire comme la fin heureuse d'une aventure tourmentée, comme la découverte, chez certains auteurs, d'une réconciliation finale entre le sujet et le monde. La béance du sujet demeurait et demeure. Je voudrais simplement rassembler dans des doctrines scolastiques diverses, et parfois convergentes, les éléments d'une critique de l'aliénation acceptée ou voulue, de la dépossession du sujet, au nom de sa liberté conquérante et souffrante. Le sujet, vraie substance, peut s'engager en de multiples sens, sans perdre sa réalité persistante. J'ai examiné les trois délégations principales de la liberté du sujet : la qualification, le double et la personne. Il me reste à évoquer les résistances à cette immobilisation du sujet en ses modèles et ses conformations, où se détache la figure de Pierre de Jean Olivi[1].

Le revenant comme fonction

En effet, on trouve chez Olivi une volonté tenace de réduire toutes les projections, savantes ou populaires, du double à l'individu lui-même et à la puissance divine qui peut, en toutes circonstances, l'animer ou le réanimer. C'est dans le cas du revenant, du mort récent, que se manifeste le plus simplement cette volonté. Les représentations communes restaient friandes de cette figure, qui offrait, sinon une perpétuité, du moins un retour aux êtres humains. Les morts reviennent parfois visiter les vivants. Comme on l'a vu dans *La Religion de l'État*, la contestation de la doctrine du Purgatoire dans les dissidences du temps relevait aussi de cette volonté de libérer l'action des morts.

Le christianisme lutta constamment contre cette croyance, à laquelle s'attaqua déjà Augustin. Mais, par l'effet d'une connivence ou d'une tactique délibérée, l'Église admit partiellement le retour des morts : les saints apparaissaient pour adresser des reproches ou des avertissements aux vivants ; les damnés pouvaient aussi se livrer à de telles prestations. Les légendes et les *exempla* abondent d'occurrences de ces phénomènes. Le vieux fonds de croyances ou d'images lié à ce thème prit une vigueur nouvelle quand on put l'intégrer dans une doctrine précise, quand on put mesurer les revenants au statut personnel. Pour expliquer l'apparition visuelle, la tradition latine s'était longtemps satisfaite d'une célèbre tripartition d'Augustin, qui présentait trois types de vision : la vision corporelle ou directe, la vision imaginaire, fondée sur une recomposition corporelle des éléments visuels, et la vision intellectuelle, sans appui corporel. L'apparition relevait du deuxième type, mais cette classification, en s'attachant aux seuls modes de perception, ne disait rien sur la réalité propre de ce qui apparaissait, laissée au bon vouloir de Dieu. L'apparition, possible, provenait de Dieu ou des démons, selon la portée et les conséquences du phénomène.

Un exemple intéressant est fourni par l'apparition de Samuel au roi Saül (Samuel, I, 28), étudiée par Jean-Claude Schmitt[2] pour une période antérieure, encore augustinienne dans son interprétation. Le texte, qui présente un des rares cas bibliques de revenants, offrait la possibilité d'un examen de la question du revenant sans passer par le biais trop humain de l'hagiographie ou de la légende. Et le retour de Lazare, dans le Nouveau Testament, garantissait l'intérêt et la pérennité du phénomène.

L'épisode se présente ainsi, à la fin du premier livre de Samuel. Le roi Saül, abandonné par Dieu, qu'il a trahi, subit d'importants revers face aux Philistins. Il tente néanmoins de demander les conseils divins, par la prière, puis par les prêtres, et enfin par le recours au rêve. En vain : Dieu ne répond pas. Aux abois, Saül demande à ses hommes s'ils connaissent une sorcière capable de faire apparaître un mort ; le roi songe évidemment au prophète Samuel, qui l'a installé au pouvoir et conseillé. On lui recommande une pythonisse d'En Dor. De nuit, en se déguisant, le roi vient la consulter. La femme, sans le reconnaître, lui oppose l'interdiction de la nécromancie, qu'il avait lui-même promulguée. Saül la rassure et lui demande de faire apparaître Samuel. Le prophète vient et annonce au roi le triste sort qui l'attend. L'épisode ne cessa d'intriguer les lecteurs de la Bible, puisqu'un bon prophète se soumettait à un processus interdit et païen pour livrer un message juste.

L'originalité de Pierre de Jean Olivi consista à s'interroger sur le statut ontologique de celui qui apparaissait. Effectivement, Samuel mort n'existait que comme âme séparée de son corps, sans aptitude à utiliser son ancienne dépouille, qui, avant toute résurrection, pourrissait dans une tombe. Dans une question quodlibétique[3], il se demanda « si l'âme de Samuel, apparut véritablement à Saül, ou bien si ce fut un démon avec l'apparence de Samuel ». En réalité, ce n'est pas l'alternative démoniaque qui intéresse le plus Olivi, mais la possibilité ou non de cette manifestation corporelle de l'âme de Samuel. Sa réponse, nette, suit une formulation adéquate à notre propos : « C'est Samuel lui-même qui est apparu *en personne* [*personaliter*] à Saül. » On peut m'opposer qu'il s'agit là d'un emploi banal du mot personne, mais c'est bien ce statut personnel qui intéresse Olivi. L'argument de l'opposant le montre bien : la venue de l'âme de Samuel est impossible et inadéquate (*inconveniens*) : comment une âme pourrait-elle être contrainte (*compulsa*) par une technique diabolique ? Il faut comprendre que l'âme séparée a une dignité indépendante. Une impossibilité ontologique la ferait apparaître dans une forme corporelle, douée de langage, traits incompatibles avec la séparation du corps. Les intentions qui président à l'action semblent tout aussi inacceptables, soit que l'âme ait décidé d'apparaître sans raison, pour rien (*gratis*), soit que Dieu en ait décidé ainsi, alors qu'il avait refusé les autres formes, licites, de consultation. L'opposant mentionne une contre-objection de « certains », qui installe l'âme séparée dans le paradigme des personnes ; en effet, ils accordent la possibilité d'une apparition de l'âme en comparant sa soumission aux tentations sataniques acceptées et affrontées par le Christ (Matthieu, 4). Mais, précisément, l'opposant rétorque que le Christ a assumé « notre statut de mortalité », qui impliquait la tentation et la crucifixion, statut opposé à celui de l'âme séparée, qui ne répond donc pas aux critères de l'existence personnelle.

En revanche, la réponse d'Olivi affirme cette existence momentanée de personne. Avant d'exposer les raisons de cette attribution, un argument préliminaire, repris d'Augustin, pose la réalité de la venue de Samuel sur des critères textuels : la Bible parle de Samuel absolument (*simpliciter*), c'est-à-dire sans aucune mention de métaphore ou de modalisation ; ensuite, un autre texte, l'Ecclésiastique, évoque l'épisode sans le moindre doute. Plus fondamentalement, c'est la fonction salutaire de l'apparition de Samuel qui le constitue en personne. Il ne vient pas sous la pression de l'obligation, ni de la volonté de Saül, mais pour les résultats qu'il vise et pour annoncer la mort et la damnation du roi.

Dieu se sert de la personne de Samuel et l'épisode a un quadruple sens providentiel. En premier lieu, il manifeste la transcendance divine, en sa toute-puissance et en sa liberté, puisque Dieu utilise les moyens qu'il veut, sans compromettre sa grandeur. Les exemples classiques choisis par Olivi accentuent l'aspect fonctionnel de la personne au détriment de sa liberté et de sa moralité. Samuel est comparé à deux prophètes involontaires : Balaam et Caïphe, qui signifient un message providentiel au-delà de leur intention. Samuel bénéficie cependant, ensuite (deuxième et troisième raisons), d'un soutien particulier de Dieu, puisque son apparition exalte sa vertu, opposée aux défaillances de Saül. Samuel met en scène la figure du remords du roi vis-à-vis de la sagesse prophétique et de son regret d'avoir à recourir à la divination, qu'il avait interdite. La quatrième leçon de l'apparition de Samuel, de contenu eschatologique, concerne en fait la conduite de Saül, comme si Samuel était totalement absorbé dans le contenu de son message. L'âme séparée, en somme, pouvait devenir une personne si Dieu l'utilisait comme messagère. La fonction, quasi angélique, de messager des décisions divines créait, durant son exercice, le statut personnel. C'était déjà la doctrine d'Augustin : « Les anges sont des esprits, mais ce n'est pas parce qu'ils sont des esprits qu'ils sont des anges. Ils deviennent des anges quand ils sont envoyés en mission. En effet, le nom d'ange fait référence à leur fonction et non à leur nature. Si vous voulez savoir le nom de leur nature, ce sont des esprits ; si vous voulez savoir le nom de leur fonction, ce sont des anges, ce qui signifie messagers[4] » Il fallait mériter l'accès à la personnalité angélique.

La personne d'accueil faisait du corps mort une *relique*, que les saints laissaient sur terre, en anticipation fragmentaire et en attente de la réunion du corps de gloire. Du côté des vivants, la personne-double apparaissait comme un cénotaphe, une tombe vide, elle aussi préparée pour la résurrection ; le double existait donc dans la vie des hommes à la fois comme promesse et comme avertissement, à la façon rapportée dans les fables antiques. Il *moralisait.*

La personne comme futur et comme possible

Cet usage, historique et provisoire, de la notion de personne pourrait donner un sens à l'insistance d'Olivi sur l'identité forte entre la nature humaine et la personne, dans la question abordée au chapitre précédent.

En effet, la définition de la personne change, en un bouleversement profond, qui affecte aussi l'ensemble du système ontologique reconnu. Ainsi, Olivi renverse le modèle thomiste, en montrant tranquillement que la forme et la matière existent partout (la matière, spirituelle, n'est pas absente du monde divin), que la potentialité est déjà un acte, que l'existence et l'essence ne se distinguent pas réellement. En effet, le problème de la différence entre la nature et la personne illustre sur un terrain particulier une remise en cause des catégories d'Aristote. Seule, l'opposition entre la substance et l'accident survit à ce saccage.

Olivi refuse donc de considérer la personne comme une substance distincte de sa nature, en affirmant que l'apport propre de la personne à une existence divine ou humaine n'est ni substantiel ni accidentel, donc n'est rien de réel. Ou, plutôt, la réalité de son apport réside dans un mode d'être (*modus essendi*, *modus existendi*), une *présentation* (*actualitas*) de l'essence à l'existence. Se confirme alors la parenté avec Henri de Gand, qui use des mêmes termes. Henri apparaît bien comme son interlocuteur privilégié : la dernière partie de la question d'Olivi sur la nature et la personne résume ses positions en six points. La seule contre-objection relevée, la seule qui doit lui sembler sérieuse, appartient à Henri : « On dira peut-être que ce qu'ajoute [le suppôt] est un mode d'exister séparé [*absolutus*]. Ce mode dit quelque chose de plus positif que le mode d'être relatif, nommé être en quelque chose d'autre ». Olivi maintient que le mode d'existence par soi n'ajoute rien ; la qualité exclusive d'être par soi serait ôtée à la nature ou essence. L'essence est déjà totalement séparée par sa présentation (*actualitas*). C'est donc l'autonomie d'actualité de l'essence que défend Olivi contre Henri de Gand.

La nature (ou essence) de l'humanité ou de la divinité est déjà complète en soi : l'être de cette nature, composé de matière et de forme, n'a besoin d'aucun ajout. Toute composante essentielle de la personne fait déjà partie de l'essence. Seul son achèvement, son aboutissement (*complementum*), sa façon d'exister, la singularisent. Sinon, un apport essentiel constituerait une troisième essence (en plus de la nature d'origine et de la personne). La personne désigne un être total, sans addition à la nature ou essence, qui inclut tous les traits possibles de cette totalité. C'est pourquoi l'identité de la personne et de la nature, trait divin chez Thomas, s'étend, chez Olivi, à l'être humain. En deçà de ces spéculations, Olivi assoit la dignité de l'existence, contre les privilèges déréalisants de l'essence. La personne appartient de plein droit au monde (*je suis là*). De fait, le mot *persona* dans le sens de personne humaine, si rare chez Thomas d'Aquin, revient fréquemment chez Olivi, dans pratiquement toute son œuvre. À propos du baptême, il parle même des « personnes des enfants »[5].

L'apport de la personne n'équivaut pas non plus à un ajout accidentel, à un accident, qui subsiste en un autre être que lui, car, en ce cas, cet apport n'en ferait pas le suppôt de la nature, support de l'essence défini par son absence de besoin de l'autre. Cette perte d'indépendance rejaillirait sur la nature. Personne et nature échangeraient leur rôle. La spéculation peut sembler obscure, mais Olivi rejette ainsi le polythéisme, qui ferait de la personne une entité dépendante, qui deviendrait divine de temps à autre, en produisant de la nature divine ou en se branchant sur elle. La personne dit un être total ; en revanche, si l'on sépare la nature et la personne, l'accident que serait la personne ou qu'elle apporterait ne pourrait dépendre d'elle-même ; cet accident dépendrait donc d'un autre suppôt. La personne perdrait l'indépendance qui la définit, irréductiblement.

La notion de personne, dans ce sens olivien, signifie donc l'état de substance, défini par l'autonomie d'être. Un dernier argument posait que rien d'accidentel ne pouvait être inclus directement dans les genres et espèces qui classent la substance. L'accidentel, qui va et vient par rapport à la substance, manque de la dignité ou de la force suffisantes pour être subsumé directement par les genres et espèces. Or la personne connaissait cette inclusion immédiate : cette personne signifie directement et en soi le genre et l'espèce : le moi est directement un être humain et un animal. Autrement dit, la personne se rapporte d'emblée aux classifications de l'être. Sinon, la personne se trouverait au bout d'une chaîne de divisions ou de catégories (qui lui donnerait, au passage, un sexe). Si le genre et l'espèce n'étaient pas inclus dans la notion de personne, tous ces traits (la personne-cet être humain, l'espèce-humanité et le genre-animalité) se trouveraient au même plan. Il faut donc que le genre et l'espèce surplombent la personne. La nature est une espèce, alors que la personne signale une espèce, dont elle est l'occurrence.

En finir avec l'Unité et la multiplicité

Et, sur un tout autre sujet, qui relève d'une ontologie générale, je trouve un écho à cette historicisation radicale de la personne, que je rattache au monothéisme strict de Joachim de Fiore, continué dans la pensée franciscaine et chez Olivi. La quatrième question quodlibétique du IIIe livre du recueil olivien demande « si les individus d'une même espèce diffèrent par leur substance ou par accident »[6]. Olivi refuse de traiter la quantité comme une essence à part, qui adviendrait à la matière. Il attaque solennellement ses adversaires (non désignés) : « Une des principales racines des erreurs, qui entourent et ont entouré ce sujet, est qu'ils ont pensé que l'unité ajoute réellement quelque chose de divers à ce qui est un par elle-même et selon elle-même. » L'unité et la multitude sont immanentes au réel, sans apport adventice d'une essence du nombre. La quantité se trouve déjà dans la matière, dans le suppôt, dans la substance.

Cette question de la quantité a poursuivi Olivi tout au long de sa carrière, dès les accusations portées contre lui dans l'ordre, dont se fait l'écho précis sa *Lettre à R.*, rédigée en 1282 ou 1283 ; le quatorzième des 19 articles mentionne que « la quantité et la forme substantielle et accidentelle sont la même chose par essence, parce que la quantité ne diffère pas par essence de la chose quantifiée »[7]. Dans sa réponse, Olivi renvoie notamment à un texte encore antérieur, l'*Impugnatio*, dirigée contre le frère Arnaud[8]. Dans ces contextes, il s'agit de discuter les catégories d'Aristote et leur pertinence. Mais, dans la question quodlibétique que j'ai citée, le fond de l'affaire est différent : Olivi s'en prend à la notion transcendante d'unité. L'impact théologique devient autre et dérive sans doute de l'idée que la Trinité ne s'ajoute pas à l'essence divine, mais constitue son mouvement propre, le déroulement de son existence. En effet, la quantité incluse dans l'essence de chaque être subit des variations propres : « Par des mouvements variés, la même matière reçoit une quantité, puis une autre ; donc, selon son essence, elle n'est pas pourvue de nombre par la quantité. » Le même être se présente dans sa densité ou dans sa dilatation. La Trinité ne se constitue pas au-dessous de la *summa res* de la divinité une.

On pourrait m'opposer la détermination qu'Olivi donna à une question de la *Somme* qui demandait « si l'unité ajoute quelque chose à l'être et surtout quelque chose d'accidentel et, grâce à cela, s'il en va de même de la vérité et de la bonté »[9]. Il doit trancher à la fin de la question, avec ses précautions habituelles : « Telles sont les diversités des opinions. Mais je laisse à de meilleurs l'évaluation de la vérité. Pourtant, si je pouvais tenir quelque opinion, je tiendrais celle qui dit que [l'unité] ajoute quelque chose, parce que c'est l'opinion la plus répandue [*solemnior*] et la plus commune, bien que je ne saurais soutenir pleinement aucune des deux à cause de la profondeur du sujet »[10]. Mais, en fait, ce choix réticent, peu glosé (deux pages sur dix-sept), annexe par rapport à la détermination, ne correspond pas du tout à la réalité de la démonstration et relève sans doute des condamnations répétées sur le sujet et de la prudence nécessaire. Je m'étends un peu sur le sujet, parce qu'il marque, *a contrario*, l'aspect essentiel de la question pour Olivi. Il faut ajouter que la formulation de la question la fait porter, en plus de l'unité, sur les transcendantaux, question fort difficile, qui sert peut-être à masquer la continuité des opinions d'Olivi sur l'unité. Le sous-titre de la question, qui annonce, dans le cas général, l'opinion rejetée, indique qu'il s'agit de l'opinion en faveur de l'addition. Il donne ensuite dix arguments en ce sens, puis douze dans le sens opposé. Ensuite, la courte détermination (moins de deux pages) juxtapose les opinions sans trancher. Un seul nom est cité, celui d'Avicenne, qui aurait soutenu l'addition accidentelle.

La brève conclusion de la détermination sur l'unité mentionne les *raisons réelles,* élément d'une distinction intermédiaire entre la sépation des choses et la différence de discours : « La somme de ces diversités est donc que certains posent que [l'unité] ajoute, d'autres qu'elle n'ajoute rien si ce n'est la seule raison, cependant fondée sur la chose ou raison réelle »[11]. Ensuite, dans la réfutation du premier groupe d'arguments (ceux des partisans de l'addition), les désaccords avec des autorités fortes (Denys, Augustin) sont peu défendus, ou même aggravés. Certains inconvénients de la réfutation ne sont pas levés. En revanche, la réfutation des arguments inverses, négateurs de l'addition, sont beaucoup plus développés et plus en harmonie avec les positions bien connues d'Olivi. La réfutation du premier argument s'étend longuement sur les raisons pour lesquelles Aristote et les philosophes se sont trompés, notamment sur les raisons du mauvais classement de la quantité comme catégorie, dont la distinction doit se faire seulement selon les raisons réelles. Olivi semble s'oublier en s'exprimant à la première personne : « J'ai cité ailleurs les raisons de ces positions. » Un détail de cette réfutation suggère l'application théologique possible : pour les partisans de l'addition, « trois hommes seraient plus parfaitement et plus véridiquement dits une chose [*unum*] que chacun d'entre eux, aussi longtemps qu'ils seraient rassemblés sous un tel nombre »[12]. Si l'on revient à la conclusion, on constate que l'addition acceptée n'est jamais précisée (substance ou accident), mais est simplement quelque chose de réel et de positif, qui pourrait bien être une raison réelle. L'insistance sur la positivité pourrait, en fait, recouvrir une nouvelle attaque contre la théologie négative. En somme, la ruse olivienne ne ferait qu'affermir son refus de l'unité comme essence externe et supplémentaire.

L'immanence dynamique de l'être divin apparaît dans la fonction des choix de manifestation qui déterminent la présence de Dieu, sous telle ou telle personne. La proximité d'Olivi avec Joachim s'exprime alors dans son historicisme fondamental, dont les occurrences sont multiples. Je me contente de signaler le développement qu'il consacre aux raisons du caractère tardif (*tarditas*) de l'incarnation, qui s'explique par le choix divin, longuement détaillé[13]. Autrement dit, la seconde place dans la Trinité renvoie moins à un ordre d'origine, moins aux propriétés d'une personne, qu'à une succession de manifestations, à une décision, prise *en temps voulu*. L'incarnation est décidée par Dieu afin d'accorder aux êtres humains la possibilité d'un contact avec Dieu, lors du procès contre l'homme, qui s'achève par son pardon. C'est Dieu, en tant que Verbe, en tant que parole de communication, qui se présente alors. Tout se passe comme si l'existence de la personne du Verbe débutait, ou commençait à se manifester, quand Dieu veut parler aux hommes, quand il se fait parole de juge et d'avocat. Naturellement, cette position se trouve au bord de l'hérésie, puisque les personnes divines sont éternelles ; tout ne se résout que par la marge entre la réalité et la perception humaine.

Le choix de Dieu est présenté selon sept voies, c'est-à-dire sept raisons adéquates de manifestation : les trois premières assurent la préparation de la partie humaine dans ce procès. Il faut d'abord faire connaître à l'homme sa faute et l'en convaincre (première voie). Les trois moments de cette préparation correspondent aux trois attributs trinitaires (puissance du Père, sagesse du Fils et bonté de l'Esprit), puisque Dieu, par la déréliction, fait connaître aux humains leur ignorance, puis leur impuissance et, enfin, leur méchanceté. La deuxième voie de l'incarnation, celle de la donation de grâce par le Christ, fait de ce délai un temps d'attente et d'espoir. Par la troisième voie, Dieu manifeste le caractère éminent (*altitudo*) difficilement saisissable du Christ. Cette éminence ne constitue évidemment pas un attribut personnel, ni même spécifiquement divin (ce n'est pas l'infinité) ; le terme *altitudo* désignait le mode de vie des Spirituels, praticiens de la plus haute pauvreté. De fait, Dieu se manifeste dans l'humilité en guise de leçon et doit donc se faire annoncer par des annonciateurs (*praecones*).

Ensuite, Dieu advient aux hommes par deux autres voies. Seule la quatrième voie mentionne la « propriété personnelle et singulière » du Christ. Mais il arrive en fils de Dieu et fils de l'homme, afin de se constituer en héritier d'Adam, « selon une articulation des statuts et des temps ». C'est donc une *persona* juridique qu'endosse Dieu. La voie suivante, celle de l'enseignement, de la vie et de la loi du Christ, donne le contenu de sa plaidoirie. Enfin, les deux dernières voies correspondent à l'application du jugement. Bien entendu, la théologie trinitaire ne pouvait disparaître, mais l'orientation, plus monothéiste, en devenait différente.

Le refus de l'unité et de la multitude divine, thèmes qui articulent le monde sous un point de vue platonicien chez Pierre Lombard et ses successeurs, importe chez Olivi. Dans sa question sur l'âme de Samuel, analysée plus haut, l'épisode signifie trois erreurs mystiques qui se succèdent, celles des Juifs, celle des philosophes chrétiens et celle des fidèles platonisants. Leur point commun est de mêler les faux moyens (l'art de la sorcière) et la vérité qui apparaît en Samuel; ces moyens faux, qui tentent d'atteindre le vrai (Moïse ou le Christ), sont l'interprétation erronée de la Bible, les philosophies d'Aristote et de Platon.

Cette orientation eut des conséquences importantes sur la notion de personne: qu'elle soit divine, angélique ou humaine, elle apparaissait alors non plus comme une dignité, une promotion de l'individu, mais comme un mode de variation historique de la substance individuelle, dans un mouvement continu de production de soi, en une signification exactement inverse de la *summa res* dénoncée par Joachim, qui n'engendre, ni n'est engendrée. La personne perdait de sa sacralité, en devenant le résultat d'un processus.

Le rapprochement avec Joachim de Fiore ne semble reposer sur aucune utilisation des textes, ni sur aucune revendication explicite; pourtant, un passage du livre III de la *Somme* d'Olivi me paraît reprendre de façon assez précise le vocabulaire de l'abbé calabrais. Il présente l'aspect médiateur du Christ: « Il convint qu'ainsi Dieu se fasse homme, qu'en la première personne, comme en une fontaine, se réfléchissent l'autorité et la pureté de la majesté, et que la personne intermédiaire, comme une rivière, soit placée dans la corne ou le canal de l'humanité.[14] » Le savant éditeur de la *Somme* explique l'étrange *cornus* comme un emploi virgilien équivalent à fleuve, métaphore peu cohérente, alors que ce vocable très particulier se trouve chez Joachim, là où on attendrait des angles (*anguli*) dans son illustration du symbole trinitaire de la harpe : « Donc l'unité indivise elle-même possède trois cornes [*cornua*], pour que les trois apparaissent comme un et l'un trine, ce qui se laisse mieux voir dans la figure que s'expliquer par des mots adéquats.[15] » La métaphore trinitaire du bassin à trois écoulements se poursuit dans la suite du texte d'Olivi.

La personne comme individu

Cette conception pouvait s'appuyer sur un rejet de la prolifération des personnes divines et la réticence devant les dangers de cette multiplication s'exprime dans une tendance inverse, « monothéiste » qui fait passer les personnes dans l'apparence et promeut, en revanche, l'individu. Cette tendance s'exprime dans un petit texte, malheureusement tardif et isolé, mais frappant. Il est connu grâce à un modeste ensemble de résumés réunis par le franciscain Vital du Four[16], qui nota les positions de Jean de Pershore, auteur très peu connu, qui fut docteur en théologie vers 1289 et devint le vingt et unième maître franciscain de l'Université d'Oxford, en 1290-1291. Bien entendu, il nous manque toute trace d'influence directe. Jean de Pershore demandait si « le suppôt ou individu ajoute quelque chose à la nature », en donnant une opinion positive, exactement opposée à celle de Pierre de Jean Olivi, dans une question au titre presque analogue, résumée dans le même recueil de Vital du Four.

Son premier argument consiste à poser que l'espèce se divise en individus par des différences réelles, qui peuvent être inconnues de nous et qui assurent à l'individu son caractère non communicable. Le suppôt substantifie la nature. De même qu'une *quidditas* de l'espèce demeure quand les différences spécifiques disparaissent, de même les différences individuelles, constitutives de l'espèce, peuvent disparaître en laissant une *quisitas*. Jean de Pershore s'explique de cette étonnante création lexicale : « À la question "quoi ?" [*quid ?*], posée à propos d'un individu, on répond "un homme", mais à la question "qui ?" [*quis ?*], on ne fait pas cette réponse et même ne lui convient aucun accident des neuf prédicats [en plus de la substance], mais seulement le nom propre ou quelque chose qui lui soit propre : "qui est-il ?" Il est Pierre »[17]. Un autre exemple avait été donné, celui de *daniélité*, cette différence dans l'espèce humaine qui constitue Daniel en substance, selon une analyse de Richard de Saint-Victor, dont le nom est cité par Jean de Pershore et qui a fait l'objet d'un remarquable travail de Nico den Bok[18]. Le statut ontologique de l'individu prenait une éminence nouvelle.

Cette reprise d'un thème étrange, plus d'un siècle après la rédaction du texte de Richard, a de quoi surprendre et constitue peut-être une source majeure pour la révolution de Duns Scot, qui inversa le schéma traditionnel de l'individuation par la matière, présent chez Aristote et Thomas d'Aquin. L'usage de ce texte explique probablement l'absence du mot *personne* chez Jean de Pershore, ainsi que de toute référence à la question trinitaire. En effet, l'individuation par la daniélité, reportée sur la Trinité, rendait difficile l'existence des personnes divines, qui participent de l'essence divine et qui seraient d'une substance incommunicable. Olivier Boulnois le dit : « Pour Richard, la définition boécienne de la personne convient à toute l'essence divine, elle n'est donc pas pertinente pour la Trinité.[19] » Selon la démonstration de Nico den Bok, c'est la relation d'origine qui sauve cette existence, à condition que cette relation d'origine (le fait de n'être pas engendré, de l'être par le Père ou par le Père et le Fils) soit retirée de la liste des neuf prédicats d'Aristote, qui s'attachent aux accidents d'une substance. Là encore, l'usage fondateur de cette relation d'origine renvoie à Duns Scot. Par ailleurs, ce rejet des catégories, explicite chez Jean de Pershore, rejoint celui de Pierre de Jean Olivi.

La date imprécise de ce *Quodlibet* (vers 1290) n'exclut pas, mais sans aucune certitude, que Jean de Pershore ne réponde à une question d'Olivi, résumée dans le même recueil, qui porte le même titre et dont la version longue contenait la phrase que nous avons citée sur le sexe des personnes. Simplement, chez Jean de Pershore, le mot *persona* y est remplacé par *individuum* (mais avec la même équivalence avec le suppôt). Pourtant, la notion de personne et de personne humaine était présente à l'esprit de Jean : la question immédiatement précédente différencie l'être et l'essence d'une chose ; or un des arguments dit que « les termes de changements divers sont réellement divers ; donc l'être qu'a la nature humaine dans le Christ et celui qu'elle aurait si elle demeurait par soi et se personnifiait [*personaretur*] sont réellement divers et la nature est la même »[20]. L'obscurité de cette hypothèse d'une promotion de la nature humaine en personne ne me permet pas d'aller plus loin, sauf à envisager l'influence du possibilisme d'Henri de Gand. En excluant le mot de personne de sa question sur l'individu et en affirmant la possibilité d'un être propre du suppôt, Jean de Pershore évitait peut-être les difficultés qui feraient du christianisme une religion strictement monothéiste, peu trinitaire, en retrouvant ici les accusations de judaïsme qui pesèrent sur Joachim de Fiore. Le choix de l'exemple de Daniel, prophète de l'Ancien Testament substitué à Platon et sa *platonitas*, héritée de Boèce et reprise par Gilbert de la Porrée, pointait en ce sens.

Mais toute dimension historique manquait à la convergence possible entre Joachim de Fiore et Jean de Pershore. Je pense la voir apparaître, sur ce point, chez Pierre de Jean Olivi, qui, en dialogue avec Henri de Gand, offrit une vision bien différente de la notion « moderne » de personne, qu'elle soit divine ou humaine, dans un débat riche et ouvert qui contrevient à l'idée contemporaine et figée de la personne humaine.

Renoncer à la personne humaine

Olivi avait établi l'équivalence entre la nature (ou essence) humaine et la personne au livre II de sa *Somme*. Cette solution limpide et radicale posait un problème difficile. Comment imaginer l'incarnation comme union entre deux personnes, l'une humaine, l'autre divine ? La théologie la plus commune associait deux natures et non deux personnes ; l'humanité n'apportait qu'un matériau. Olivi, à son habitude, loin de fuir la difficulté, la creuse dans la fort longue question qui ouvre le troisième livre de la *Somme*[21]. Il se demande si « il est possible à Dieu que la nature humaine soit unie personnellement [*personaliter*] à Dieu, du moins selon ce que suppose la foi chrétienne ». L'interrogation peut sembler banale : si elle entend exposer les raisons et les conditions de l'incarnation du Christ, elle prend la suite d'une tradition continue, bien connue depuis Anselme de Cantorbéry. Toute l'originalité et la difficulté de la question résident dans le *personnellement*, en tant qu'il implique une union entre personnes.

Le premier argument préliminaire, qui refuse la possibilité de cette union personnelle, retourne contre Olivi les arguments qu'il avait précisément développés sur l'identité entre la nature et la personne : « Rien n'est plus essentiel ni plus identique que l'étant lui-même, mais la personne ou suppôt ne dit rien d'autre que l'étant lui-même en sa totalité.[22] » Soit on trouverait deux personnes dans le Christ, soit la personne divine serait absorbée par la personne humaine. Pour se tirer de ce mauvais pas, Olivi reprend le terme d'Henri de Gand, la *personalitas*, qui exprime cette disponibilité non acquise, mais en un sens différent[23]. Ce qui s'unit à la personne divine, c'est une capacité *créée* à constituer une personne. La reformulation de la réponse importe : « Il faut donc dire, au contraire, que, sans aucun doute, il est impossible que la nature humaine, existant dans la personne de Dieu, existe en elle par elle-même, parce qu'alors, il y aurait en même temps une réalité existant en une autre comme en un suppôt et une réalité existant en elle-même et par elle-même comme en un suppôt. Cela est impossible parce qu'alors elle serait par elle-même, et non par elle-même, et elle serait en un autre, et non en un autre. Pour les arguments qui prouvent que la personnalité [la capacité à former une personne] créée est essentielle et inséparable, il faut dire ceci [...] ». Suit la longue série des arguments qui prouvent la validité de cette *personalitas* dans l'incarnation. Au premier argument sur la personne comme totalisation de la nature, Olivi rétorque par son argument favori sur les raisons réelles, qui présentent différemment la même réalité ; mais la différence entre la nature et la personne est ici plus forte : « La nature [d'une chose] n'inclut pas nécessairement en elle l'aspect (*ratione*) de cette totalité ; bien plus, elle peut parfois exister sans elle.[24] » Autrement dit, la nature humaine, forcément dotée de *personalitas*, déroge à la constitution de la personne quand elle s'unit à la divinité.

À partir de là, s'offrent deux possibilités, la constitution de la personne (cas commun) ou bien la suspension du processus formateur de la personne humaine : c'est le cas, dans l'Au-delà, de la mutation des humains en anges (ou en démons), sur terre, de la nature humaine prêtée au Christ ou de ceux qui n'atteignent pas le stade personnel ou y renoncent volontairement. Le spirituel franciscain se prive de l'existence d'un statut personnel, précisément pour que sa *personalitas* demeure disponible aux mutations possibles et prévues par la Providence ; c'est pour cette raison qu'Olivi fait du renoncement au droit (une des composantes traditionnelles de la personne humaine, on l'a vu) une des règles les plus fermes des Spirituels. La notion juridique de *status* prend alors tout son sens. La Très Haute Pauvreté vise la dépersonnalisation de l'individu.

Ainsi s'expliquent les emplois neutres ou péjoratifs de l'application aux humains du mot *persona* qui désignait, chez Thomas, on l'a vu, une dignité, et notamment dans l'Église. Je prends comme échantillon de texte olivien, certes arbitraire, mais de bonne longueur, la huitième question évangélique, qui comporte une vingtaine d'occurrences du mot *persona*. Les sens négatifs ne sont pas absents : un opposant à la Très Haute Pauvreté donne comme argument, sans aucune admiration, que les pauvres, « personnes méprisées [*despectae personae*], ne craignent pas de perdre l'honneur qu'elles n'ont pas »[25]. Le défenseur de la pauvreté, plus loin, s'attaque aux « personnes mondaines » [*mundanis personis*] qui ne s'intéressent qu'aux affaires du monde, aux guerres et aux jeux[26].

Le mot présente aussi une valeur neutre, soit qu'il retrouve les divisions du droit romain (*res et personae*), soit qu'il oppose l'individu et l'espèce, ou qu'il désigne, d'un point de vue juridique, des détenteurs singuliers, distingués des collèges déterminés[27]. Ce sens fonctionnel se colore d'une réprobation : Olivi envisage trois cas où la possession des choses est légitime, soit en raison de la personne (*ratione personae*), soit du fait de l'appartenance à un ordre religieux (*ratione suae professionis*) qui admet la propriété commune, soit à cause d'une dignité et d'un office communs (c'est le cas des clercs bénéficiaires). Le premier cas exclut toute perspective de salut : « Il s'agit alors du droit de propriété ou droit personnel, qui ne convient à aucun homme de religion.[28] » Cela ne veut pas dire qu'Olivi condamne en soi le droit de propriété chez les laïcs, mais il n'appartient pas au statut de perfection. En outre, la synonymie entre droit de propriété et droit personnel rapproche la personne du bien tenu individuellement, en propre. Nous sommes aux antipodes du discours néothomiste.

Les ponts sont-ils coupés avec le sens théologique de personne divine ? S'il ne mentionne qu'une seule fois les trois personnes, Olivi parle à six reprises de la personne du Christ[29] ; une de ces occurrences, assez étonnante, spécifie le rôle de la personne du Christ dans l'économie du salut : « De même que la personne du Christ fut la fin de l'Ancien Testament et de toutes les personnes, de même la vie du Christ fut la fin du Nouveau Testament et, dirais-je, de toutes les vies. » La fin des personnes n'est pas commentée, mais la fin des vies l'est : elle consiste en une participation à la vie du Christ, par la pratique de cinq œuvres (le martyre, l'étude, la destruction des erreurs, la pénitence, la vie commune), qui conduisent, en fait, à la renonciation à la vie propre et individuelle. Le parallèle doit valoir pour les personnes. De même qu'Olivi constate la continuité de la vie biologique, de même, il observe la poursuite de la constitution des personnes comme entités juridiques. Là aussi, il faut savoir y renoncer, d'autant plus que les Temps arrivent : dans le même paragraphe est mentionnée la venue des sixième et septième âges du monde.

Une occurrence rapide distingue la nature de la personne, probablement selon l'orientation qui lui avait fait nuancer l'identité entre nature et suppôt ou personne : « Notre volonté, ni notre personne ne sont déterminées par la nature en direction de ceci ou de cela. » La personne humaine, loin de constituer un acquis ou un donné, s'offre comme instrument individuel, utilisé bien ou mal ; c'est un mode de classement et d'usage des forces et faiblesses reçues à la naissance. La personne, angélique ou humaine, n'est rien et peut tout ; la force de l'individu peut déplacer les personnes. On comprend que Dieu se soit adonné au jeu : la description du joueur lui convenait bien. La personne apparaissait et disparaissait, au gré de l'histoire. Le rôle de la pensée de Joachim de Fiore n'est pas mince en cette affaire[30] et nous n'avons pas fini de mesurer son influence profonde sur la pensée franciscaine[31].

De Joachim de Fiore et Richard de Saint-Victor à Pierre de Jean Olivi, se dessinait une lignée de penseurs qui ne consentaient à ne voir dans la personne qu'une manifestation historique de la divinité, la saisie humaine et déterminée de la transcendance. La succession des personnes divines, comme aspects de Dieu, présentait le bénéfice considérable de repousser toute tentation de polythéisme de fait. La personne divine, c'était la présence de Dieu dans l'histoire humaine, de l'immuable dans le temps. Sur le plan humain, sommes-nous revenus à notre case de départ, à la *substitution* ? Je ne crois pas, parce qu'Olivi a pris en compte une évolution interne et individuelle, une permanence dans le chaos.

En l'individu singulier, la personne, mobile, se transformait, apparaissait et disparaissait. La nature rationnelle rebondissait en personnes diverses, d'un sexe à l'autre ou à son absence, au gré du désir. Le désir, décidément, refusait de s'incarner : l'être singulier, toujours là, toujours autre, lui survivait, *subsistait*, selon la désignation scolastique de la durée d'existence d'une personne Dès lors, pour témoigner de la nouveauté olivienne et pour renoncer, comme lui, au vocable de *personne*, je voudrais désigner l'être humain en détournant une expression de Guillaume d'Auvergne, de Thomas d'Aquin et d'Albert le Grand, celle d'*individu vague,* cet être qui persiste au prix et au bénéfice de sa divagation. La persistance de l'individu divaguant ne pouvait se dessiner qu'à l'horizon des possibles, loin des acquis présents ; elle était voulue et non pas donnée, ni possédée. La contingence persistait donc, mais la conscience de sa réalité, la saisie du temps comme condition inévitable, ouvraient une voie à l'action, à la persistance obstinée de vagues individus…

Une anthropologie de l'individu contingent

Nous avons, jusqu'ici, suivi les embarras du sujet, sans cesse pris dans les médiations censées remplir son creux fondamental. La qualification, la grâce, la personne multipliaient les difficultés qu'elles devaient résoudre. Je voudrais rattacher cette tendance critique au développement de l'anthropologie alternative de Jean de La Rochelle, qui avait placé les passions de l'âme au centre du dispositif mental. L'histoire des passions s'inséra en deux courants, l'un, issu de la position de Jean de La Rochelle, par le biais de l'enseignement franciscain, et, notamment, de la *Somme* d'Alexandre de Halès, persista à faire de l'âme une substance, traversée d'énergies, et l'autre, qui aboutit à Thomas d'Aquin, plaçait l'âme en forme dominatrice de la matière, dans un ensemble ordonné.

La passion illustrait parfaitement l'union du principe d'animation et de l'esprit. Elle atteignait l'homme dans son corps et hors de son corps[32]. Dans ce système, la dépendance demeurait la différence fondamentale, difficilement réductible, de l'individu. L'âme sensitive, qui la déterminait dès le début de la formation de l'homme, se trouvait dans la couche la plus archaïque, la moins mobile de l'être humain, en proximité avec l'âme rationnelle. Pierre de Jean Olivi creusa cette universalité de la dépendance et cette centralité de l'âme sensitive. La dépendance se marquait essentiellement par la réceptivité, par la passibilité. Cette globalisation de la pensée de la passion, qui embrassait la totalité de l'âme et, donc, la faculté de volonté, prépara un retournement, notamment dans l'anthropologie franciscaine, qui inversa deux constituants des passions, dans la tradition aristotélicienne : la réceptivité et le dynamisme local ou temporaire des passions ; les passions, tributaires de données reçues, aboutissaient à des productions et à des états peu stables. L'alternative chrétienne, exacerbée à l'époque scolastique, classa la passion comme quasi-activité, productrice d'un salut ou d'une damnation, et lui donna le statut d'un état permanent, résultant d'une conversion, vers le bien ou vers le mal. Le mot *passion* ne désignait pas de simples homonymes, mais s'insérait dans une structure nouvelle.

La tradition franciscaine, telle qu'elle avait été inaugurée par Jean de La Rochelle, accordait beaucoup de poids et de pertinence à l'âme sensitive, déterminée par la sensation et, donc, soumise à la passivité. L'obsession naissait de la contrainte naturelle. On en a un aperçu simple dans le traitement des sens internes. La *fantaisie*, ou sens commun, chez Avicenne, repris par Jean de La Rochelle, centralise les informations sensorielles et assure leur communication mutuelle de deux façons, en faisant connaître au sujet leur activité autonome et en reliant leurs contenus particuliers. Des deux façons, le travail du sens commun est aussi permanent et inévitable que les sensations, puisqu'il est leur aboutissement cérébral. Mais, quand on tente de l'associer à la *psychologie* d'Aristote, relayée dans le commentaire du *De anima* par Thomas d'Aquin, cette fonction de synthèse et de réflexivité y est absorbée par le fonctionnement sensoriel, ce qui dénie l'autonomie propre ou la pertinence de l'âme sensible comme instance interne et *animale* (mais humanisée par son application et sa spécialisation relative).

Les compléments apportés par Jean de La Rochelle à son *Tractatus de divisione multiplici potentiarum animae* signalent l'ampleur d'une rectification, orientée vers la réhabilitation d'une activité de l'activité sensorielle. En effet, sa *Summa de anima* recopie textuellement ce traité dans la présentation du sens commun, mais avec un ajout important : après avoir repris ce qui justifie le mot *commun*, il lui associe le mot *formel*. Le sens commun est formel par son association avec l'imagination, faculté qui conserve dans l'esprit les formes sensorielles, une fois qu'elles sont constituées en tant que telles par le sens commun en sa capacité de synthèse, à partir de la disparition mentale des sensations précédentes. Jean donne deux illustrations, empruntées à Avicenne : le sens externe ne peut percevoir que des gouttes de pluie individuelles. Le sens commun les constitue en lignes droites ; de même, la sensation de mouvements naturels rectilignes agités en un point par un mouvement circulaire ne peut produire la forme circulaire que par collection de diverses sensations, dont certaines, instantanées, ont disparu. L'imagination use positivement du temps, de l'insistance existentielle des images qu'elle provoque en renouvelant leur durée.

La deuxième faculté de l'âme sensitive, l'*imagination*, aboutissement de la première, retient, emmagasine les formes reçues, triées et synthétisées par le sens commun. Là encore, le seul ajout au *Traité* qualifie plus fermement l'imagination de *faculté formelle*. Le cerveau fonctionne toujours, on l'a vu, parce qu'il traite les sensations, passivement et continûment offertes au sujet. La troisième faculté, l'*imaginative*, oriente le fonctionnement cérébral vers la pensée elle-même ; en tant que l'intellect la dirige, elle est appelée cogitative, ou excogitative ; en tant que les sens et la puissance animale la déterminent, elle reçoit l'appellation d'imaginative : c'est alors la faculté qui traite en un stade plus avancé des images, préalablement rassemblées et conservées, en les composant et les divisant.

La fidélité à Avicenne et au propre *Traité* de Jean s'accompagnait d'une référence supplémentaire au texte anonyme *De potentiis animae et objectis*[33], qui introduisait des variantes importantes, acceptées par Jean de La Rochelle, mais placées à la fin de chaque chapitre. Le sens commun est dit formel parce qu'il appréhende des objets communs aux sens, comme la grandeur, le mouvement, l'immobilité ou le nombre. L'imagination se développe alors en une *conversion* de la puissance sensible vers l'image, prise comme chose. Cet état des images, constituées en choses, permet leur manipulation, appelée ici *fantaisie*[34]. Ces variantes cohérentes offrent l'idée exacerbée d'une activité cérébrale traitant formellement des images reçues, selon une procédure rigoureuse et progressive[35].

Avant même de voir comment la réflexion rationnelle, en l'âme intellective, est constamment envahie de pensées, les penseurs médiévaux ont noté ce trait dans le fonctionnement purement naturel de la capacité d'appréhension mentale, partagée avec tous les animaux, l'âme sensible. Et même, de façon encore plus *naturaliste*, l'extériorité de la sensation, antérieure à l'exercice des facultés de l'âme sensitive, n'empêchait nullement ce fonctionnement incessant, puisque, comme le relevait Thomas d'Aquin à propos de l'analyse aristotélicienne de la sensation, l'homme éprouve toujours qu'il éprouve. Cette réflexivité sans distance, cet écho du fonctionnement de l'esprit, étaient intégrés à la capacité sensitive, avant même que le *sens commun*, ce lieu central de tri des sensations, n'intervienne et n'intériorise la sensation. Cette centralité de l'âme sensitive explique la hardiesse de Pierre de Jean Olivi, quand il pose que la forme substantielle constitutive de l'être humain se situe en cette âme sensitive, et non dans l'âme intellective, comme le voulait Thomas[36].

Une passivité assumée: la matière intellectuelle (ou spirituelle)

La pensée scolastique n'a pu nier la passivité de l'esprit humain. Thomas d'Aquin et la plupart de ses contemporains ont tenté d'en consoler l'homme en lui promettant l'avenir radieux d'une vie sans matière, donc sans passivité. Mais il vaut la peine de s'arrêter sur une tentative originale de Pierre de Jean Olivi, qui transforme la valeur de la passivité, en inverse le sens.

Une des plus longues questions de la *Somme* d'Olivi (65 pages dans l'édition serrée de Jansen) porte sur la composition de matière et de forme dans les substances intellectuelles, et notamment chez les anges. L'interrogation paraît assez classique; contre Thomas d'Aquin, Olivi affirme l'existence d'une matière spirituelle ou intellectuelle dans la nature des anges. L'enjeu en semble nominal et spéculatif puisque cette matière se distingue radicalement de la matière corporelle. D'une façon différente de Duns Scot, quelques années plus tard, Olivi donne aux anges une individualité propre, distincte de leur nature. Pour Olivi, il s'agit de louer la passivité comme telle. En ce sens, l'auteur offre une solution à l'enfermement de la fonction mentale qui subit, on l'a vu, une pure réception.

Pour Olivi, tous les êtres créés, dans leur totalité, relèvent de la matière, qui manifeste le fait irréductible d'avoir reçu l'être de l'extérieur, fait qui empêche leur simplicité d'existence. L'être créé est nécessairement et naturellement *composé*. La matière, quelles que soient sa définition et sa réalité, constitue l'un des deux pôles de cette composition. L'opposant de la question, qui n'est pas identifié, entend[37] nier cette composition en adjoignant la simplicité à la série des traits (entité, bonté et vérité) qui peuvent affecter à la fois Dieu et les créatures, du moins les plus nobles, quoique en termes différents. Aspects différents d'une même éminence universelle de l'être, ils constituent des *transcendantaux*, dotés de la même structure totalisante, au-delà des formes particulières. Ces transcendantaux se transmettent de Dieu à la créature sans mélange, c'est-à-dire sans présence obligée de leur opposé (le néant, le mal et la fausseté). On reconnaît là une idée antique, reprise par Thomas d'Aquin : le mal n'existe pas en tant que tel. Il ne se mélange pas au bien, n'est pas son contraire, mais ne se produit que par suspension du bien. Il n'est pas naturel (il n'est pas produit nécessairement comme principe du monde). Ces trois éléments sont en quelque sorte extraits de l'ordre ordinaire des choses, fondé sur une continuité. Olivi rétorque que la composition n'est pas analogue à ces trois traits, puisqu'elle sépare radicalement le Créateur de la créature. Alors que les transcendantaux, relatifs, peuvent exister en nous ou sur terre dans un état incomplet, la simplicité, absolue, est complète ou n'est pas. Elle affronte son contraire, la composition. De fait, la composition règne partout ; elle est propre au monde créé qu'elle hiérarchise et marque de sa gradation.

Telle pourrait être la racine de la saisie malheureuse de soi. Pour Olivi, la composition, signe d'une nécessité ontologique associée à la création et à la passivité, n'est pas un simple manque, comme le néant, le faux et le mal ; c'est aussi une condition ou une possibilité de salut. La passivité se présente alors comme quelque chose de réel et de positif, la capacité à recevoir des formes. Elle permet un aboutissement (*complementum*) de la nature. La contingence du sujet faisait aussi sa force. La tendance que j'ai nommée franciscaine, par approximation, se livrait à une véritable dialectique : la zone de la rencontre de l'esprit et du principe d'animation cessait d'être un lieu différent mais intégrait et dépassait la dualité de l'âme. Mais comment cette anthropologie pouvait-elle saisir l'action humaine sans l'appui des qualifications, formées et influentes dans l'être humain ?

La fonction mentale, une singularité perpétuelle

Cette tendance se précise chez le confrère et ami d'Olivi Matthieu d'Aquasparta[38] (vers 1240-1302). Ses treize questions sur l'âme[39] forment un véritable traité, bref mais complet, avec toute la liberté que donnaient des questions disputées, qui n'étaient pas soumises au commentaire d'Aristote. Le statut de l'âme posait désormais, dans la plénitude de la scolastique, des problèmes nouveaux et s'entremêlait à des débats essentiels, surgis au même moment. Cet auteur a des vues radicales) sur l'âme, qui annoncent d'assez près celles d'Olivi et de Duns Scot, de peu postérieures, mais avec le souci encore fort de dialoguer avec la tradition scolastique antérieure. Paradoxalement, cette relative retenue fait mieux apparaître les changements.

L'existence de l'âme n'est pas donnée par l'évidence d'une exigence religieuse. Ainsi, les deux premières questions portent sur l'âme intellective comme forme du corps humain, dans une perspective largement ouverte par Thomas d'Aquin et sa lecture d'Aristote : la première demande s'il faut admettre l'idée d'un principe spirituel (*spiritus*) agissant comme forme et développement[40], dans sa conjonction avec le corps. Il s'agit donc de savoir si l'âme existe. La seconde question tient pour acquise une réponse positive et spécifie la première en demandant si ce principe peut bien se qualifier d'intellectuel (*spiritus intellectualis*) et fonctionner comme forme du corps.

La composition des deux réponses à ces questions est la même : Matthieu présente deux positions alternatives et opposées avant de détailler la solution juste. Dans le premier cas, les deux opinions adverses sont attribuées à des « philosophes antiques ». La première prétend que tout être corporel (c'est-à-dire tout être disposant d'une existence objective et matérielle dans le monde) est animé ; le franciscain renvoie à des observations doxographiques d'Aristote sur ce point, évoqué rapidement. À l'opposé, d'autres philosophes nient l'existence de toute âme. La réfutation de ces deux opinions se fait immédiatement, par appel à l'évidence. La question de la nature de ce principe d'animation donne lieu ensuite à une autre opposition dans la seconde question : les « manichéens », tels qu'ils sont présentés par Augustin, voient l'âme comme un « prisonnier dans sa cellule » ; d'autres assignent au principe d'animation la fonction d'un moteur par rapport au corps, en excluant donc la fonction de forme. Là aussi, la réfutation se construit rapidement : aux « manichéens », Matthieu répond en mentionnant l'« inclination » naturelle de l'âme vers le corps ; la réfutation des « platoniciens » qui brandissent l'idée d'un principe moteur demande un peu plus de démonstration, car cette opinion avait retrouvé une actualité pressante. Le mouvement présuppose un désir et, donc, une intellection, antérieure à ce mouvement. Ensuite, comme l'homme est une totalité, si l'on admet l'existence d'un moteur extérieur, son action ne porte pas sur le corps humain, mais sur la totalité ; l'acte d'intelliger, produit par le moteur, sera attribué à l'ensemble de l'homme et sera donc un acte transitif, passant d'un sujet à l'autre. Enfin, l'objet du mouvement remplit le rôle d'un instrument. L'intellect, ou le principe constitutif, de l'homme constitue donc le caractère propre et interne d'un agent, contre toute extériorisation. C'est l'intériorité subjective qui est défendue ici, sans aucune connotation chrétienne. Que cette conception scolastique enchaîne l'homme occidental à la conscience malheureuse n'a pas échappé à certains penseurs contemporains[41].

De fait, face aux doctrines antiques, la réponse de Matthieu d'Aquasparta semble étonnamment « philosophique », appuyée sur des raisons non religieuses : les solutions en faveur de l'opinion juste ne font que très peu intervenir le facteur religieux, qui constitue un seul des huit groupes argumentatifs de la première question et un seul des treize de la seconde question. Dans les deux cas, l'existence et le fonctionnement de l'âme intellective manifestent la puissance, la sagesse et la bonté de Dieu.

En conséquence, le rôle direct de l'expérience personnelle, mentionnée comme telle (*experimentum*), y est important : dans la première question, la moitié des arguments s'y réfère. Cette expérience subjective est celle du mouvement, des actes, de la passion et de la destruction du corps. Nous « voyons » certains corps affectés d'un mouvement (augmentation, nutrition, reproduction) ; ces mouvements supposent un principe, qui ne peut être le principe corporel, sinon tout corps (au sens ontologique d'être étendu et matériel) connaîtrait le mouvement, ni un principe extrinsèque, parce que ces mouvements sont naturels (entendons par là qu'ils correspondent à des natures, des essences particulières) ; il ne reste qu'une solution, celle d'un principe intrinsèque, « que nous appelons âme ».

L'activité des êtres animés offre une deuxième source de connaissance directe, dans certains corps, on trouve le sens et le désir, qui font rechercher le profitable et fuir le nocif. Le sens produit des perceptions d'appréhension et de connaissance qui n'ont par leur principe dans la corporéité, mais dans une puissance spirituelle, nommée âme. Dans ces deux arguments, il s'agit de prouver l'existence d'un principe vital, qui ne peut se réduire à la matière, ni à l'existence simple du corps étendu. La chose paraît banale, mais elle place la vie, et donc la mort, au cœur de l'existence humaine.

Les parades contre cette situation constituent en grande partie l'armature des grands débats de la scolastique. Ce qu'on a nommé l'averroïsme latin a projeté le principe intérieur de l'homme vers la perpétuité de la raison humaine. Les lectures thomistes d'Aristote ont élaboré une continuité des principes unifiants de l'être animé, arrimé à l'éternité divine, en évitant l'hiatus de la mort. Matthieu d'Aquasparta frôla le danger, mais demeura sagement thomiste en déléguant ce principe vital et « spirituel », chez l'homme, à l'âme intellective, alors que, quelques années plus tard, Pierre de Jean Olivi donna ce rôle à l'âme sensitive et conserva le cadre de la dispersion humaine. Seule son eschatologie le protégea de la conscience insupportable de la mortalité de ce qui était fait pour durer.

Chez Matthieu d'Aquasparta, les deux derniers arguments fondés sur l'expérience nous ramènent précisément à la dispersion : les multiples passions de l'être animé imposent aussi la nécessité d'un principe non matériel. Les corps peuvent subir, par les sens, des passions (des états passifs), mais ne peuvent éprouver la douleur, qui ne correspond à aucune disposition sensorielle. Le dernier argument d'expérience porte sur la destruction des corps animés, qui ne peut s'expliquer que par le défaut d'un principe de vie ou principe spirituel.

De l'âme au sujet

Le texte de Matthieu d'Aquasparta constitue une sorte de traité de la finitude de l'homme, à qui est prêté un appareil permanent de pensée, d'allure perpétuelle et de durée finie. Il décrit donc un isolement des substances pensantes, survenant en une origine brusque, mais vouées à une destruction finale. Le traité, de façon pré-cartésienne, cherche d'abord à établir en chaque homme la présence d'un principe interne, cause de son organisation globale et réflexive. En ce sens, dans un idiome naturaliste et théologique, il est question du sujet.

Par exemple, la question IX pose l'individualité totale de l'âme. La dimension chrétienne de cette saisie est seconde, comme le montrent les deux groupes d'adversaires entre lesquels il glisse sa conception, sa *voie moyenne*. D'un côté, il désigne les platoniciens qui ont bien vu la réalité de *cet être présent*, sa distinction avec le corps et son action propre, mais qui en font une simple *moteur*, qui ignore ou rabaisse le corps. De l'autre, il situe d'autres auteurs antiques (Alexandre d'Aphrodise, Empédocle et Galien), qui réduisent l'âme intellective à un mélange des éléments sans séparation avec la matière.

Matthieu établit que le principe interne (nommé âme intellective) est « cette présence, indépendante et permanente » (*hoc aliquid per se subsistens*), autrement dit, c'est l'activité mentale, immédiate et inamovible, du sujet qui lui dit sans cesse quelque chose sur le monde et sur lui. Ailleurs dans le traité, Matthieu nomme cette instance, constamment présente par la cogitation, *ipsum*, que je traduis par le *soi* ; à ce titre, Matthieu peut revendiquer une place de choix dans l'élaboration de la notion de sujet. J'ai parlé longuement de l'individualité humaine dans le premier volume ; le contexte présent me permet de préciser. Vincent Descombes, auteur d'une somme profonde et étincelante sur la philosophie du sujet[42], a expliqué les raisons de l'aporie qu'a suscitée la notion, axée sur les notions de souveraineté et de transparence. Il me semble que la pensée scolastique a mobilisé ces traits pour des raisons religieuses, et la particularité scolastique est d'avoir été autant sensible aux limitations qu'ils impliquaient qu'au triomphe qu'ils assuraient. La souveraineté disait aussi la solitude du pouvoir, la transparence à soi, la culpabilité[43].

En même temps, elle tira bon nombre de ses arguments descriptifs de la philosophie antique et naturaliste ; cette dualité culturelle importe grandement et construisit le langage nouveau du sujet. J'en prends un exemple très simple : une vingtaine d'années plus tard, le franciscain Vital du Four se situe dans la logique ontologique d'Aristote et de Porphyre en demandant, dans une courte question quodlibétique[44], « si sa propre passion peut se séparer du sujet ». Le sujet est pris dans son emploi logique, comme prédicat doté de prédicables, indispensables ou non à l'existence du prédicat. Parmi ces prédicables, l'accident, venu de l'extérieur, s'adjoint ou disparaît. Le propre, autre catégorie de Porphyre, tient, de l'intérieur, à l'essence des prédicats, comme la puissance passive dans la matière première ou la capacité de rire (*risibilitas*) dans l'homme. La passion se définit donc par son trait général de passivité : le triangle peut être une passion en tant qu'il est perçu par le savoir. Les traits séparables sont « positifs » parce qu'ils posent une essence sur le sujet, comme la blancheur est posée sur tel homme. Mais la réponse, bifide, traite du sujet comme ce réel présent et unique, en passant par l'évocation rapide de la puissance de Dieu, qui peut séparer le sujet et produire des accidents sans sujet, comme dans l'eucharistie. Mais, surtout, un domaine nouveau apparaît : l'auteur distingue, en effet, la séparation essentielle (*naturalis*) et la séparation logique de la séparation *réelle* de la passion de son sujet. La non-séparation provient de l'« identité réelle » entre passion et sujet, ce qui n'a pas de sens dans domaine logique et ontologique. La valeur d'unicité présente oriente le sens du sujet.

Cette saisie de la contingence du sujet s'était exprimée, à partir de 1275, chez Henri de Gand, Matthieu d'Aquasparta, Pierre de Jean Olivi et Jean Duns Scot : elle partait de la globalité (*spiritus* et *anima*) et affirmait sa centralité, en ne considérant les instances disjointes que comme des effets du discours. L'âme se saisissait comme un tout irréductiblement contingent. En quoi consistait cette saisie ? L'âme humaine, au contraire de l'âme angélique, était abandonnée à elle-même dès le moment de la création, tout en disposant de cet appareil raffiné et exigeant, l'intellect. C'est ce contraste entre la perfection de l'instrument et le néant de sa condition de fonctionnement qui expliquait la misère humaine, mais la conscience de cette condition permettait de conquérir une liberté de jugement qui faisait pièce à la dépendance.

Conclusion

Le parcours que nous avons suivi en ce volume a mis en scène un combat contre la dualité qui enserrait le sujet, perpétuellement pris entre la matière et la forme, entre l'esprit et le corps. J'ai analysé cette lutte en une période de cent cinquante ans (1140-1290), qui, en outre, en privilégie les débuts. Ce temps constitue un échantillon bien modeste pour observer une question humaine sans origine ni fin. Mais j'espère que la force des investissements de mes auteurs compense cette minceur chronologique. En effet, les penseurs scolastiques ont cherché avec opiniâtreté une instance tierce qui puisse, sinon dépasser, du moins articuler ces éléments disjoints. Et, surtout, l'ampleur des débats occasionnés par cette quête a donné une grande force d'élaboration et d'expression au traitement d'une question rarement explicite dans l'histoire de l'humanité ; elle l'a exposé au soleil de la raison.

Reprenons rapidement les trois voies suivies par les scolastiques, du moins celles que j'ai dégagées. Les doctrines naturalistes, si prégnantes jusqu'en 1270, avaient installé, notamment chez les artiens, l'idée d'une solidarité totale entre la matière et la forme, et le sujet, passager des retraits et des venues, s'y coulait. Le statut extraterritorial, extracorporel, de l'intellect requérait un cadre d'action, une implantation, et conduisait à la question de l'intellect unique de l'espèce humaine, avec la violence de condamnation que l'on connaît bien. Là encore, les normes religieuses se dressaient.

Une solution alternative, dont j'ai repéré les linéaments initiaux chez Jean de La Rochelle, intégra la totalité des facultés humaines dans le sujet. Le sujet, avec forme et matière, devenait l'instrument mobile et changeant d'une persistance, celle du moi. J'en ai noté quelques développements chez Henri de Gand, Matthieu d'Aquasparta et Pierre de Jean Olivi, en laissant entrevoir la suite chez Duns Scot. La notion neuve de passion de l'âme, promise à un avenir dense et durable, en provenait. La critique des passions chez Thomas d'Aquin, qui pouvait rejoindre une morale courante du christianisme, dévalorisa cette solution.

La voie de Thomas d'Aquin, au terme d'une itinérance au travers des deux premiers sentiers, s'ouvrait alors, en troisième lieu. L'instance tierce était cherchée dans l'ordre social et ecclésial, avec cette étonnante promotion de la qualification (*habitus*), avec l'insertion dosée de la grâce divine et l'appui des lois. Il faut alors parler d'une voie thomiste, plus que thomasienne, si l'on fait intervenir la substitution de la personne, solution factice plus que fictive, qui semblait cimenter une confiance institutionnelle dans les vertus de l'ordre et qui canalisait toutes sortes de débordements.

Je dois réaffirmer les principes qui m'ont guidé dans ces trois volumes et qui en font, pour moi, un ensemble :

– la globalité de l'histoire. Les débats les plus abstraits se pratiquent dans un cadre politique et culturel, qui en infléchit le cours. Même le présent volume, apparemment plus spéculatif, doit se lire comme une chronique qui fait succéder à l'accès des médecins et naturalistes au monde religieux la composition d'un milieu, celui des facultés des Arts, puis la conquête ecclésiale de ce monde devenu complexe. Il s'agit aussi d'une histoire d'hégémonie. À cette histoire des savoirs un chapitre a superposé le récit d'une vie singulière, celle de Thomas d'Aquin ; je l'ai isolée dans ce chapitre afin que la fragilité des hypothèses n'affaiblisse pas la globalité du volume. Mais cette singularité fait aussi partie de l'histoire globale ;

– le déplacement des discours. J'ai voulu prendre le savoir théologique pour ce qu'il prétend ne pas être dans sa lettre : un discours sur l'homme qui se donne l'écart, l'expérience et la marge du surnaturel, compris comme ce qui tient à la nature, au donné, en les englobant ou en y affleurant. Mes analyses n'ont pas évité les débats, parfois fort pointus, mais j'ai tenté de déceler leurs enjeux, derrière la protection de la technique de discours, et un de mes buts principaux a été de suggérer des matériaux possibles de comparaison avec d'autres lignes d'interprétation de la précarité humaine, présentes en d'autres sources, en d'autres genres, en d'autres configurations historiques, de la tragédie grecque à la psychanalyse, pour se limiter à la tradition occidentale ;

– l'objectivation des intuitions et des sympathies. On ne peut dépasser la plainte qu'en appliquant son énergie mentale à ce qui met le malheur en scène ou en situation. Sous ce point de vue, la pensée scolastique bénéficie d'un bon site. Et le Moyen Âge, pour une fois, justifie sa dénomination en offrant une situation moyenne ou intermédiaire entre le temps de l'institution et de la construction doctrinale et celui de l'imposition sociale ou de l'exil interne ou externe ; il se focalise sur l'homme moyen. Plus tard, d'autres savoirs, plus positifs et sociaux, y mettront de la quantité, souvent en y perdant de l'intensité.

Au terme de ces trois volumes, l'inachèvement persiste et appelle une suite, des précisions. Un ultime volume visera l'étude des modèles de l'action morale et judiciaire dans la pensée scolastique. Mais, malgré ou à cause des limites d'une analyse provisoire, j'espère avoir suggéré que l'accès rationnel et articulé aux apories de l'existence, du savoir et de la politique n'est pas si commun, ni si facile, que l'on puisse se passer de l'ardente raison scolastique.

Notes

Introduction

1. Voir Alain de Libera, *Naissance du sujet (Archéologie du sujet*, I*)*, Vrin, 2007, Olivier Boulnois (éd.), *Généalogie du sujet. De saint Anselme à Malebranche*, Vrin, 2007, et Jean-Baptiste Brenet, *Transferts du sujet. La noétique d'Averroès selon Jean de Jandun*, Paris, Vrin, 2003.

Chapitre I

1. Le point de départ de ces analyses des puissances de l'âme a été élaboré pour un article de *Penser-Rêver*, n° 15 (« Les vestiges de la puissance »), à paraître. Je remercie Michel Gribinski et le comité de rédaction pour cette incitation.

2. Je dois cette précision sur le roman à Michel Desgranges, que je remercie vivement.

3. Voir Alain de Libera, *L'Unité de l'intellect. Commentaire du «* De unitate intellectus contra averroistas *» de Thomas d'Aquin*, Paris, Vrin, 2004, et Thomas d'Aquin, *L'Unité de l'intellect contre les averroïstes ;* suivi des *Textes contre Averroès antérieurs à 1270* : texte latin et trad., introd., bibliogr., chronologie, notes et index par Alain de Libera, Paris, Flammarion, 1994.

4. Voir, par exemple, l'essai de Claude Lévi-Strauss, *Race et histoire*, Paris, UNESCO, 1952.

5. Voir Alain Boureau, « Nécessité et horreur du conformisme. La quête éperdue de la conformité chez Siger de Brabant et quelques autres », *Penser/Rêver* n° 10 (Le conformisme parmi nous), automne 2006, p. 121-135.

6. Je pense en avoir trouvé trace très tôt (dès 1284) chez le franciscain Jean Peckham (voir Alain Boureau, *Théologie, science et censure au XIIIe siècle. Le cas de Jean Peckham*, Paris, Les Belles Lettres, 1999, p. 290).

7. Hugues de Saint-Victor, *Didascalicon, de Studio legendi*, a critical text by Charles Henry Buttimer, Washington, The Catholic University Press, 1939.

8. *Op. cit.*, II, 4, p. 27.

9. Le mot ne se trouve pas dans les arithmétiques d'Augustin et de Boèce, mais chez Cassiodore : « *Solidus numerus est qui longitudine, et latitudine, vel altitudine continetur, ut sunt pyramides, quae in modum flammae consurgunt: cubi, ut sunt tesserae ; sphaerae, quibus est aequalis undique rotunditas.* »

10. Je dois cette remarque à Étienne Anheim, que je remercie vivement.

11. *Ingenium invenit et memoria custodit sapientiam. Ingenium est vis quaedam naturaliter animo insita per se valens. Ingenium a natura proficiscitur, usu juvatur, immoderato labore retunditur, et temperato acuitur exercitio*, III, 7, p. 57.

12. *Disdascalicon, op. cit*, préface, p. 1.

13. Mary Carruthers, *Machina memorialis : méditation, rhétorique et fabrication des images au Moyen Âge* ; trad. de l'anglais par F. Durand-Bogaert (*The Craft of Thought : meditation, rhetoric and the making of images, 400-1200,* 1998, Paris, Gallimard, 2002, et *Le Livre de la mémoire : une étude de la mémoire dans la culture médiévale* ; trad. de l'anglais par D. Meur (*The Book of Memory : a study of memory in medieval culture*), Paris, Macula, 2002.

14. Brian Tierney, *The Idea of Natural Rights. Studies on Natural Rights, Natural Law and Church Law, 1150 -1625*, Atlanta, Scholar Press, 1997.

15. Guillaume de Conches, *Dragmaticon philosophiae*, cura et studio I. Ronca, *Summa de philosophia in vulgari*, cura et studio L. Badia, J. Pujol, Turnhout, Brepols (Corpus christianorum. Continuatio mediaevalis, 152), 1997.

16. Guillaume de Conches, *Dragmaticon philosophiae, op. cit.*, p 266-270.

17. Guillaume de Conches, *Glosae in Iuvenalem*, edited with introduction and notes by Bradford Wilson, Paris, Vrin, 1980, p. 172.

18. Jean de Salisbury, *Metalogicon*, éd. J. B. Hall, Turnhout, Brepols (Corpus christianorum. Continuatio Mediaevalis, 98), 1991.

19. Jean de Salisbury, *Metalogicon, op. cit.*, p. 29.

20. *Est autem ars, ratio, quae compendio sui naturaliter possibilium expedit facultatem.* Voir le texte en annexe.

21. *Est autem ingenium, ut Isidoro placet, vis quaedam animo naturaliter insita, per se valens*

22. *Ingeniosus, quod intus vim habeat gignendi quamlibet artem*, *Étymologies*, 10, 122.

23. Un écho curieux de l'expression *artium parens* se trouve soixante-dix ans plus tard dans le titre et le texte de la bulle de Grégoire IX, qui fixe en 1231 les privilèges de l'université de Paris (*Parens scientiarum*).

24. Pierre Lombard, *Sententiae in IV libris distinctae*, éd. Ignatius Brady, Collège Saint-Bonaventure, Grottaferrata, 1971 et 1981.

25. La Traduction œcuménique de la Bible.

26. Invisibilia enim ipsius a creatura mundi per ea, quae facta sunt, intellecta conspiciuntur, sempiterna eius et virtus et divinitas, ut sint inexcusabiles.

27. *Accedat quaecumque* vis (*creatura, et faciat tale coelum et terram ; et dicam quia Deus est. Sed quia nulla creatura talia facere valet, constat super omnem creaturam esse illum qui ea fecit, ac per hoc illum esse Deum humana mens cognoscere potuit.*

28. Voir texte en annexe.

29. Comme me le signale Sylvain Piron, c'est le schéma qualifié de hiérarchique par Louis Dumont. Voir aussi les analyses de Jacques Le Goff sur l'interférence, pour nous contradictoire, mais fondamentale entre l'égalité et l'inégalité.

30. Alcher de Clairvaux, *De spiritu et anima*, *Patrologie latine*, 40, col. 779-831.

31. *Vis enim a nobis edoceri de anima, sed neque id quod in divinis litteris didicimus, id est qualis fuerit ante peccatum, aut sit sub peccato, aut futura post peccatum ; sed de ejus essentia et viribus, quomodo sit in corpore, vel quomodo exeat, et caetera quae non scimus, nec nescire nos sinis, utque verum fateamur, id ipsum quod a nobis in collatione audisti,* Isaac de Stella, *Ep. de anima ad Alcherum*, *PL*, 101, col. 1875.

32. Est igitur anima rationalis, concupiscibilis, irascibilis, quasi quaedam sua trinitas ; et hoc totum, et nihil amplius, aut minus : et tota haec trinitas, quaedam animae unitas, et ipsa anima. Habet igitur anima naturalia, et ipsa omnia est : et ob hoc simplex est. Habet accidentia, et ipsa non est, propter quod omnino simplex non est. Non enim est anima sua prudentia, sua temperantia, sua fortitudo, sua justitia. Suae igitur vires est, et suae virtutes non est.

33. *Proprietates quidem diversae, sed essentia una.*

34. Isaac de l'Étoile, *Sermons*, texte établi par Anselme Hoste et Gaetano Raciti ; trad. et notes par Gaston Salet et Gaetano Raciti, vol. I, Paris, Éd. du Cerf, 1967, *Sermon* 17, p. 317-319.

35. Philippiens, 3,13 : *unum autem, quae quidem retro sunt, obliviscens, ad ea vero, quae ante sunt, extendens me.*

36. Guillaume de Saint-Thierry, *De la nature de l'âme et du* corps ; texte établi, traduit et commenté par Michel Lemoine, Paris, Les Belles Lettres (Auteurs latins du Moyen Âge), 1988.

37. *De spiritu et anima*, *op. cit.*, chap. 30, col. 800.

38. Voir texte en annexe.

Chapitre II

1. *Anonymi magistri artium (c.1245-1250), Lectura in librum de anima a quodam discipulo reportata (Ms. Roma Naz.V.E. 828)*, éd. R. A. Gauthier, Grottaferrata, Collège Saint-Bonaventure, 1985.

2. La traduction nouvelle de Guillaume de Moerbecke date de 1267 et Thomas d'Aquin fut le premier à l'utiliser pour commenter le texte. Voir l'introduction de René Gauthier à son édition de la *Sententia libri de anima*, dans Thomas d'Aquin, *Opera omnia*, tome 45, Commission Léonine, Rome, 1984.

3. Bernard Dod, « Aristoteles latinus », *The Cambrige History of Later Medieval Philosophy*, éd. par Norman Kretzmann, Anthony Kenny et Jan Pinborg, Cambridge, Cambridge University Press, 1982, p. 71.

4. Malheureusement, des incertitudes demeurent sur cet auteur aux multiples facettes et sur son identité avec le futur pape Jean XXI.

5. J.-B. Brenet, dans sa riche préface à sa traduction de Guillaume d'Auvergne, « De l'âme » (VII, 1-9), Paris, Vrin, 1998, désigne le traité de la Trinité aussi comme traité sur *le Premier Principe*. Cette appellation me semble plus exacte, mais je ne vois pas sur quels signes d'époque elle s'appuie.

6. Bruno Switalski date ce début de 1223, moment initial de l'enseignement parisien, sans discuter l'opinion de Josef Kramp (1920-1921), qui situe l'ensemble entre 1228 et 1240. Aucune preuve décisive n'est disponible.

7. Guillaume d'Auvergne, *De trinitate. An edition of the Latin Text with an introduction*, éd. de Bruno Switalski, Toronto, Pontifical Institute of Medieval Studies, 1976.

8. Voir Steven P. Marrone, *William of Auvergne and Robert Grosseteste, New Ideas of Truth in the early thitrteenth century*, Princeton, Princeton University Press, 1975.

9. « *Omne simplex, esse suum et id quod est, unum habet* », *De hebdomadibus*, *PL*, 64, col. 1312.

10. Guillaume d'Auvergne, *De trinitate*, *op. cit.*, p. 55.

11. Guillaume d'Auvergne, *De trinitate*, *op. cit.*, p. 54.

12. Guillaume d'Auvergne, *De trinitate*, *op. cit.*, p. 57.

13. Je fais allusion à Pierre de Jean Olivi, *Quaestio quid ponat jus vel dominium*, éditée par F. Delorme, « Question de P. J. Olivi, "*Quid ponat ius vel dominium*" ou encore "*De signis voluntariis*" », *Antonianum*, 20, 1945, p. 309-330.

14. *Magistri Alexandri de Hales Glossa in quatuor Libros sententiarum Petri Lombardi*, tome I, Quaracchi, collège S. Bonaventurae (Biblioteca franciscana scholastica Medii aevi 12), 1951, d. III, n° 46, p. 64-65.

15. L'ouvrage, composé anonymement dans les années 1170, fut attribué à Augustin, jusqu'à Thomas d'Aquin, qui en mentionna la provenance cistercienne.

16. Les éditeurs de Quaracchi ont eu tort de réintégrer cette phrase entre crochets, contre le témoignage des manuscrits. Certes, les trois tendances reviennent dans le texte cité, mais alors les trois pulsions n'ont qu'une fonction d'exemple alternatif, alors que l'omission permet à Alexandre d'introduire implicitement les trois propriétés.

17. *La « Summa Duacensis » (Douai 434)*, éditée par Palémon Glorieux, Paris, Vrin, 1955, partie I, section II, dist. 1, *tractatus* 2, chapitre 3, question 4, 3°, p. 19-23.

18. *Summa Duacensis*, *op. cit.*, partie I, section II, dist. 1, *tractatus* 2, chapitre 7, question 4, p. 63.

19. Ce mystère tient à la rareté des textes conservés ou repérés, situation qui n'est pas désespérée. Nombre de textes de la faculté des arts ont été négligés, parce qu'on les considérant comme de simples outils de travail ou d'enseignement, sans intérêt propre. Bien des catalogues de manuscrits sont à reprendre.

20. Guillaume d'Auxerre, *Summa aurea*, éd. Jean Ribaillier, Paris/Grottaferrata, Éditions du CNRS/Collège Saint-Bonaventure, sept tomes, 1980-1987.

21. Anselme de Cantorbéry, *De concordia prescientiae et prédestination et gratiae Dei cum libero arbitrio*, éd. et trad dans *L'Œuvre de saint Anselme de Cantorbéry*, tome V, éd. F. Schmitt, trad. de M. Corbin, p. 156-243, Paris, Éd. du Cerf, 1988.

22. La connotation politique de l'expression *potentia mixta* reste à explorer.

23. Guillaume d'Auxerre, *Summa aurea,* II, X, cap. 2, *op. cit.*, tome II, p. 279.

24. *Cancellarii parisiensis summa de bono*, éd. par Nikolaus Wicki, Berne, A. Francke (Corpus philosophorum Medii Aevi), 1985.

Chapitre III

1. *Expositio quatuor magistrorum super Regulam Fratrum minorum, 1241-1242*, éd. P. Livarius Oliger, Rome, Edizioni di Storia e letteratura, 1950.

2. Jean de La Rochelle, *Tractatus de divisione multiplici potentiarum animae*, éd. par Pierre Michaud-Quantin, Paris, Vrin, 1964 (désormais *TDM*), et *Summa de anima*, éd. par Jacques Guy Bougerol, Paris, Vrin, 1995 (ouvrage traduit : *Somme de l'âme*, avant-propos de Louis-Jacques Bataillon, trad. du latin et notes par Jean-Marie Vernier, Paris, Vrin, 2001 (je renvoie désormais au texte latin par le sigle *SDA*).

3. John Blund, *Tractatus de anima*, avec trad. allemande par Dorothée Werner, Freiburg im Breisgau, Herder, 2005.

4. *TDM,* III, 3, cap. 31, p. 190.

5. *TDM,* II, 5, cap. 55, p. 133-134.

6. « *Magnus theologus, medicus et philosophus* », *TDM,* p. 54. Sur le mot « théologien » à cette époque, voir le premier chapitre de mon *Empire du livre*.

7. Voir mon chapitre sur l'abstraction scolastique dans *L'Empire du livre*.

8. *De spiritu et anima*, *op. cit.*, chapitre IX, col. 784-785.

9. *Ibid.*, col. 784.

10. *Qualiter paciatur anima extra corpus*, *SDA*, I, 49, p. 153-160.

11. Kurt Flasch, " Die Seele im Feuer. Seelenlehre und augustinisch-gregorianische Eschatologie bei Albert von Köln, Thomas von Aquino, Siger von Brabant und Dietrich von Freiberg", dans M. J. F. M. Hoenen et Alain de Libera (éd.), *Albertus Magnus und der Albertismus. Deutsche Philosophische Kultur des Mittelalters*, Leyde, New York- Cologne, 1995, p.107-131.

12. François-Xavier Putallaz, « L'âme et le feu. Notes franciscaines sur le feu de l'Enfer après 1277 », dans Jan A. Aersten, Kent Emery Jr. et Les Speer (éd.), *Nach der Verurteilung von 1277. Philosophie und Theologie an der Universität von Paris im letzen Viertel des 13. Jahrhunderts. Studien und Texte*, p. 889-901.

13. Aristote, *De anima*, III, 5 (430a22). (

14. Dominik Perler, *Théories de l'intentionnalité au Moyen Âge*, Paris, Vrin (Conférences Pierre Abélard), 2003, et Vincent Descombes, *Les Institutions du sens*, Paris, Éd. de Minuit, 1996.

15. Voir Simo Knuuttila, *Emotions in Ancient and Medieval Philosophy*, Oxford, Oxford University Press, 2004, p. 257-262.

16. Pour une analyse rigoureuse des conditions d'émergence de la notion d'inconscient, voir l'œuvre de Vincent Descombes, de *L'Inconscient malgré lui*, Paris, Éd. de Minuit, 1972, au *Complément du sujet*, Paris, Gallimard, 2004.

17. Alain Boureau, *Satan hérétique. La naissance de la démonologie dans l'Occident médiéval (1280-1330)*, Paris, Odile Jacob, 2004, p. 241-259.

18. *Entre Dieu et Satan : les visions d'Ermine de Reims, †1396, recueillies et transcrites par Jean Le Graveur,* présentées, éditées et traduites par Claude Arnaud-Gillet, préf. d'André Vauchez ; Florence, SISMEL, Ed. del Galluzzo, 1997.

19. *TDM*, p. 64.

20. Voir le travail de DEA de Stéphane Delanoé, soutenu à l'EHESS, qui portait sur le sommeil chrétien, demeuré, malheureusement, sans suite.

21. Voir Alain Boureau, *Satan hérétique*, *op. cit.,* p. 191-210.

22. *SDA*, chapitre 100, p. 244-247.

23. Voir Maaike van der Lugt, *Le Ver, le démon et la vierge. Les théories médiévales de la génération extraordinaire*, Paris, Les Belles Lettres, 2004, p. 323.

24. *SDA*, chap. 99, p. 243.

25. Jackie Pigeaud, *La Maladie de l'âme : étude sur la relation de l'âme et du corps dans la tradition médico-philosophique antique*, Paris, Les Belles Lettres, 1981 (rééd. en 2007).

26. Catherine König-Pralong, *L'Avènement de l'aristotélisme en terre chrétienne. L'essence et la matière entre Thomas d'Aquin et Guillame d'Ockham*, Paris, Vrin, 2005.

27. *SDA*, I, 4, 25, p. 82-84.

28. *SDA*, I, 3, 17, p. 68-71.

29. « La distinction de l'être et de l'essence n'est attestée ni chez Aristote, ni chez Boèce, ni dans le *Liber de causis*. C'est seulement avec Avicenne que nous rencontrons la première autorité qui l'ait véritablement et explicitement soutenue», « Glossaire des sources », dans Thomas d'Aquin, Dietrich de Freiberg, *L' tre et l'essence. Le vocabulaire médiéval de l'ontologie*. Traduction et commentaires par Alain de Libera et Cyrille Michon, Paris, Seuil, 1992.

30. *SDA*, I, 3, 17, p. 70.

31. *SDA*, I, 4, 25, p. 85.

32. *SDA*, I, 3, 17, p. 70.

33. Catherine König-Pralong, *L'Avènement de l'aristotélisme*..., *op. cit.*, p. 89-90.

34. *SDA*, I, 6, 36, p. 114 -116.

35. *SDA*, I, 6, 42, p. 130-133.

36. *SDA*, Introduction, p. 29.

37. *SDA*, p. 189-191.

38. *SDA*, II, 67, p. 196-197.

39. *SDA*, I, 39, p. 120-124.

40. Malheureusement, le découpage en paragraphes de ce chapitre dans l'édition précieuse du père Bougerol rend sa compréhension malaisée.

41. *SDA*, p. 150-151.

42. *SDA*, I, 8, p. 46.

43. *SDA*, chap. 46 et 47, p. 147-151.

Chapitre IV

1. En théologien précis, Albert refuse de parler de l'accidentel sans substantif, puisque l'accidentel ne peut exister seul.

2. Albert le Grand, *Commentaire sur les Sentences*, I, d. III, article 24, dans *Opera Omnia*, éd. Borgnet, Paris, tome 19, 1893, p. 140.

3. *Anonymi magistri artium, op. cit.*

4. Thomas d'Aquin, *Sententia libri de anima*, éd. René Gauthier, dans Thomas d'Aquin, *Opera omnia*, tome 45, Commission Léonine, Rome, 1984, p. 1-7.

5. Je suis l'innovation de la traductrice contemporaine de Boèce, qui emploie le mot *subsistence* avec un « e »

6. Kurt Flasch, *D'Averroès à Maître Eckhart. Les sources arabes de la « mystique » allemande*, trad. Jacob Schmutz, Paris, Vrin, 2008.

7. Ruedi Imbach, « Le traité de l'eucharistie de Thomas d'Aquin et les averroïstes », *Revue des sciences théologiques et philosophiques*, 77, 1993, p. 175-194.

8. Adriano Oliva, *Les Débuts de l'enseignement de Thomas d'Aquin et sa conception de la Sacra Doctrina. Avec l'édition du prologue de son commentaire des* Sentences, Paris, Vrin, 2006.

9. « *Utrum memoria, intelligentia et voluntas sint idem in essentia cum anima* », premier livre, distinction 3, partie II, art. 1, question 3, dans *Opera Omnia S. Bonaventurae*, Collège Saint-Bonaventure, Quaracchi, 1882, vol 1, p. 84-88.

10. *Potentiae animae sunt substantiales et sunt in eodem genere per reductionem, in quo est anima ; non sunt tamen cum ipsa omnino idem per essentiam.*

11. On peut se demander si on trouve là un écho lointain de l'*ingenium* si fort prisé au siècle précédent.

12. « *Haec tria, memoria, intelligentia et voluntas sunt una mens, una vita, una essentia, ac per hoc una substantia.* »

13. « *Tria quaedam in anima intueor, memoriam, intelligentiam et voluntatem, et haec tria ipsam.* »

14. On peut se demander si Bonaventure croyait vraiment à la paternité augustinienne du texte : il le cite, après Augustin et Bernard, en ce qui pourrait être un ordre chronologique et, surtout, il ne pouvait ignorer qu'Augustin n'use jamais de ce sens de *potentia*. Certes, il le cite bien comme un texte d'Augustin, mais il se pourrait qu'il appartienne, à ses yeux, à la *mens Augustini*, continuation honorable, qu'on pourrait

retourner ou restaurer dans son sens, comme Augustin lui-même, si le jeu en valait la chandelle. En tout cas, quelques années plus tard (vers 1268), Thomas d'Aquin refuse nettement cette paternité à Augustin : « Il faut dire que ce livre n'est pas d'Augustin, mais on dit qu'il fut d'un cistercien et il ne faut pas beaucoup se soucier de ce qu'on y affirme. » *Ad primum ergo dicendum, quod liber iste de spiritu et anima non est Augustini, sed dicitur cuiusdam Cisterciensis fuisse ; nec est multum curandum de his quae in eo dicuntur.* Thomas d'Aquin, *Quaestio disputata de anima,* article 9, ad. 1.

15. Voir l'édition critique de Zbigniew Pajda, *Hugo Sneyth et ses « Questions de l'âme »*, Paris, Vrin, 1996.

16. Pierre de Jean Olivi, *Somme*, II, question 54, « *quaeritur an potentiae animae vel angeli sint totaliter eaedem cum substantia eorum et ad se invicem aut totaliter diversae aut partim eaedem aut partim diversae* », *Questiones in secundum librum Sententiarum,* éd. par B. Jansen, Collège Saint-Bonaventure, Quaracchi, vol. II, 1924, p. 230-283.

17. Cela pose la question de la diffusion de l'assignation du *De spiritu et anima* à un cistercien, effectuée par Thomas d'Aquin, comme on l'a vu.

18. Pierre de Jean Olivi, *Somme*, II, question 54, *op. cit.*, p. 273-274.

19. Pierre de Jean Olivi, *Somme*, II, question 54, *op. cit.*, p. 239-241.

20. Pierre de Jean Olivi, *Somme*, II, question 54, *op. cit.*, p. 279.

21. Voir Alain Boureau, « Vouloir l'amour et l'abandon du Père », dans François Trémolières éd., *Le Genre humain* (*Mélanges Jacques Lebrun*), à paraître.

22. Pierre de Jean Olivi, *Somme*, II, question 54, *op. cit.*, vol. I, p. 258.

Chapitre V

1. Thomas d'Aquin, *Somme de théologie* (désormais évoquée par le sigle *ST*), *Prima secundae*, question 22, article 2, *contra.*

2. Thomas d'Aquin, *ST*, *Prima secundae*, question 22, article 1.

3. Aristote, *De anima*, II, 5 (417b 2-3), trad. Joseph Tricot, Paris, Vrin, 1988, p. 99.

4. Thomas d'Aquin, *Sentencia libri de anima*, tome XLV, 1 des *Opera Omnia* de Thomas d'Aquin, Rome, Commission Léonine, 1984, p. 111-112.

5. Aristote, *Topiques*, tome II (livres V-VIII), texte établi, traduit et annoté par Jacques Brunschwig, Paris, Les Belles Lettres (CUF), 2007, VI (145a 3-11), p. 62. Voir le précieux commentaire de l'éditeur, p. 233.

6. Aristote, *Aristoteles Latinus*, V, 1-3, *Topica. Translatio Boethii, Fragmentum recensionis alterius et translation anonyma,* éd. L. Minio-Paluello et V. G. Dod, Bruxelles/Paris, Desclée de Brouwer, 1969, p. 128.

7. *Anonymi, magistri artium, op. cit.*, p. 453.

8. *Magistri Petri de Ybernia. Expositio et quaestiones in librum Aristotelis Peryermenias seu de interpretatione* (ex cod. Vaticano latino 5988), éd. par Michael Dunne, suivi de la *Determinatio magistralis (ex cod. Ampl. F 335)*, éd. par Clemens

Baeumker, Louvain-la-Neuve/ Paris, Éditions de l'Institut supérieur de philosophie/Peeters (« Philosophes médiévaux », XXXIV), 1996, p. 19.

9. Thomas d'Aquin, *ST*, *Prima secundae*, question 22, article 2.

10. Thomas d'Aquin, *ST*, introduction de la question 49 de la *Prima secundae.*

11. Jackie Pigeaud, *La Maladie de l'âme*, *op. cit*, p. 290.

12. *Ibid.*, p. 360.

13. Aristote, *Les Catégories*, texte établi et introduit par Richard Bodéüs, Paris, Les Belles Lettres (CUF), 2002, p. 6 (2a 3). Le traducteur se réfère à la tenue vestimentaire, sans exclure une application plus générale à la mise extérieure: avoir le sourire, avoir l'air sombre. La tenue serait un cas particulier de la notion d'avoir (note complémentaire n° 5, p. 87).

14. 15b 15-33, *op. cit.*, p. 70-71.

15. *Op. cit.*, p. 39 (8b 27).

16. Aristote, *Organon*. I. *Catégories*. II *De l'interprétation*, Paris, Vrin, 1936 (réédition 1969).

17. *Éthique à Nicomaque*, I, 6, 1098a 5 et 1098b 31, et *Éthique à Eudème*, II, 2, 1220b 2.

18. Cicéron, *De l'invention*, éd. et trad. par Guy Achard, Paris, Les Belles Lettres (« Collection des Universités de France »), 1994, p. 92 et 156.

19. Thomas d'Aquin, *ST*, *Prima secundae*, question 49, article 2, réponse.

20. *Ibid.*, question 49, article 3, réponse.

21. *Ibid.*, question 52, article 1, réponse.

22. *Ibid.*, question 54, article 4.

23. *Ibid.*, question 50, article 6.

24. *Ibid.*, question 50, article 6.

25. *Ibid.*, question 50, article 1, ad. 3.

26. Henri de Gand, *Summa* (*questiones ordinariae*), art. XXXV-XL, éd. G. A. Wilson, *Opera Omnia*, tome 28, Louvain, Leuven University Press, 1994, p. 144-159.

27. Sur la question de l'attribution, voir l'article 32 de la *Somme* d'Henri de Gand : *Summa* (*questiones ordinariae*), art. XXXI-XXXIV, éd. L. Hödl, *Opera Omnia*, tome 27, Louvain, Leuven University Press, 1991, p. 28-121.

28. Henri de Gand, *Summa* (*questiones ordinariae*), art. XLI-XLVI, éd. L. Hödl, *Opera Omnia*, tome 29, Louvain, Leuven University Press, 1998.

29. Un film récent, portant sur l'école dans un milieu rural, s'intitule précisément *Être et avoir*.

30. Pierre Bourdieu se réfère explicitement plus à Aristote qu'à Thomas, mais l'emploi de la notion d'*incorporation* (à rapprocher de l'incarnation), précisément en rapport avec l'*habitus*, m'incite à repérer une influence de la scolastique, et de Thomas en particulier. Voir Gilbert Rist, « La notion médiévale d'"habitus" dans la sociologie ». Pierre Bourdieu est revenu lui-même sur la notion, au cours d'un entretien radiophonique avec Roger Chartier en 1988 : « La notion d'*habitus*, telle qu'on

la trouve chez Aristote, chez saint Thomas ou au-delà, chez des gens aussi différents que Husserl, Mauss, Durkheim, Weber..., dit finalement quelque chose de très important : les sujets sociaux ne sont pas des esprits instantanés. Autrement dit, pour comprendre ce que quelqu'un va faire, il ne suffit pas de connaître le stimulus ; il y a au niveau central un système de dispositions, c'est-à-dire des choses qui existent à l'état virtuel et qui vont se manifester en relation avec une situation. »

31. Tertullien, *La Toilette des femmes (De cultu feminarum)*, éd. critique et traduction de Marie Turcan, Paris, Éd. du Cerf (*Sources chrétiennes*) 1971. Je dois le rapprochement à Luc Ferrier, que je remercie vivement.

32. *Ibid.*, II, 5, 4, p. 112-113.

33. Peter Godman, *The Silent Masters: Latin literature and its censors in the High Middle Ages*, Princeton, Princeton University Press, 2000.

34. Luc Ferrier me fait remarquer, et je l'en remercie, que l'*habitus varius* peut aussi se comprendre comme l'habit de vair, attribut précieux, ici tourné en dérision.

35. Guillaume de Conches, *Glosae in Iuvenalem*, *op. cit.*, p. 147-148.

36. *Ibid.*, question 51, article 4.

37. *Ibid.*, question 50, article 2.

38. Christian Meier, *La Politique et la grâce. Anthropologie de la beauté*, trad. par Paul Veyne, Paris, Seuil, 1987.

39. Voir Thomas d'Aquin, *ST*, *Prima secundae*, questions 110 et suivantes.

40. Voir Alain Boureau, *Satan hérétique, op. cit.*

41. Piroska Nagy, *Le Don des larmes au Moyen Âge : un instrument spirituel en quête d'institution, v^e-xiiie siècle*, préf. d'Alain Boureau, Paris, Albin Michel, 2000.

42. Voir Peter Brown, *Le Renoncement à la chair : virginité, célibat et continence dans le christianisme primitif*, trad. de l'anglais par Pierre-Emmanuel Dauzat et Christian Jacob, Paris, Gallimard, 1995 (original de 1989).

43. Voir Irène Rosier-Catach, *La Parole efficace : signe, rituel, sacré* ; avant-propos d'Alain de Libera, Paris, Seuil, 2004.

44. Voir A. Boureau, « Le calice de saint Donat. Légende, autorité et argument dans la controverse hussite », dans *L'Événement sans fin. Récit et christianisme au Moyen Âge*, Paris, Les Belles Lettres, 1993, p. 253-260.

45. Vital du Four, *Quodlibeta tria*, éd. Ferdinand Delorme, Spicilegium Pontificii Athenaei Antoniani, Rome, 1947, I, 15, p. 32.

46. Voir Thomas Bénatouïl, *Faire usage. La pratique du stoïcisme*, Paris, Vrin, 2006.

47. Thomas d'Aquin, *ST*, *Prima secundae*, question 13, introduction. Mais cette introduction ne mentionne pas le conseil, pourtant traité sur le même plan dans le cours du texte.

48. Gilles de Rome, *Opera Omnia,* III, 2. *Reportatio lecturae super libros*, I-IV. *Sententiarum. Reportatio Monacensis. Excerpta Godefridi de Fontibus*, éd. par Concetta Luna, Florence, Edizioni del Galluzzo, 2002, p. 442-443.

49. Dans la question évangélique 8, éditée par Johannes Schlageter, *Das Heil der Armen und das Verderben der Reichen. Petrus Johannnis Olivi OFM. Die Frage nach der höchsten Armut*, Werl, 1989, Dietrich Coelde, p. 171.

50. Thomas d'Aquin, *ST*, *Prima secundae*, question 32, article 1, ad 1.

51. Thomas d'Aquin, *ST*, *Prima secundae*, question 16.

52. Pierre de Jean Olivi, *De usu paupere. The* Quaestio *and the* Tractatus, édité par David Burr, Leo Olchski/ University of Western Australia Press, Florence/Perth, 1992, p. 146.

53. *Traité de l'usage pauvre*, éd. dans *De usu paupere, op. cit.*, p. 138.

54. *Das Heil der Armen*, p. 195.

55. Pierre de Jean Olivi, *Quodlibeta quinque*, éd. par S. Defraia, Collège Saint-Bonaventure, 2002, Grottaferrata, *Quodlibet* V, question 2, p. 305-308.

56. Pierre de Jean Olivi, *Quaestiones de incarnatione et redemptione. Questiones de virtutibus*, éd. A. Emmen et E. Stadter, Collège Saint-Bonaventure, Grottafarrata, 1981, p. 143-185.

57. Thomas d'Aquin, *ST*, III, question 69, article 6.

58. Pierre de Jean Olivi, *Quodlibeta quinque*, *op. cit.*, *Quodlibet* I, question 13, p. 39-41

59. Les exemples d'une démonstration, souvent choisis et articulés selon une règle de libre association, peuvent constituer l'équivalent du rêve, si peu accessible chez des sujets du passé.

60. *Ibid.*, *Quodlibet* V, question 1, p. 302-304.

61. Giovanni Ceccarelli, *Il Gioco e il Peccato. Economia e rischio nel Tardo Medioevo*, Bologne, Il Mulino, 2003.

Chapitre VI

1. Il s'agit bien sûr de la série de René Goscinny.

2. Voir Jean-Claude Schmitt, *Le Saint lévrier : Guinefort, guérisseur d'enfants depuis le* XIIIe *siècle*, Paris, Flammarion, 1979.

3. Robert Javelet, *Image et ressemblance au douzième siècle, de saint Anselme à Alain de Lille*, Chambéry, Impr. réunies, 1967.

4. Voir Einar Mar Jonsson, *Le Miroir. Naissance d'un genre littéraire*, Paris, Les Belles Lettres, 1995.

5. Voir, pour une période plus tardive, Katherine H. Tachau, *Vision and certitude in the age of Ockham : optics, epistemology and the foundations of semantics, 1250-1345*, Leyde/New York/Cologne, E. J. Brill, 1988.

6. Sur les théories médiévales de l'image, voir Olivier Boulnois, *Au-delà de l'image. Une archéologie du visuel* au Moyen Âge (V^e^-XVIe siècle), Paris, Seuil, 2008, et Marie-José Mondzain, *Image, icône, économie: les sources byzantines de l'imaginaire contemporain*, Paris, Seuil, 1996.

7. Summe Duacensis, *op. cit.,* partie I, section II, dist. 1, tractatus 2, chapitre 3, question 3, p. 15-16. Il s'agit du premier fragment conservé dans le manuscrit.

8. Richard de Saint-Victor, *De trinitate*, IV, 11 et 15, éd. Jean Ribaillier, Paris, Vrin, 1958, p. 173 et 177.

9. *Summe Duacensis, op. cit.,* partie I, section II, dist. 1, *tractatus* 2, chapitre 3, question 4, p. 16-26.

10. Pierre Lombard, *Sentences*, *op. cit.,* II, dist. 16, chap. 2.

11. *SDA*, I, 5, questions 27 à 35, p. 89-114.

12. « *Ymago est cujus generatio per ymitacionem est* », *Topiques*, 6 (140a 14-15).

13. *SDA*, I, 5, 29, p. 94.

14. *SDA*, I, 5, 34, p. 109.

15. Première partie, question 93, article 6.

16. Comme toujours, la part de l'opposition réelle ou bien propre à la visée du raisonnement est impossible à déterminer.

17. Voir l'article de Joseph Duhr, « Anges gardiens », dans le *Dictionnaire de spiritualité ascétique et mystique. Doctrine et Histoire*, publié sous la direction de Marcel Villers, tome I, Paris, Beauchesne, 1936.

18. *Patrologie latine*, tome 26, col. 130.

19. Bonaventure, In Il, dist. XI, art. 1, q. 1, dans *Opera Omnia*, t. Il, Quaracchi, collège Saint-Bonaventure , p. 277.

20. Somme de théologie, II Partie, q. 36, dans *Opera Omnia*, Lyon, 1651, t. 18, p. 219.

21. Tout un site électronique catholique, ample et détaillé, est consacré à la dévotion actuelle des anges gardiens.

22. In Ps, 37, 43. *PL*, tome 14, col. 1031. In Ps, 38, 32, *PL*, tome 14, col. 1054.

23. II, XI, *op. cit.,* tome I, p. 379-383.

24. Honorius Augustodunensis, *Elucidiarum*, Il, 31, *PL*, tome 172, col. 1154.

25. *PL*, tome 210, col. 758.

26. Voir Alain Boureau, *Satan hérétique*, *op. cit.,* p. 212-213

27. Thomas d'Aquin, *ST*, I, qu. 113, art. 4.

28. *Ibid.*, art. 5.

29. Les termes de la désignation ont beaucoup varié dans l'histoire chrétienne. Je suis les choix de Thomas.

30. Pierre de Jean Olivi, texte édité dans David Flood, *Peter of John Olivi on the Acts of the Apostles*, St. Bonaventure (NY), Franciscan Institute Publications, 2001, p. 265-266.

31. L'opposant de Thomas avait déjà argumenté dans ce sens ; le maître rabattait cette image sur la protection collective des hommes en collège, complémentaire de la protection individuelle.

32. Voir Robert Lerner, " An 'Angel of Philadelphia' in the Reign of Philip the Fair: the case of Guiard de Cressonnessart " dans *Order and Innovation in the Middle Ages*, Princeton, 1976, p. 343-364 et 529-540.

33. Voir Tiziana Suarez-Nani, *Connaissance et langage des anges selon Thomas et Gilles de Rome*, Paris, Vrin, 2002, et *Les Anges et la philosophie : subjectivité et fonction cosmologique des substances séparées à la fin du* XIIIe siècle, Paris, Vrin, 2002.

34. Pierre Lombard, *Sentences*, *op. cit.*, livre II, dist. III, chap. 1, tome I, p. 341.

35. Bonaventure, *Breviloquium*, partie 2, éd. et trad. Trophime Mouiren, Paris, Éditions franciscaines, p. 90-91, et note 22, p. 140.

36. Voir Alain Boureau, *Le Droit de cuissage. Histoire de la fabrication d'un mythe* (XIIIe-XXe siècle), Paris, Albin Michel (« L'évolution de l'humanité »), 1995, p. 200-208.

37. Voir Tiziana Suarez-Nani, *Les Anges et la philosophie*, *op. cit.*

38. Jean Duns Scot, *Ordinatio*, II, distinction III, partie 1. Texte traduit par Gérard Sondag: Duns Scot, *Le Principe d'individation*, Paris, Vrin, 1992.

39. Sur les incubes, voir le riche dossier de Maaike van der Lugt, *Le Ver, le démon et la vierge*, *op. cit.*, p. 189-354.

40. *Peter of John Olivi on the Acts of the Apostles*, *op. cit.*, p. 263.

41. Thomas d'Aquin, *ST*, *Prima pars,* question 51, article 2, réponse.

42. Pierre de Jean Olivi, *Questiones in secundum librum Sententiarum,* question 48, éd. par B. Jansen, collège Saint-Bonaventure, Quaracchi, tome I, 1922, p. 754-763.

43. *Ibid.*, p. 762.

44. « *Nunc quaeritur utrum subpositum creatum potuit incarnari, ut subpositum dyabolicum posset assumere humanam naturam* », Gilles de Rome, *Reportatio*, III, 31, *op. cit.*, p. 427-430.

45. L'expression est d'Isidore de Séville.

46. Voir le premier tome de l'anthologie commentée qu'il a publiée avec Marco Rizzi, *L'Anticristo. Il nemico dei tempi finali*, Mondadori, Milan, 2005.

47. Texte édité et cité par Maaike van der Lugt, *Le Ver, le démon et la vierge*, *op. cit.* , p. 207, note 47.

48. Thomas d'Aquin, *Somme théologique*, III, 8, 8.

49. Voir Alain de Libera, *La Référence vide. Théories de la proposition*, Paris, PUF, 2002.

50. Sylvain Piron me fait remarquer que la question logique suppose que l'Antéchrist n'est pas encore né, à l'opposé de bien des convictions eschatologiques à la fin du XIIIe siècle.

51. Benoît Patar, *Le Traité de l'âme de Jean Buridan (de prima lectura),* Louvain/Longueuil (Québec), Éditions de l'Institut supérieur de philosophie/Éd. du Préambule, 1991, livre III, question 15, p. 483-487.

52. Jean Buridan, *Sophismes*, texte traduit, introduit et annoté par Joël Biard, Paris, Vrin, 1993, p. 174-177.

Chapitre VII

1. Je reprends certains éléments de mon article) « Le désir en personne », *Penser/Rêver* n° 12 (Que veut une femme ?), automne 2007, p. 91-103.

2. *De spiritu et anima*, *op. cit.*, chapitre 11, col. 787.

3. Augustin, *Tractatus in Joannem*, II, 14, Bibliothèque Augustinienne, 71, Paris, Desclée de Brouwer, 1969, p. 200.

4. Jean Scot, *Homélie sur le prologue de Jean*, introd., texte critique, trad. et notes d'Édouard Jeauneau, Paris, Éd. du Cerf, 1969, p. 304-305.

5. Maître Eckhart, *Le Commentaire de l'Évangile selon Jean. Le prologue (chapitre 1, 1-18)*, éd., trad. et annoté par Alain de Libera, Édouard Weber et Émilie Zum Brunn, dans *L'Œuvre latine de Maître Eckhart*, tome 6, Paris, Éd. du Cerf, 1989, p. 281-282.

6. Voir, notamment, les travaux de Robert Lerner et d'Alexander Patschovsky.

7. Autrefois, dans le dernier épilogue de ma *Papesse Jeanne* (Paris, Aubier, 1988), j'ai apporté ma petite pierre au mythe que je tente maintenant de démonter.

8. C'est Felice Tocco, grand découvreur de textes, qui a publié pour la première fois, en 1899, les actes du procès inquisitorial. Un article de Marina Benedetti fait un tour complet de l'historiographie sur ce point : « La recente "fortuna" de Guglielma », dans *Bollettino della Società di Studi Valdesi*, n° 179 (numéro spécial, *Storia ereticale e antiereticale del Medioevo*, dirigé par Grado Giovanni Merlo), p. 206-225. L'ensemble du dossier a été repris par le même auteur : Marina Benedetti, *Io non sono Dio. Guglielma di Milano e i Figli dello Spirito santo*, Milan, Edizioni Biblioteca Francescana, 1998.

9. Voir, cependant, le rôle que j'attribue à Henri de Gand, une dizaine d'années avant Duns Scot (voir *La Religion de l'État*, chapitre VIII). Mais je penche plutôt vers une exploration scientifique et politique, et non simplement religieuse, de la question.

10. "The Quinity of Winchester", *Art Bulletin*, 29, 1947. Cet article a été repris dans le recueil posthume *Selected Studies*, Locust Valley, 1965.

11. Voir l'édition de Dionisio Pacetti, *Questiones quatuor de Domina*, Quaracchi, collège Saint-Bonaventure, 1954.

12. Dans un tout autre contexte, la féminisation de Jésus a été bien analysée par Caroline Walker Bynum, *Jesus as Mother: studies in the Spirituality of the High Middle Ages*, Berkeley/Los Angeles/Londres, University of California Press, 1982.

13. Yves-Marie Congar, *Je crois en l'Esprit saint*, Paris, Éd . du Cerf, 1979 et 1980.

14. Arnobe, *Contre les gentils* (*Contre les païens*), Livre III, texte établi, traduit et commenté par Jacqueline Champeaux, Paris, Les Belles Lettres, 2007, p. 8 et 6.

15. Dans un océan de publications, je relève un petit livre très clair : Ida Raming, *Der Ausschluss der Frau vom priesterlichen Amt*, Cologne, Bölhau, 1973.

16. Je n'ai malheureusement pas de trace écrite de ces propos, tenus lors d'un entretien radiophonique. Il y était question de Nom du Père.

17. Voir les travaux nombreux de François Boespflug sur les représentations de l'Esprit en jeune homme, depuis son *Dieu dans l'art.* Sollicitiduni nostrae *de Benoît XIV (1745) et l'affaire Crescence de Kaufbeuren*, Paris, Éd. du Cerf, 1984.

18. J'utilise l'édition et traduction de Jean Gribomont et d'Élisabeth de Solms : Rupert de Deutz, *Les Œuvres du Saint-Esprit*, tome I, Paris, Éditions du Cerf (*Sources chrétiennes* n° 131), 1967.

19. Pierre Lombard, *Sentences*, *op. cit.*, livre III, distinction VI, chapitre 4, tome II, p. 55.

20. Une citation d'Augustin dans le chapitre du Lombard le dit : l'incarnation use du sexe le plus *honorable.*

21. Texte édité par Ignatius Brady, "*Peter Manducator and the oral Teachings of Peter Lombard*", dans *Antonianum*, 41, 1966, p. 473 (reproduit partiellement dans son édition critique, tome II, p. 72).

22. Thomas d'Aquin, *ST*, *Prima pars*, question 31, article 2.

23. Gilles de Rome, *Reportatio lecturae super libros I-IV Sententiarum. Reportatio Monacensis.*, *op. cit.*, III, 15, p. 404. C'est à Catherine König-Pralong, que je remercie vivement, que je dois la connaissance de ce texte.

24. « *Utrum accidentis existentis in subjecto aliud esse existentiae quam sit esse existentiae sui subjecti* », *Quodlibet* X, question 8, éd. R. Macken, *Henrici de Gandavo Opera Omnia*, tome 14, Louvain, Leuven University Press, 1981, p. 217. Je dois ce rapprochement à Catherine König-Pralong, que je remercie vivement.

25. Pierre d'Auriol, *Scriptum*, question 11 du livre premier sur la distinction 2, 3 de Pierre Lombard (*utrum secundum regulam scripturarum in uno Deo sit trinitas personarum vere et proprie accipiendo personam.* Article 1: « *Ubi colliguntur septem regulae ex divinis scripturis.* » J'utilise le texte fourni par la *Peter Auriol Home Page*, éditée par Russel Friedman, L. O. Nielsen et Chris Schabel.

26. Pierre de Jean Olivi, *Somme*, II, *op. cit.,* question 15, vol. I, p. 287.

27. Cette position a certainement engendré la notion d'*eccéité* (de présence montrée et manifestée) chez Duns Scot : ce concept qui fonde l'individualité est capital pour sortir de l'individuation par la matière chez Thomas d'Aquin.

28. Jean Duns Scot, *Ordinatio*, II, distinction III, partie 1, texte latin établi par la Commission Scotiste introd. et trad. de Gérard Sondag (Duns Scot, *Le Principe d'individuation*, Paris, Vrin, 1992), p. 190 et 201.

29. Pierre de Jean Olivi, *Somme*, II, *op. cit.,* question 15, vol. I, p. 286.

30. Pierre de Jean Olivi, *Somme*, II, *ed. cit.,* question 8, vol. I, p. 158-159.

Chapitre VIII

1. On peut trouver une telle tendance dans un essai par ailleurs fort suggestif dont les conclusions ne sauraient se rattacher au mythe ici révoqué en doute (Philippe Cormier, *Généalogie de personne*, Paris, Criterion, 1991).

2. Édouard-Henri Wéber, *La Personne humaine au XIII*[e] *siècle. L'avènement chez les maîtres parisiens de l'acception moderne de l'homme*, Paris, Vrin, 1991.

3. Voir, entre de nombreuses publications, Brian Tierney, *The Idea of Natural Rights. Studies on Natural Rights, Natural Law and Church Law. 1150-1625*, Atlanta, Scholar Press, 1997.

4. Voir Michel Villey, « La genèse du droit subjectif chez Guillaume d'Occam », *Archives de philodophie du droit*, 9, 1964, p. 97-127, et *Philosophie du droit. 1. Fins et définitions du droit*, Paris, Dalloz, 1986 (4e édition).

5. Édouard-Henri Wéber lui-même n'est pas à l'abri de ce genre de considérations : « La singularité de chaque individu de nature purement intellective, Thomas l'établit à la suite d'Averroès sans cet aspect de scepticisme qui viciera bientôt la dialectique nominaliste. Celle-ci, on le sait, ne parvient à mettre en évidence la particularité individuée qu'en contestant la validité des notions universelles », *La Personne humaine au XIII*[e] *siècle, op. cit.*, p. 496.

6. Dans un océan de publications, voir Santiago Bueno Salinas, *La Noción de persona juridica en el derecho canónico*, Barcelone, Herder, 1985, et Alberto Melloni, *Innocenzio IV. La concezione e l'esperienza della cristianità come regimen unius personae*, Préface de Brian Tierney, Gênes, Marietti, 1990.

7. Yan Thomas, « L'empire de la fiction romaine et ses limites médiévales », *Droits*, revue française de théorie, de philosophie et de culture juridiques, 1995, 21-22.

8. Pour Santiago Panizo Orallo, *Persona jurídica y ficción*, Ediciones Universidad de Navarra, Pampelune, 1975, p. 116, elle fut inventée par le juriste allemand Arnold Heise (1778-1851).

9. Cicéron, *De l' invention*, *op. cit.*, p. 91.

10. Pierre Lombard, *Sentences*, *op. cit.*, livre IV, dist. XXXIV, chap. 1, tome II, p. 462-463.

11. *Patrologie latine*, tome 2, col. 161-162.

12. Je me contente de renvoyer à deux synthèses rapides et commodes : Axel Tisserand, « personne », dans Claude Gauvard, Alain de Libera, Michel Zink (sous la dir. de), *Dictionnaire du Moyen Âge*, Paris, PUF, 2002, p. 1076-1077, et P. McPartlan, « Personne », dans J.-Y. Lacoste (sous la dir. de), *Dictionnaire critique de théologie*, Paris, PUF, 1998, p. 895-899.

13. Gilles de Rome, *Reportatio lecturae super libros I-IV Sententiarum. Reportatio Monacensis*, *op. cit.*, III, 16, p. 407.

14. Lactance, *De mortibus persecutorum*, XLVIII, éd. O. F. Fritzsche, II, Berlin, 1842-44, p. 288-289.

15. Voir Ramsay MacMullen, *Christianizing the Roman Empire: A. D. 100-400*, New Haven /London, Yale University Press, 1984.

16. Voir Dominique Iogna-Prat, *La Maison Dieu : une histoire monumentale de l'Église au Moyen Âge : v. 800-v. 1200*, Paris, Seuil, 2006.

17. Boèce, *Contre Entychen et Nestorium.* J'utilise la traduction d'Hélène Merle, *Courts Traités de théologie. Opuscula sacra*, Paris, Éd. du Cerf, 1991.

18. Boèce, *Contre Entychen et Nestorium, op. cit.*, p. 59.

19. Sur le retour de Boèce, voir le grand article de M. D. Chenu, « *Aetas Boetiana* », dans *La Théologie au XIIe siècle*, Paris, Vrin

20. Pierre Lombard, *Sentences, op. cit.*, livre III, dist. V, chap. 3, tome II, p. 47-48.

21. Thomas d'Aquin, *ST*, *Prima pars*, qu. 29, article 1.

22. Pierre Lombard, *Sentences*, op. *cit.*, livre I, dist. 25, chap. 3, tome I, p. 195.

23. Voir aussi *ibid.*, livre I, dist. 10, chap. 1, p. 72-74.

24. Textes du cartulaire de l'Université de Paris, cités par Ignatius Brady dans son édition (p. 73, note 1).

25. Voir Eugène Honée, "*Joachim of Fiore: his early Conception of the Holy Trinity. Three trinitarian Figures of the Calabrian Abbot reconsidered*", *Ephemerides Theologicae Lovanienses*, 82, 1, 2006, p. 103-137. Je remercie Gan Luca Potestà de m'avoir fait connaître cet article.

26. Pierre Lombard, *Sentences, op. cit.*, livre III, dist. 6, chap. 2, tome II, p. 51. Mais il faut noter que l'argument est cité au profit d'une opinion que semble récuser Pierre Lombard, celle de Hugues de Saint-Victor. L'accusation contre Joachim de Fiore, apparemment simple, devient complexe.

27. Thomas d'Aquin, *ST*, *Prima* qu. 3, art. 3, réponse.

28. Thomas d'Aquin, *ST*, *Prima*, qu. 29, art. 4, 4.

29. *Ibid.*

30. Albert le Grand , *Commentaire sur la physique*, I, traité 1, chap. 6

31. Thomas d'Aquin, *ST*, *Prima*, qu. 30, 4, réponse.

32. Gilles de Rome, *Reportatio lecturae super libros I-IV Sententiarum. Reportatio Monacensis*, *op. cit.*, III, 1, p. 389-395.

33. Thomas d'Aquin, *Scriptum super libros Sententiarum*, livre III, d. 1 q. 2, article 4.

34. Gilles de Rome, *Reportatio lecturae super libros I-IV Sententiarum*, *op. cit.*, question III, 19, p. 411-414.

35. Sur la question du contact, voir Alain Boureau, *Théologie, science et censure au XIIIe siècle. Le cas de Jean Peckham*, Paris, Les Belles Lettres, 1999.

36. « *Quaeritur utrum subpositum divinum potest assumere aliam humanam naturam* », Gilles de Rome, *Reportatio*, III, 4, p. 393-394.

37. Henri de Gand, *Quodlibet*, I, question 3, *op. cit.*

38. Thomas d'Aquin, *ST*, *Tertia*, question 4, art. 2, ad. 2.

39. « *An suppositum seu persona addant aliquid ad naturam in qua et per quam subsistunt* », Pierre de Jean Olivi, *Somme*, II, *op. cit.,* question 8, vol. I, p. 272-290.

40. *Ibid.*, p. 288.

41. *Ibid.*, p. 279.

Chapitre IX

1. Voir Sylvain Piron, « L'expérience subjective de Pierre de Jean Olivi », dans Olivier Boulnois (éd.), *Généalogie du sujet, op. cit.*, p. 43-54, qui a bien montré l'originalité d'Olivi, qui fonde la connaissance et la conduite humaines sur l'expérience subjective. Pour ma part, j'ai tendance à accentuer l'aspect critique de la *personalitas* qui rejette le couronnement de *la* personne au profit de la fonctionnalité changeante *des* personnes en un même indvidu.

2. Voir Jean-Claude Schmitt, « Le spectre de Samuel et la sorcière d'En Dor. Avatars historiques d'un récit biblique : I Rois 28 », *Études rurales*, 105-106, 1987, p. 37-64, et ses *Revenants. Les vivants et les morts dans la société féodale*, Paris, Gallimard, 1994.

3. Pierre de Jean Olivi, *Quodlibeta quinque*, *op. cit.*, II, 5.

4. Augustin, *Enarrationes in Psalmos*, Psal. 103,1,15.

5. Pierre de Jean Olivi, *Quaestiones de incarnatione et redemptione. Quaestiones de virtutibus*, *op. cit.*, appendice de la question 2, p. 155.

6. Pierre de Jean Olivi, *Quodlibet*, III, question 4, *op. cit.*, p. 176-180.

7. Voir « Petrus Ioannis Olivi, *Epistola ad fratrem R.* », édit. par Cynthia Kilmer et Elsa Marmursztejn, introd. et comment. par Sylvain Piron, *Archivum franciscanum historicum*, 91, 1998, p. 56.

8. Pierre de Jean Olivi, *Impugnatio*, art. 32, dans Pierre de Jean Olivi, *Quodlibeta*, Venise, 1505, f°49vb-53ra.

9. Pierre de Jean Olivi, *Somme,* II, *op. cit.*, question XIV, tome I, p. 256-272.

10. *Ibid.*, p. 271.

11. *Ibid.*, p. 260.

12. *Ibid.*, p. 265.

13. Pierre de Jean Olivi, *Quaestiones de incarnatione et redemptione, op. cit.*, p. 55-61. L'argumentation n'est pas neuve, mais l'insistance d'Olivi est particulière.

14. Pierre de Jean Olivi, *Quaestiones de incarnatione et redemptione, op. cit.*, question 1, p. 51-52.

15. Extrait du *Psalterium* cité par Eugène Honée, art. cité p. 121. Le même auteur cite les rapprochements avec la géométrie faits par Alexander Patschowsky et par Barbara Obrist, ce qui manifeste bien l'originalité de cet emploi joachimite.

16. Je suis le résumé conservé par Vital du Four, les *Memoralia quarumdam questionum*, éditées par F. Delorme (Vital du Four, *Quodlibet*, *op. cit.*, p. 250-251). Notre question résume la question 15 de la *Somme sur les Sentences* d'Olivi. Je m'y réfère en guise de contrôle, mais il m'importe de suivre le texte tel qu'il est compris par un lecteur important, en sympathie et en hostilitié avec l'auteur.

17. On a vu, plus haut dans ce chapitre, que Thomas avait utilisé ce même jeu de questions, avec des conclusions bien différentes.

18. Nico den Bok, « Richard de Saint-Victor et la quête de l'individualité essentielle. La sagesse de *daniélité* », dans Brigitte Bedos-Rezak et Dominique Iogna Prat, *L'Individu au Moyen Âge. Individuation et individualisation avant la modernité*, Paris, Aubier, 200, p. 123-143.

19. Olivier Boulnois, *tre en représentation, op. cit*, p. 108.

20. Jean de Pershore, 3, Vital du Four, *Quodlibet, op. cit.*, p. 223.

21. Pierre de Jean Olivi, *Quaestiones de incarnatione et redemptione, op. cit.*, question 1, p. 3-84.

22. *Ibid.*, p. 3.

23. Olivi affirmait déjà, dans la question sur la personne et la nature, que l'être autonome (*per se*) ou la personne n'étaient pas logés immédiatement et directement dans les genres et les espèces de la substance comme existence concrète, mais comme capacité et potentialité, dirigées vers l'autonomie de l'être.

24. *Ibid.*, p. 27.

25. *Question évangélique* 8, éditée par Johannes Schlageter, *Das Heil der Armen und das Verderben der Reichen, op. cit.*, p. 83.

26. *Question évangélique* 8, *op. cit.*, p. 115. Dans un autre texte, Olivi évoque les « guerres personnelles », menées « personnellement », *Quodlibet, op. cit.*, I, 19, p. 77.

27. *Question évangélique* 8, *op. cit.*, p. 126 et 128.

28. *Ibidem,* p. 177.

29. *Ibidem,* p. 148, 152, 153, 154, 156 et 159.

30. Voir Gian Luca Potestà, *Il tempo dell'Apocalisse. Vita di Giochino da Fiore*, Bari, Laterza, 2004.

31. Voir les travaux actuels de Sylvain Piron.

32. Jean de La Rochelle, *SDA*, chapitres 48 et 49, p. 152-160.

33. Publié par Daniel A. Callus, "*The Powers of the Soul. An Early Unpublished Text*", *RTAM*, 19, 1952, p. 131-170.

34. Les variations considérables de vocabulaire ne doivent pas nous arrêter, car les auteurs sont plus sensibles à la dynamique du système qu'ils construisent qu'à la propriété de leur taxonomie.

35. Cette conception a quelque chose de pré-kantien.

36. Voir Alain Boureau, *Théologie, science et censure au XIIIe siècle, op. cit.*

37. Pierre de Jean Olivi, *Somme*, II, *op. cit.*, question 8, vol. I, p. 291-292.

38. Voir François-Xavier Putallaz, *La Connaissance de soi au XIIIe siècle. De Matthieu d'Aquasparta à Thierry de Freiberg*, Paris, Vrin, 1991.

39. Matthieu d'Aquasparta, *Quaestiones disputatae de anima XIII*, éd. par A.-J. Gondras, Paris, Vrin, 1961.

40. Je traduis ainsi *perfectio* dans son sens « philosophique ».

41. Voir Jacques Bouveresse, *Le Mythe de l'intériorité. Expérience, signification et langage privé chez Wittgenstein*, Paris, Minuit, 1976.

42. Vincent Descombes, *Le Complément de sujet : enquête sur le fait d'agir de soi-même*, Gallimard, 2004.

43. J'ai esquissé cette idée dans « L'individu, auteur de la vérité et suppôt de l'erreur. Connaissance et dissidence dans le monde scolastique (vers 1270-vers 1330) », dans B. M. Bedos-Rezak et D. Iogna-Prat, *L'Individu au Moyen Âge*, Paris, Aubier, 2005, p. 289-306 et 360-363.

44. Vital du Four, *Quodlibet*, *op. cit*, I, 8, p. 19.

Annexe

Textes latins

Ce petit choix de textes est destiné à aider la lecture, tout en allégeant les notes. Il ne rassemble que les textes analysés longuement.

Hugues de Saint-Victor, *Didascalicon, de Studio legendi*, II, 5. De quaternario animae, éd. Charles Henry Buttimer, Washington, The Catholic University Press, 1939.

Hujus quoque progressionis regressionisque rationem ipse etiam numerus docet. Dic ter unum fiunt III : dic ter tria fiunt IX ; dic ter novem fiunt XXVII : dic ter XXVII : fiunt LXXXI. Ecce in quarto gradu tibi unitas prima occurrit, idemque evenire videbis, si usque ad infinitum duxeris multiplicationem ut semper in quarto gradu unitas emineat. Rectissime autem simplex animae essentia unitate exprimitur, quae ipsa quoque incorporea est. Ternarius quoque propter indissolubile mediae unitatis vinculum congrue ad animam refertur, sicut quaternarius, quia duo media habet, ideoque dissolubilis est, et proprie ad corpus pertinet. Prima igitur progressio animae est, qua de simplici essentia sua, quae monade figuratur in virtualem ternarium se extendit, ubi jam per concupiscentiam aliud appetat : aliud per iram contemnat, per rationem inter utrumque discernat. Et recte a monade in triadem profluere dicitur, quia omnis essentia naturaliter prior est potentia sua. Rursum quod eadem unitas in ternario multiplicante ter invenitur, hoc significat, quod anima non per partes, sed tota in singulis suis potentiis consistat. Neque enim vel rationem solam, vel iram solam, vel concupiscentiam solam tertiam partem animae dicere possumus : cum nec aliud, nec minus sit in substantia ratio quam anima, nec aliud, nec minus ira quam anima, nec aliud, nec minus concupiscentia quam anima, sed una eademque substantia, secundum diversas potentias suas diversa sortitur vocabula.

Deinde a virtuali ternario secunda progressione ad regendam humani corporis musicam descendit quae novenario componitur : quibus quia novem sunt foramina in humano corpore ; secundum temperantiam naturalem ; influit et effluit omne quo idem corpus vegetatur et regitur. Hic quoque ordo est, quia prius naturaliter anima potentias suas habet quam corpori commisceatur.

Postea autem in tertia progressione per sensus jam extra se profusa : ad visibilia haec quae per XXVII, qui solidus numerus est, et trina dimensione ad similitudinem corporis extenditur, figurantur dispensanda : per infinitas actiones.

In quarta autem progressione, soluta a corpore ad puritatem simplicitatis suae revertitur : ideoque in quarta multiplicatione ubi ter XXVII, in LXXXI, excrevit, monas in summo apparet, ut evidenter clareat quod anima post hujus vitae terminum qui per LXXX, designatur : ad unitatem suae simplicitatis redeat, a qua prius discesserat, cum ad humanum corpus regendum descendebat. Quod autem in octoginta meta humanae vitae naturaliter consistat, propheta declarat : *Si,* inquit, *in valetudine [potentatibus]* LXXX *anni : et amplius eorum labor et dolor (Psal. LXXXIX).* Hanc quadruplam progressionem illum quaternarium animae, de quo supra locuti sumus quidam intelligendum putant : eumque ad differentiam quaternarii corporis, quaternarium animae appellatum.

Jean de Salisbury, *Metalogicon* I, 9. « Quid ars, et de speciebus ingeniorum : et quod artibus excolenda sunt », vers 1159, éd. J. B. Hall, Turnhout, Brepols (Corpus christianorum. Continuatio Mediaevalis, 98), 1991, p. 29.

Est autem ars, ratio, quae compendio sui naturaliter possibilium expedit facultatem. Neque enim impossibilium ratio praestat, aut pollicetur effectum ; sed eorum, quae fieri possunt, quasi quodam dispendioso naturae circuitu compendiosum iter praebet et parit, ut ita dixerim, difficilium facultatem. Unde et Graeci eam dicunt methodon, quasi compendiariam rationem, quae naturae vitet dispendium, et anfractuosum ejus circuitum dirigat, ut quod fieri expedit, rectius et facilius fiat. Natura enim, quamvis vivida, nisi erudiatur, ad artis facilitatem non pervenit ; artium tamen omnium parens est, eisque, quo proficiant et perficiantur, dat nutriculam rationem. Excitat enim primo ingenium ad res aliquas percipiendas : et cum eas perceperit, deponit quasi in custodia et thesauro memoriae ; ratio vero quae percepta et commendanda vel commendata sunt, studio diligenti examinat, et ex natura singulorum, de singulis (nisi forte labatur in aliquo,) verum profert incorruptumque judicium. Haec tria quidem, quasi omnium artium fundamenta et instrumenta, natura praemittit. Est autem ingenium, ut Isidoro placet, vis quaedam animo naturaliter insita, per se valens.

Hoc autem exprimere videtur ista descriptio, quod natura animo vim quamdam indidit, quae aut primitivus motus animae est, aut motum excitat primitivum, quem anima exercet in rerum investigatione. Unde et per se dicitur : Valens, eo quod nullius praecedentis opem exspectat, et omnes praevenit, et juvat subsequentes ; praecedit enim investigatio comprehensionem, examinationem et custodiam omnium sciendorum. Itaque proficiscitur a natura, studio juvatur et exercitio : ut quod difficile fuerat in prima agitatione, ab assiduitate usus reddatur facilius ; et cum regulas hoc faciendi deprehenderit, fiat, nisi desuetudinis et negligentiae torpor obsistat, facillimum. Et haec quidem est omnium origo artium, ut cum natura perjacens, usum et exercitium studii peperit, usus et exercitatio artem ; ars autem, eam, de qua nunc agitur, facultatem. Valet itaque per se ingenium, exercitatio, ex usu ab utroque memoria ; et ab his etiam ipsa ratio convalescit, artesque producit, et hoc quidem pro capacitate ingeniorum. Horum autem tria sunt genera, sicut Carnotensis senex Bernardus, frequenti colloquio, suis auditoribus tradere consuevit. Aliud enim advolans, aliud infimum, aliud mediocre est. Advolans quidem eadem facilitate, qua percipit, recedit a perceptis, nec in aliqua sede invenit requiem. Infimum autem sublimari non potest, ideoque perfectum nescit ; at mediocre, et quia habet in quo sedeat, et quia sublimari potest, nec de profectu desperat, et philosophantis exercitio accommodissimum est. Et in hac quidem specie naturam, opinor, artium fundamenta fecisse ; usus enim hujus studio invalescit. Est autem, ut Ciceroni placet, studium, assidua, et vehemens animi applicatio, ad aliquid agendum magna cum voluntate. Memoria vero quasi mentis arca, firmaque et fidelis custodia perceptorum. Ratio, eorum quae sensibus, aut animo occurrunt, examinatrix animi vis est, et fidelis arbitra potiorum, quae rerum similitudines dissimulitudinesque perpendens, tandem artem statuit, quasi quamdam infinitorum finitam esse scientiam. Cum enim in ea desinant nomina infinita, ea omnia feminino definiuntur articulo, iis exclusis, quae certa suae proprietatis assignatione distinxit. Species infinitae sunt ; sed haec in eis finitum tradidit, ut cuicunque adest species, adsit et genus. Numeri infiniti ; omnem tamen parem vel imparem esse definivit ; et ut quod dicitur, liquido comprobetur exemplo, disceptationem primam casus intulit : usum disceptandi exercitatio auxit. Disceptandi formam, quae ars ejus operis est, ratio deprehendit ; ars culta contulit facultatem : et quia artium natura mater est, merito in injuriam parentis redundat contemptus earum. Sedulo igitur ingenium, tam studii quam remissionis moderatione, excolendum est, ut ab altero convalescat, ab altero confortetur. Unde egregie sapiens quidam (cui dicti habeo gratiam) ait : ingenium a natura proficiscitur, juvatur usu, immoderato labore retunditur, et temperato aeuitur exercitio. Si enim compositum fuerit, et legitime exerceatur, non modo ad artium capacitatem sufficiet, sed ad res quodammodo naturaliter inaccessibiles, rectam et expeditam inveniet viam ; et ad cito discendum, aut docendum quidquid oportet expedire, fidelissimum erit.

Pierre Lombard, Livre I, dis. 3 des *Sentences*.

In ipsa etiam mente antequam sit particeps Dei, ejus imago reperitur ; etsi enim amissa Dei participatione deformis sit, imago Dei tamen permanet. Eo enim ipso imago Dei est mens, quo capax ejus est, ejusque particeps esse potest. Jam ergo in ea Trinitatem, quae Deus est. inquiramus. Ecce enim mens meminit sui, intelligit se, diligit se ; hoc si cernimus, cernimus Trinitatem, nondum quidem Deum, sed imaginem Dei. Hic enim quaedam apparet trinitas memoriae, intelligentiae et amoris. Haec ergo tria potissimum tractemus, memoriam, intelligentiam, voluntatem. Haec ergo tria, ut Aug. ait in lib. 10 de Trin., c. 21, non sunt tres vitae, sed una vita; nec tres mentes, sed una mens, una essentia. Memoria vero dicitur ad aliquid, et intelligentia et voluntas sive dilectio similiter ad aliquid dicitur: vita vero dicitur ad seipsam et mens et essentia. Haec ergo tria eo unum sunt, quo una vita, una mens, una essentia, et quidquid aliud ad seipsa singula dicuntur etiam simul, non pluraliter, sed singulariter dicuntur. Eo vero tria sunt, quo ad se invicem referuntur

Isaac de l'Etoile, *Epistola de anima ad Alcherum, Patrologie latine*, tome 101, col. 1875-1878

Dilecto suo Alchero frater Isaac, se, et quod sibi.

Cogis me, dilectissime, scire quod nescio; et quod nondum didici docere. Vis enim a nobis edoceri de anima, sed neque id quod in divinis litteris didicimus, id est qualis fuerit ante peccatum, aut sit sub peccato, aut futura post peccatum; sed de ejus essentia et viribus, quomodo sit in corpore, vel quomodo exeat, et caetera quae non scimus, nec nescire nos sinis, utque verum fateamur, id ipsum quod a nobis in collatione audisti, ob quod animaris aliquid amplius sperare, dum attentantes obtemperare precibus tuis, in id intendimus, a nobis elabitur, evolat, et quodammodo evanescit. Unde et in hoc ipso discimus animam nostram cum divina natura plurimam gerere similitudinem, quae improbum scrutatorem sui reprimit dicens: Averte oculos tuos a me, quoniam ipsi me avolare fecerunt (Cant. VI). Tria itaque sunt, corpus, anima et Deus. Sed horum me fateor ignorare essentiam, minusque quid corpus, quam quid anima; et quid anima, quam quid sit Deus, intelligere. Sed hoc fortasse miraberis, et esto. Verumtamen in hoc corpore quod corrumpitur, aggravatur anima; ubi et terrena inhabitatio sensum in ima deprimit, et terreni artus moribundaque membra vim hebetant depressam agentis animae. Praedictorum itaque trium, primum occurrit ipsum corpus quod necesse est obscurum ab eo obscurata non nisi obscure videat, quanto autem ab hoc tenebroso fumo altius evaporarit, limpidius utique videbit. Unde et animam ipsam, quanto intellectus superior et purior est sensu, clarius ac certius videre quam corpus, necesse est, et ipsum Deum, quam animam, quanto intelligentia praestat intellectui. Omnis enim essentiae veritas in Deo est. In anima quidem aliqua ejus apparet imago; in corpore vero vix illius invenitur vestigium. Deus vero solus vere simplex est, corpus autem omne vere compositum, anima utriusque respectu utrumque dici potest. Aut si aliquod corpus simplex, anima utique simplicior, quae omni corpore superior: Deus vero simplicissimus, qui et summus.

Hinc est ergo quod Deus omnia quae habet, haec est, qui omnia sua est. Corpus vero nihil eorum quae habet, esse potest, quod nihil omnino suorum est: anima autem tanquam inter has naturas media, medie temperata est, ut et quaedam suorum sit, et inde simplex; et quaedam omnino non sit, et inde non vere simplex inveniatur. Ut autem ad [col. 1876C] certi aliquid ligemus sententiam, Deus nec qualitatem, nec quantitatem habet. Nam cum dicitur qualis, aut quantus, non aliud quam quid sit, de eo praedicatur. Corpus vero utrumque habens, neutrum est. Anima nec quantitatem habet, quia non est corpus; nec qualitate caret, quia non est Deus. Habere tamen quantitatem, si usquam dicitur, sive partes, ratione potius similitudinis, quam veritate compositionis intelligendum est. Habet enim vires sive potentias naturales, secundum quas virtuales seu potentiales dicitur habere partes, sicut sunt ingenium, ratio, memoria; quae si verae sunt animae partes secundum quantitatem, et animas eas esse necesse est; et quot habebit partes, ex tot animabus constare eam verum erit. Omnis enim pars ejusdem naturae invenitur cum suo toto. Omnis quippe pars corporis corpus est. Unde et omnem partem animae, si quantitativas habet partes, animam esse aliam, necessario convincitur. Cum igitur animae sint partes, et connaturales quidem, ingenium, ratio, memoria, et hujusmodi, nec sint quantitativae, necesse est, cum eae sint idem quod ipsa, eadem videlicet natura, eadem essentia, eadem omnino anima. Non enim ratio et anima duae sunt essentiae, sed una. Proprietates quidem diversae, sed essentia una. Nempe secundum proprietatem, sicut ait beatus Augustinus, aliud est anima, et aliud est ratio; et tamen in anima est ratio, et una est anima. Sed aliud agit anima, aliud ratio. Anima vivit; ratio sapit. Et cum unum sint, sola tamen anima suscipit vitam; sola ratio suscipit sapientiam. Videre itaque est, quomodo in hac parte fulgeat imago deitatis in anima, ut cum pluralitas in ea sit proprietatum naturalium, una tamen sint natura, et cum nulla earum sit altera, nulla tamen aliud sit quam altera.

Est igitur anima rationalis, concupiscibilis, irascibilis, quasi quaedam sua trinitas ; et hoc totum, et nihil amplius, aut minus : et tota haec trinitas, quaedam animae unitas, et ipsa anima. Habet igitur anima naturalia, et ipsa omnia est : et ob hoc simplex est. Habet accidentia, et ipsa non est, propter quod omnino simplex non est. Non enim est anima sua prudentia, sua temperantia, sua fortitudo, sua justitia. Suae igitur vires est, et suae virtutes non est. Sedere enim nos oportet in civitate, donec induamur, et induantur vires nostrae ex alto. Vires etenim susceptivae sunt donorum, quae habitu virtutes fiunt. Porro sicut in igne nativus calor est, qui appropinquantes calefacit, creans in eis accidentalem calorem, ex ea natura qua calere possunt ; et naturalis lux illuminans accedentes, ex ea videlicet natura, qua illuminari possunt : sic in divina natura naturale donum ac beneficium est fontale, illuminans et accendens, tanquam sapientiam et justitiam in eis, qui accedunt creans, in ea videlicet parte, qua accendi et illuminari possunt. Unde est : Accedite, et illuminamini (Psal. XXXIII). Et illud : Appropinquate mihi, et ego appropinquabo vobis (Jac. IV). Et illud : Charitas Dei diffusa est in cordibus nostris, per Spiritum sanctum qui datus est nobis (Rom. V). Attende tamen, quod vires nonnunquam indifferenter virtutes dicuntur, secundum quod in Evangelio talenta donantur, secundum propriam uniuscujusque virtutem (Matth. XXV). A viribus tamen virtuosi denominantur, ut a virtute licet indirecte studiosi. Neque enim omnium omnes vires gratia sua replet, qui unicuique, prout vult, distribuit ; sed aliorum alias, et alias aliorum ; beatiores autem pluribus, si tamen melioribus abundant, sicut ait Apostolus : Aemulamini charismata meliora (I Cor. XII). Dominus autem Jesus, cujus omnes animae vires indutae sunt virtute ex alto, plenus dicitur Spiritu sancto (Luc. IV), plenusque gratiae et veritatis, fortasse solus, de cujus plenitudine accepimus. Sunt igitur corporis et naturalia et accidentalia ; sed nihil horum corpus. Dei vero nec naturalia, nec accidentalia, sed totum, et solum et semper quidquid Dei est, unus Deus est ; anima vero naturalia, quae non aliud esse possunt quam ipsa anima, et accidentalia quae nihil aliud esse possunt quam ipsa anima. Quod si putari debet, Dei quoque esse aliqua naturalia, quoniam Pater naturalem habet Filium, et ille naturalem Patrem, et uterque naturalem ille paternitatem, et ille filiationem ; in hoc tamen differt communiter ab utroque, id est corpore et anima, quod accidentalia nulla habet : a corpore vero quod naturalia sua est ; ab anima autem, quod omnia sua est, excepto quod altera persona ad alteram relative dicitur. Anima quidem omnia sua nullatenus est ; nec sola relatione aut proprietate ab accidentalibus suis differt, sed oppositione essentiae.

Alcher de Clervaux, *De spiritu et animae, Patrologie latine*, tome 40, col. 800

Cum sit subtilis et invisibilis, videri non potest, sed per potentias suas se extendit et ostendit. Per concupiscibilitatem namque appetit, per irascibilitatem contemnit, per rationalitatem inter utrumque discernit. Tota animae essentia in his potentiis suis consistit, nec per partes dividitur, cum simplex sit et individua : et si aliquando partes habere dicitur ratione potius similitudinis, quam veritate compositionis intelligendum est. Simplex substantia est anima, nec aliud, nec minus est ratio in substantia quam anima ; nec aliud, nec minus est irascibilitas vel concupiscibilitas quam anima : sed una eademque substantia secundum diversas potentias diversa sortitur vocabula. Has potentias habet antequam corpori misceatur. Naturales siquidem sunt ei, nec aliud sunt quam ipsa. Tota namque animae substantia in his tribus plena et perfecta consistit, id est, in rationalitate, concupiscibilitate et irascibilitate, quasi quadam sua trinitate ; et tota haec trinitas est quaedam animae unitas, et ipsa anima. Deus est omnia sua, et anima quaedam sua. Habet siquidem naturalia, et ipsa omnia est. Potentiae namque ejus et vires idem sunt quod ipsa. Habet accidentalia, et ipsa non est. Suae vires est, suae virtutes non est. Non enim est sua prudentia, sua temperantia, sua fortitudo, sua justitia. Potentiae animae sunt, rationalitas, concupiscibilitas, et irascibilitas. Vires sunt, sensus, imaginatio, ratio, memoria, intellectus, intelligentia. Potentiae tamen possunt dici vires, et vires potentiae.

Jean de La Rochelle, *Summa de anima*, éd. J.-G. Bougerol, Paris, Vrin, 1995, chap. 39, p. 120-121.

De differencia mediorum uniencium

Queritur ergo de differentia que est in medio. Notanda est ergo distancia anime racionalis et corporis : est ergo substancia racionalis, id est anima, natura simplex, non contraria, incorporea, cogniscitiva et non dependens. Corpus vero humanum est natura compositum, contrarium, hoc esse ex humoribus contrariis, corporeum, obtusum, dependens. Ut per compositionem opponatur simplicitati, per contrarietatem non contrarietati seu equalitati omnimode, per corporeitatem incorporeitatem, per obtusionem cognicioni, per dependenciam qua dependet ab anima racionali, sicut a suo rectore et gubernatore, opponatur non dependencie, hoc est absolute libertati, que est in anima racionali secundum intellectum et libertatem arbitrii. Hee autem sunt quinque opposiciones sive distancie. Si ergo debeant hee nature distantes in confederacionem unionis venire, necesse est intercurrere media quattuor, quatenus, quattuor mediis convenientissima proporcione sibi invicem nature conjunctis, quinto loco anime racionalis et corporis quinque distanciis sejuncte valeant copulari. Quia ergo media debent habere equaliter convenenciam cum extremis, quattuor autem sunt media necessaria ; ergo duo debent esse ex parte anime et duo ex parte corporis, ut autem melius appareat racio, nominemus illa.

Ex parte anime sunt duo, natura sensibilis et vegetabilis, et est natura sensibilis simplex, non contraria, incorporea, cognoscitiva, dependens. Simplex enim est, aliter species et ymagines sensibiles facerent distanciam in ea et replerent istam. Est eciam incorporea, cum sit carens dimensione, quia si haberet dimensionem esset major in majori corpore et minus in minori ; et major esset sensus in majori corpore. Incontraria est eciam, hoc est non habens contrarium sicut elementa, vel ex contrariis sicut elementa. Ipsa enim est susceptivus omnis contrarietatis corporalis ut secundum tactum, calidi frigidi, humidi et secci, etc. ; secundum visum, albi et negri et sic de ceteris. Cum ergo sit recptiva contrarietatum ex natura, in se nullam habet contrarietatem. Dependens eciam est, non solum a natura racionali, que in homùine est rectrix ipsius et gubernatrix, immo eciam a natura corporis cui unitur sicut materie et per quod operatur.

Natura vegetabilis est incorporea, simplex, non contraria, obtusa, dependens. Simplex est : hic enim simplicitatem dicimus que opponitur composicioni que est in elementatis ; racione contrarietatis qualitatum ex elementis, non contraria est, quia contrarietatem non dicimus racione contrarietatis que est in elementis, sed racione contrariorum qualitatum, ut ignis contrarius aque caliditatis et frigiditatis, aeri et terre racione humiditais et siccititatis. Incorporea eciam est ut ostendatur differencia ipsius a natura celi et corporum celestium, que, quamvis non habeant compositionem ex elementis, nec subjaceant contrarietati, corpora tamen sunt. Obtusa vero est, ad differenciam anime ipsius sensitive nature, que est cognscitiva. Dependens vero est ad differenciam racionalis que est absoluta. Sic ergo manifesta sunt duo media ex parte anime racionalis : natura scilicet sensibilis et vegetabilis.

Ex parte corporis ponenda sunt duo media : unum pertinens ad naturam celestem, que est quinta essencia, quod dicitur spiritus : dicitur a phisicis vehiculum virium anime ; et est corpus subtile, spirituale, diffusum in concavitatibus membrorum a natura quinte essencie ; unde motus ipsius a fontibus est, sicut modus irradiacionis et illuminacionis a corporibus luminosis : fontes autem dicuntur principalia et radicalia membra, cor scilicet, cerebrum et epar. Secundum quod distinguitur triplex differencia spiritus, naturalis in epate, vitalis in corde, animalis in cerebro.

Aliud medium pertinet ad naturam elementalem que fundatur in humoribus, et maxime in equalitate et contemperencia que est in sanguine, quod melius infra apparebit. Est ergo natura spiritus simplex, non contraria, corporea, obtusa, dependens. Simplex, quia non composita ex elementis, non contraria, quia nature celestis, non elementaris ; corporea ad differenciam naturarum vegetabilis, sensibilis, racionalis ; obtusa ad differenciam sensibilis et racionalis, dependens ad differenciam racionalis.

Natura vero elementalis est simplex, contraria, corporea, obtusa, dependens. Simplex ad differenciam nature elementate ; contraria vero ad differenciam predictorum, etc., ut patet. In hiis ergo vides naturalem ordinem et proporcionem, ut primo natura racionalis et quasi unum extremum, deinde ordinantur media, primum natura sensibilis, secundum natura vegetabilis, terium natura spiritus celestis, quartum natra elementaris, ultimum vero natura elementati corporis, quod convenientissima armonia, mediis dispositis, copuletur cum natura anime racionalis. Hoc autem quod jam diximus probatur sic : racione sumpta ex natura mediacionis in ordine rerum : nam cum sit simplex nature, non contraria, ut anime racionalis, et natura composita, contraria, ut humani corporis, medium erit inter hec natura simplex, contraria, vel composita, non contraria. Sed hec ultima non potest esse, scilicet composita, non contraria; quiancompositionem hic dicimus que est in elementatis ex elementis, que omnino est ex contrariis.

Relinquitur ergo alterum, scilicet natura spiritus simplex, contraria, que est natura elementaris; simplex quia non elementata, et contraria propter contrarias qualitates; ut ergo copuletur corpus humanum anime racionali, necessarium est medium nature elementaris.

Item inter naturam non contrariam incorpoream, que est anime racionalis et naturam contrariam, que est humani corporis, medium est natura non contraria, corporea, vel incorporea contraria; sed hoc quartum non potet esse, scilicet incorporea contraria; nam cum omnis contrarietas fundetur super naturam corpoream et elementarem, si est natura corporea, erit abstracta a contrarietate.

Relinquitur ergo tantum tercium, hoc est natura corporea non contraria, et hec est natura celestis. Ut ergo copuletur corpus humanum anime racionali, necessarium est ponere corpus aliud quid sit nature celestis. Item, inter naturam incorpoream, cognoscitivam anime racionalis et naturam obtusam humani corporis, medium est natura incorporea, obtusa vel corporea, cognoscitiva; sed hoc quartum non potest esse: si enim est cognoscitiva, de necessitate est incorporea, sicut probatum est supra.

Relinquitur ergo tercium, scilicet incorporea et obtusa, et hec est natura vegetativa; in unione ergo corporis et anime racionalis ponetur tercium medium, scilicet natura vegetativa. Item inter naturam incorpoream cognoscitivam non dependentem anime racionalis et obtusam dependentem humani corporis, medium est natura cognoscitiva, dependens vel obtusa, non dependens; sed hoc quartum non potest esse quia si est obtusa, de necessitate est dependens; quia natura obtusa regitur a natura cognoscitiva; et eciam si non est dependens, de necessitate erit cognoscitiva, quia spiritualis et absoluta.

Relinquitur ergo tercium, scilicet natura cognoscitiva dependens. Sed hec est natura sensitiva. Ponetur ergo de necessitate adhuc quartum medium ut copuletur natura corporali cum anima racionali. Quattuor ergo erunt media uniencia, natura sensitiva, vegetativa, spiritus qui est natura celestis, et natura elementaris.

Bibliographie

Sources éditées

Albert le Grand, *Commentaire sur les Sentences*, dans *Opera Omnia*, éd. Borgnet, Paris, tome 25, 1893.

Alcher de Clairvaux, *De spiritu et anima*, *Patrologie latine*, tome 40, col. 779-831.

Alexandre de Halès, *Glossa in quatuor libros Sententiarum Petri Lombardi*, Quaracchi, collège Saint-Bonaventure, 4 vol., 1957.

- *Summa theologica,* collège Saint-Bonaventure, Quaracchi, 4 vol., 1924-1948.

Anonymi magistri artium (c.1245-1250). Lectura in librum de anima a quodam disciplo reportata (Ms. Roma Naz.V.E. 828), éd. R. A. Gauthier, Grottaferrata, collège Saint-Bonaventure, 1985.

Anselme de Cantorbéry, *De concordia prescientiae et predestination et gratiae Dei cum libero arbitrio*, éd. et trad. dans *L'œuvre de saint Anselme de Cantorbéry*, tome V, éd. F. Schmitt, trad. de M. Corbin, p. 156-243, Paris, éd. du Cerf, 1988.

Établi, traduit et annoté par Jacques Brunschwig, Paris, Les Belles Lettres (« CUF »), 2007.

Aristote, *Aristoteles Latinus*, V, 1-3, *Topica. Translatio Boethii, Fragmentum recensionis alterius et translation anonyma,* éd. L. Minio-Paluello et V. G. Dod, Bruxelles/Paris, Desclée de Brouwer, 1969, p. 128.

- *Topiques*, tome II (livres V-VIII).

Arnobe, *Contre les gentils* (*Contre les païens*), livre III, texte établi, traduit et commenté par Jacqueline Champeaux, Paris, Les Belles Lettres, 2007.

Augustin, *De trinitate*, *Patrologie latine*, tome 42, col. 819-1098.

- *Enarrationes in Psalmos*, Turhout, Brepols (Corpus christianorum 38, 39, 40), 1970-1981.

- *Tractatus in Joannem*, II, 14, Bibliothèque Augustinienne, 71, Paris, Desclée de Brouwer, 1969.

Averroès, *Métaphysique*, Venise, 1552.

Avicenne, *Avicenna latinus. Liber tertius naturalium de generatione et corruptione,* éd. par S. Van Riet, Louvain/Leyde, Éditions Orientalistes/ E. J.) Brill, 1987.

- *De animalibus*, Venise, 1520.

Bonaventure, *Liber II Sententiarum*, dans les *Opera Theologica selecta*, éd. P. L. Bello, collège Saint-Bonaventure, tome II, Quaracchi, collège Saint-Bonaventure, 1938.

- *Commentaria in quatuor libros Sententiarum* dans *Opera Omnia*, Quaracchi, collège Saint-Bonaventure, Quaracchi, tome II, 1885.

- *Sermones dominicales*, éd. Jacques-Guy Bougerol, Grottaferrata, collège Saint-Bonaventure, 1977.

De spiritu et anima: *voir* Alcher de Clairvaux.

- *Breviloquium*, partie 2, éd. et trad. par Trophime Mouiren, Paris, éditions Franciscaines, p. 90-91, et note 22, p. 140.

Buridan (Jean), dans Benoît Patar, *Le Traité de l'âme de Jean Buridan (de prima lectura),* Louvain/Longueuil (Québec), éditions de l'Institut supérieur de philosophie/éd. du Préambule, 1991.

- *Sophismes*, texte traduit, introduit et annoté par Joël Biard, Paris, Vrin, 1993.

Eckhart (Maître), *Le Commentaire de l'évangile selon Jean. Le prologue (chapitre 1, 1-18)*, édité, traduit et annoté par Alain de Libera, Edouard Weber et Emilie Zum Brunn, dans *L'œuvre latine de Maître Eckhart*, tome 6, Paris, éd. du Cerf, 1989.

Expositio quatuor magistrorum super Regulam Fratrum minorum, 1241-1242, éd. P. Livarius Oliger, Rome, Edizioni di Storia e Letteratura, 1950.

Gilles de Rome, *Opera Omnia*, III, 2. *Reportatio lecturae super libros I-IV Sententiarum. Reportatio Monacensis. Excerpta Godefridi de Fontibus*, éd. Concetta Luna, Florence, Edizioni del Galluzzo, 2002.

- *De ecclesiastica potestate*, éd. Richard Scholz, Weimar, Böhlau, 1929.

Guillaume d'Auvergne, *De trinitate. An edition of the Latin Text with an introduction*, éd. Bruno Switalski, Toronto, Pontifical Institute of Medieval Studies, 1976.

Guillaume d'Auxerre, *Summa aurea*, éd. Jean Ribailler, Paris/ Grottaferrata, éditions du CNRS/collège Saint-Bonaventure, 7 tomes, 1980-1987.

Guillaume de Conches, *Dragmaticon philosophiae*, cura et studio I. Ronca, *Summa de philosophia in vulgari*, cura et studio L. Badia, J. Pujol, Turnhout, Brepols (Corpus christianorum. Continuatio mediaevalis, 152, 1997.

- *Glosae in Iuvenalem*, edited with introduction and notes by Bradford Wilson, Paris, Vrin, 1980.

Guillaume de Saint-Thierry, *De la nature de l'âme et du corps* ; texte établi, traduit et commenté par Michel Lemoine, Paris, Les Belles Lettres (« Auteurs latins du Moyen âge »), 1988.

Henri de Gand, *Quodlibet II*, éd. Robert Wielockx, dans *Henrici de Gandavo Opera Omnia*, tome 6, Louvain, Leuven University Press, 1983, 1983.

- *Quodlibet VII*, Paris, Josse Bade, 1518.

- *Quodlibet IX*, éd. R. Macken, *Henrici de Gandavo Opera Omnia*, tome 13, Louvain, Leuven University Press, 1983.

- *Quodlibet X*, éd. R. Macken, *Henrici de Gandavo Opera Omnia*, tome 14, Louvain, Leuven University Press, 1981.

- *Quodlibet XII, 31* (*Tractatus super facto praelatorum et fratrum*), éd. L. Hödl et M. Haverals, *Henrici de Gandavo Opera Omnia*, tome 17, Louvain, Leuven University Press, 1988.

- *Summa* (*questiones ordinariae*), art. XXXI-XXXIV, éd. L. Hödl, *Opera Omnia*, tome 27, Louvain, Leuven University Press, 1991.

- *Summa* (*questiones ordinariae*), art. XXXV-XL, éd. G. A. Wilson, *Opera Omnia*, tome 28, Louvain, Leuven University Press, 1994.

- *Summa* (*questiones ordinariae*), art. XLI-XLVI, éd. L. Hödl, *Opera Omnia*, tome 29, Louvain, Leuven University Press, 1998.

Hugues de Saint-Victor, *Didascalicon, de Studio legendi*, a critical text by Charles Henry Buttimer, Washington, The Catholic University Press, 1939.

Hugues Sneyth, dans Zbigniew Pajda, *Hugo Sneyth et ses « Questions de l'âme »*, Paris, Vrin, 1996.

Isaac de Stella, *Epistola de anima ad Alcherum*, *PL*, 101.

Jean de La Rochelle, *Tractatus de divisione multiplici potentiarum animae*, éd. Pierre Michaud-Quantin, Paris, Vrin, 1964.

- *Summa de anima*, éd. Jacques Guy Bougerol, Paris, Vrin, 1995 (ouvrage traduit : *Somme de l'âme*, avant-propos de Louis-J. Bataillon, trad. du latin et notes par Jean-Marie Vernier, Paris, Vrin, 2001.

Jean Duns Scot, *Prologue de l'Ordinatio*, texte latin établi par la Commission Scotiste, introd. et trad. par Gérard Sondag, Paris, PUF, 1999.

- *Ordinatio*, II, dist. 2, partie 1, texte latin établi par la Commission Scotiste, introd. et trad. par Gérard Sondag (Duns Scot, *Le Principe d'individuation*, Paris, Vrin, 1992).

- *Opus Oxoniense*, III, dist. 3, quest. 1, dans Roberto Zavalloni et Eliodoro Mariani, *La Dottrina mariologica du Giovanni Duns Scoto*, Rome, Antonianum, 1987.

- *Quodlibet* dans les œuvres complètes de Duns Scot, tome 12, Lyon, 1639, reproduite anastatiquement dans les *Œuvres*, Hildesheim, Georg Olms, 1969.

Jean Peckham, *Quodlibeta quatuor*, éd. G. J. Etzkorn et F. Delorme, Grottaferrata, collège Saint-Bonaventure, 1989.

Jean de Salisbury, *Metalogicon*, éd. J. B. Hall, Turnhout, Brepols (Corpus christianorum. Continuatio Mediaevalis, 98), 1991.

Jean Scot, *Homélie sur le prologue de Jean*, introd., texte critique, trad. et notes d'Edouard Jeauneau, Paris, éd. du Cerf, 1969.

Lactance, *De mortibus persecutorum*, XLVIII, éd. O. F. Fritzsche, II, 1842-44.

Matthieu d'Aquasparta, *Quaestiones disputatae de anima XIII*, éd. A.-J. Gondras, Paris, Vrin, 1961.

Peter Auriol Home Page, éd. Russel Friedman, L. O. Nielsen et Chris Schabel.

Philippe le Chancelier, *Philippi Cancellarii Parisiensis Summa de bono*, éd. Nikolaus Wicki, Berne, A. Francke (Corpus philosophorum Medii Aevi), 1985.

Pierre d'Irlande, *Magistri Petri de Ybernia. Expositio et quaestiones in librum Aristotelis Peryermenias seu de interpretatione (ex cod. Vaticano latino 5988)*, éd. Michael Dunne, suivi de la *Determinatio magistralis (ex cod. Ampl. F 335)*, éd. Clemens Baeumker, Louvain-la-

Neuve/Paris, éditions de l'Institut supérieur de philosophie/Peeters (« Philosophes médiévaux », XXXIV), 1996.

Pierre de Jean Olivi, « Epistola ad fratrem R. », éd. Cynthia Kilmer et Elsa Marmursztejn, introd. et comm. par Sylvain Piron, *Archivum Franciscanum Historicum*, 91, 1998.

- *Impugnatio XXXVII articulorum,* dans *Quodlibeta,* Venise, 1509.

- *Questiones in secundum librum Sententiarum,* éd. B. Jansen, collège Saint-Bonaventure, Quaracchi, 1924-1926.

- *Quaestio quid ponat jus vel dominium*, éd. F. Delorme, « Question de P. J. Olivi, "*Quid ponat ius vel dominium*" ou encore "*De signis voluntariis*" », *Antonianum*, 20, 1945, p. 309-330.

- Question évangélique 8, éd. Johannes Schlageter, *Das Heil der Armen und das Verderben der Reichen. Petrus Johannnis Olivi OFM. Die Frage nach der höchsten Armut*, Werl, Dietrich Coelde, 1989.

- *Quodlibeta quinque*, éd. S. Defraia, Grottaferrata, Collège Saint-Bonaventure, 2002.

- *Questiones quatuor de Domina*, éd. Dionisio Pacetti, Quaracchi, collège Saint-Bonaventure, 1954.

Pierre Lombard, *Sententiae in IV libris distinctae*, éd. Ignatius Brady, Collège Saint-Bonaventure, Grottaferrata, 1971 et 1981.

Richard de Saint-Victor, *De Trinitate*, éd. Jean Ribaillier, Paris, Vrin, 1958.

Rupert de Deutz, *Les Œuvres du saint-Esprit*, éd. et trad par Jean Gribomont et Elisabeth de Solms, tome I, Paris, éd. du Cerf (*Sources chrétiennes*, n° 131), 1967.

De potentiis animae et objectis, publié par Daniel A. Callus, « "The Powers of the Soul". An early unpublished Text », *RTAM*, 19, 1952, p. 131-170.

Summa Duacensis (Douai 434), éd. Palémon Glorieux, Paris, Vrin, 1955.

Tertullien, *La Toilette des femmes (De cultu feminarum)*, édition critique et traduction de Marie Turcan, Paris, éd. du Cerf (*Sources chrétiennes* 173), 1971.

Thomas d'Aquin: pour l'ensemble de l'œuvre, j'utilise l'édition électronique du Corpus Thomisticum (université de Navarre), sauf pour les cas suivants:

- *Sententia libri de anima*, éd. René Gauthier, dans Thomas d'Aquin, *Opera Omnia*, tome 45, Commission Léonine, Rome, 1984.

- *Contre Averroès. L'unité de l'intellect contre les averroïstes suvi des textes contre Averroès antérieurs à 1270,* introd., éd. et trad. par Alain de Libera, Paris, GF-Flammarion, 1994.

Vital du Four, *Quodlibeta tria*, éd. Ferdinand Delorme, Spicilegium Pontificii Athenaei Antoniani, Rome, 1947.

Études

Benedetti (Marina), *Io non sono Dio. Guglielma di Milano e i Figli dello Spirito santo*, Milan, Edizioni Biblioteca Francescana, 1998.

Bénatouil (Thomas), *Faire usage. La pratique du stoïcisme*, Paris, Vrin, 2006.

Boespflug (François), *Dieu dans l'art.* Sollicitiduni nostrae *de Benoît XIV (1745) et l'affaire Crescence de Kaufbeuren*, Paris, éd. du Cerf, 1984.

Bok (Nico den), « Richard de Saint-Victor et la quête de l'individualité essentielle. La sagesse de *daniélité* », dans Brigitte Bedos-Rezak et Dominique Iogna Prat, *L'Individu au Moyen Âge. Individuation et individualisation avant la modernité*, Paris, Aubier, 200. p. 123-143.

Boulnois (Olivier), *Être en représentation. Une généalogie de la métaphysique moderne à l'époque de Duns Scot (XIIIe- XIVe siècle)*, Paris, PUF, 1999.

- *Au-delà de l'image. Une archéologie du visuel au Moyen Âge (Ve-XVIe siècle)*, Paris, Seuil, 2008.

Boulnois (Olivier) (éd.), *Généalogie du sujet. De saint Anselme à Malebranche*, Vrin, 2007.

Boureau (Alain), *L'événement sans fin. Récit et christianisme au Moyen âge*, Paris, 1993.

- *La Loi du royaume. Les moines, le droit et la construction de la nation anglaise (XIe-XIIIe siècle)*, Paris, Les Belles Lettres, 2001.

- *La Religion de l'état. La construction de la République étatique dans le discours théologique de l'Occident médiéval (1250 -1350)*, Paris, Les Belles Lettres, 2006.

- *Le Droit de cuissage. Histoire de la fabrication d'un mythe (XIIIe-XXe siècle)*, Paris, Albin Michel (« L'évolution de l'humanité »), 1995.

- *Théologie, science et censure au XIIIe siècle. Le cas de Jean Peckham*, Paris, Les Belles Lettres, 1999.

- *Satan hérétique. La naissance de la démonologie dans l'Europe médiévale (1260-1350)*, Paris, Odile Jacob, 2004.

- « Le concept de relation chez Pierre de Jean Olivi », dans A. Boureau et S. Piron, *Pierre de Jean Olivi. Pensée scolastique, dissidence franciscaine et société*, Paris, Vrin, 1999, p. 41-55.

- « L'individu, auteur de la vérité et suppôt de l'erreur. Connaissance et dissidence dans le monde scolastique (vers 1270-vers 1330) », dans B. M. Bedos-Rezak et D. Iogna-Prat, *L'Individu au Moyen Âge*, Paris, Aubier, 2005, p. 289-306 et 360-363.

- « Le désir en personne », *Penser/Rêver*, n° 12 (Que veut une femme ?), automne 2007, p. 91-103.

Bouveresse (Jacques), *Le Mythe de l'intériorité. Expérience, signification et langage privé chez Wittgenstein*, Paris, Minuit, 1976.

Brady (Ignatius), "Peter Manducator and the oral Teachings of Peter Lombard", dans *Antonianum*, 41, 1966.

Brams (Jozef), « Guillaume de Moerbeke et Aristote », dans *Rencontres de cultures dans la philosophie médiévale : traductions et traducteurs de l'Antiquité tardive au XIVe siècle* : actes du Colloque international de Cassino, 15-17 juin 1989, organisé par la Société internationale pour l'étude de la philosophie médiévale et l'Università degli studi di Cassino (éd. par Jacqueline Hamesse et Marta Fattori), Louvain-la-Neuve : Université catholique de Louvain/Cassino : Università degli studi di Cassino, 1990, p. 317-336.

Brenet (Jean-Baptiste), *Transferts du sujet. La noétique d'Averroès selon Jean de Jandun*, Paris, Vrin, 2003.

Brown (Peter), *Le Renoncement à la chair : virginité, célibat et continence dans le christianisme primitif*, trad. de l'anglais par Pierre-Emmanuel Dauzat et Christian Jacob, Paris, Gallimard, 1995 (original de 1989).

Burr (David), « Petrus Ioannis Olivi and the Philosophers », *Franciscan Studies*, 31, 1971, p. 41-71.

- *L'Histoire de Pierre Olivi, franciscain persécuté*, trad F. X. Putallaz, Paris/Fribourg, éd. du Cerf/éditions universitaires, 1997.

Carruthers (Mary), *Machina memorialis : méditation, rhétorique et fabrication des images au Moyen âge*, trad. de l'anglais par F. Durand-Bogaert (*The Craft of Thought : Meditation, Rhetoric and the Making of Images, 400-1200)*, 1998, Paris, Gallimard, 2002, et *Le Livre de la mémoire : une étude de la mémoire dans la culture médiévale* ; trad. de l'anglais par D. Meur [*The Book of memory : a study of memory in medieval culture*]), Paris, Macula, 2002.

Ceccarelli (Giovanni), *Il Gioco e il Peccato. Economia e rischio nel Tardo Medioevo*, Bologne, Il Mulino, 2003.

Chenu (Marie-Dominique), *La Théologie comme science au XIII*[e] *siècle*, Paris, Vrin, 3e édition, 1969.

- *La Théologie au XII*[e] *siècle*, préface d'Étienne Gilson, Paris, Vrin, 1957.

Colish (Marcia L.), *Peter Lombard*, Leyde, (E. J.) Brill, 1994.

Cormier (Philippe), *Généalogie de personne*, Paris, Criterion, 1991.

Dahan (Gilbert) (sous la dir. de), avec la collab. d'Élie Nicolas, *Le Brûlement du Talmud à Paris : 1242-1244* ; postface de René-Samuel Sirat, Paris, Éd. du Cerf, 1999.

- *L'Exégèse chrétienne de la Bible en Occident médiéval. XII*[e]*-XIV*[e] *siècle*, Paris, éd. du Cerf, 1999.

Delaurenti (Béatrice), *Virtus verborum. Débats doctrinaux sur les incantations au Moyen Âge*, Paris, éd. du Cerf, 2007.

Descombes (Vincent), *Les Institutions du sens*, Paris, Minuit, 1996.

- *Le Complément de sujet : enquête sur le fait d'agir de soi-même*, Paris, Gallimard, 2004.

Dod (Bernard), « Aristoteles latinus », *The Cambrige History of Later Medieval Philosophy*, éd. Norman Kretzmann, Anthony Kenny et Jan Pinborg, Cambridge, Cambridge University Press, 1982, p. 45-79.

Doucet (Victorin), « De operibus manuscriptis Fr. Petri Ioannis Olivi in Bibliotheca Universitatis Patavinae asservatis », *Archivum franciscanum historicum*, tome 28, 1935, p. 156-197 et 408-442.

Duhr (Joseph), « Anges gardiens », dans le *Dictionnaire de spiritualité ascétique et mystique. Doctrine et Histoire,* publié sous la direction de Marcel Villers, tome I, Paris, Beauchesne, 1936.

Ehrle (Franz), « Peter Johannis Olivi, seine Leben und seinen Schriften », *Archiv für Literatur-und Kirchengeschichte des Mittelsalters*, 3, 1887, p. 409-552.

Flasch (Kurt), *D'Averroès à Maître Eckhart. Les sources arabes de la « mystique » allemande*, trad. Jacob Schmutz, Paris, Vrin, 2008.

Geyer (Bernhard), « Zur neuen Gesamtsausgabe der Werke des Albertus Magnus », *Gregorianum*, 36, 1955, p. 277-279.

Godman (Peter), *The Silent Masters: Latin Literature and its Censors in the High Middle Ages*, Princeton, Princeton University Press, 2000.

Hissette (Roland), *Enquête sur les 219 articles condamnés à Paris le 7 mars 1277*, Louvain/Paris, éditions universitaires/Vander Oyez, 1977.

Honée (Eugène), "Joachim of Fiore: his early Conception of the Holy Trinity. Three trinitarian Figures of the Calabrian Abbot reconsidered", *Ephemerides Theologicae Lovanienses*, 82, 1, 2006, p. 103-137.

Imbach (Ruedi), *Dante, la philosophie et les laïcs: initiations à la philosophie médiévale*, Paris/Fribourg, éd. du Cerf/Éd. universitaires de Fribourg, 1996.

- « Physique ou métaphysique des passions ? », *Critique* (« émotions médiévales »), n° 716-717, 2007, p. 23-35.

- « Le traité de l'eucharistie de Thomas d'Aquin et les averroïstes », *Revue des sciences théologiques et philosophiques*, 77, 1993, p. 175-194.

Iogna-Prat (Dominique), *La Maison Dieu: une histoire monumentale de l'Église au Moyen âge: v. 800-v. 1200*, Paris, Seuil, 2006.

Javelet (Robert), *Image et ressemblance au douzième siècle, de saint Anselme à Alain de Lille*, Chambéry, Imprimeries réunies, 1967.

Jonsson (Einar Mar), *Le Miroir. Naissance d'un genre littéraire*, Paris, Les Belles Lettres, 1995.

König-Pralong, Catherine, *Avènement de l'aristotélisme en terre chrétienne. L'essence et la matière entre Thomas d'Aquin et Guillaume d'Ockham*, Paris, Vrin, 2005.

Kantorowicz (Ernst K.), « The Quinity of Winchester », *Art Bulletin*, 29, 1947. Cet article a été repris dans le recueil posthume *Selected Studies*, Locust Valley, 1965.

Knuuttila (Simo), *Emotions in Ancient and Medieval Philosophy*, Oxford, Oxford University Press, 2004.

Lerner (Robert), "An 'Angel of Philadelphia' in the Reign of Philip the Fair: the case of Guiard de Cressonnessart" dans *Order and Innovation in the Middle Ages*, Princeton, 1976, p. 343-364 et 529-540.

Libera (Alain de), *Albert le Grand et la philosophie*, Paris, Vrin, 1990.

- *La Référence vide. Théories de la proposition*, Paris, PUF, 2002.

- *Raison et foi : archéologie d'une crise d'Albert le Grand à Jean-Paul II*, Paris, Seuil, 2003.

- *Naissance du sujet (Archéologie du sujet, I)*, Vrin, 2007.

Lottin (Odon), « Quelques "*quaestiones*" de maîtres parisiens aux environ de 1225-1235 », *Recherches en théologie ancienne et médiévale*, tome 5, 1933, p. 79-95.

- « Un petit traité sur l'âme de Hugues de Saint-Cher », *Revue néo-scolastique*, tome 34, 1932, p. 468-475

- *Psychologie et morale aux XIIe et XIIIe siècles*, 6 vol., Gembloux/Louvain, Duculot, 1942-1960.

Lugt (Maaike van der), *Le Ver, le démon et la Vierge. Les théories médiévales de la génération extraordinaire*, Paris, Les Belles Lettres, 2004.

MacMullen (Ramsay), *Christianizing the Roman Empire : A. D. 100-400*, New Haven/London, Yale University Press, 1984.

Marmursztejn (Elsa), *L'Autorité des maîtres. Scolastique, normes et société*, Paris, Les Belles Lettres, 2007.

Marrone (Steven P.), *William of Auvergne and Robert Grosseteste, New Ideas of Truth in the early Thirteenth Century*, Princeton, Princeton University Press, 1975.

Meier (Christian), *La Politique et la grâce. Anthropologie de la beauté*, trad. Paul Veyne, Paris, Seuil, 1987.

Melloni (Alberto), *Innocenzio IV. La concezione e l'esperienza della cristianità come regimen unius personae*, préface de Brian Tierney, Gênes, Marietti, 1990.

Mulchaney (M. Michèle), *"First the Bow is Bent to Study", Dominican Education before 1350*, Toronto, Pontifical Institute, 1998.

Müller-Burbach (H.), "Early Dominican and Franciscan Legislation regarding St. Thomas", *Medieval Studies*, 4, 1942, p. 141.

Perler (Dominik), *Théories de l'intentionnalité au Moyen Âge*, Paris, Vrin (« Conférences Pierre Abélard »), 2003.

Piché (David) (avec la collaboration de Claude Lafleur), *La Condamnation parisienne de 1277*, Paris, Vrin, 1999.

Pigeaud (Jackie), *La Maladie de l'âme : étude sur la relation de l'âme et du corps dans la tradition médico-philosophique antique*, Paris, Les Belles Lettres, 1981 (rééd. en 2007).

Piron (Sylvain), « L'expérience subjective de Pierre de Jean Olivi », dans Olivier Boulnois (éd.), *Généalogie du sujet, op. cit.*, p. 43-54.

Potestà (Gian Luca), *Il tempo dell'Apocalisse : vita di Gioacchino da Fiore*, Bari, Laterza, 2004.

Potestà (Gian Luca) et Rizzi (Marco), *L'Anticristo. Il nemico dei tempi finali*, Mondadori, Milan, 2005.

Putallaz (François-Xavier), *La Connaissance de soi au XIIIe siècle, de Matthieu d'Aquasparta à Thierry de Freiberg*, Paris, Vrin, 1991.

Putallaz (François-Xavier) et Imbach (Ruedi), *Profession : philosophe. Siger de Brabant*, Paris/Fribourg, éd. du Cerf/éditions universitaires, 1997.

Raming (Ida), *Der Ausschluss der Frau vom priesterlichen Amt*, Cologne, Bölhau, 1973.

Rosier (Irène), *La Parole comme acte : sur la grammaire et la sémantique au XIIIe siècle*, Paris, Vrin, 1994.

Rosier-Catach (Irène), « Signes, sacrements et signes magiques : Guillaume d'Auvergne et la théorie du pacte », dans *Autour de Guillaume d'Auvergne (+ 1249)*, sous la dir. de Franco Morenzoni et de Jean-Yves Tilliette, Brepols, 2005, p. 93-116.

- *La Parole efficace : signe, rituel, sacré*, avant-propos d'Alain de Libera, Paris, Seuil, 2004.

Salinas (Santiago Bueno), *La Noción de persona jurídica en el derecho canonico*, Barcelone, Herder, 1985.

Schabel (Christopher) (éd.), *Theological Quodlibeta in the Middle Ages. The Thirteenth Century*, Leyde/Boston, E. J. Brill, 2006.

Schmitt (Jean-Claude), *Le Saint lévrier : Guinefort, guérisseur d'enfants depuis le XIIIe siècle*, Paris, Flammarion, 1979.

- Les *Revenants. Les vivants et les morts dans la sociéré féodale*, Paris, Gallimard, 1994.

- « Le spectre de Samuel et la sorcière d'En Dor. Avatars historiques d'un récit biblique : I Rois 28 », *études rurales*, 105-106, 1987, p. 37-64.

Suarez-Nani (Tiziana), *Connaissance et langage des anges selon Thomas et Gilles de Rome*, Paris, Vrin, 2002.

- *Les Anges et la philosophie : subjectivité et fonction cosmologique des substances séparées à la fin du XIIIe siècle*, Paris, Vrin, 2002.

Tachau (Katherine H.), *Vision and certitude in the Age of Ockham : optics, epistemology and the foundations of semantics 1250-1345*, Leyde/New York/Cologne, E. J. Brill, 1988.

Thomas (Yan), « *Fictio legis*. L'empire de la fiction romaine et ses limites médiévales ». *Droits,* n° 1995, p. 17-63.

Tierney (Brian), *The Idea of Natural Rights. Studies on Natural Rights, Natural Law and Church Law, 1150-1625*, Atlanta, Scholar Press, 1997.

Van Steenberghen (Fernand), *Siger de Brabant d'après ses œuvres inédites*, tome II, Louvain, Éditions de l'Institut supérieur de philosophie, 1942.

Villey (Michel), « La genèse du droit subjectif chez Guillaume d'Ockham », *Archives de philosophie du droit*, 9, 1964, p. 97-127, et *Philosophie du droit. 1. Fins et définitions du droit*, Paris, Dalloz, 1986 (4e édition).

Wéber (Edouard-Henri), *La Personne humaine au XIIIe siècle. L'avènement chez les maîtres parisiens de l'acception moderne de l'homme*, Paris, Vrin, 1991.

Weisheipl (John) (sous la dir. de), *Alberti Magnus and the Sciences. Commemorative Essays*, Toronto, The Pontifical Institute, 1980.

Index des principaux noms propres

Table des matières

OUVRAGES PARUS DANS LA MÊME COLLECTION

Écriture de l'Histoire et identité juive. L'Europe ashkénaze XIXe-XXe siècle. (Sous la direction de Delphine BECHTEL, Évelyne PATLAGEAN, Jean-Charles SZUREK et Paul ZAWADZKI)

La Grèce au féminin. (Sous la direction de Nicole LORAUX)

Florin AFTALION. *L'économie de la Révolution française*

Gilles BATAILLON. *Genèse des guerres internes en Amérique centrale (1960-1983)*

Alain BOUREAU

L'événement sans fin. Récit et christianisme au Moyen Âge

La loi du royaume. Les moines, le droit et la construction de la nation anglaise (XIe-XIIIe siècle)

La religion de l'État. La construction de la République étatique dans le discours théologique de l'Occident médiéval (1250-1350). La Raison scolastique I

L'empire du livre. Pour une histoire du savoir scolastique (1200-1380). La Raison scolastique II

Théologie, science et censure au XIIIe siècle. Le cas de Jean Peckham

De vagues individus. La condition humaine dans la pensée scolastique. La Raison scolastique III

Christopher R. BROWNING

Des hommes ordinaires. Le 101e bataillon de réserve de la police allemande et la Solution finale en Pologne

Politique nazie, travailleurs juifs, bourreaux allemands

Les origines de la Solution finale. L'évolution de la politique anti-juive des nazis (sept. 1939-mars 1942)

Jérôme CARCOPINO. *Les bonnes leçons*

Giuliana, Marisa, Gabriella CARDOSI. *À la frontière. La question des mariages mixtes durant la persécution antijuive en Italie et en Europe (1935-1945)*

André CHASTAGNOL. *Le sénat romain à l'époque impériale*

Pierre CHUVIN. *Chronique des derniers païens*

Eugen CIZEK. *L'empereur Aurélien et son temps*

Renée DRAY-BENSOUSAN. *Les Juifs à Marseille (1940-1944)*

Alain DUPLOUY. *Le prestige des élites. Recherches sur les modes de reconnaissance sociale en Grèce entre les Xe et Ve siècles av. J.-C.*

Pierre ELLINGER. *La fin des maux. D'un Pausanias à l'autre*

Moses I. FINLEY. *On a perdu la guerre de Troie*

Kurt FLASCH. *Prendre congé de Dilthey. Que serait un néohistorisme en histoire de la philosophie ?* suivi de *Congé à Dilthey*

Arsenio FRUGONI. *Arnaud de Brescia dans les sources du XIIe siècle*

Peter GARNSEY

Conceptions de l'esclavage d'Aristote à Augustin

Famine et approvisionnement dans le monde gréco-romain

Ralph E. GIESEY. *Le rôle méconnu de la loi salique. La succession royale XIVe-XVIe siècles*

Gabriel GORODETSKY. *Le grand jeu de dupes. Staline et l'invasion allemande*

Fritz GRAF. *La magie dans l'Antiquité gréco-romaine*

Anthony GRAFTON. *Faussaires et critiques. Créativité et duplicité chez les érudits occidentaux*

Alexandre GRANDAZZI. *La fondation de Rome. Réflexion sur l'histoire*

Stephen GREENBLATT. *Ces merveilleuses possessions. Découvertes et appropriation du Nouveau Monde au XVIe siècle*

Pierre GRIMAL. *Les erreurs de la liberté*

Christian HABICHT. *Athènes hellénistique. Histoire de la cité d'Alexandre le Grand à Marc Antoine*

Mogens H. HANSEN

La démocratie athénienne à l'époque de Démosthène. Structures, principes et idéologie

Polis *et cité-État. Un concept antique et son équivalent moderne*

Polis. *Une introduction à la cité grecque antique*

Victor D. HANSON. *Le modèle occidental de la guerre*

Katy HAZAN. *Les orphelins de la Shoah. Les maisons de l'espoir (1944-1960)*

Patricia HIDIROGLOU

Les rites de naissance dans le judaïsme

Rites funéraires et pratiques de deuil chez les Juifs en France (XIXe-XXe siècle)

Sophie HOUDARD. *Les invasions mystiques. Spiritualités, hétérodoxies et censures au début de l'époque moderne*

Jean IRIGOIN. *Tradition et critique des textes grecs*

Tamara KONDRATIEVA. *Gouverner et nourrir. Du pouvoir en Russie (XVIe-XXe siècle)*

Annick LEMPÉRIÈRE. *Entre Dieu et le Roi, la République. Mexico, XVIe-XIXe siècle*

Guenter LEWY. *La persécution des Tsiganes par les nazis*

Peter LINEHAN. *Les dames de Zamora. Secret, stupre et pouvoirs dans l'Église espagnole du XIIIe siècle*

Sabina LORIGA. *Soldats. Un laboratoire disciplinaire : l'armée piémontaise au XVIIIe siècle*

John MA. *Antiochos III et les cités de l'Asie Mineure occidentale*

Ramsay MACMULLEN

Christianisme et paganisme du IVe au VIIIe siècle

Le déclin de Rome et la corruption du pouvoir

Les émotions dans l'Histoire, ancienne et moderne

La romanisation à l'époque d'Auguste

Voter pour définir Dieu. Trois siècles de conciles (253-553)

Irad MALKIN. *La Méditerranée spartiate*

Einar MÁR JÓNSSON. *Le miroir. Naissance d'un genre littéraire*

Elsa MARMURSZTEJN. *L'autorité des maîtres. Scolastique, normes et société au XIIIe siècle*

Régis F. MARTIN. *Les douze Césars : du mythe à la réalité*

Mark MAZOWER. *Dans la Grèce d'Hitler (1941-1944)*

Christian MEIER. *De la tragédie grecque comme art politique*

Hélène MERLIN-KAJMAN

L'excentricité académique. Littérature, institution, société

Public et littérature en France au XVIIe siècle

Daniel S. MILO. *Trahir le temps (Histoire)*

Daniel S. MILO. Alain BOUREAU, *Alter histoire*

Arnaldo MOMIGLIANO. *Les fondations du savoir historique*

Robert I. MOORE. *La persécution. Sa formation en Europe (Xe-XIIIe siècle)*

Donald M. NICOL. *Les derniers siècles de Byzance. 1261-1453*

Charalampos ORFANOS. *Les sauvageons d'Athènes ou la didactique du rire chez Aristophane*

Jean-Marie PAILLER. *Bacchus, figures et pouvoirs*

Robert N. PROCTOR. *La guerre des nazis contre le cancer*

Louis ROBERT. *Choix d'écrits*

Youval ROTMAN. *Les esclaves et l'esclavage. De la Méditerranée antique à la Méditerranée médiévale. VIe-XIe siècle*

Aline ROUSSELLE. *La contamination spirituelle. Science, droit et religion dans l'Antiquité*

Steven RUNCIMAN

Le schisme d'Orient. La papauté et les églises d'orient. XIe et XIIe siècles

Les vêpres siciliennes. Une histoire du monde méditerranéen à la fin du XIIIe siècle

Jean-Christophe SALADIN. *La bataille du grec à la Renaissance*

Annie SCHNAPP-GOURBEILLON. *Aux origines de la Grèce (XIIIe-VIIIe siècle avant notre ère). La genèse du politique*

Joseph SHATZMILLER. *Shylock revu et corrigé. Les juifs, les chrétiens et le prêt d'argent dans la société médiévale*

Claude SINGER

Le Juif Süss et la propagande nazie. L'Histoire confisquée

L'Université libérée. L'Université épurée (1943-1947)

Vichy, l'Université et les juifs

Robert TURCAN

Les cultes orientaux dans le monde romain

Mithra et le mithriacisme

Pierre VIDAL-NAQUET

Le miroir brisé. Tragédie athénienne et politique

L'Atlantide. Petite histoire d'un mythe platonicien

Édouard WILL, Claude ORRIEUX. *« Prosély-tisme juif » ? Histoire d'une erreur*

Zvi YAVETZ. *César et son image : des limites du charisme en politique*

Ce volume,
le quatre-vingt-treizième
de la collection « Histoire »
publié aux éditions Les Belles Lettres,
a été achevé d'imprimer
en octobre 2008
sur les presses
de IDG
52200 Langres - Saints-Geosmes, France

N° d'éditeur : 6790
N° d'imprimeur : 7600
Dépôt légal : otcobre 2008
Imprimé en France